景观研究丛书 | 杜顺宝·主编

基于地域的
文化景观保护研究

AREA BASED PRESERVATION RESEARCH OF CULTURE LANDSCAPE

蔡 晴·著

东南大学出版社·南京

内容提要

文化景观代表的是《世界保护自然与文化遗产公约》第一款中的"人与自然共同的作品",阐明了以地域为基础实施的遗产保护的本质特征。本书在回顾自19世纪以来国际遗产保护运动的理论和实践、我国自1930年代以来遗产保护运动的成就和美国遗产地保护的经验与方法的基础上,对文化景观概念的生成、内涵及在我国遗产保护中的具体应用作了深入的研究,提出了基于遗产地的文化景观保护理论,初步建立了我国基于遗产地的文化景观保护区分类体系,并提出了相应的保护方法和策略。

文化景观的保护主要由历史景观保护管理与修复和自然生态保护管理与维护两部分工作组成。基于遗产地实施的保护是一种动态的遗产保护,是在遗产所依存的地方发展中的保护。依据我国的遗产特征,本书将我国的文化景观遗产地划分为历史的设计景观即历史园林及历史风景点景观、有机进化之残遗物(或化石)景观即大遗址景观、有机进化之持续性景观即聚落景观、基于传统审美意识的名胜地景观即风景名胜区四种类型,并认为:历史的设计景观的保护是风格修复和风貌维护的过程;大遗址景观应根据其规模特征分别以遗址公园与遗址保护区方式保护;聚落遗产地的保护应强调生态意识和社区意识;风景名胜区保护应采用分类指导,一区一法,科学管理,定量监控。

图书在版编目(CIP)数据

基于地域的文化景观保护研究 / 蔡晴著. —南京:东南大学出版社,2016.8
(景观研究丛书 / 杜顺宝主编)
ISBN 978-7-5641-6516-1

Ⅰ.①基… Ⅱ.①蔡… Ⅲ.①文化遗产—保护—中国—文集 Ⅳ.①K203-53

中国版本图书馆 CIP 数据核字(2016)第 106866 号

出版发行	东南大学出版社
出 版 人	江建中
网　　址	http://www.seupress.com
电子邮箱	press@seupress.com
社　　址	南京市四牌楼2号
邮　　编	210096
电　　话	025-83793191(发行)　025-57711295(传真)
经　　销	全国各地新华书店
印　　刷	南京玉河印刷厂
开　　本	787mm×1092mm　1/16
印　　张	16.5
字　　数	402千
版　　次	2016年8月第1版
印　　次	2016年8月第1次印刷
书　　号	ISBN 978-7-5641-6516-1
定　　价	68.00元

本社图书若有印装质量问题,请直接与营销部联系。电话(传真):025-83791830

总　序

　　景观学相对于建筑学而言是一门新兴的学科。说它新是就研究对象采用科学的方法建立起比较完整、系统的体系要远远晚于建筑学。最早建立这一学科的是美国，称为Landscape Architecture。它与Architecture(建筑学)，Urban Planning(城市规划)是构成大建筑学学科的三个分支专业。我国高校早在20世纪20年代就已开设建筑学专业，理工类院校到70年代才设景观学专业，当时学科的名称被译为风景园林。台湾的大学则译为景观建筑学或景园建筑学。东南大学于80年代中叶开设风景园林专业，但生不逢辰，80年代末恰逢教育部提倡大口径培养人才，在随即进行的院校专业调整中取消了这个专业，只保留它作为城市规划专业的一个研究方向。在这样艰难的条件下，我们坚持在研究生教育中培养风景园林研究方向的专门人才。21世纪初，随着我国城市化进程的迅猛发展，城市环境和风景资源保护的问题日益突出，经过多方努力，终于重新恢复了这个专业。恢复后的专业，由于新形势下学科的内涵和外延都有了新的突破，在采用什么名称上曾有过争论。多数理工类院校采用景观学名称，以使与学科的研究内容和范围相适应，大多数农林类院校仍称为风景园林，两者并行不悖。

　　我从20世纪90年代开始招收风景园林博士生，到21世纪初，前后大约十多年。这段时期，本学科正处在迅速发展的阶段，国内外新的理论与观念不断涌现，研究方法与技术也日新月异，与景观生态学、城市生态学、城市社会学与文化人类学等相关学科的交叉融合，使学科的内涵与外延仍在继续拓展之中。在这样的学术氛围里，从多维度去认识对象的本质，探索学科的内在规律，拓展学科的研究领域，对富有朝气的年青博士生而言，无疑具有极大的吸引力。他们带着好奇、凭着勇气，去追求学术的真谛。他们选题的研究方向有从关注和尊重土地自然演进规律的角度去探索城市如何科学有序发展，有运用生态博物馆理念研究传统乡土聚落景观的保护利用，有从生态美学角度探索和理解符合生态美的景观，有从管理形制角度研究如何才能对风景资源的保护利用实现有实效的管理。他们对城市景观的关注度更高，有从人文因素探讨城市景观格局和景观形态的，有多维度研究城市开放空间形态以及城市空间本质与景观价值的等等。学科研究的一个重要方面是发现问题、提出问题，这需要研究者有敏锐的洞察力。当然，他们探索的成果可能还是粗糙的、不系统或是不够完善的。真正解决问题需要更多力量的投入和长时间的积累。我相信他们的努力无论是成功还是失败，结论是真理还是谬误，对于后来者都会具有启发和借鉴作用。一个完善成熟的学科需要几代人的努力。学科也总是不断向纵深发展的，永不会止步。基于这样的认识，我支持从近几年尚未出版的博士论文中选出与景观研究有关的集为丛书，希望能在景观学的田园里留下他们在探索求真道路上走过的履痕。丛书中如有错误，也请读者批评指正。

东南大学建筑学院教授　杜顺宝于南京
二〇一四年十二月十八日

序

文化景观是联合国世界遗产委员会于1992年正式列入世界遗产名录的新的遗产类型。它的定义简要地说是人与自然历经长期互动、持续进化而共同形成的作品。我把它理解为以自然为依托，深刻反映人与自然和谐关系的文化遗存及其环境。文化景观中凡具备突出的普遍价值，能够代表一个清晰定义的文化地理区域，并因此具备解释该区域本质和独特的文化要素能力的可以列入遗产地加以保护。我国大多数风景名胜区可以列入文化景观中关联性文化景观类型。

我国文化景观的历史悠久，资源丰富，自20世纪80年代正式设立风景名胜区以来，迄今列入国家级风景名胜区的已有225处，其中16处已被联合国世界遗产委员会列入世界文化与自然遗产以及文化景观遗产。国家对风景名胜区实行科学规划、统一管理、严格保护和永续利用的原则。三十多年来，许多珍贵的文化景观得到了有效的保护，但建设性的破坏与过度开发利用的问题也一直存在。随着城市化进程的加速，在一些与城市关联度大的风景名胜区中，矛盾更趋尖锐，问题更多，有景区建设中忽视文化景观资源的特性，出现城市化、公园化倾向的，也有违规建设和过度开发的等问题。产生这些问题的根源在于对文化景观的本质特性与价值认识不清。

我们对风景名胜区景观价值的认识是逐步提高的，从早期延续传统，比较偏重于美学标准，到后来不断拓展，更多关注景观的生态价值、科学价值和文化的多元性。但是，对比联合国世界遗产委员会对文化景观本质特性与遗产价值的阐述，可以看出我们的认识还是存在差距。蔡晴的《基于地域的文化景观保护研究》博士论文，比较全面地梳理和研究了遗产委员会历年来关于文化景观遗产保护的相关文献和行动指南，并结合国情探讨了我国文化景观的保护观念与方法，虽然书的内容庞杂了一些，加上作者受实践经验的制约，所述的观点和结论未必都符合实际，仍然可以看到许多有价值的见解。论文完成于10年前，能取得这样的成果已属不易。这次应出版《景观研究丛书》的要求，作者就近十年来文化景观保护理论的新发展，对论文作了补充完善。我相信，这本书的出版，对于我们理解风景名胜区文化景观的本质特征和遗产价值会有很大的帮助，特性与价值认识清楚了，相应的保护理念、原则、方法和措施就有了基本的前提，容易取得共识，从而促进我国风景名胜区的保护建设工作能够健康地发展。

东南大学建筑学院
景观学系
杜顺宝
二〇一六年六月二十三日于南京

前　言

本书根据我的博士论文《基于地域的文化景观保护》修改而成。

2000年秋天，我进入东南大学建筑学院杜顺宝先生门下，接触到风景环境规划设计这一广阔领域，开始研究生的学习历程。在杜先生和其他各位老师的严格要求下，到2001年下半年，完成了课程阶段的学习，开始思考硕士论文的选题。

历史景观可视作自然与人类共同的作品，在当时早已形成共识，并且已经形成了多种保护理论和模式。但对这些保护理论和模式的发展源流、形成过程、各自的主要关注，特别是如何与具体的保护利用相结合，则尚缺乏清晰的统一认识。现阶段，最重要和最突出的工作就是各种著名历史胜迹的保护与利用。

当时，历史胜迹正引起国内各界新一轮的重视。据报道，承德市在避暑山庄建成300年之际，声称将耗资几个亿重修承德各个古迹，还要重现离宫中许多已消失的古建筑。乐山市大胆构想，要在乐山大佛的脚下建立一个世界上最大的水面广告区，并称在几百年后它又会成为"旧文物"衍生的"新文物"景观。南京市政府决定，在城南中华门外原址重建大报恩寺琉璃塔暨遗址公园。

我对作为景观的历史胜迹保护利用的兴趣得到了杜先生的热情鼓励。在他的指导下，我的硕士论文选题定为《历史胜迹环境的传承与再生——以南京与绍兴为例》，提出"传承"与"再生"的概念。传承，即继承和保护目前仍然存在的有形或无形的历史遗产；再生，即在这个新的时代和社会环境之中，赋予这些历史遗产以新的生命。论文回顾了国内外对历史胜迹环境的保护与设计观念的变化，理论发展完善的历史过程，解读了保护规划的理论与实践，结合实例具体分析南京和绍兴城区与近郊有代表性的历史胜迹环境的保护和创作的沿革与现状，并论述了如何创造性地运用历史资源进行景观规划设计。

硕士论文完成后，我继续在杜先生门下攻读博士学位。基于硕士阶段的努力，我试图将对历史胜迹的观察扩展至更具一般意义的景观遗产领域，在更大的范围关注景观面向的遗产保护理论与方法。

文化景观是一种较新颖的遗产类型，它基于人与自然的相互作用，是"自然与人类的共同作品"，在我国具有尤为重要的地位。和美洲、澳洲和一些岛国不同，我国大部分地区都具有长期的人类活动历史，绝大多数的风景名胜区和历史村镇都属于文化景观的范畴。由于持续的人类活动，文化景观遗产地处于持续的变化之中，保护和更新的矛盾始终存在。由于历史的原因，中国大规模的遗产保护运动直至1980年代才真正开始，基于传统的经验和来自西方的学说都需要重新消化吸收，遗产特征的多样性、管理方式的多元化、遗产地的管理措施都需要在实践中被检验。这些状况使得文化景观遗产地保护与管理的研究显得格外迫切。

由此产生了本书的选题和内容。作为我持续六年学习的产物，这部博士论文包含大量前人的智慧,也包含一些我自己的思考和梳理。我将文化景观分为历史的设计景观——历史园林及历史风景点、有机进化之残遗物(或化石)景观——大遗址、有机进化之持续性景观——历史聚落、基于传统审美意识的名胜地景观——风景名胜区四种类型,并分别讨论了针对不同类型的不同的保护观念与方法。历史园林的保护是风格修复和风貌维护的过程;大遗址的保护应根据其规模特征分别以遗址公园与遗址风景区方式保护;历史聚落的保护则必须超越以往将生活中的聚落改造成静态的建筑博物馆的单纯理念,建立生态保护与社区保护的遗产保护观;风景名胜区的保护在进行历史景观管理的同时,可以借鉴国外国家公园自然保护区的管理和保护方法。对这些观念和方法的讨论,今天仍在继续。相信我的一得之愚,仍有机会给同行一点启发。

在六年的学习中,给我最大影响的是导师杜顺宝先生。他渊博的知识、忘我的敬业精神、坦诚宽容的为人、对大自然的热爱无不深深感染着我,而先生严谨的治学方法和工作态度更是让我足以受益终生的教育。古语道:"一日为师,终身为父",六年的研究生学习生活中,先生对学生既是严师又像慈父般的教育和帮助让我对这句老话有了真正的理解。在此谨向先生表达我内心最真诚的感谢!

感谢师门之谊。

感谢亲人们给了我对专业和学术工作的热情,使学习的过程充满了探索和发现的乐趣。

感谢东南大学出版社给我出版这部博士论文的机会,特别要感谢本书的编辑周菊老师、唐红慈老师和丁丁老师,她们以无比严谨认真的态度反复审读书稿,订正了大量错误,在相当程度上提高了本书的质量,使我受益匪浅。

目 录

绪 论 1

上篇　背景

1 持续变化的风景——以欧洲为基地的世界遗产保护运动的兴起和发展 4
 1.1 世界文化景观及文化遗产保护的思想与实践 4
  1.1.1 遗产保护观念和方法的发展 4
  1.1.2 以国际保护宪章和法规为基础的保护理论的逐步形成与完善 9
  1.1.3 后工业社会遗产保护思想和实践的新发展 16
 1.2 世界现代自然遗产保护的思想历程 17
  1.2.1 1960年代：激荡岁月 18
  1.2.2 1970年代：可持续发展观的形成 19
  1.2.3 1980年代：为了发展而保护的观念 20
  1.2.4 1990年代：保护地从"孤岛"走向"体系" 21
  1.2.5 文化景观(Cultural Landscape)概念的形成 21
  1.2.6 21世纪：自然保护思想的进一步发展 22
 1.3 融合文化遗产与自然保护的景观及遗产地保护理论和方法在21世纪的
   发展 23
  1.3.1 《欧洲景观公约》(Europe Council, 2000)："景观"作为保护对象、保护方法和保
     护政策 23
  1.3.2 《下塔吉尔宪章》(TICCIH, 2003)：工业景观的保护与再生 25
  1.3.3 全球重要农业文化遗产(GIAHS, 2002)：可持续性的农业景观保护 26
  1.3.4 2010年代之后的两部佛罗伦萨宣言：人类对景观概念外延拓展形成
     共识 28
2 我国的文化遗产保护：现状、成就、问题和建议 30
 2.1 我国不可移动文化遗产保护思想观念的形成和发展 30
  2.1.1 不可移动文物从"收藏"到"保护" 30
  2.1.2 从"修旧如旧"到"不改变原状" 33
  2.1.3 城市历史环境的整体性保护 39
  2.1.4 不可移动文化遗产保护思想与实践的多元化 41
  2.1.5 我国当代文化遗产管理的行政体系和执行机制 42
 2.2 我国文化遗产管理的立法框架 43
  2.2.1 发展历程：保护和管理体系的逐步形成 43

    2.2.2 存在问题:因法规体系和实践类型不相符而导致无法可依,因基本概念阐述的不完善而导致保护方法的混乱 ······ 50

3 美国自然与文化遗产保护观念与实践 ······ 56
3.1 美国自然与文化遗产地保护运动观念的成长 ······ 56
    3.1.1 保护体系的初步定义(1830—1930年代) ······ 56
    3.1.2 罗斯福的新政对保护的影响(1930—1950年代) ······ 58
    3.1.3 生态革命(1960—1970年代) ······ 58
    3.1.4 变革和拓展(1970年代—至今) ······ 59
3.2 美国文化遗产地保护的观念、方法和管理框架 ······ 60
    3.2.1 文化遗产管理制度的形成 ······ 60
    3.2.2 历史街区(Historic District) ······ 63
    3.2.3 国家历史公园(National Historic Urban Park) ······ 64
    3.2.4 文化遗产地的主要管理者 ······ 65
3.3 美国国家公园的自然与文化遗产保护区管理框架 ······ 67
    3.3.1 国家公园体系的内容 ······ 67
    3.3.2 国家公园的管理体系 ······ 68
    3.3.3 国家公园的保护法规体系 ······ 70
    3.3.4 国家公园的规划体系 ······ 72
    3.3.5 国家公园管理制度的其他特点 ······ 74

4 上篇小结:我们目前所处的位置 ······ 77
4.1 研究的起点——西方和国际主流保护思想与实践的演变 ······ 77
    4.1.1 认识到多样性的普遍价值 ······ 77
    4.1.2 认识到遗产环境的整体性 ······ 77
    4.1.3 认识到遗产作为一种资源的经济价值 ······ 77
4.2 中国遗产保护的成就和面临的主要问题 ······ 78
    4.2.1 历史的跨越 ······ 78
    4.2.2 当前的主要问题 ······ 78
4.3 美国的经验 ······ 79
    4.3.1 基于地域的保护 ······ 79
    4.3.2 多学科的协同 ······ 79
    4.3.3 旅游业与遗产管理协调发展 ······ 80
    4.3.4 完备的管理体制 ······ 80
4.4 我们今天所处的位置 ······ 81

中篇 理论

5 文化景观:一种特殊的遗产类型 ······ 82
5.1 文化景观(Cultural Landscape)的含义 ······ 82
5.2 在自然遗产和文化遗产保护的发展中发现文化景观保护的价值 ······ 84
    5.2.1 在自然保护区管理的理论与实践中 ······ 84

5.2.2 在文化遗产管理的理论与实践中 ……………………………………… 84
5.3 文化景观保护对于我国遗产保护的特别意义 ………………………………… 85
5.4 文化景观的类型 ………………………………………………………………… 85
5.5 文化景观保护的特点 …………………………………………………………… 86
5.5.1 维护文化景观遗产地的可持续发展 …………………………………… 87
5.5.2 建立文化景观的保护是保护传统人、地关系的观念 ………………… 87
5.5.3 以建立保护区的方式进行保护 ………………………………………… 88
5.6 文化景观保护规划要点 ………………………………………………………… 88

6 基于地域的保护：概念、理论与方法 ………………………………………………… 90
6.1 保护区 …………………………………………………………………………… 90
6.1.1 古迹保护：从保护本体到保护区 ……………………………………… 90
6.1.2 文化遗产保护区 ………………………………………………………… 93
6.2 自然保护区 ……………………………………………………………………… 97
6.2.1 自然保护区的产生 ……………………………………………………… 97
6.2.2 自然保护区设置的不同倾向 …………………………………………… 97
6.2.3 自然保护观念的变化与自然保护区设置 ……………………………… 98
6.2.4 我国的自然保护区体系及其管理体制 ………………………………… 99
6.3 超越保护区——保护地群：遗产廊道（Heritage Corridor）、文化线路（Cultural Routes）和国家遗产区域（Heritage Area） ……………………………………… 109
6.3.1 富有历史文化遗产的绿带——遗产廊道（Heritage Corridor） …… 109
6.3.2 对话与交流之路——文化线路（Cultural Routes） ………………… 111
6.3.3 遗产廊道和文化线路的异同 …………………………………………… 113
6.3.4 基于生态网络概念的保护地群——国家遗产区域（Heritage Area） … 114
6.3.5 遗产廊道和文化线路对我国遗产保护的借鉴意义 …………………… 115
6.4 建立我国的遗产保护地体系 …………………………………………………… 117
6.4.1 我国现阶段的保护地体系的不足之处 ………………………………… 117
6.4.2 遗产地国家级系统规划途径的建议 …………………………………… 120

7 文化景观保护与管理的理论与方法 ………………………………………………… 123
7.1 历史景观保护管理与修复理论 ………………………………………………… 123
7.1.1 历史景观保护在文化景观遗产保护中的价值和意义 ………………… 123
7.1.2 历史景观的保护与管理 ………………………………………………… 124
7.1.3 空间规划作为历史景观保护和品质提升的一种手段 ………………… 126
7.1.4 在一个实例中理解历史景观管理的本质——对"变化"的管理 …… 127
7.2 自然生态保护管理与维护理论 ………………………………………………… 128
7.2.1 游憩环境承载容量理论（RCC） ……………………………………… 129
7.2.2 可接受的改变极限理论（Limits of Acceptable Change，简称 LAC） …… 131
7.2.3 娱乐机会谱（Recreation Opportunity Spectrum，简称 ROS） ……… 135
7.2.4 环境影响评价理论（Environmental Impact Assessment，简称 EIA） …… 138
7.3 历史景观和自然生态的管理、维护与修复 …………………………………… 142

下篇 类型

8 历史的设计景观：《佛罗伦萨宪章》指导下的历史园林及景观设计保护的概念和方法——风貌维护与风格修复 ………… 144
8.1 历史园林及景观设计保护观念辨析 ………… 144
8.1.1 《佛罗伦萨宪章》与《威尼斯宪章》 ………… 145
8.1.2 历史的设计景观：有生命力的遗产 ………… 146
8.1.3 风貌维护 ………… 147
8.1.4 风格修复 ………… 149
8.1.5 小结 ………… 151
8.2 历史的设计景观的保护方法 ………… 151
8.2.1 风景文物的维修 ………… 152
8.2.2 重建和复原 ………… 155
8.2.3 搬迁和改建 ………… 162
8.2.4 风貌保护 ………… 165

9 有机进化之残遗物景观——大遗址保护的概念和方法 ………… 171
9.1 大遗址保护的基本观念 ………… 171
9.1.1 大遗址保护相关概念 ………… 171
9.1.2 国外大遗址保护的方法和经验 ………… 174
9.2 我国大遗址保护的方法 ………… 176
9.2.1 我国大遗址的保护面临的问题 ………… 176
9.2.2 我国大遗址保护的两条途径 ………… 177
9.2.3 建立大遗址保护规划管理的基本框架 ………… 188

10 有机进化之持续性景观：聚落遗产地保护的观念和方法——从"建筑博物馆(Building Museum)"到"生态博物馆(Ecomuseum)" ………… 191
10.1 历史聚落的整体性保护观念和方法的演进 ………… 191
10.1.1 露天建筑博物馆(Open-air Building Museum) ………… 191
10.1.2 乡土博物馆(Homeland Museum/Museum Village) ………… 195
10.1.3 社区(邻里)博物馆(Community Museum/Neighborhood Museum) ………… 196
10.1.4 生态博物馆(Ecomuseum) ………… 198
10.1.5 文化景观(Cultural Landscapes) ………… 199
10.1.6 国际聚落遗产地保护观念和方法变化的特点 ………… 200
10.1.7 我国的历史聚落保护——历史文化村镇 ………… 201
10.2 聚落遗产地的旅游业 ………… 204
10.2.1 我国的聚落遗产地旅游业案例：江南古村镇和中西部民族生态博物馆 ………… 205
10.2.2 怎样评价聚落遗产地旅游业的成败得失 ………… 208
10.3 以生态博物馆的理念来保护聚落遗产地 ………… 208
10.3.1 生态博物馆的生态特征和生态保护 ………… 208

10.3.2　生态博物馆的社区保护和社区管理 ……………………………………………… 210
 10.4　我国村落遗产地的景观管理——《关于村落文化景观保护与发展的贵阳建议》
　　　 的理论和方法 ……………………………………………………………………………… 213
　　10.4.1　关于整体保护 ………………………………………………………………………… 213
　　10.4.2　关于发展和延续 ……………………………………………………………………… 215
　　10.4.3　关于政策引导、法律约束、公众参与 ……………………………………………… 215

11　基于传统审美意识的名胜地景观：风景名胜区保护的理论和方法 ……………………… 217
 11.1　我国风景名胜概念及其资源特征 …………………………………………………………… 217
　　11.1.1　我国风景名胜发展形成的历史过程 ……………………………………………… 217
　　11.1.2　我国风景名胜区(Scenic & Historic Interest Areas)的概念和国外国家
　　　　　 公园(National Park)概念的比较 …………………………………………………… 218
 11.2　我国现代风景名胜区制度的形成及其管理体制 …………………………………………… 220
　　11.2.1　我国风景名胜区制度的建立 ………………………………………………………… 220
　　11.2.2　风景名胜区制度在我国遗产保护和利用中的作用 ………………………………… 225
　　11.2.3　我国当前风景名胜区资源保护和管理中的问题 …………………………………… 226
 11.3　我国风景名胜区规划和管理的对策研究 …………………………………………………… 228
　　11.3.1　管理体制：改革和调整 ……………………………………………………………… 228
　　11.3.2　空间管理：分类指导与分区保护 …………………………………………………… 231
　　11.3.3　规划管理：由规划达成保护 ………………………………………………………… 238

结语：导向成功的保护——达成文化景观遗产地的可持续演进 ……………………………… 244

主要参考文献目录 ………………………………………………………………………………… 245

绪　论

20世纪下半叶之后,文化与自然遗产保护的实践越来越深入到历史与自然相交接的领域——文化景观的保护。方法上则表现为景观导向的遗产保护(Landscape-oriented Preservation)。美国学者索尔认为,一个特定的人类群体,在他的文化支配下,在其长期所活动的区域中,必然创造出与其相适应的地表特征。这种地表特征是由于人类介入环境、运用环境、改造环境的不同方式所造成的,也是自然景观(Nature Landscape)向文化景观(Cultural Landscape)转化的一种结果[1]。这就是文化景观遗产地的保护主题:生活、土地、景观和记忆的综合体。

自1960年代以来,人们注意到了遗产保护运动和规划控制之间不断增长的联系。今天,遗产保护组织已不仅仅是"对过去的留恋者",它更代表了一种经济与社会动力,关联城乡规划的整体部分。同时,在研究遗产保护的层面上,逐渐发展出"以地域为基础的遗产保护"概念。这个概念标定了一个特定的,与城乡规划、社会经济相关联的区域,建立起一系列管理政策:管理指南、法律身份、保护等级。

"以地域为基础的保护"所包含的自然和文化要素,以及由这两种要素共同构成的遗产地——文化景观遗产——的保护,与"历史环境"保护有着基本的区别。

历史环境指的是历史遗存和它的背景。《内罗毕建议》(UNESCO[2],1976)指出:"'历史环境'应被理解为自然的或人工的设置,以静态或动态的方式影响到历史地区,或是在空间、社会、经济或文化上与历史地区有直接的联系。"

而文化景观,在《保护世界文化和自然遗产公约》第一条中表述为"自然与人类的共同作品"。文化景观的选择应基于它们自身的突出、普遍的价值,其明确划定的地理区域具有代表此类区域独特文化因素的能力。《关于乡土建筑遗产的宪章》(ICOMOS[3],1999)在"保护原则"中指出:"乡土建筑遗产是文化景观的组成部分,这种关系在保护方法的发展过程中必须予以考虑。乡土性不仅包括建筑物、构筑物和空间的实体和物质形态,也包括使用和理解它们的方法,以及附着于其上的传统和无形的联想。"可见文化景观不是作为历史遗存的背景来保护,而是作为一个附着文化观念和社会价值的自然与文化的有机体来保护。

"文化景观"遗产概念的产生是一种观察和理解遗产问题的新视角。事实上,各类遗产的价值都与其产生的那片土地密切相关,在英语中土地即意味着景观(Land means landscape),因此本文阐述的"文化景观"保护也是从遗产地的角度观察、评估和保护遗产的概念,揭示遗产与土地、景观不可分离的本质。

---

[1] 方李莉. 传统与变迁[M]. 南昌:江西人民出版社,2000
[2] UNESCO:联合国教科文组织。
[3] ICOMOS:国际古迹遗址理事会。

考虑到中国悠久的文明史、独特的人地关系,从文化景观角度观察中国的遗产保护不仅可以涵盖所有类型的文化遗产,而且涵盖很大部分的自然遗产,因此,以文化景观的视角观察和研究遗产保护在我国具有特别的价值。

我国绝大多数的风景名胜区和历史村镇都属于文化景观的范畴。文化景观遗产地时时刻刻处于变化之中,保护和更新始终是一对矛盾统一体,加之当代社会又将它看作一种社会目标和经济动力,因此产生了许多新的问题。本文探求在限制性的保存中加入了发展和提升的策略,通过规划管理与政策引导,寻求整合地方自然资源和传统文化的遗产保护之道。

世界遗产委员会于1992年发布的文化景观的概念标志着承认人和他们所处的自然环境之间强大的精神和文化联系、遗产保护和保存方法上的多样性。

文化景观体现了人、土地与自然相联系而产生的文化多样性,体现了人类与他们所处的自然环境之间存在的长久而亲密的关系。有些文化景观遗产地反映了特殊的保护和利用生物多样性的技巧;有些文化景观遗产地与强烈的信仰、传统的习惯和艺术有关,体现了人与自然之间存在着特殊的精神纽带。人类对他们所处环境的反应是独特的精神、物质和工艺的综合体,从而构成了文化景观的特色[①]。

这种遗产特征的综合性给区域的保护工作带来了特殊挑战,其方法必须兼具自然和文化遗产保护与管理的双重手段,其类型需要进一步划分整合。

中国大规模的遗产保护运动至今不过二十余年的时间,国家又正处于新旧体制交替的过程中,遗产特征的多样性、管理方式的多元化决定了许多遗产地管理措施的效果和作用都需要在实践中被检验。这些状况使得文化景观遗产地的保护与管理、经营方法的研究显得格外迫切,而整体审视遗产地各类资源状况及其保护方法,将其整合进一个统一的管理体系也是十分有必要的。

检验文化景观遗产地的保护不是单一学科的研究领域,它涉及人类科学和技术的多个领域,这些领域的交织能够避免单方面的陈述,使我们更确切地把握这一类型遗产的特征。同时多学科交叉的研究方法的应用也显示了遗产保护的新动力:考古学与历史学为文化景观遗产地价值评估提供了历史依据;自然生态与环境科学为文化景观遗产地价值评估和保护措施的形成提供了环境依据;地理与地质学为考察文化传播和划定保护区域提供了依据;景观修复与环境考古为考察历史演变和生态保护提供依据;建筑学、人类学与民族学为考察文化价值和可持续使用提供了依据;景观规划与遗产保护规划为土地利用、人口流动、旅游管理提供了依据;数字技术的运用则使管理和评估更加精确有效。这些工作也反映了文化、经济、社会与自然环境的复杂性对遗产保护方法和观念构成的影响。

现代的国际遗产和遗产保护的观念、方法都是建立在西方文化传统的基础之上,因此,本文在上篇中对西方保护理论、基本观念立论的历史过程,以及我国遗产保护历程进行了深入分析、梳理和比较,希望能对我国的遗产保护理论的发展完善做出贡献,为今后我国的遗产地保护与管理提供借鉴。

中篇论述了文化景观的概念和类型,从遗产资源的特征出发,将我国文化景观遗产分为四类:历史的设计景观——传统园林、有机进化的景观之残遗物(或化石)景观——大遗

---

① Mechtild Rossler, Henry Cleere. 文化景观——连接自然与文化的纽带[J]. World Conservation,2001(2):17

址、有机进化的景观之持续性景观——聚落遗产地、基于传统审美意识的胜地景观——风景名胜区。同时对现行的自然和文化遗产地保护方法及保护理论进行论述分析,阐述了以地域为基础的遗产保护特征,以及文化景观的集合体——遗产走廊、文化线路和遗产区域的特征和保护方法,基于文化景观遗产地保护所要求的技术特点——历史景观管理和生态环境控制的理论和方法。

下篇分别论述了各类具有不同特征的文化景观基于区域进行保护的具体策略和方法(表0.1)。

表0.1 四类文化景观主要研究内容

谁保护?	所要保护的资源的特征?	树立怎样的保护观念?	保护的形式和方法?	利用的形式和特征?
民间资本、地方政府还是国家相关部门?	场所、聚落还是风景区?	经济因素、美学上的考虑,还是形式上的确认?	遗址公园、乡村博物馆,还是风景名胜区?	生态旅游、景观房产,还是功能混合?

现代遗产保护运动自19世纪在西方兴起,逐渐取得社会的广泛共识,并被认为是现代社会的标志之一。同时,19世纪另一个更加深刻地改变了人类对自然界及对自身看法,也被认为是进入现代社会的标志性事件是1859年达尔文的科学巨著《物种起源》的出版。在达尔文描述的自然界中,物种之间进行着无情、利己和冷酷的竞争,通过有利的变异来适应环境并最终得以生存,而无竞争力的物种的消亡对整个自然界由低级到高级、由简单到复杂的演变过程是有利的。

此后人们又发现道尽了自然界演化基本规律的"物竞天择,适者生存"也适用于人类社会,甚至文化景观的演变和发展,因为如果曾经有过遗产保护区,就不会有巴洛克风格的罗马城市景观和奥斯曼对巴黎的改建,也不会有威尼斯圣马可广场上由拜占庭风格的教堂、哥特风格的总督府和文艺复兴风格的图书馆所共同构成的经典景观。而在今天许多受保护的遗产地,其景观的物质构成和当代的社会发展存在差距,因而呈现出濒危的状态,固守不变绝非保护之道,只有通过引导使其产生有利的变异才是积极的保护手段,然而面对千变万化的遗产地的实际状况和遗产保护理论中"原真性"的保护理念,保护和保存的过程就变成了一个判断、选择和做出决定的过程,遗产地保护理论和方法因此也可以被视为一种关于发展观念的理论和发展方向的选择,而保护观念的演变是讨论的重点,因为观念决定了我们的实践方式。

因此本文所讨论的文化景观遗产地的保护,是一种动态的发展方式上的选择,是在发展过程中实施的遗产保护。

上篇　背景

1　持续变化的风景——以欧洲为基地的世界遗产保护运动的兴起和发展

1.1　世界文化景观及文化遗产保护的思想与实践

1.1.1　遗产保护观念和方法的发展

尽管遗产保护的行动可以追溯到久远的过去,但就其本质而言,是一种现代意识。在全社会的支持下,将历史上遗留下来的聚落、建筑、构筑物、景观及其环境定义为一种需要加以保护的遗产,系统地制定对它们进行维护、修葺和恢复的相关策略,至今充其量不过百余年的历史。这期间,遗产保护的思想和方法从简单到复杂,所动员的、关联的社会部门和领域日渐增多,使它逐渐成为现代社会承担的基本任务之一[①]。

1) 保护思想的萌芽

对古代遗迹及其环境进行保护和欣赏是一个历史悠久的观念。我国早在唐代时即有帝王下诏"凡五岳及名山,……皆禁樵采"的记载[②]。具体到一座山,又有规定称"天台山中避封内四十里,为禽兽草木长生之福庭,禁断采捕者"[③]。到宋代,中国的黄山已有了世界上第一个景观保护项目[④],以对古代遗物收藏和欣赏的形式来表达对过去历史的尊重已成为一种社会风尚[⑤]。

在西方,这一观念同样历史悠久。古代罗马帝国就曾有规定:新建筑必须与现存文脉相协调[⑥]。罗马帝国崩溃之后,东哥特王国的国王狄奥多里克大帝(Theodoric the Great, 439—526)重申了帝国时期的法律。他认为老建筑的维护、修理和修复与建造新建筑有着同样的价值。他任命了一名"雕塑看护官"负责照看帝国时期遗留的雕塑,又任命了一名"公共建筑师(architectus publicorum)"负责管理其他的古代遗迹。此后,古罗马的输水道、角斗场、圣天使堡等古迹很快得到了修复。不过,保护和修复对象是经过慎重选择的,罗马

---

① Jukka Jokilehto. A History of Architectural Conservation[M]. Oxford: Butterworth-Heinemann, 2002
② [唐]李林甫等修,唐六典/卷7,尚书工部。
③ [唐]董诰著,全唐文/卷0019,睿宗,复建桐柏观敕。
④ [美]卡尔·斯坦尼兹. 景观规划思想发展史[J]. 黄国平,译. 中国园林,2001,5:93
⑤ [英]保罗·G. 巴恩. 剑桥插图考古史[M]. 郭小凌,等,译. 济南:山东画报出版社,2000
⑥ Claude Moatti. 罗马考古——永恒之城重现[M]. 郑克鲁,译. 上海:上海书店出版社,1998

其他的市镇设施则不要求为它光荣的过去保持一定的标准,而是把它们残缺的柱子或其他片断清洗修整后去装饰大王自己的宫殿了①。在古代社会对古迹既有保护也有破坏,做法并无一定的标准和原则,而与统治者的态度有关。

在景观学领域,保护理论一直是设计哲学的重要组成部分。在英国16世纪的乡村庭院设计中,将历史遗存的残垣断壁也作景物设置,以迎合贵族对"夹杂着废墟的风景"的审美趣味②。同时代的著名景观设计师 L. 布朗(Lancelot Brown,1715—1783)由于面对雇主时总是强调要发挥场地的潜质来做设计,因此获得了"潜质"布朗的绰号③。他的场地"潜质"论就可以理解为,要抓住场地固有的自然和文化特征作为设计的依据。

1764年,欧洲现代考古学的先驱德国人温克尔曼(Johann Joachim Winckelmann,1717—1768)发表了他划时代的著作《古代艺术史》(History of Ancient Art)。书中温克尔曼根据过去混乱、零散的资料建立起了一套对古代艺术品系统的研究方法,并表述了他独到的见解——希腊艺术是一种无所不在的理想。他书中所阐述的古典主义美学思想影响了此后一个世纪的艺术理论和美学趣味。在他的时代,"这本书使得公众对搜寻精美的古代文物发生了浓厚的兴趣,它给人们指出了通过文物了解古代文化的方法,点燃了人们发掘更多文化宝藏的希望。"④温克尔曼还最早提出了现代古迹修复的基本原则,他认为"修复艺术品要受到严格的约束:事先研究风格,准确推定日期"⑤。

2) 胜迹和圣迹保护

对于文化景观保护来说,最有意义的是中国文化传统中对风景胜迹的保护和西方文化传统中对宗教圣迹的保护,这是最早以地域为基础的保护,即以场所、地点、环境而不仅仅是单个古迹为目标的保护,这种保护思想今天日益显示出它的价值。

我国古代的自然崇拜,近山者拜山、近水者拜水,孕育演绎出天地神灵与宗教、名山大川与胜迹审美意识的萌芽。自然与人文并蓄是中国景观文化的基本特征,也是风景胜迹的魅力所在。"天人合一的宇宙观和由儒家的理性与道家的玄思构成的人文精神历经数千年的积淀,已深深融入自然景色之中。"⑥人文景观的存在除了增添游赏的兴味和遐想,也是景观设计的重要因素。国人自古就在自然景观绝佳处点缀亭台楼阁,引人注目、驻足玩赏,同时也和自然景观一起,赋予场所性格。春秋战国之际离宫别馆与台榭苑囿的建设推动了邑郊风景区的发展,形成了楚国古云梦泽和太湖地区的风景名胜;战国中叶为开发巴蜀而开凿栈道,形成了千里栈道风景名胜走廊;公元前276年至公元前251年,李冰率众修建的水利工程形成了都江堰名胜……数百年来这些风景胜迹一直是人们传颂游赏、保护传承之地。

公元前22世纪左右出现的大禹治水,可视作我国国土和大地山川景物规划及其综合治理的初始阶段;公元前17世纪我国出现的爱护野生动物、保护自然环境、有节制狩猎,并进而产生保护自然生态与仁德治国等思想,是中国风景名胜发展的传承动因,也是当代永续

---

① Jukka Jokilehto. A History of Architectural Conservation[M]. Oxford: Butterworth-Heinemann, 2002
② [日]针之谷钟吉. 西方造园变迁史[M]. 邹洪灿, 译. 北京: 中国建筑工业出版社, 1991
③ 童寯. 造园史纲. 北京: 中国建筑工业出版社, 1983
④ [德]C. W. 西拉姆. 神祇·坟墓·学者[M]. 刘迺元, 译. 上海: 三联书店出版社, 1992
⑤ Claude Moatti. 罗马考古——永恒之城重现. 郑克鲁, 译. 上海: 上海书店出版社, 1998
⑥ 杜顺宝. 中国建筑艺术全集·卷19·风景建筑[M]. 北京: 中国美术出版社, 2001

利用和可持续发展的概念的源头;《周礼》规定的"大司马"掌管和保护全国自然资源、"囿人掌囿游之兽禁,牧百兽"等制度,对我国古代风景名胜的保护和管理起到了保障作用。这些都印证了我国古代风景名胜保护的萌芽和发端①。

另一方面,中国人对风景胜迹的保护和继承也有自己的特征,这表现为传承。传承指的是有形与无形编织起来的历史网络,维系着民族文化流变不息的生命。传承既是一种文化行为和方式,也是一种文化机制。在中国文化中,历史胜迹环境的物质实体部分"只是怀旧和抒发情感的载体,人们并不很在意胜迹本身原有形式的真实性"②,世代相传的是它的人文内涵和审美意境。

西方的圣迹保护可以追溯到早期的自然崇拜和神话。传说中神灵居住的地方,其自然特征都被拟人化,如神圣的树、石、山、水等,与其他相关人造物一起构成具有神性的场所,作为有代表性的欧洲古代文化景观有的甚至被保存至今,如英国索尔兹伯里附近的巨石阵,就是一处史前的祭祀遗迹。

更多受保护的圣迹是早期的宗教遗迹和宗教场所。就基督教传统而言,这种圣迹保护可以一直追溯到《圣经·旧约》最早的篇章。例如:给一个场所取一个有意义的名字,使这里的含义、信息、传说能够代代相传;建立一座纪念碑、柱子或庙宇来标记一个场所的重要性,使它的神性为后代感知;保护一个物体作为一个事件或一种思想的证明以便将记忆传递给未来的一代。在该书中,对所罗门王神殿的重建,就是圣迹传承的一个重要主题。此外,对以色列人而言,"应许之地"的更新和耕作是一种非常重要的遗产,它使保护和保存延伸到自然和聚居地景观,如城市、葡萄园、房屋和树木③。

基督教的兴起,使得《圣经》成为一种具有普遍意义的经典,影响到整个西方世界。从此以后,宗教场所一直是西方在工业化社会之前重要的保护对象。在此过程中人们领悟了文化遗产保护的完整意义,即"我们不仅要保护教堂的结构方式,还要保护其中联系着人、上帝和教堂建筑的特殊的观念"。

作为早期文化遗产地保护,胜迹和圣迹的保护对于现代保护思想最重要的影响就是对"场所"的保护,即将历史遗存及其赖以存在的有形和无形环境共同保护的观念,这是文化景观遗产保护思想的萌芽。

3) 现代保护运动的兴起和发展

但是,保护和欣赏古代遗迹作为一种广泛的社会运动,乃是起源于一百余年前的西方。

18世纪90年代,法国大革命时期,政府没收了教会、皇家与贵族的财产,其中的不少园林向公众开放或改建成了公共散步区,如杜伊勒里公园(Jardin des Tuileries)、皇宫公园(Du Palais-Royal)等。直到这时,法国人民才有机会游览自己民族的文化遗产。历史不再仅仅让人们梦想,在这些原来仅由国王和贵族们游赏的场所中,法国人民感到了前所未有的平等和自由。正如19世纪的一位无名作家对当时城市园林的描述:

"在那里,可以这样说,实现了最完美的平等。这是一台节目,那些不能拥有田野的人

---

① 丁新权. 江西省风景名胜区保护管理理论与实践研究[D]. 南京:南京林业大学,2004
② 杜顺宝. 历史胜迹环境的再创造——绍兴柯岩景区设计创作札记[C]. 杭州:1999年国际公园康乐协会亚太地区会议论文集,1999
③ Jukka Jokilehto, A History of Architectural Conservation[M]. Oxford:Butterworth-Heinemann, 2002

的田野,让那些永远无法走出关税壁垒的人回到大自然的怀抱……""在这里穷人能在富人旁边行走,他们呼吸着同一空气,享受着同一保护;在这里被情欲折磨的汉子与褊狭的智者可以互相交换极好的忠告。"①

这一时期,历史园林开放作为公园在欧洲许多国家成为都市计划的一部分。在维也纳,约瑟夫二世 1777 年开放普拉特园为"供大众参观的乐园"。同一时期,英国也将往日贵族、富豪驰马行猎的肯辛顿公园(Kensington Garden)、圣詹姆斯公园(St. James Park)以及海德公园(Hyde Park)相继开放。有些历史园林甚至奠定了现代公园的基础,如伦敦摄政公园(Regent Park)。同时,风景园林专业关注和研究的方向也开始有了较大转变,景观的社会价值有了更多的表达,欧洲著名园林理论家希施菲尔德(C. L. Hirschfeld,1742—1792)提出了"国民庭院"的概念,文化与自然因素相结合,以视觉方式表达对新的民主国家的礼赞②。由于这一起源,历史遗产保护在很长的一段时间内一直被看成是一种公益事业;国际保护宪章中也多次强调遗产属于全人类、属于遗产所在地人民;遗产保护的终极理想因此也就体现为免费向公众开放所有伟大的古代遗迹。

可以说,法国革命像一座桥梁,人们背负着历史的财富跨入新的时代。事实上,它一直持续有力地影响着法国以及欧洲其他国家人民的生活。它加深了历史的意识,展现了现实的复杂性、激情的力量、不充分的理论和环境的作用。法国革命时期,教堂的财富和古迹,由于是过去受压迫的象征,变成了要摧毁的目标。同时,这些古迹作为民族成就代表的意识也在形成。法国革命期间产生的新政权倡导保护民族遗产,宣布国家古迹名录,这些今天都被视为在建立现代保护体系之前最有效的保护形式③。

1830 年,在法国成立了欧洲早期最著名的官方古迹保护机构——历史建筑总检查院,作家梅里美(Prosper Mérimée,1803—1870)出任第一任负责人④。他任职期间,由于他的个人热情和巨大声望,该机构在古迹保护与修复事业中及展示古迹广阔的社会价值方面进行了开拓性的工作。

尽管如此,19 世纪的古迹保护理论很大程度上基于对景观主观的评价和浪漫的情感。浪漫主义思想通过文学等形式促进了人们对自然和历史特征的敏感,刺激了新兴的中产阶级在各个层面上对保护历史遗迹的兴趣。这些兴趣通过系统化的研究和理论上的阐述,发展起一种宽容的学术兴趣,促进了保护和修缮精神的传播。

古迹修复被赋予了新的热情,又被 19 世纪下半叶的富有洞察力的历史主义加强。现代考古学的兴起和发展,在艺术形式上导致各种不同历史风格的复兴。在从事与历史古迹修复有关的工作中,人们趋向于达成风格的完善,或者以风格的纯净作为修复的最终目标。由法国著名建筑师维奥莱特·勒·杜克(Viollet-le-Duc,1814—1879)创立的古迹修复方法——"风格修复(Stylistic Restoration)",在当时成为主流,甚至允许建筑师根据自己对古代风格的理解创造性地将古迹完善至理想形式。

至 19 世纪后期,由于实证主义哲学和科学成就的发展,人们对历史的复杂性和客观性

---

① C. Geertz. The Interpretation of Cultures[M]. London: Fontana Press, 1993
② [法]丹尼埃·哈博豪. 法国十八世纪城市内的大自然:散步场所、公园和"景居"[M]//法国华夏建筑研究学会. 法中历史园林的保护与利用. 北京:中国林业出版社,2002
③ [法]Gabrielle van Zuylen. 世界花园[M]. 幽石,译. 上海:世纪出版集团出版,2001
④ [俄]O. N. 普鲁金. 建筑与历史环境[M]. 韩林飞,译. 北京:社会科学文献出版社,1997

的认识进一步加深,"风格修复"这种超越价值判断而基于理想化的逻辑推理的古迹修缮方式遭到了不断的批评,形成了所谓的"反修复运动"。英国艺术评论家拉斯金(John Ruskin, 1819—1900)和莫里斯(William Morris,1834—1896)认为,鉴于古代与当代在社会、经济和文化上的巨大差异,"修复到伟大的古代"的做法是不真实的、自欺欺人的行为,要想获得和古代同样的意义就得改变社会条件[①]。他们的这一思想成为现代西方保护理论中所强调的"原真性"思想的起源,资源的真实性被当作评价过去成就的基础,最终导致了现代遗产保护运动的兴起。

4) 现代历史意识和现代保护思想的形成

从启蒙运动开始形成的现代意识,对上帝、理性、自然和人的观念进行了重新阐释。历史变成了对社会集体经验的解释,在此基础上,人们认识到不同阶段和地域的文化都有其自身的价值。这种新的历史观发展了对文化和习俗多样性、观念和价值差异性的认识,表达了文化与地域、自然与环境的关系,遗产保护因此被定义为一种人文目标,保护的内容不仅包括古代遗迹和艺术品,而且逐渐涵盖了过去岁月中多样的价值领域。1989年联合国教科文组织对文化遗产的定义,可以被认为是这种新的价值观迄今为止的终结阐述:

"文化遗产应被定义为物质符号的整体。它既包括艺术品也包括传递文化信息的象征符号。文化遗产是构成人类文化身份的载体,它赋予了每个特别的场所可识别的特征,储存了人类的历史经验。保护和保存过去的文化遗产应是所有文化政策的基石。"[②]

这个认识发展的过程、遗产概念定义的过程、保护策略形成的过程,就是"现代保护运动"。

随着历史研究从文学转向科学,一种要辨别真伪的科学的历史研究方法开始成为主流。这就出现了一个新的、评价性的古代。18世纪末对于界定"原真与拷贝"是一个重要的年代。这最初出现在绘画和雕塑领域,古迹的价值来源于古代艺术家的原始创造,以及随着岁月流逝而获得的古朴的艺术欣赏价值。遗产保护领域中的"原真性(Authenticity)"概念因此而产生、形成,并得到明确定义。

英国人威廉·莫里斯强调,对古迹"我们没有权力哪怕只是触动它们"[③]。1960年代"原真性"的概念正式引入文物建筑保护的学术领域。1964年制定的历史遗产保护领域的权威性文件《威尼斯宪章》强调了这一思想,提出对历史古迹"我们必须一点不走样地把它们的全部信息传递下去"。在使用时"决不可以变动它的平面布局或装饰"。修复时"目的不是追求风格的统一"。"补足缺失的部分,必须保持整体的和谐一致,但在同时,又必须使补足的部分跟原来部分明显地区别,防止补足部分使原有的艺术和历史见证失去真实性。"此后这个概念扩展到文化遗产保护的所有领域,成为遗产保护领域中的核心概念。

现代保护的关键问题是价值问题,然而价值概念本身在现代已经承受了一系列的转换,正如福科(Michel Foucault,1926—1984)所指出:"价值不再如古典时期那样定义,基于一个完整的等价体系,像一件日用品一样可以相互交换。价值止于一个符号,它变成了一

---

① [芬兰]J. 诸葛力多. 关于国际文化遗产保护的一些见解[J]. 世界建筑,1986,3:11
② Jukka Jokilehto. A History of Architectural Conservation[M]. Oxford: Butterworth-Heinemann, 2002
③ 张钦哲. 英国古建筑及古城特色保护述略[J]. 建筑师,1985,21:48

个产品。"[①]保护运动基于对文化多样性和价值相对性的认识，这形成了界定"历史古迹"作为国家遗产概念的基础，逐步发展出一种由国家控制，以法律为保障，通过条文实施管理的遗产保护方法。

1.1.2 以国际保护宪章和法规为基础的保护理论的逐步形成与完善

整个20世纪，文化遗产的保护发展到国际的层面，涉及很多国际组织如联合国教科文组织（United Nations Educational, Scientific and Cultural Organization，简称 UNESCO）、国际古迹遗址理事会（International Council on Monuments and Sites，简称 ICOMOS）、国际文物保护与修复研究中心（International Centre for the Study of the Preservation and Restoration of Cultural Property，简称 ICCROM）、国际博物馆协会（International Council of Museums，简称 ICOM）等对保护宪章的界定，建议、公约和管理规则的制定，促进公众的保护意识，以及进行保护管理人员的培训。受保护文化遗产的内容也从历史古迹和艺术品扩展到人类学采集物、历史园林、城镇、村庄和景观。这种物质规模上的增长和对文化多样性的认识，最终导致了对19世纪以来的文化遗产概念和管理策略的重新评估，并在此基础上形成了现代保护理论。

1) 两部雅典宪章：普遍适用的保护原则的形成

在1930年代初的雅典，先后产生了两部对以后世界建筑和城市的发展影响深远的宪章。第一部为1931年在雅典举行的历史古迹建筑师及技师国际会议（International Congress of Architects and Technicians of Historic Monuments）第一次会议上通过的《关于历史古迹修复的雅典宪章》（*The Athens Charter for the Restoration of Historic Monuments*），本文称之为《第一雅典宪章》；第二部在1933年 CIAM[②] 雅典第四次大会上形成，最初由吉迪翁等人起草，题为"声明"（Constatations），后经勒·柯布西埃修订和编辑，在1943年正式以《雅典宪章》（*La Charte d'Athenes*）的名称发表，本文称之为《第二雅典宪章》。《第一雅典宪章》是1960年代以后一系列关于保护历史建筑、城镇和街区的国际文件的先驱和源泉，其历史地位非常重要，作为后来著名的《威尼斯宪章》的基础，它提出一些影响至今的保护原则。自此以后，保护运动的许多成就都在于对制止环境衰退、保护自然资源、保存历史和文化景观的立法。

《第一雅典宪章》的产生，主要基于欧洲历史遗产保护运动的推动。进入20世纪之后，现代建造技术和建成环境与历史环境间的差异日益巨大，使保护和保存历史古迹的要求和努力变得更为迫切。第一次世界大战对欧洲的许多著名古迹造成了严重破坏[③]。战后对历史街区、城镇及古迹的修复和重建工作引起了许多探讨，对于不同的修复重建手段中何者更为适当也有许多争论。

与此同时，欧洲现代建筑运动正蓬勃兴起并日益不可逆转地改造着城市街区的面貌，但是又和历史积累下形成的传统建成环境产生日益严重的视觉冲突，使得历史遗产的保护

[①] Philip Pregill, Nancy Volloman. Landscapes in History: Design and Planning in the Eastern and Western Traditions[M]. 2nd ed. New York: Van Nostrand Reinhold, 1999

[②] Congrès Internationaux d'Architecture Moderne，国际现代建筑师协会，1929年成立于日内瓦。

[③] 马丁·吉尔伯特. 二十世纪世界史[M]. 西安：陕西师范大学出版社，2003

出现了空前的紧迫性。

战后第一个重要的国际组织——国际联盟于1920年成立,该组织由于美国拒绝参加,实际上主要由欧洲国家组成。欧洲第一次可以在超国家的层次探讨具有普遍性的社会与文化问题,使人们认识到了国际协作、国际条约的指导和约束作用的重要性。

1930年10月国际联盟的一个下属机构——国际博物馆局(International Museums Office)在意大利罗马召开会议,讨论如何用科学的方法检验、保护和修复艺术品;第二年10月又在希腊雅典召开会议,研究建筑遗产的保护问题。这次会议由国际博物馆局局长儒勒·德斯特里主持,来自23个国家的长期从事历史建筑保护和修缮的建筑师和技师出席了这次会议,主要讨论了7个议题:(1)一般性原则和定义;(2)历史古迹的立法和管理措施;(3)古迹美学价值的提升;(4)古迹修复;(5)古迹状况的恶化;(6)保护的技术;(7)古迹保护和国际合作。会议所形成的结论集中成为一份文件,即《关于历史古迹修复的雅典宪章》。

与此同时,现代建筑的发展也到达了一个关键时期。1933年7月27日,在从法国马赛驶往雅典的一艘船上,CIAM召开了这个组织成立以来的第四次会议。会议的主要议题是"功能城市(Functional City)",会议最后文件即后来的《雅典宪章》,主要内容包括与现代城市相关的3个问题:(1)区域环境中的城市;(2)城市的四大功能:居住、工作、游息与交通,以及历史遗产;(3)结论①。

制订两部《雅典宪章》的人基本上可以说是完全毫不相干的两群人。其中一群人关注的是历史古迹的保护,眼光完全是向后看的;另一群人关注的则是未来城市的发展及其面貌,眼光完全是向前看的。然而在这个特定的时候,就一个特定的问题,这两群人的眼光交叉到了一起。

《第一雅典宪章》所关注的是单个的古迹及其周边环境,或小块孤立遗址的保护。其主要思想,在于确保古迹的历史特征不受损害,并就此提出了一系列具体的手段和要求。主要包括:

(1) 为确保古迹的历史价值,应完全放弃修复以避免与之俱来的风险,通过建立一种经常和持续的维护体系来确保建筑物的永久保存。当由于衰败和破坏使得修复成为不可避免时,对于任何特定时期的风格,均应当尊重遗迹的历史和艺术的特征。

(2) 历史古迹的所有权应予以维持,以保证它们生活的连续性;但它们应在尊重历史和艺术特征的目的下加以使用。

(3) 历史建筑的结构、特征、它所属的城市外部空间都应当得到尊重,尤其是古迹周围的环境应当特别重视。某些特殊的组群和特别美丽的远景处理也应当得到保护。

(4) 应当进行关于对古代纪念物或纪念群落的视线保护的植物配置研究。

(5) 在艺术和历史纪念物周围不搞对公众宣传的设施,不竖阻挡视线的电线杆,不建有噪声的工厂,也不立其他高杆。

---

① 由于国内流传的中文版《雅典宪章》与其他语言的文本在体例和内容上均有所不同,本书中有关《雅典宪章》之内容及引文均以英文版为准,全文见 Congress Internationaux d'Architecture Moderne (CIAM). La Charte d'Athenes or The Athens Charter, 1933. Trans. by J. Tyrwhitt. Paris, France: The Library of the Graduate School of Design, Harvard University, 1946.

（6）应正确使用所有的现代技术，特别是钢筋混凝土；但这种加固工作应当在任何情况下都予以隐藏，以使历史纪念物的外观和特征得到保护。

（7）各国建筑师和古迹的管理者应与物理、化学、自然科学方面的专家协作，共同决定对每个项目采取适当的保护措施以使其不受大气污染的损害。

（8）废墟应予以谨慎的保护，并在任何可能的时候逐步复原其原有的部分；在此过程中所使用的新材料必须可以被识别①。

上述内容牵涉到三方面的工作：首先是对单个古迹或考古遗址的保护策略；其次是保护的技术和方法；最后是对其所在环境的关注——主要是视觉环境和美学上的关注，但也提及了大气环境这样技术性的问题，以及生活环境这样社会性的问题。

《第二雅典宪章》的主要内容，是现代城市规划的基本原则。和《第一雅典宪章》完全不同，该宪章的制订者基本上没有参加过任何与历史保护有关的活动，核心人物勒·柯布西埃虽然对雅典卫城遗址尤其是帕提农神庙赞赏有加，但对城市中的历史古迹的保护一向毫无兴趣，事实上在他1925年为巴黎中心区提出的规划方案中，要求夷平大量的历史街区，只剩下卢浮宫等几处孤立的历史建筑②。这一规划在当时就已经遭到了社会的普遍批评。到了1933年，随着现代建筑运动的发展，欧洲城市中现代与历史的矛盾日益明显和突出，城市中的历史古迹已经成为城市规划理论和实践无法避免的问题。因此，尽管柯布西埃在CIAM Ⅳ的主题演说中仍未包含和历史保护有关的内容，但在讨论最后文件时，据称"经过长时间的讨论"，"现代城市中历史建筑和街区的角色"终于成为一个核心问题③。在该宪章最后的文本中，尽管总的来说对历史遗产的存留仍然持怀疑态度——例如认为"各种气派非凡的历史纪念建筑的遗迹经常使交通更为复杂"④，并暗示对历史古迹的保护有可能阻碍城市的发展⑤，但在阐述完了城市四大功能之后，《第二雅典宪章》还是专门增加了一节关于历史遗产的条文，提出要保护"建筑艺术作品，包括独立的建筑物或建筑群"。

按照该宪章的思想，对此种"建筑艺术作品"加以保护的先决条件是：

（1）该建筑确实反映了一种历史或文化；

（2）对该建筑的保护确实符合公众利益；

（3）对该区域的保护不会迫使人们生活在一个不卫生的环境之中。

从城市规划的角度，该宪章提出了具体的保护规划手段，包括：

（1）调整城市交通结构，使主要交通线不受历史保护的影响；

（2）调整历史保护区所在地段原有的城市中心功能；

（3）清除历史古迹周边的贫民窟，以便为城市创造新的开放空间；

（4）即使是在历史地段中，新建的建筑在建筑风格上也不应采用传统的建筑风格⑥。上

---

① 关于历史古迹修复的雅典宪章(The Athens Charter for the Restoration of Historic Monuments)[G]//张松. 城市文化遗产保护国际宪章与国内法规选编. 上海：同济大学出版社，2007

② Le Corbusier et Pierre Jeanneret. Oeuvre Complete de 1929—1934. Zurich：Les Editions d'Architecture (Artemis)，Treizieme edition，1995

③ Eric Mumford. The CIAM Discourse on Urbanism 1928—1960[M]. Cambridge：MIT Press，2000

④ Le Corbusier，CIAM. The Athens Charter(第57条)[M/OL]. https://en.wikipedia.org/wiki/Athens_Charter

⑤ Le Corbusier，CIAM. The Athens Charter(第68条)[M/OL]. https://en.wikipedia.org/wiki/Athens_Charter

⑥ Le Corbusier，CIAM. The Athens Charter(第65—70条)[M/OL]. https://en.wikipedia.org/wiki/Athens_Charter

述内容主要立足于解决城市中的新建部分和原有部分的矛盾,是在整个城市的尺度上看待历史保护问题。

这样,两部《雅典宪章》从完全不同的出发点开始,最终涉及了同样的问题;观察问题的视角完全不同,所提出的解决方案却相辅相成。以后这两方面的思想逐渐得到综合,都成为历史遗产保护的核心思想。

2)《威尼斯宪章》:国际保护原则的建立

《第一雅典宪章》是第一份有关历史保护的国际文件;《第二雅典宪章》是第一份在世界范围内具有重大影响的城市规划纲领性文件。就历史遗产的保护而言,两部宪章的观念和内容在许多方面都具有前所未有的开创性;但这些观念真正为国际社会接受,成为公认的普遍准则,则要以1964年的《威尼斯宪章》为标志。

(1) 倡导遗产保护领域的国际合作和国家立法。由于《第一雅典宪章》一经提出,就成为一个范本,在它的倡导之下,意大利等一些国家据此形成和建立了本国的历史古迹保护条例以及修复规范,从而开始了国家立法进行遗产保护的时代。

《第一雅典宪章》建议成立一个国际组织,以便为古迹修复提供操作上的帮助和建议。虽然在1930年代,国际联盟自身风雨飘摇,第二次世界大战的阴影逐渐浮现并最终成为现实,这样的组织一直未能建立;但在1960年代以后,由一个新的、更大的国际组织——联合国教科文组织的推动,于1964年召开了历史古迹建筑师及技师国际会议第二次会议,通过了著名的《威尼斯宪章》,并在次年成立了国际古迹遗址理事会(ICOMOS)——一个由致力于保护古迹遗址的专业人士组成,主要是为国际间交流、评估和传播保护原则、技术、政策提供论坛的国际性非政府组织。此后,ICOMOS提出的一系列国际古迹修复和保护指导性文件构成了现代保护理论的基本框架。现在该组织已经在许多国家设有分支机构,并定期组织国际会议、古迹修复技师的培训,以及其他教育普及活动。

国家立法和国际合作的规模和范围此后不断扩大,并相互作用。1972年,联合国教科文组织通过了《保护世界自然和文化遗产公约》,今天它已成为国际公认的立法标准,世界上许多国家都依此建立或修订了自己的遗产保护和登录制度及相关法律。世界自然和文化遗产的申报和评定,现在已成为各国文化交流的重要领域。

(2) 现代技术和材料的合理使用。虽然具体古迹修缮的技术千差万别,但1930年代前主要倾向于使用与所维修古迹相同或接近的传统技术。传统技术有悠久的使用历史,工艺上较为成熟,往往被认为是较为稳妥的维修方式;但在工业时代以后,随着一般技术手段的飞速发展,现代技术也开始应用于古迹维修。虽然它和传统技术相比在效率上往往有明显优势,但由于和古迹本身的建造技术往往相距甚远甚至完全不同,也时常引起争议。《第一雅典宪章》认识并明确提出了这个问题:指出可以"正确使用所有的现代技术,特别是钢筋混凝土"来修复古迹。但同时,宪章也明确指出,任何这样的使用都必须加以隐藏①。这一点以后有进一步的发展:在1964年的《威尼斯宪章》中,明确指出"必须利用有助于研究和保护建筑遗产的一切科学和技术来保护和修复文物建筑"②;同时,"补足缺失的部分,必须保

---

① 参见由张松主编的《城市文化遗产保护国际宪章与国内法规选编》(同济大学出版社,2007版)中《关于历史古迹修复的雅典宪章(The Athens Charter for the Restoration of Historic Monuments)》一般性结论第四条。

② 陈志华. 威尼斯宪章(第三项)[J]. 世界建筑,1986,3:13-14

持整体的和谐一致,但在同时,又必须使补足的部分跟原来部分明显地区别,防止补足部分使原有的艺术和历史见证失去真实性"①。

（3）保护历史遗产的周围环境。与当时一般保护对象仅限于单个古迹上相比,《第一雅典宪章》提出了要注意保护历史遗址周围的环境。"会议建议历史建筑的结构、特征、它所属的城市外部空间都应当得到尊重,尤其是古迹周围的环境应当特别重视。某些特殊的组群和特别美丽的远景处理也应当得到保护。"②这一建议之后成为《威尼斯宪章》和其他各项关于遗产保护的国际文件的基本内容之一。

（4）认识到历史遗产保护与城市的关系,这是《第二雅典宪章》最重要的贡献。不管出于何种目的,该宪章实际上是要求通过交通组织、功能置换、周边环境清理整治等手段,将城市中的历史地段和历史建筑物隔离出来,以体现其功能分区的原则,从而形成了最原始的城市中的历史保护街区的概念。这一先锋性的概念直到1960年代才在城市规划的实际操作中得到实施。1962年法国制订了保护历史性街区的法令,第一次使明确界定一个保护区的边界成为可能③。1976年 UNESCO 提出的《关于历史地区的保护及其当代作用的建议》(Recommendation Concerning the Safeguarding and Contemporary Role of Historic Areas,即《内罗毕建议》)和1987年 ICOMOS 制定的《保护历史城镇与城区宪章》(Charter for the Conservation of Historic Towns and Urban Areas,即《华盛顿宪章》)中对城市历史保护区给出了更为明确详细的界定,并提出了更为恰当和详尽的保护建议。

（5）古迹修缮中"可识别性"原则的提出。这个原则的提出具有划时代的意义,它意味着对古迹的保护和修缮从美学逐渐走向科学。《第一雅典宪章》明确指出对于古迹遗址要以考古学的方法来修复,"在此过程中所使用的新材料必须可以被识别"④。对于19世纪在修复中突出完善一种风格的所谓"风格修复"的做法,《第一雅典宪章》指出古迹上的所有时代的风格都应当受到尊重⑤。《第二雅典宪章》则强调在古建筑区和古迹周围建造新建筑应当新、旧截然分开,反对任何传统建筑风格在新建筑上的延续或引入⑥。今天,这种"修旧如旧,补新以新"的修复方式在西方已成为主流。

（6）认识到历史遗产保护与社区和居民之间的关系。西方早期的历史保护体现了社会精英的历史观,是带有相当理想主义色彩的工作,对历史遗产的关注也主要集中在美学的角度。这两部宪章同样带有这样的痕迹,如《第一雅典宪章》提出要尊重古迹如画的特征,《第二雅典宪章》认为新建筑和历史古迹应当在建筑风格上截然分开。但是时代发展到这一刻,历史遗产的保护和利用远不再是少数精英的使命,《第一雅典宪章》已经注意到了社区在保护古迹中的角色,指出："大会建议历史古迹的所有权应予以维持,以保证它们的生

---

① 陈志华.威尼斯宪章(第十二项)[J].世界建筑,1986,3:13-14
② 张松主编的《城市文化遗产保护国际宪章与国内法规选编》(同济大学出版社,2007版)中《关于历史古迹修复的雅典宪章(The Athens Charter for the Restoration of Historic Monuments)》一般性结论第三条。
③ Spiro Kostof. The City Assembled[M]. London: Thames & Hudsun, 1992
④ 张松主编的《城市文化遗产保护国际宪章与国内法规选编》(同济大学出版社,2007版)中《关于历史古迹修复的雅典宪章(The Athens Charter for the Restoration of Historic Monuments)》的一般性结论第六条。
⑤ 张松主编的《城市文化遗产保护国际宪章与国内法规选编》(同济大学出版社,2007版)中《关于历史古迹修复的雅典宪章(The Athens Charter for the Restoration of Historic Monuments)》一般性结论第一条。
⑥ Le Corbusier, CIAM. The Athens Charter(第70条)[M/OL]. https://en.wikipedia.org/wiki/Athens_Charter

活连续性;但它们应在尊重历史和艺术特征的目的下加以使用。"①《第二雅典宪章》谈及了古迹周边的社区改造:"清除历史古迹周边的贫民窟,可以为创造新的开放空间提供机会";并提出历史遗产的保护不应影响所在地点居民的生活质量②。这一思想在1960年代以后的一系列国际文件中日益明确,具有日益重要的地位。

3) 遗产属于全人类:普世原则与文化多样性

1972年联合国教育、科学及文化组织(UNESCO)大会第十九届会议在巴黎通过了《保护世界文化和自然遗产公约》与《文化遗产及自然遗产保护的国际建议》。《世界遗产公约》提出了遗产属于全人类的观念,并设立世界遗产委员会(World Heritage Committee)对具有突出的普遍价值的人类遗产进行登录保护。对列入《世界遗产名录》(World Heritage List)的古迹遗址,UNESCO监督并资助它的保护。1976年UNESCO提出《关于历史地区的保护及其当代作用的建议》(即《内罗毕建议》)。这个建议提出了历史保护过程中要注意保护生活的连续性的重要思想。《建议》指出:"在保护和修缮的同时,要采取恢复生命力的行动。因此,要保持已有的合适的功能,尤其是商业和手工业,并建立新的。为了使它们能长期存在下去,必须使它们与原有的、经济的、社会的、城市的、区域的、国家的物质和文化环境相适应。……必须制定一项政策来复苏历史建筑群的文化生活,要建设文化活动中心,要使它起促进社区和周围地区的文化发展的作用。"

1977年国际建筑师及城市规划师会议提出的《马丘比丘宪章》,以一个古代文明遗迹命名,目的就是要体现出对传统文化和自然环境的尊重。就遗产保护方面,它提出了"保护、恢复和重新使用现有历史遗址和古建筑必须同城市建设过程结合起来,以保证这些文物具有经济意义并继续具有生命力""在我们的时代,近代建筑的主要问题已不再是纯体积的视觉表演而是创造人们能生活的空间。要强调的已不再是外壳而是内容,不再是孤立的建筑,不管它有多美、多讲究,而是城市组织结构的连续性"等城市有机发展的思想,使古迹遗址不再仅仅被看作静态的保护对象。

基于人们对历史环境认识的不断发展,ICOMOS于1982年发布的《佛罗伦萨宪章》和1987年发布的《华盛顿宪章》,分别探讨了历史园林景观和城市中历史街区的特征和保护方式。1981年澳大利亚ICOMOS提出的《保护具有文化意义的场所的巴拉宪章》从另一个角度阐述了对历史环境的认识,这就是"场所"。这个宪章提出了三个新的保护对象,即"场所(Place)""文化意义(Cultural Significance)""结构(Fabric)",来代替以前的保护对象"古迹遗址",场所和文化意义都是对一个环境的描述,而"结构意味着场所所有的物质材料",这些都表明保护超越了单个具体的实物,保护的对象就是环境本身。

20世纪90年代以后,ICOMOS发布的宪章反映了人们对遗产的多样性及其不同的保护方式的认识,如1990年发布的《考古遗产的保护和管理宪章》、1996年发布的《水下文化遗产保护和管理宪章》、1999年发布的《关于乡土建筑遗产的宪章》。近年来另一突出问题就古迹保护和游览之间的矛盾,甚至连国际旅游协会主席都宣称,他多年来奋斗的目标就

---

① 选自张松主编的《城市文化遗产保护国际宪章与国内法规选编》(同济大学出版社,2007)中的《关于历史古迹修复的雅典宪章(The Athens Charter for the Restoration of Historic Monuments)》一般性结论第一条。

② Le Corbusier,CIAM. The Athens Charter(第67、69条)[M/OL]. https://en.wikipedia.org/wiki/Athens_Charter

是把旅游业从纯盈利的目标中解放出来。①

1999年ICOMOS发布的《关于文化旅游的国际宪章》在承认旅游业能为"保护和维持遗产和文化实践提供重要的意义和手段"的同时，对于在遗产保护地发展旅游业提出了一些要求，如旅游规划"应当考虑美学、社会和文化的尺度，自然和文化景观，生物多样性，以及遗产场所的更大范围的视觉关联。应该优先使用地方材料，并反映地方建筑风格或乡土传统""遗产场所的保护和旅游业的规划应该确保游客获得有价值的、满意的和令人愉快的体验"，以及"在遗产场所被用于开发旅游业之前，经营计划应该评价资源的自然和文化价值。然后它们应当对可以接受的改变建立适当限制，特别是访客数量对遗产场所物理特征、整体性、生态和生物多样性的影响，对当地道路和运输系统，以及遗产所在社区社会、经济、文化的影响。如果改变大到无法接受，那么开发计划应该被修正"。

这一系列国际宪章的颁布实施，对国际历史保护事业具有重要的指导作用，但也要看到上述文件都是以欧洲文化传统为背景制定的。《世界遗产公约》的161个缔约国之间的文化、社会、经济、历史各不相同，可以遵从共同的精神，但不必套用同样的原则。在中国、日本等东亚国家，对传统的木结构建筑的保护，历来以落架重修作为一种重要的手段，这与西方国家基于砖石砌体结构建筑而发展的对原真性概念的理解有着冲突。为解决这一冲突，1994年11月，来自28个国家的45位与会者在日本古都奈良专门探讨了如何定义和评估"原真性"的问题，会议最后形成了与世界遗产公约相关的《关于原真性的奈良文件》。《奈良文件》首先强调了"文化多样性与遗产多样性"，然后将"信息源的可靠性与真实性"作为评判"原真性"的重要基础；而"信息源是所有使了解、认识文化遗产的性质、特点、意义和历史成为可能的实物、文字、口头和形象的资料。"②文化的差异不仅涵盖了那些被关注的表面特征，而且包括了它的组织形式。

至20世纪末，国际社会对遗产概念的认识又有了进一步深化。1999年11月，联合国教科文组织执行委员会决定设立"人类口头和非物质遗产代表作名录"(Masterpieces of the Oral and Intangible Heritage of Humanity)计划，中文现在一般简称"世界非遗名录"。2001年，联合国教科文组织经过评选，公布了第一批名录，包括中国的昆曲等19项代表作。2003年，联合国教科文组织在巴黎举行第32届大会，通过了《保护非物质文化遗产公约》，要求保护非物质文化遗产；尊重有关群体、团体和个人的非物质文化遗产；在地方、国家和国际一级提高对非物质文化遗产及其相互鉴赏的重要性的意识；开展国际合作及提供国际援助③。这部公约为各成员国制定相关国内法提供了国际法依据。2006年，公约得到多个国家批准生效，并经缔约国选举产生了保护非物质文化遗产政府间委员会。至此，"文化遗产"包含有形的物质文化遗产与无形的非物质文化遗产，已经正式形成国际共识。

2008年国际古迹遗址理事会在加拿大魁北克举行第16届年会，通过了《关于场所精神保存的魁北克宣言》。这部宣言认为，有形与无形遗产的特质不可分割，无形遗产赋予了有形遗产和场所特别的意义、价值与文脉。《魁北克宣言》将场所精神定义为由有形(建筑物、场地、景观、路线、物体)和无形(记忆、口述、书面文件、仪式、庆典、传统知识、价值、气味)的

---

① 王世仁. 王世仁建筑历史理论文集[M]. 北京：中国建筑工业出版社，2001
② 张松. 历史城市保护学导论[M]. 上海：上海科学技术出版社，2001
③ UNESCO. Convention for the Safeguarding of Intangible Cultural Heritage. Paris，2003

元素构成,物质和精神的成分共同赋予场所意义、价值、情感与神秘感。因此"场所"的保存既要考虑古迹、场地、景观、路线与文物的保存和维修计划,也要保存和传播赋予场所的灵魂的记忆、口头叙述、书面文件、仪式、庆典、传统知识、价值、气味等无形元素①。

综上所述,我们可以看到,历史遗产保护理论在20世纪有了长足的发展:从保护著名的纪念物到保护"由于时间流逝而获得意义"的环境;从保护美学价值到保护生活、环境的连续性;从对保护标准教条的评判到承认多种保护方式的存在;从保护具体的物质对象到保护文化景观;从单纯的保护到历史街区的复兴、发展遗产地旅游业,等等。这些意识对保护策略的选择是非常关键的,它要求持续使用和尊重前工业时代的传统;在城市和乡村的整体环境上,对变化的控制和价值重建都在对物质遗存的保护中扮演了非常重要的角色。

1.1.3 后工业社会遗产保护思想和实践的新发展

20世纪下半叶以来,环境恶化和资源枯竭问题摆在了人们面前。保护和保存的要求和努力都变得更为迫切,历史保护运动伴随着环境保护运动一起成长起来。科学技术既给了保护理论更多的客观证据,同时也加速了环境状况和视觉特征的变化;人口剧增使农业生产要求更多的土地,杀虫剂的使用使小动物大量死亡;交通运输的发展使更多的人希望和可能到达远离家乡的风景及历史胜地游览;这些都造成了古迹使用与保护间无尽的矛盾。

早期景观方面的历史保护实践多集中在历史园林、建筑的修复,以及对已成废墟的古代遗迹进行遗址绿化等处,其中许多工作都是由私人机构完成的。如成立于1858年的非营利性保护组织美国弗农山庄妇女联合会(Mount Vernon Ladies' Association),该组织的主要工作包括修复和向公众开放美国第一任总统乔治·华盛顿的故居及其家族种植园。早期的历史保护体现了社会精英的历史观即"社会拯救"②,是带有相当理想主义色彩的工作。但很快人们就从这种出自理想的保护民族历史的本能或保存艺术品的冲动中,捕捉到了利用历史角色作为吸引旅游、发展经济的可能性。

一些人意识到"历史遗产"也可以成为一种生意。较早为旅游业进行大规模恢复重建的是美国弗吉尼亚州的威廉斯堡。他们将重建这一地区光荣的过去当作其在经济上未来的保证。在1920年代制定的规划将时间停止在1790年代,使这个小镇的视觉历史出现一段巨大的空白,目的是将"现代"建筑从市镇景观中清除出去,以保证这个殖民小镇视觉上的纯洁性。③ 这种虚构城市建造时代的做法,今天遭到了激烈的批判,但它整体性保护的理念却也成为保护运动的重要思想。

对于欧洲历史景观的管理者来说,美国人搞的这一套具有主题公园的性质,由于坚信某些传统城市景观不应当成为现代主义的牺牲品,同时又需要一种战略来避免历史城镇变成由旅游者供养的不事生产的记忆博物馆,一些意大利学者强调对城市肌理的历史发展方向的选择要采用学术研究的方法。每一个保护项目都开始于识别城市街区的原型样本——即来自于经数世纪发展形成的城市肌理的建造原型。基于这种认识,历史街区的保

---

① ICOMOS. On the Preservation of the Spirit of Place. Québec, 2008
② 董卫. 城市更新中的历史遗产保护[J]. 建筑师, 94: 36
③ Spiro Kostof. The City Assembled[M]. London: Thames & Hudson, 1992

护与更新不是要拆除拥挤的住房,而是要拆除那些危险的搭建以揭示其原始的建造形态。当新的建筑插入历史街区中,多样性也是允许的,只要维持传统的街区尺度、视觉上的持续性和原有的环境风貌,同时要注意既不采用不合时宜的现代主义风格,也不采用虚假的"正确的"外加立面①。此后,城市设计开始在遗产保护中发挥重要作用。

20世纪后期,保护运动的思想和实践在更新城市中衰退的旧城中心商业区、工业区的复兴计划中得到了进一步的延伸和发展。具体做法是复兴可重新使用的旧城中心结构,保存沿街建筑的立面细部和街区尺度。也有转换场地的使用功能,如将废弃的码头进行景观设计后变为滨水风景带等。尽管此类开发计划多数都带有强烈的商业倾向,但它通过对资源的有效利用,使保护思想获得了生态学上的意义。

正是因为对环境价值的觉察,景观规划越来越得到重视。保护运动的许多成就既限制了对大尺度环境的改造,同时也使景观规划从传统的范畴中转向在自然和文化资源保护的实践中发挥领导作用。德国规划专家G.阿尔伯斯教授认为:"景观规划,发源于园林建筑学,直到本世纪中叶才为公共意识广泛接受。当然,在此之前景观规划也做出了一些很有成就的个别实例,但是直到最近公众才认识到,景观规划从事的是大范围的,包括整个环境在内的景观建设和保护工作。"②

20世纪70年代之后,历史遗产保护越来越超越对建筑和小块遗址的保护,而更加面向整个设计和文化景观。正如俄罗斯的普鲁金教授分析的那样:人们开始时只是认识到历史环境的价值,将古迹与历史事件结合起来评价,然后逐步认识到城市规划体系本身的价值。③ 1980年代末美国通过的所谓的《奥姆斯特德法案》,提出文件和评估将早期先锋景观建筑师如奥姆斯特德家族、凯斯勒、克利夫兰、韦登曼等人的工作登录为国家遗产。和对这些少数景观建筑师的作品重视相比,更令人鼓舞的是两个发布于1980年代末期的美国国家遗产公告,它们强调了景观设计和文化景观都应该能够被列入遗产目录,以全面认识它们的艺术和历史价值。④

20世纪末,文化和自然遗产面对前所未有的威胁,和文化遗产保护运动相平行的是对自然和环境,资源管理、环境的可持续性、增长限制的意识。这使自然和文化遗产发展出了共同的关联,"保护"从西方的社会运动发展成为一种全球化的行动。

随着文化遗产定义拓展到普通人生活环境的保护和广大的乡村和城市景观,文化价值的评判越来越联系着经济活动,遗产保护越来越涉及城乡规划过程,这种变动使遗产政策和管理体系进一步复杂化。同时,现代的遗产保护并不意味着回到过去,而是要在现存文化、物质和环境资源中可持续地发展,这种思想已成为一种共识。

1.2　世界现代自然遗产保护的思想历程

整个20世纪波澜壮阔的自然保护历史所包含的矛盾冲突、掠夺与发展以及种种社会生

---

① Spiro Kostof. The City Assembled[M]. London:Thames & Hudson,1992
② [德]G. 阿尔伯斯. 城市规划理论与实践概论[M]. 吴唯佳,译. 北京:科学出版社,2000
③ [俄]O. N. 普鲁金. 建筑与历史环境[M]. 韩林飞,译. 北京:社会科学文献出版社,1997
④ Philip Pregill, Nancy Volloman. Landscapes in History:Design and Planning in the Eastern and Western Traditions[M]. 2nd ed. New York:Van Nostrand Reinhold,1999

态危机不是短短几行文字所能描绘的,在此,仅仅对自然保护观念的主要变化作一检索。

现代自然保护运动的本质来源是工业革命以来工业文明对生态环境的破坏,但最初点燃自然保护思想的是浪漫主义观念。在19世纪,对自然环境的敏感被浪漫主义文学家、艺术家的作品唤醒,例如梭罗(Henry David Thoreau,1817—1862)的《瓦尔登湖》(*Walden*,1854)[①]。瓦尔登湖不仅是梭罗生活居住的场所,也是他精神的家园、心灵的故乡——瓦尔登湖上的冬去春来、松脂的芳香、鸟雀的啼鸣,带给人们无限的神往,给自然保护涂上了富有诗意的浪漫,刺激了知识阶层对自然保护的兴趣。然而在20世纪上半叶,对经济增长的渴望远远超过对自然保护的意识,仅仅在一小部分社会上层精英中,初步形成自然保护的观念。

1948年在联合国教科文组织的支持下,一个世界性的自然保护组织——世界自然保护联盟(International Union for Conservation of Nature,IUCN)成立了,作为一个专家组织,其宗旨在于"影响、鼓励及帮助世界各国保护自然的完整性和多样性,确保自然资源公正地、生态上可持续地利用"。此后这个组织在界定自然保护的观念、方法,组织自然保护的国际协作方面起到了重要作用:帮助国家环境立法和国际环境公约的建立,如1972年的《保护世界文化和自然遗产公约》、1975年的《濒危野生动植物物种国际贸易公约》等;并开创性地提出了可持续发展、生物多样性和生态系统管理等自然保护理念[②]。

在IUCN的推动之下,首先在主要的工业化国家建立起自然保护组织,并让它们逐渐参与到国际性的保护工作之中。美国大自然保护协会(The Nature Conservancy,TNC)成立于1951年,是一个主要的国际保护组织,总部设于华盛顿。其任务是保护植物、动物和自然生物群落,通过保护它们赖以生存的陆地和水体来展现地球生命的多样性。目前,该协会是最大的非政府自然保护组织之一,拥有并管理着大约1600个美国的自然保护区。

1.2.1 1960年代:激荡岁月

1960年代,"生态"变成了环境问题的热门词汇——一个对自然环境固有价值欣赏的伟大时代到来了。

1962年,蕾切尔·卡逊(Rachel Carson,1907—1964)的著作《寂静的春天》(*Silent Spring*)第一次对长期流行于西方世界的口号——"向大自然宣战""征服大自然"的绝对正确性提出了质疑。她注意到化学杀虫剂的生产和应用,殃及很多有益生物,最终连人类自己也不能幸免。最使公众警觉的不是她所述及的个别可怕的事例,而每个故事都是悄悄发展着的、看不见的,却又巨大得足以使地球窒息的锁链中的一环。然而这本书尚未出版,卡逊就受到嘲弄和控告的威胁:一些化学制品公司领头攻击,并且受到美国农业部的支持;新闻媒体也帮腔指责,如《时代》杂志评论说,卡逊过分简化,彻头彻尾的错误……有许多可怕的一般化和不实之处。但是这种出于私利的蛮横攻击并未得逞,反而激起了公众的环境保护意识,《寂静的春天》成了轰动全美国的畅销书,并引起了广泛的国际反响,至今仍被认为

---

① Philip Pregill, Nancy Volloman. Landscapes in History: Design and Planning in the Eastern and Western Traditions[M]. 2nd ed. New York: Van Nostrand Reinhold, 1999

② http://www.iucn.org/

是环境保护主义的奠基石①。此后1970年代制定的一系列环境法案都受到这本深刻的小册子的影响,它被称为"第一次由一个科学家作的地球环境影响的陈述"②。

同年,自然保护联盟在美国西雅图召开了第一届世界国家公园和保护地大会(World Parks Congress,WPC),旨在使全世界对国家保护地有更深刻的了解,鼓励进一步发展全球国家保护地运动。大会讨论的话题如人类对野生动植物的影响、物种灭绝、旅游业的经济效益以及保护地管理等,都是首次被提出,而且至今仍是自然资源保护的关键问题。

1.2.2 1970年代:可持续发展观的形成

1968年,来自世界各国的几十位科学家、教育家和经济学家等齐聚罗马,成立了一个非正式的国际协会——罗马俱乐部(The Club of Rome)。其工作目标是关注、探讨与研究人类面临的共同问题,使国际社会对人类的困境包括社会的、经济的、环境的诸多问题有更深入的理解,并提出应该采取的能扭转不利局面的新态度、新政策和新制度。受俱乐部的委托,以麻省理工学院教授丹尼斯·梅多斯为首的研究小组,针对长期流行于西方世界的高增长理论进行了深刻反思,并于1972年提交了俱乐部成立后的第一份研究报告《增长的极限》(*The Limits to Growth*),深刻阐明了环境的重要性以及资源与人口之间的基本联系。报告认为:由于世界的人口增长、粮食生产、工业发展、资源消耗和环境污染这5项基本因素的运行方式是指数增长而非线性增长,全球的增长将会因为粮食短缺和环境破坏于下世纪某个时段内达到极限。继而得出了要避免因超越地球资源极限而导致世界崩溃的最好方法是限制增长,即"零增长"的结论。由于种种因素的局限,其结论和观点存在十分明显的缺陷。但是,报告所表现出的对人类前途的"严肃的忧虑"以及对发展与环境关系的论述都具有十分重大的积极意义。它所阐述的"合理的持久的均衡发展",为孕育可持续发展的思想萌芽提供了土壤。③

1972年6月5日在瑞典斯德哥尔摩召开的联合国人类环境会议(United Nations Conference on the Human Environment),是世界环境保护运动史上一个重要的里程碑。它是国际社会就环境问题召开的第一次世界性会议,标志着全人类对环境问题的觉醒。会议把生物圈的保护列入国际法之中,成为国际谈判的基础,使环境保护成为全球的一致行动,并得到各国政府的承认和支持。在会议的建议下,成立了联合国环境规划署(United Nations Environment Programme,UNEP)。这次会议形成了三个影响深远的文献:

(1)《只有一个地球》。这部由经济学家芭芭拉·沃德和生物学家勒内·杜博斯写作的经典著作作为大会的基调报告,奠定了可持续发展的理论基础。作者认为资源分为可再生资源与不可再生资源,环境的变化分为可逆变化和不可逆变化,人类的活动应当尽可能消除对环境的不可逆转影响。

(2)《我们共同的未来》。这份报告在集中分析了全球人口、粮食、物种和遗传资源、能

---

① Peter Matthiessen. Courage for the Earth:Writers, Scientists, and Activists Celebrate the Life and Writing of Rachel Carson[M]. Boston:Mariner Books,2007

② Philip Pregill, Nancy Volloman. Landscapes in History:Design and Planning in the Eastern and Western Traditions[M]. 2nd ed. New York:Van Nostrand Reinhold,1999

③ 中山大学化学与化学工程学院. 绿色化学. World Conservation Monitoring Center, http://www.icmcsu.com/zhuanti/GREEN/index.htm

源、工业和人类居住等方面的情况,并系统探讨了人类面临的一系列重大经济、社会和环境问题之后,鲜明地提出了三个观点:

① 环境危机、能源危机和发展危机不能分割;
② 地球的资源和能源远不能满足人类发展的需要;
③ 必须为当代人和下代人的利益改变发展模式。

报告指出,过去我们关心的是经济发展对生态环境造成的影响,而现在我们正迫切地感到生态的压力给经济发展所带来的重大影响,因此我们需要一条新的、把环境保护与经济发展切实结合起来的道路,这就是"可持续发展"的概念。自然的持续性、经济的持续性和社会的持续性的思想贯穿这份文献始终,它对可持续发展概念的最终形成和传播起了极大的作用。

(3)《人类环境宣言》。该宣言郑重申明:人类有权享有良好的环境,也有责任为子孙后代保护和改善环境;各国有责任确保不损害其他国家的环境;环境政策应当增进发展中国家的发展潜力。这个宣言首次将环境保护作为一种国际承诺。

1972年11月16日,联合国教科文组织大会第17届会议在巴黎通过了《保护世界文化和自然遗产公约》。依据《世界遗产公约》保护的自然遗产地,目前已有197处,另有32处为自然和文化双重世界遗产地。在联合国环境规划署(UNEP)和世界环境署养护监测中心(World Conservation Monitoring Center,WCMC)的《联合国国家公园和保护地名录》的数据库中至少有4万个保护区,而世界遗产地是世界保护地中的精华——王冠上的宝石,对自然保护区保护和环境保护有示范的义务。

1.2.3 1980年代:为了发展而保护的观念

1980年代,自然保护的方法初步形成,工作的重点转移到了生态系统保护和保护区系统的合理化工作上,并在实践中提出了保护"生物多样性"的概念,即从保护单一物种的栖息地到在特有种、稀有种、濒危种、受危种以及生态系统关键种分布的地区和生物多样性的热点地区建立自然保护区。

1982年5月,为了纪念联合国人类环境会议十周年,联合国在内罗毕召开了人类环境特别会议,通过了《内罗毕宣言》。《宣言》指出了进行环境管理和评价的必要性,认为环境、发展、人口和资源之间的紧密而复杂的相互关系,只有强调这种相互关系,并采取一种综合的方法,才能使环境无害化和社会经济持续发展。

第三届世界国家公园和保护地大会于1982年10月在印度尼西亚的巴厘岛召开,重点关注保护地在维护社会的可持续性方面所起的作用,并要求建立一个统一的保护地类别体系以便更科学地管理,满足保护地的保护和发展的需要,并维持二者的平衡。

同时,这种耗资巨大的保护也引起了质疑,有一种观点认为有些物种可以允许绝灭,又称"优先筛选",因为这也是一个自然的过程。贯穿于1980年代的许多管理行动的潜台词都包含有这样一种概念——所有濒危物种的幸存都要付出一定的代价,这种代价是这些物种本身或者那些承受着压力的保护运动的倡导者不得不付出的[①]。

---

① N J Collar. 超越价值:生物多样性与思想自由[J]. 世界环境,2004(6)

这一时期,自然保护联盟和世界自然基金会(World Wildlife Fund,WWF)发布了一个重要文件《全球自然保护策略》,它的目标是寻求在一个理性的全球发展计划中整合自然保护和对自然资源的利用,要求把保护工作纳入到全球发展议程的核心部分,同时也将保护工作的方向盘交给了全球发展议程,一时间"为了发展而保护"的理论开始占据优势,自然保护联盟甚至在 1981 年到 1987 年期间运作过一个以"为了发展而保护"为名称的中心,"保护"开始成为"发展"的从属工作。①

1.2.4 1990 年代:保护地从"孤岛"走向"体系"

在 20 世纪的最后十年,1980 年代所谓"为了发展而保护"的理论已经越来越显现其负面后果。许多人深信我们已接近危机的边缘,从而进入一个更广泛深入的保护和保存的时代。如果我们不承认发展和保护的目标具有本质上的不同,我们就无法平衡二者相互矛盾的需求。对任何一个物种的任何利用都会挪走生物群落的一部分,都会对群落的动态变化和生态系统带来冲击。如亚洲国家的水稻种植已延续了数千年,看起来并没有损害到生态系统承载人类生存的能力,能够被视为可持续的发展方式,但它无法与当地的生物多样性保护相协调,稻田只保留了原始的森林和湿地中的一小部分物种,这样一种"可持续发展"的形式推广的必然结果就是许多物种绝迹了②。因此,基于我们关于自然的重要性的非经济的、不可谈判的价值的共识,人们认识到必须有一个由伦理推动的全球管理的框架和基础。

1992 年在全球环境运动历史上是具有里程碑意义的一年。这一年,联合国在巴西里约热内卢举行了联合国环境与发展大会,并通过了《生物多样性保护公约》(Convention on Biological Diversity,1992),提出就地保护的观念,要求拯救珍稀濒危物种,不仅要对所涉及的物种的野生种群进行重点保护,而且还要保护好它们的栖息地。也就是说,需要基于一个区域的概念,对物种所在的整个生态系统进行有效的保护。另一方面,可持续发展的观念也得到了进一步发展,与 1972 年旨在唤醒人们的环境意识的斯德哥尔摩人类环境会议相比,这次会议提高了对环境问题认识的广度和深度,会议通过的《二十一世纪议程》将环境、经济和社会关注事项纳入一个单一政策框架,是一项具有划时代意义的成就。《议程》载有 2 500 余项各种各样的行动建议,包括如何减少浪费和消费形态,扶贫,保护大气、海洋生活多样化,以及促进可持续农业的详细提议,为了便于执行更将指标进行了量化,显示了国际社会解决环境问题的决心。

为了更好地保护生物多样性,1992 年 2 月在委内瑞拉加拉加斯召开的第四届世界国家公园和保护地大会,以强调人与保护地的关系、确认保护地对于生物多样性保护的重要性、探索一条土地管理的区域性途径为目标,提出了扩大保护地体系,争取在 2000 年之前每个主要的生态区系内都至少有 10%的面积受到保护,以实现"二十一世纪的保护地,从孤岛发展成体系"的思路。

1.2.5 文化景观(Cultural Landscape)概念的形成

在 1984 年世界遗产委员会第八届大会上,委员们认为:在现代社会中,完全未受人类影

---

① IUCN-世界自然保护联盟通讯,24 期。
② 解焱,汪松,Peter Schei. 中国的保护地[M]. 北京:清华大学出版社,2004

响的、纯粹的自然区域是极其稀少的。而在人类与土地共存的前提下，有突出的普遍价值的自然地域却大量存在。世界遗产的评估机构国际自然保护联盟(IUCN)和国际古迹遗址理事会(ICOMOS)通过商议，以严密的协议为基础，提出了与自然遗产和文化遗产两者相关的优异景观类别及其登录标准的提案。1992年世界遗产委员会第十六届大会，终于将"文化景观"列入遗产范畴，这类遗产地由IUCN和ICOMOS两个国际机构共同审议[①]。

文化景观代表《保护世界文化和自然遗产公约》第一条所表述的"自然与人类的共同作品"。文化景观的选择应基于它们自身突出的、普遍的价值，其明确划定的地理——文化区域的代表性及其体现此类区域的基本而具有独特文化因素的能力。它通常体现持久的土地使用的现代化技术及保持或提高景观的自然价值，保护文化景观有助于保护生物多样性。对这一概念的进一步理解、阐述和运用，将在本文后续部分展开。

1.2.6　21世纪：自然保护思想的进一步发展

21世纪到目前为止世界人口已高达60亿，而且仍在增长。人类正以恒定的速度耗尽许多赖以生存的自然资源。WWF主任克劳德·马丁(Claude Martin)说，按照目前的消耗速度，到2050年，人类的"生态占用"将是地球资源再生能力的两倍。[②] 世界各地的利益相关团体都在努力寻求推进自然保护和可持续发展的各种途径，希望能借此阻止人类生态占用的进一步扩大。

2003年9月，在南非德班召开了第五届世界国家公园和保护地大会，会议形成了三项成果：《德班倡议》《德班行动计划》和《建议书》。其核心思想是：

(1) 不把人和自然保护区看成是对立的，而是要力图让有关社区参与自然保护区的管理，建立一种人与自然相互和谐的生态体系；

(2) 建议以"超级绿色走廊"的方式将分散的自然保护区连接起来。

这次会议全面讨论了目前已发现的自然保护区的保护问题，如保护资金来源问题：世界银行副总裁伊恩·约翰逊(Ian Johnson)认为保护地管理面临着三个挑战，即确保保护地生态和社会的可持续性，提供足够的人力和资金，平等地承担保护地管理的费用并分享收益。

遗产地旅游业的问题：澳大利亚保护基金会的佩内洛普·费吉斯(Penelope Figgis)强调旅游业并非维持保护地可持续性的唯一策略，应该着眼于提高保护地管理的规划、合作和教育水平。

土著居民与保护地问题：与会者强调了社区参与，利益共享，透明度和责任，管理方式多样性，建立合作关系，授予居民权利，适应各种变化等问题的重要性。

保护地管理与监控问题：提出管理目标是实现保护生物多样性和产生超越区界的效益，将管理效能评估整合到各级保护地管理和规划当中，以及将传统知识与社会和文化因素融入到评估中去。与会者主张把生态完整性作为管理效能评估的重要组成部分[③]。

---

① 张松. 历史城市保护学导论[M]. 上海：上海科学技术出版社，2001
② 立足行动，保护资源——减少人类对地球生态的破坏[EB/OL]. [2005-07]. http://ehp.niehs.nih.gov/cehp/members/2003/111-3c/eco-footprint.html
③ IUCN. The Vth IUCN World Parks Congress. 2003

2002年,国际社会在南非的约翰内斯堡召开联合国环境与发展大会,参加约翰内斯堡峰会的联合国官员和其他各利益相关集团会前都指出,环境问题一直没有进展是一个根本性问题,并要求此次会议将重点从对话转移到实际行动上来。会议提出了《约翰内斯堡实施规划》,计划在2015年之前,将全球缺乏卫生设施和安全饮用水的人口减少一半。其他项目包括,力争在2020年之前,实现使用和生产不损害人类健康和环境的化学品等。此外,许多与会国家批评了美国拒绝在关于减少温室气体排放的《京都议定书》上签字的行为。

可持续发展运动与经济和政治的全球化趋势是相并行的。市场经济的作用及其对可持续发展的影响一直是一个争论的焦点,几个非政府组织认为,发展中国家的环境问题也正是缘此而起。但是,全球化运动的倡导者——包括美国和其他工业化国家——坚持认为,开放贸易推动的财富创造必须优先于环境保护①。

21世纪,虽然保护理论不断完善,但人类对自然的掠夺并没有停止。尽管如此,在风起云涌的20世纪自然保护运动中所形成的生态观、可持续发展观、建立遗产地体系观、国家协作保护观等都成为当代遗产地保护的主流思想。与此同时,自然遗产保护也与文化遗产保护运动一样从美学上的欣赏走向科学的评价——当代自然遗产保护的口号即为"一个濒危物种的价值胜过一道壮丽的风景",并与文化遗产保护携手建立了文化景观的保护概念,作为一种基于特定地域文化特征的人类行为与自然环境相互作用的遗产类型。此外,在处理保护与发展的关系问题上,自然遗产保护的历史更是为遗产地保护提供了丰富的实践经验。

1.3 融合文化遗产与自然保护的景观及遗产地保护理论和方法在21世纪的发展

1.3.1 《欧洲景观公约》(Europe Council,2000):"景观"作为保护对象、保护方法和保护政策

2000年,欧洲理事会在佛罗伦萨召开会议,批准了由意大利文化遗产和环境资源部起草的《欧洲景观公约》(*European Landscape Convention*),简称《公约》(ELC)。这个文件的重要意义在于它将"景观"作为保护的对象和主体,它认为"景观"体现了文化和自然遗产的多样性,是人类生存空间的基础,应对其整体进行规划和管理。这种保护不仅涉及杰出景观也关注普遍景观,因为所有景观的品质都决定了欧洲生活环境的品质,《公约》也力求通过景观整体性保护形成欧洲的文化身份。

2004年之后《欧洲景观公约》在欧洲许多国家正式成为法律,如英国2006年签署该《公约》,2007年生效,并依据该《公约》结合本国国情形成LCA景观认定及分类体系,作为"景观"管理的基础②。

---

① 立足行动,保护资源——减少人类对地球生态的破坏[EB/OL].[2005-06]. http://ehp.niehs.nih.gov/cehp/members/2003/111-3c/eco-footprint.html

② 林轶南. 英国景观特征评估体系与我国风景名胜区评价体系的比较研究[J]. 风景园林,2012(1)

ELC这样一个基于"景观"的保护框架是1990年代之后环境保护理论和实践与遗产保护相结合的结果。1990年,欧洲议会发表了《关于城市环境的绿色文件》,致力于在欧洲建立一个广泛的机制应对种类繁多的环境问题——从能源到噪声、全球变暖到水质污染——采取一致行动,这被看成是唤醒环境意识的转折点[①]。1991年6月在捷克的多布日什举行了第一届泛欧洲环境部长会议,会议提出了《多布日什评估》(*The Dobris Assessment*)的报告,报告的第八章即为"景观",指出由于城市扩张、基础设施建设、交通运输的发展、农业的集约化和荒废等原因,欧洲景观持续改变并不断消失。虽有6%的欧洲土地都置于保护的名义之下,但实际上其法律地位薄弱。[②] 1994年,世界自然保护联盟出版了一本名为《生命的公园:欧洲的保护区行动》(*Parks of Life: Actions for Protected Areas in Europe*)的著作,它极大地影响了欧洲农业景观的保护。在上述一系列事件的影响下,欧洲理事会颁布了《欧洲景观公约》,在欧洲的层面上全面地保护、管理和提升欧洲景观的品质,以国际法的手段制约环境、区域规划和文化遗产的保护和管理,并将其视作对联合国教科文组织保护世界文化和自然遗产公约、欧洲议会野生动物和自然栖息地保护、欧洲议会建筑遗产保护、欧洲议会考古遗产保护等保护机制的补充[③]。

ELC将"景观"视作为保护的对象和主体,其革新之处在于对"景观"的界定,《公约》指出"景观"意味着一个区域,能够被人类感知,它的特征是由人类的活动和自然环境的相互作用形成的。而且"景观"不仅是物质的集合,它作为人类经验、感受、情绪的载体而形成的文学和艺术作品又是人类文化的组成部分,代表了"多变的文化观念和文化身份"。这一定义使它与IUCN《保护世界文化和自然遗产公约》中的"遗产"概念区别开来,"遗产"是"杰出、有代表性"的人类文明的产物,而ELC的"景观"则应用于所有地域,而并非那些由技术专家专门挑选出来的地方,它强调多样性和差异性的价值,关系到所有参与塑造它的人。同时,"景观"是一个由有形和无形的社会文化实践而形成的地域,它随时间而演化,被自然和人类的力量所改变,其间自然和文化的内容形成不可分割的整体,所以它比"自然""风景"等词汇更恰当地整合了环境和历史遗产。

把"景观"定义为保护对象,使景观规划和景观政策的方法运用于遗产保护,如景观规划的研究方法——鉴别、描述、评价、登录、名录、对各要素之间相互作用的研究、对变化的分析,及景观规划的技术手段——地图、照片、图纸等等,这些方法和技术都能使以地域为基础的遗产保护更全面、更完善。另一方面早在中世纪,欧洲的"景观"观念就包含土地身份和特征的含义,与习俗、组织机构和所有权相关联,甚至许多地方有自己的景观政策[④]。ELC根据这一传统提出建立和运用景观政策来保护、管理和规划"景观",并将"景观"整合进区域和城镇规划、文化、环境、农业、社会政策。同时ELC认为"景观"为形成地方文化做出了贡献,反映了人居环境的品质,是社会经济可持续发展和个人福利的先决条件,所以每个人都应对它的保护、管理、规划拥有权利和负有责任,因此ELC要求建立公众、地方和区域机构及其他相关团体参与保护和管理的程序。

---

① 布赖恩·爱德华兹. 可持续性建筑[M]. 周玉鹏,译. 北京:中国建筑工业出版社,2003
② European Environment Agency. The Dobris Assessment,Chapter 8,1994
③ Nature as Heritage:From Awareness to Action:Proceedings[M]. Strasbourg:Council of Europe Publishing,1999
④ Michael Jones, Marie Stenseke. The European Landscape Convention:Challenges of Participation[M]. Berlin:Springer,2011

总之,《欧洲景观公约》将"景观"作为保护对象,以地域为基础,整合自然文化资源及人类活动,并建立相应的保护管理机制,都具有划时代的意义。

1.3.2 《下塔吉尔宪章》(TICCIH,2003):工业景观的保护与再生

工业遗产一般指的是与技术和产业相关的历史遗产,如制造业和采矿业的场地,以及电力和运输基础设施等①。早在19世纪末期,英国就出现了对工业革命与工业大发展时期的工业遗迹和遗物加以记录和保存的早期工业遗产保护,但由于工业遗产与传统意义的"古迹"差异较大,在文化遗产保护中一直没有引起足够的关注。直到20世纪70年代,西方国家进入工业时代晚期,工业遗产的保护才开始显示其价值。

1973年,在英国工业革命的象征地铁桥峡博物馆召开了第一届国际工业古迹保护会议,之后,致力于保护工业遗产的国际组织——国际工业遗产保护委员会(TICCIH)于1978年在瑞典第三届国际工业古迹大会上宣告成立。世纪之交,西方国家普遍进入后工业时代,工业遗产的保护变得更为迫切。

2003年7月,国际工业遗产保护委员会在俄罗斯乌拉尔工业区的工业中心下塔吉尔召开会议,通过了专用于保护工业遗产的国际准则——《关于工业遗产的下塔吉尔宪章》。宪章界定了工业遗产的概念、价值,明确了鉴定、记录和研究的重要性,及保护和维护的要求。②

许多工业遗产在规模尺度上远远超越传统的古迹,近年来,由工业遗产衍生出的"工业景观"的概念引起人们的关注,一些国家已经开始实施广泛的工业景观调查和保护计划。P.威克林(P. Wakelin)先生认为:"一个真正的整体方法包括景观的表面、界限、水道、植被、建筑物和通道各个方面。"国际工业遗产保护委员会主席 L. 伯格恩(L. Bergeron)教授则指出:"工业遗产不仅由生产场所构成,而且包括工人的住宅、使用的交通系统及其社会生活遗址等等。但即便各个因素都具有价值,它们的真正价值也只能凸显于它们被置于一个整体景观的框架中;同时在此基础上,我们能够研究其中各因素之间的联系。整体景观的概念对于理解工业遗产至关重要。"③

"工业景观"的概念是工业遗产地整体性保护、再生、持续演化的理论基础,在实践中不乏优秀范例。如德国景观设计师彼得·拉茨的作品杜伊斯堡北风景公园(Landschaftspark Duisburg Nord),将百年历史的 A. G. Tyssen 钢铁厂改造成景观层次丰富的生态公园,俞孔坚教授在粤中造船厂旧址上规划的岐江公园,等等。

纽约的高线公园(High Line)更是将工业遗产的保护利用和景观再生推向了极致的辉煌(图1.1)。高线公园基于纽约中央铁路西线,是一条穿越曼哈顿的高架铁路线,建于1930年代。1980年代随着地铁系统的完善,高架铁路线被废弃。1999年沿高架铁路线的居民组成了一个非营利的组织,主张保护和重新使用高架铁路线作为城市开放空间。2004年,他们自筹了1.5亿美元,加上纽约市政府赞助的5 000万美元,建起了高线公园。建成之后,公园特有的空中花园的景观特征,与壮丽的城市风光相互映衬,每年吸引了数百万的游

---

① https://en.wikipedia.org/wiki/Industrial_heritage
② 参见张松主编的《城市文化遗产保护国际宪章与国内法规选编》(同济大学出版社,2007版)中关于工业遗产的下塔吉尔宪章。
③ 单霁翔. 从"文物保护"走向"文化遗产保护"[M]. 天津:天津大学出版社,2008

图 1.1 纽约高线公园鸟瞰
资料来源：http://www.archdaily.com/550810/take-a-walk-on-the-high-line-with-iwan-baan。

客,刺激了铁路沿线贫穷混乱的历史街区的复兴(图1.2)。公园二期自2011年开放以来,两年中未发生抢劫、攻击事件,还产生大量以它为背景文学影视作品,取得了巨大的环境、文化、经济和社会效益。[①]

1.3.3 全球重要农业文化遗产(GIAHS,2002):可持续性的农业景观保护

2002年,联合国粮农组织(FAO)在《生物多样性公约》《世界遗产公约》、"人与生物圈计划"、《粮食与农业植物遗传资源国际条约》《联合国原住民权益宣言》等国际文件的理念和实践影响下发起了"全球重要农业文化遗产(Globally Important Agricultural Heritage Systems,GIAHS)"保护项目,旨在建立全球重要农业文化遗产及其有关的景观、生物多样性、知识和文化保护体系。

"全球重要农业文化遗产(GIAHS)"被定义为:"农村与其所处环境长期协同进化和动态适应下所形成的独特的土地利用系统和农业景观,这些系统与景观具有丰富的生物多样

---

① https://en.wikipedia.org/wiki/High_Line_(New_York_City)

图 1.2　纽约高线公园局部景观
资料来源：http://www.archdaily.com/550810/take-a-walk-on-the-high-line-with-iwan-baan。

性，而且可以满足当地社会经济与文化发展的需要，有利于促进区域可持续发展。"①

与传统的遗产保护相比，GIAHS 更为关注农业意义和土地利用系统，以农产品类型及其生产方式的区别来建立分类体系，如典型的 GIAHS 包括以水稻为基础的农业系统、以玉米/块根作物为基础的农业系统、复杂的多层庭园系统等，强调作为一个整体的生态环境的特征。

GIAHS 是一个活的、不断进化的人类社区系统，与其所处的地域、文化、农业景观或生物物理条件以及更为广泛的社会环境有着复杂的关系。GIAHS 遗产的重要标准是：(1)生物多样性和生态系统功能；(2)景观和水土资源管理特征；(3)食物与生计安全性；(4)社会组织与文化；(5)知识体系与农民技术；(6)系统提供的其他产品与服务②。因此 GIAHS 重视生态系统的独特性、景观和水土资源管理的特征，而不是一般意义的"美丽景观"；将与农业生产活动与农村生活相关的特征纳入"社会组织与文化""知识体系与农民技术"等内容系统地加以考察，而不是单独记录个别遗产。因此 GIAHS 是一种将人文与自然保护相结合的、动态的、系统化的遗产项目。

我国青田稻鱼共生系统、哈尼稻作梯田系统以及万年稻作文化系统先后被列为 GIAHS 保护试点。青田稻鱼共生系统位于浙江省青田县龙现村，GIAHS 面积 461 公顷，在这个遗产中最具特色的是稻鱼共生现象：鱼为水稻提供了肥料，调节了小气候条件，疏松土壤，扰动水分，吃掉了害虫和水田中的杂草；另一方面，水稻为鱼提供了遮阴和食物③。这一特色与一般其他历史文化名村以建筑、聚落组织为特色迥然不同，因此遗产保护的重点也不同，通过鼓励性的政策、体制，先进的评估、监测框架以及恰当的技术支持来保护地方的

---

① 联合国粮食及农业组织. 全球重要农业文化遗产[EB/OL]. [2010-07]. http://www.fao.org/nr/giahs/whataregiahs/zh/2002

② 联合国粮食及农业组织. 农业文化遗产地的选择标准[S/OL]. [2010-10]. http://www.fao.org/nr/giahs/selection-criteria/zh/

③ 单霁翔. 乡村类文化景观遗产保护的探索与实践[J]. 中国名城，2010(4):9

生物多样性，使龙现村的稻鱼生态系统可持续发展。

1.3.4　2010年代之后的两部佛罗伦萨宣言：人类对景观概念外延拓展形成共识

2012年9月，在《保护世界自然和文化遗产公约》诞生40周年之际，联合国教科文组织、联合国粮农组织、联合国防治沙漠化公约秘书处和联合国环境规划署，会同国际文物保护与修复研究中心、欧洲大学学院、国际古迹遗址理事会、国际景观设计师联盟等国际组织，及其他相关非政府组织、大学、地方管理机构的代表在佛罗伦萨举行会议，发表了《关于景观的佛罗伦萨宣言》(*Florence Declaration on Landscape*, 2012)。在这部宣言中，"景观"被视为人与环境之间关系的表达方式。工业化、城市化和农业机械化等多重因素引发的景观多样性的退化成为会议关注的焦点，会议认为保护和改善"景观"有助于提升人类生活的品质，保护地方文化的识别性，维护生物的多样性，增强抵御风险和灾难的能力，防治沙漠化、土地退化和干旱等环境恶化问题。地方传统知识和技能孕育和创造了多样化的景观，地方社区是这一有形及无形遗产的继承者，因此遗产及景观保护在整合社会、经济、审美等多重元素的同时，考虑地方社区的诉求，尊重地方社区的生计和信仰，保护地方社区在决策过程中的合理权利，是保障"景观"的可持续发展的重要方法。

国际文化景观科学委员会（International Scientific Committee on Cultural Landscapes，ISCCL）[①]于2012年10月在杭州召开会议，进一步探讨了在城市化和全球化背景下的文化景观保护问题。会议集中讨论了历史的城市景观、乡村景观及与此关联的社区保护所面临的挑战，强调了文化景观是人类的活动环境。会议通过了《关于历史城市景观、乡村景观及其关联性遗产价值的杭州宣言》。"历史城市景观"指积淀了历史上多层次的文化和自然价值及特性的城市区域，必须结合特殊的社会背景来理解其意义。"历史乡村景观"则是因传统的生活及作业方式，与其相适应的生态可持续性而形成的具有文化与自然多样性的场所。要准确把握这两种类型的文化景观都必须研究和认知其与所在社区的关联性，要保护这两种类型的文化景观则必须注重公众参与及社区价值。

2014年11月，来自94个国家的1650余名代表齐聚意大利佛罗伦萨，举行国际古迹遗址理事会第18届大会。大会发布了《作为人文价值的遗产与景观的佛罗伦萨宣言》(*The Florence Declaration on Heritage and Landscape as Human Values*, 2014)。这部宣言被视为将《关于景观的佛罗伦萨宣言》的理念转化成为具体的操作手段。它提出了一系列准则、策略和标准来实践对具有人文价值的遗产与景观保护的实践方法，其核心内容也像《关于景观的佛罗伦萨宣言》一样，定义了新的"景观"概念，即"作为文化生境的景观"。这种"景观"概念融合了文化与自然，涵括了社会经济与环境发展的进程以及人民的福祉，"文化景观不仅仅理解为保护区，更应当是能够成功实施可持续策略的地方"。该宣言还强调了"社区"在"景观"保护中的主导作用，使景观管理和保护成为和谐发展的新范式。

这种基于社区的方法，即社区的参与及其对文化遗产的认可和尊重，创新的和传统的

---

① 国际文化景观科学委员会（International Scientific Committee on Cultural Landscapes）由国际古迹遗址理事会与国际景观设计师联盟于2006年联合组建成立，其目的在于促进理解、保护和明智地利用景观遗产，服务于公共和私人利益，维护和改善生活质量。

实践,作为"文化生境景观"有效管理并提高其适应性的基本方法——社区的实践,使得传统的知识实现传承,社区的参与连接起遗产保护与可持续的社会经济发展。

综上所述,2010年代之后的两部佛罗伦萨宣言中,作为遗产保护的"景观"概念,不仅综合了地域的自然与文化特征,更强调了所在地域集体的人群——社区,即由自然、文化和人的共生关系形成了"景观"。"景观"是一种不断变化发展的遗产,它的传承、管理和可持续发展应由其所在社区作为主导。这种遗产观念,整合了地域中自然、文化和人的因素,文化多样性通过遗产和景观价值得以体现,并以人为核心。人既是创造和传承的主体,同时自身又是遗产和景观的组成部分。

21世纪,现代保护运动在全球化时代的文化多样性策略和生态领域中的社会、经济环境可持续发展中被重新界定,保护对象面向生态系统,保护策略更具综合性,基于地域的景观保护意义更为显著。

2 我国的文化遗产保护：现状、成就、问题和建议

2.1 我国不可移动文化遗产保护思想观念的形成和发展

2.1.1 不可移动文物从"收藏"到"保护"

在20世纪上半叶，关于不可移动文物就地保存、国家所有并负责管理等现代遗产保护思想在我国已写进立法内容，1930年颁布的《古物保护法》中明确规定：

"第三条：保存于下列处所之古物应由保存者制成可垂久远之照片分存教育部内政部中央古物保管委员会及原保存处所：一）直辖于中央之机关；二）省市县或其他地方机关；三）寺庙或古迹所在地。"

"第七条：埋藏地下及由地下暴露地面之古物概归国有。"

同年颁布的《古物保护法实施细则》规定：

"第七条：凡经登记之古物倘有因残损或他种原因须改变形式或移转地点应由原生或该管官署先行报告中央古物保管委员会，非经该会核准不得处置。"

"第十二条：采掘古物不得损毁古代建筑物雕刻塑像碑文及其他附属地面上之古物遗物或减少其价值。"

然而千余年来形成的观念——"收藏"文物而非"就地保护"的观念——并非一部宣传不力、执行不严的法律所能改变，甚至受过西方教育的社会精英亦不能例外。

建于1933年的谭延闿墓位于南京中山门外灵谷寺东北侧、钟山东峰下，由关颂声、杨廷宝等著名建筑师设计。由于谭延闿曾任湖南军政府参议院院长、民政部长、民国革命军第二军军长，1927年后又任国民政府主席、行政院院长等职，故陵园规模宏大，由龙池、广场、祭堂、宝顶四部分组成，又借泉石著胜、林壑深秀等自然条件，倚山构筑成曲折幽深的墓道，巧妙布置成具有园林风格的墓园。墓园建筑、小品皆精致华美异常，为杨廷宝先生景观规划设计的代表作品①。然近年来文物专家经过严格考证，认定该墓祭堂前的"牡丹花坛"系圆明园文物真迹，另外，石祭台、石龙缸等物也极有可能是圆明园文物②（图2.1）。可是更令人惊讶的是编于1930年代的官方文献——《总理陵园小志》竟然试图掩盖盗用文物的事实，谎称该墓前边的汉白玉祭台是由法国人进贡给清政府，后置于谭延闿墓前，现经专家们考

---

① 南京工学院建筑研究所. 杨廷宝建筑设计作品集[M]. 北京：中国建筑工业出版社，1983
② 高峰，堵琳嘉. 中山陵发现圆明园文物真迹[N]. 江南时报，2001-09-25

图 2.1 谭延闿墓及其部分疑似圆明园文物的石构件
资料来源：笔者摄影

证认为它其实是国内石材所制，不可能是国外的贡品①。而建筑师杨廷宝先生从未对此作过任何说明，使得人们将这些谜团与"民国时期曾有部分圆明园石雕被偷运到南京，后被嫁接在一些建筑上"的传说联系起来②。当时政府为谭延闿举行了国葬，陵园也由政府出资兴建，由此可见这种盗用文物的做法是一种国家行为。

民国时期另一位热爱传统文化的民国政府主席林森利用职权，从明故宫遗址调用了一批石刻，装饰自己的别墅，而且这一事件无任何正式的官方记载，也是近年来经考证其位于中山陵的别墅——桂林石屋遗迹得出的结论③（图 2.2）。

可见当时"收藏"文物——甚至私藏属于国家的不可移动文物的心理——是普遍存在的，而从他们掩盖收藏国家文物的事实来看，他们能意识到这种做法并不妥当。林森是国民政府官僚中一位较有学养、性格淡泊的人士，对属于国有的不可移动文物都是当"古董"收藏把玩的心理，更何况他人。

那么具有西方现代意义的遗产"保护"是一种什么样的概念呢？《威尼斯宪章》（ICOMOS 1964 年发布）第四条认为："保护文物古迹，务必要使它（遗产）传之永久"。"保护"的内容有古迹及环境，它的景物、景观、环境、意境、历史和美学价值。让我们在进一步比较现代遗产"保护"的观念与传统"收藏"观念中了解二者的差别（表 2.1）：

---

① 新华社. 南京发现圆明园文物真迹[EB/OL]. [2001-09-24]. http://news.xinhuanet.com/news/20010924/882790.htm
② 韦晔. 蹲龙现南京疑似圆明园遗物[N]. 金陵晚报，2005-06-06
③ 冯方宇. 南京又发现明故宫石刻[EB/OL]. [2005-07]. http://www.jllib.ch/ffy/njyfxmggsk/

图 2.2　林森别墅——桂林石屋及其部分疑似明孝陵文物的石构件
资料来源：笔者摄影

表 2.1　"保护"和"收藏"基本概念比较

序号	保护	收藏
1	明确保护对象的级别，分级分类保护，详见《中华人民共和国文物保护法》	根据价值不同，藏品具有不同价格
2	如果保护需要，功能可以被修正。《威尼斯宪章》（ICOMOS 1964 年发布）第五条规定："使用时决不可以变动它的平面布局或装饰。只有在这个限度内，才可以考虑和同意由于功能的改变所要求的修正。"	藏品的变动完全根据其主人的喜好
3	保护环境同保护古迹本身同样重要。《威尼斯宪章》（ICOMOS 1964 年发布）第六条规定："保护一座文物建筑，意味着要适当地保护一个环境"；第七条规定："一座文物建筑不可从它所见证的历史和它所产生的环境中分离出来。"	收藏者既无保护藏品环境的义务，也无这种权利
4	对细节做到尽量保护。《威尼斯宪章》（ICOMOS 1964 年发布）第八条规定："文物建筑上的绘画、雕刻或装饰只有在非取下便不能保护它们时才可以取下"	这点由收藏者个人文化素质决定
5	对历史信息和文化意义的保护以及保护要求必要的修复。《奈良文件》（ICOMOS 1994 年发布）对"保护"所作的定义为："所有的设计与操作包含对遗产的理解、了解其历史含义、保证其实体，以及必要的修复与改善。"	这点由收藏者个人文化素质和经济能力决定
6	对遗址安全和未来的保证。《巴拉宪章》（澳大利亚 ICOMOS 1981 年发布）第二条规定："保护的目标要保有或复原场所的文化重要性和为它的安全、维护和未来作准备。"	古董收藏基本不具备这种功能
7	对保护措施的要求。《关于保护景观和遗址的风貌与特性的建议》（UNESCO 1962 年发布）第二项第六条认为："为保护景观和遗址所采取的措施应既是预防性的，又是矫正性的。"	同上

从上述比较中我们可以了解,传统意义的"收藏"是一种更私人化的活动,对于收藏品的主人,他对藏品是有不受任何约束可以任意处置的权力的;而现代遗产保护则是关于对遗产变化的管理和对不可避免的变化的限制的概念,即使某一古迹的所有者是个人,一旦这一古迹被列入遗产范畴,就必须接受国家及其委派机构的监管。

不可移动文物真正从"收藏"走向"保护"是1949年新中国成立之后,借助了政权的力量,在人们头脑中牢固树立了遗产归国家所有、政府相关部门监管的观念,这实是我国遗产保护历程中的重大跨越。改革开放之后,私有财产得到尊重,对不可移动文物的利用和监管产生了一定的矛盾,在这个问题上我们仍要坚持遗产国有,少数属于私有财产的遗产经登录后由国家监管的制度。

2.1.2 从"修旧如旧"到"不改变原状"

1) 中国文物建筑修复观念的建立

"修旧如旧",是中国建筑史研究和中国历史遗产保护的开创者,一代宗师梁思成先生提出的文物修复原则。该原则最初形成于1930年代,1950年代以后,经梁思成的大力提倡,逐渐深入人心,成为中国文物建筑修复领域最普遍最基本的概念。直至今日,在讨论有关中国文物建筑修复时,这一概念仍时常被提及。但是另一方面,"修旧如旧"这一概念一直是一个非正式的说法,从来没有进入过中国有关文物建筑修复的法律和其他官方文件,但却是我国《文物保护法》中"不改变文物原状"的遗产保护原则的来源。

1931年对中华民族、梁思成个人,以及国际历史遗产保护事业而言都是一个重要的年份。这一年,日本帝国主义入侵并占领中国东北,东北抗战开始;这一年,梁思成出任中国营造学社法式部主任,从此正式开始了他研究中国传统建筑的学术生涯;这一年,在雅典举行了历史古迹建筑师及技师国际会议第一次会议,并通过了《关于历史古迹修复的雅典宪章》(下称《雅典宪章》)①,历史遗产保护运动正式走上国际舞台,在西方社会的影响日益扩大。虽然当时的中国城市与建筑也处在新旧交替的剧烈变革时期,但是整个民族和国家都处于深重的苦难之中,面临着生死存亡的威胁,对历史遗产的保护和研究工作又几乎是从零开始,也很少有条件进行国际学术交流与合作。就是在这样的岁月里,梁思成的中国文物建筑修复观念逐渐形成,并且和国际主流保护理论相互呼应。

1932年,梁思成在《蓟县独乐寺观音阁山门考》②中指出:"古建保护法,尤须从速制定,颁布,施行。"

为保护文物建筑而立法,在西方国家此时已相当普遍。早在1840年,法国就制定了《历史性建筑法案》;美国在1906年颁布《古迹法案》;在中国的近邻日本,也在1897年到1929年间陆续制定了《古社寺保护法》《古迹名胜天然纪念物保护法》《国宝保护法》等一系列有关法律。在此前一年公布的《雅典宪章》,将国家立法作为一项重要的保护措施。事实上南京国民政府也的确制定了一部《古物保存法》,但该法律内容含混,条文极为简略,主要关心的是可移动文物。新中国成立以后,中央政府曾经以一系列政令形式规定文物建筑的保护

---

① 参见张松主编的《城市文化遗产保护国际宪章与国内法规选编》(同济大学出版社,2007版)中《关于历史古迹修复的雅典宪章》(The Athens Charter for the Restoration of Historic Monuments)。
② 梁思成.蓟县独乐寺观音阁山门考[M]//梁思成文集:卷一.北京:中国建筑工业出版社,1982

措施，但直至改革开放后的1982年，《文物保护法》才正式成为国家法律，此时梁思成已去世十年。

在同一篇文章中，梁思成阐述了自己的古迹维修观："以保存现状为保存古建筑之最良方法，复原部分，非有绝对把握，不宜轻易施行。"这一观念在1935年的《曲阜孔庙的建筑及其修葺计划》中得到了进一步阐述：

"在设计人的立脚点上看，我们今日所处地位，与两千年来每次重修时匠师所处地位，有一个根本不同之点。以往的重修，其唯一的目标，在将已破敝的庙庭，恢复为富丽堂皇、工坚料实的殿宇；若能拆去旧屋，另建新殿，在当时更是颂为无上的功业或美德。但是今天我们的工作却不同了，我们须对于各个时代之古建筑，负保存或恢复原状的责任。在设计以前须知道这座建筑物的年代，须知这年代间建筑物的特征；对于这建筑物，如见其有损毁处，须知其原因及补救方法；须尽我们的理智，应用到这座建筑本身上去，以求现存构物寿命最大限度的延长，不能像古人拆旧建新，于是这问题也就复杂多了。"①

这段文字非常重要，是梁思成关于文物建筑修复观念最为完整的阐述。它包含三项重要内容：

第一，今日之维修与传统之重修有根本之不同，不再是拆旧建新，而是保存或恢复原状。这是梁思成关于文物建筑修复观念的根本所在，以后逐渐发展成"修旧如旧"的思想，下文将详述。

第二，在维修之前对维修对象的历史、现状、特征须作详尽调查。这一工作是现代科学维修方法的基础。

第三，在维修时须使用科学方法，"以求现存构筑物寿命最大限度的延长"。这一要求意味着有可能将现代技术与材料应用至文物建筑之维修。在工业时代以后，随着一般技术手段的飞速发展，现代技术在西方工业化国家首先开始应用于古迹维修。虽然它和传统技术相比在效率上往往有明显优势，但由于和古迹本身的建造技术往往相距甚远甚至完全不同，也时常引起争议，成为一个需要谨慎从事的课题。

这三方面，均与《关于历史古迹修复的雅典宪章》精神相符。没有材料证明梁思成对《雅典宪章》有任何了解，也没有材料证明他与当时西方国家的遗产保护人士有任何交流；但当时中国和西方的联系尚未中断，仍有可能通过各种渠道获得有关信息。无论如何，早在1930年代，梁思成就在中国明确提出了文物建筑修复的现代观念，并且与当时的国际主流思想相互合拍。

2)"修旧如旧"与风格修复

"修旧如旧"是梁思成先生关于中国文物建筑修复观念的核心，这一概念在当时的中国具有革命性的意义。中国对待旧建筑的传统做法无非是"拆旧建新"，历代改朝换代之际，多半都要把前朝宫室甚至整个城夷为平地，另建新都；甚至一般古人拜神求福，也要许下诸如"重修殿宇，再塑金身"之类的愿心。即使是修理，也务求"整旧如新""旧貌换新颜"。是故，梁思成毕生之中花了很大力气宣传和提倡这一观念，最终成功地使它成为中国文物建筑修复的思想基础。

梁思成关于文物建筑修复的观念的形成，与他在宾夕法尼亚大学所受的学院派古典主

---

① 梁思成. 曲阜孔庙的建筑及其修葺计划[M]//梁思成文集：卷二. 北京：中国建筑工业出版社，1982

义的建筑教育有密切关系。据费慰梅回忆："思成自己就提到过一些对于他以后在中国工作非常有用的宾大给建筑史学生出的习题的例子。典型的习作是根据适当的风格完成一座未完成的教堂的设计、重新设计一座凯旋门而在创意上不能背离当时环境、或是修复毁坏了的建筑物。"①在这一基础上，他的修复观念可称作一种"保守的风格修复"。

梁思成的修复观念与法国风格修复的相似之处在于它们对美学的强调：在修复时"徒然将前人的错误（例如太肥太偏的额枋；其尺寸根本不足以承许多补间斗拱之重量者），照样的再袭做一次，是我这次计划中所不做的，在露明的部分，改用极不同的材料（例如用小方块水泥砖以代大方砖铺地），以致使参诣孔庙的人，得着与原用材料所给予极不同的印象者，也是我极力避免"②。但与勒杜克允许建筑师凭各自对古代风格的理解创造性地将古迹完善至理想形式不同，梁思成认为修复是建立在研究和考证的基础上："在设计以前须知道这座建筑物的年代，须知这年代间建筑物的特征"；与古人不同，是"保存或恢复原状"，而不是"拆旧建新"。

"修旧如旧"思想的美学出发点，在梁思成对修复中使用新技术新材料的态度中也可得到证实："在（古迹）不露明的地方，凡有需要之处，必尽量地用新方法新材料，如钢梁、螺丝销子、防腐剂、防潮油毡、水泥钢筋等等；以补救旧材料古方法之不足；但是我们非万万不得已，绝不让这些东西改换了各殿宇原来的外形。"③这正是《雅典宪章》的立场；该宪章虽然指出可以"正确使用所有的现代技术，特别是钢筋混凝土"来修复古迹，但同时也明确指出，任何这样的使用都必须"加以隐藏"。

1963年，梁思成在扬州关于古建保护的报告上说："……我的牙齿没有了，在美国装这副假牙时，因为我上了年纪，所以大夫选用了这副略带黄色的，而不是纯白的，排列也略稀松的牙，因此看不出是假牙，这就叫做'整旧如旧'"④。在1964年《文物》杂志第七期上，梁思成又著文《闲话文物建筑的重修与维护》，强调保护古建筑是要它老当益壮、延年益寿，而不是要它焕然一新，返老还童。他认为："把一座古文物建筑修得焕然一新，犹如把一些周鼎汉镜用擦铜油擦得油光晶亮一样，将严重损害到它的历史、艺术价值。"⑤另一方面基于当时国家的经济状况，梁思成强调了古迹的保存、加固是第一位的，而复原、重建是第二位的，在这个问题上他运用了形象的比喻："如同输血、打强心针一样，（使古建筑'病情'稳定），而不是'涂脂抹粉'，做表面文章。"⑥

但是1964年，国际遗产保护的主流观念已经发生了变化。这一年在威尼斯召开了历史古迹建筑师及技师国际会议第二次会议，通过了著名的《威尼斯宪章》，并在次年成立了国际古迹遗址理事会（ICOMOS），此后该组织以及联合国教科文组织陆续发布和发起的一系列公约、宪章和其他国际文件逐渐成为国际遗产保护的普遍理论。《威尼斯宪章》的立论基础是历史的"原真性"。该宪章提出对历史古迹"我们必须一点不走样地把它们的全部信息

---

① Wilma Fairbank. Liang and Lin—Partners in Exploring China's Architectural Past[M]. Pennsylvania：University of Pennsylvania Press, 1994
② 梁思成. 曲阜孔庙的建筑及其修葺计划[M]//梁思成文集：卷二. 北京：中国建筑工业出版社, 1982
③ 梁思成. 曲阜孔庙的建筑及其修葺计划[M]//梁思成文集：卷二. 北京：中国建筑工业出版社, 1982
④ 林洙. 建筑师梁思成[M]. 天津：天津科学技术出版社, 1997
⑤ 梁思成. 闲话文物建筑的重修与维护[M]//梁思成文集：卷四. 北京：中国建筑工业出版社, 1982
⑥ 梁思成. 闲话文物建筑的重修与维护[M]//梁思成文集：卷四. 北京：中国建筑工业出版社, 1982

传下去"。在使用时"决不可以变动它的平面布局或装饰"。修复时"目的不是追求风格的统一。""补足缺失的部分,必须保持整体的和谐一致,同时,又必须使补足的部分跟原来部分明显地区别,防止补足部分使原有的艺术和历史见证失去真实性。"而"修旧如旧"的修复原则会使古迹的新、旧部分难以区分,从而混淆历史。

1960年代中国和西方的学术交流较少,作为中国建筑历史研究的权威,梁思成以"修旧如旧"为核心的修复观念,一直是中国建筑遗产修复领域支配性的思想观念。"修旧如旧"正适应了完善一种风格、在美学上达到和谐的古典主义美学思想的要求。而且,和谐统一的美学观点也易于被一般公众接受。因此一直到1990年代才有了对相关问题的争论,但至今在中国建筑遗产修复的学术和实践领域中这仍是一种主导性的思潮。

在保护我国的建筑遗存这一领域中,在古迹修复事业中及展示古迹广阔的社会价值方面,梁思成都进行了开拓性的工作。他建立了我国现代文物建筑保护理论与保护内容的基本框架,提出了城市的整体性保护、文物建筑与其环境共同保护、区别现代古迹修复重建与我国传统的重建理念等,都具有划时代的意义。另一方面,古典主义美学观念的影响使他在保护实践中对古迹的景观作用、美学价值过于强调,如他主张不拆牌楼由于它"夕阳下如画的美景",他强调古迹利用是因为"它们在城市中起着装饰作用"[①],这与维奥雷·勒·杜克强调恢复古迹的完整性以找回古迹失落的恢弘及拉斯金反修复以欣赏废墟高贵的画意是多么相似!由于这对经济实力和艺术素养都有一定的要求,因而他无法得到同时代人的普遍认同,同时也与1960年代以后国际遗产保护理论强调古迹作为历史文本价值的主流思想存在差别。

3)"原状"不等于"原真性"

今天"修旧如旧"已被"不改变原状"的说法所替代,但它的本质没有改变,仍是一种倡导形式上和谐的保护与修复理论,并逐渐成为从学者专家到官员民众都认可的保护理论。而且进一步扩大到更大尺度的历史环境的保护中,强调注重形式、风貌的协调,有时甚至成为一种僵化的保护规划和保护地建筑设计模式。

著名的良渚遗址是存在于距今6 000至4 000年长江下游太湖流域地区的良渚文化遗迹最集中的地方。浙江良渚、瓶窑两镇是良渚遗址分布最集中、最密集的地区。遗址面积约4 200公顷,包括反山、瑶山、汇观山(祭坛)、莫角山(建筑群遗址)等著名遗址群。[②]

《良渚遗址保护总体规划》对遗址保护区的分级是:"保护范围"即核心保护区;"建设控制地带"和最外围的"景观协调地带"。[③]

有趣的是在良渚遗址保护区名为"良渚文化博物馆"的工程项目有两个,表达了两种迥然不同的遗产地建筑设计构思方法(图2.3)。一个于1994年5月建成开放,另一个2005年建成。将它们对比评述,使我们更易于看出不同的观念对设计成果的影响(表2.2)。为了便于比较,先将两馆基本资料陈述如下:

作为展示大遗址文化内容和器物遗存的博物馆建筑设计,我们首先要追问的是良渚文化时期的建筑形式与建成环境具有怎样的特征?从目前的考古资料来看,良渚先民在沼泽

---

① 谢泳.逝去的年代——中国自由知识分子的命运[M].北京:文化艺术出版社,1999
② 杭州市余杭区良渚镇人民政府.良渚文化[EB/OL].[2004-06].http://www.liangzhu.gov.cn/
③ 中国建筑设计研究院,建筑设计研究所.良渚遗址保护总体规划,2003,12

中建造干栏式建筑；在平地上建造高台建筑。其次，什么形式被认为是良渚文化最鲜明的表征？今天人们普遍认为是作为礼器的玉琮的形象①。

表 2.2 两个"良渚文化博物馆"基本情况比较

名称	建设时间	建筑面积	占地面积	设计人	建设目标	位置
良渚文化博物馆	1994 年	1 600 平方米	8 591 平方米	不详	良渚国家遗址公园的建设目标（遗址现场展示区、遗址博物馆）的组成部分	距良渚镇西 150 米处的荀山，良渚遗址"保护范围"内
良渚文化博物馆新馆	2005 年	9 900 平方米	46 600 平方米	·方案设计：David Chipperfield, Mark Randel[英]等 ·施工图设计：浙江工业大学设计研究院	作为"良渚文化村"的文化地标	"良渚文化村"之"良渚圣地公园"的核心部分，良渚遗址保护的"建设控制地带"内

资料来源：http://www.liangzhu.gov.cn/；David Chipperfield Architects，浙江工业大学设计研究院，《良渚文化博物馆新馆初步设计说明》，2004 年 9 月。

图 2.3 1994 年建成的良渚文化博物馆和 2005 年建成的良渚文化博物馆新馆
资料来源：David Chipperfield Architects，浙江工业大学设计研究院，《良渚文化博物馆新馆初步设计》，2004 年 9 月。

　　1994 年建成的良渚文化博物馆采用了我们熟悉的手法，主体建筑建在石筑台基上，深蓝色的琉璃瓦屋顶给予建筑一种肃穆的气氛，而位于屋角的刻有玉琮的形象的巨型石柱和主楼前矗立的一座高 13 米的玉琮模型表示了该建筑是仅仅属于良渚的。博物馆内部空间组合为一个序厅连接三个展厅。

　　而 2005 年建成的良渚文化博物馆新馆的形式基于一种现代意义上的合理性，即严格区分原件和复制品，新建筑不在形式上对任何出土文物进行简单模仿。建筑师从发掘的历史器物——系列玉锥的排列中得到启发，形成自由组合的条状建筑物，横卧在景色如画的良渚圣地公园中，以平实、简练的体块组合表达了文明萌芽时期的单纯与质朴，从而在今天与过去之间形成一种精神上的联系。博物馆的内部空间是 4 根宽 18 米、高低各不相同的管状

---

① 杭州市余杭区良渚镇人民政府. 良渚文化[EB/OL]. [2004-07]. http://www.liangzhu.gov.cn/

空间,管状空间独具的导向性将引导着访客去探寻良渚文明的传奇。(图2.4)

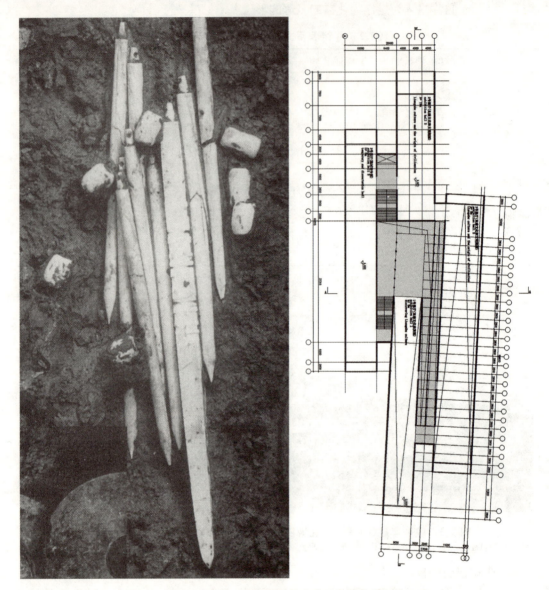

图2.4 出土文物及2005年建成的良渚文化博物馆新馆平面
资料来源:David Chipperfield Architects,浙江工业大学设计研究院,《良渚文化博物馆新馆初步设计》,2004年9月。

2005年建成的新良渚文化博物馆新馆所在地是"良渚文化村"距离良渚国家遗址最近的区块,这里集中了良渚文化时期最为典型的几种地貌:山坡、土墩、湖沼和绿洲。博物馆的景观设计在不破坏原有地形地貌的情况下,赋予了公园更多的趣味性,加强了建筑内部与外部空间之间的联系——那是一个个开敞的盒子空间从建筑中延伸出去形成的庭院(图2.5)。

1994年建成的良渚文化博物馆采用了我们习惯的、不会引起争议的"风貌协调"的手法,然而这种"风貌"——一种所谓的"现代中国的新乡土风格"的建筑形式,以不变应万变地大量在中国各类遗产地建造,它能表现良渚文化的风貌吗?或者说它表现了良渚文化的

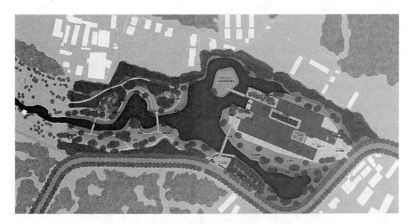

图 2.5　2005 年建成的良渚文化博物馆新馆总平面
资料来源：David Chipperfield Architects，浙江工业大学设计研究院，《良渚文化博物馆新馆初步设计》，2004 年 9 月。

"原状"吗？而待建的良渚文化博物馆新馆以一种现代抽象形式超越了这种争论，不去表现其实我们并不十分清晰了解的过去的形式。

不同文化背景的设计师将不同的观念融合到良渚遗址的保护与利用中，后一种方法常被称之为西方的"新旧对比法"。事实上并非要有意形成一种"新旧对比"，它的思想根源就是"原真性(authenticity)"的观念。这个概念产生于19世纪末。"原真的"一词来自希腊文的 authentikos(autos，自我，同样的)和拉丁文 auctor(一个起源，权威)，因此意味着"原件"而非"拷贝"，"真实"而非"伪装"，"真品"而非"赝品"①。故而"原真性"反对复制、反对拷贝，也反对任何形式的重建，它认为拷贝过去的形象是以一种错误的方式去满足文化上的缺失。同时现代遗产保护思想的发展深受现代考古学的影响，而现代考古学的修复方法严格区分原件和复制品。

"原真"对"拷贝"是保护运动中长期争论的问题，它是1964年《威尼斯宪章》的立论基础，因为涉及将文化遗产"丰富的原真性"传给子孙后代(《威尼斯宪章》前言)。《宪章》还提到："补足缺失的部分，必须保持整体的和谐一致，但与此同时，又必须使补足的部分跟原来部分明显地区别，防止补足部分使原有的艺术和历史见证失去真实性。"可见新旧区分的目的不是为了"对比"，只是为了保留更确切的历史证据。即使是1994年的《奈良文件》提出"信息源"也是"原真性"的一部分，我们仍可以看到"原状"并非"原真性"，因此我国的《文物保护法》规定的"不改变文物原状的原则"，也不像一些专家学者认为的那样真的是一种"和国际接轨"的做法。

2.1.3　城市历史环境的整体性保护

梁思成先生也是我国城市历史环境的整体性保护思想的开创者。城市一直是他非常关注的问题。1943年，他在《中国建筑史》序言中写道："纯中国式之秀美或壮伟的旧市容，或破坏无遗，或仅余大略，市民毫不觉可惜。雄峙已数百年的古建筑(historical landmark)，

---

① Jukka Jokilehto. A History of Architectural Conservation[M]. Oxford: Butterworth-Heinemann, 2002

充沛艺术特殊趣味的街市(local color),为一民族文化之显著表现者,亦常在'改善'的旗帜之下完全牺牲。""市政上的发展,建筑物之新陈代谢本是不可免的事。但即在抗战之前,中国旧有建筑荒顿破坏之范围及速率,亦有甚于正常的趋势。这现象有三个明显的原因:一、在经济力量之凋敝,许多寺观衙署,已归官有者,地方任其自然倾圮,无力保护;二、在艺术标准之一时失掉指南,公私宅第园馆街楼,自西艺浸入后忽被轻视,拆毁剧烈;三、缺乏视建筑为文物遗产之认识,官民均少爱护旧建的热心。"①

梁思成敏锐地注意到近代文物古迹的不断损失的重要原因之一就是旧城改造措施的不合理,因此他提出文物建筑应当与它的环境一同被保存。在他为北京牌楼、北海团城、天安门东西三座门等文物建筑的保护提出的多次建议中,除了反复论述文物建筑本身的价值外,也反复阐释这些文物建筑和城市空间的关系②。更重要的是他在中国最早系统地论述历史城市的整体性保护。他多次将城市比喻为一个有机体:"有经络、脉搏、肌理,如果你不科学地对待它,它会生病的。北京城作为一个现代化的首都,它还没有长大,所以它还不会得心脏病、动脉硬化、高血压等病。它现在只会得些孩子得的伤风感冒。可世界上很多城市都长大了,我们不应该走别人走错了的路,现在没有人相信城市是一门科学,但是一些发达国家的经验是有案可查的。"③据此观念建立的历史城镇保护策略首先是保护它的道路系统,即保护经络;其次是将富有历史和艺术价值的古迹有机地组织到城市中去,即保护肌理。此外,有机体总是在不断的发展变动之中,因此保护不是限制发展。梁思成提出历史城市保护和发展的关系应当以"古今兼顾,新旧两利"为原则。

梁思成的城市规划思想主要受到老沙里宁(Eliel Saarinan,1873—1950)的影响,倡导大城市有机疏散的理论,即在大城市周围设置半独立的卫星城镇,以减轻城市中心区的压力。1950年他和陈占祥先生一起提出的《关于中央人民政府行政中心位置的建议》就是有机疏散的理论和历史城镇保护理念相结合的产物。《建议》认为:

(1) 北京市应当是政治和文化中心,而不是工业中心,因此工业的发展必须受到限制;

(2) 严格保护紫禁城;

(3) 在老城墙里面的建筑物要限制在两层到三层;

(4) 在城西建造一个沿南北轴向的政府行政中心。④

尽管《建议》的基本观念与今天的保护规划理念基本一致,但这在当时是一个过于超前的规划设想。因此当《建议》无法被采纳时,梁思成又提出了设立建设控制地带的方法进行有限的保护:"将来北京的房屋一般的以高两、三层为原则,另一些建筑可以高到四、五层,六、七层;而在各地区中,还要有计划、有重点地、个别地建立为数不多的,挺拔屹立的十几到二十几层高层。"⑤尽管这仍然未被接受,但这是控制和限制的规划手段在中国首次被提出运用于古迹保护规划。

在梁思成对北京城市整体保护的最后一次努力中,他尝试了风貌协调的方法,即在旧城建新建筑必须在形式上与传统建筑相协调,他说:"我对建筑形式上有一个主导思想,即

---

① 梁思成. 中国建筑史[M]. 天津:百花文艺出版社,1998
② 林洙. 建筑师梁思成[M]. 天津:天津科学技术出版社,1997
③ 林洙. 建筑师梁思成[M]. 天津:天津科学技术出版社,1997
④ 梁思成,陈占祥. 关于中央人民政府行政中心位置的建议[M]//梁思成文集:卷四. 北京:中国建筑工业出版社,1982
⑤ 王军. 城记[M]. 北京:生活·读书·新知三联书店,2003

反对在北京盖'玻璃方匣子'。我认为北京的建筑应有整体性和一致性。因为建筑从艺术角度来说,有人把它比拟为凝固的音乐,所以需要先定一个音,然后使诸音和它取得和谐。北京是从旧城发展起来的,在城市里搞些'玻璃匣子'不合适。可是北京当时这种方匣子太多,很流行,我想用'矫枉必须过正'的办法扭转一下,大力提倡民族形式。"①这最终酿成了一场关于建筑设计中"形式主义""复古主义"的大批判。

无论如何,在中国历史城镇保护理论与实践的领域中,这些观念和方法——城市整体性保护、设置建设控制地带、新建筑与旧城区风貌协调——的提出和运用,在当时的中国都是具有开创性的。

当代中国历史城市保护是遗产保护领域研究与实践较多,方法较成熟的领域。1987年,中国城市科学研究会组织成立"历史文化名城研究会"。1994年3月由建设部、国家文物局聘请各方面专家共同组成"全国历史文化名城保护专家委员会",以加强对历史名城保护的执法监督和技术咨询,提高政府管理工作的科学性。② 历史文化名城保护工作主要分三个层次进行:历史建筑、历史街区和历史城市。曾任中国城市规划设计院总规划师的王景慧先生认为:当代历史城市保护的内容可以归纳为三句话,即保护文物古迹及历史地段,保护和延续古城的规划格局和风貌特色,继承和发扬优秀历史文化传统;原则是处理好保护与发展的关系。③

2.1.4 不可移动文化遗产保护思想与实践的多元化

自1980年代以来,许多专家学者在我国文化遗产保护领域进行了大量实践和卓有成效的研究工作,呈现出实践的多元化、思想观念的多元化的局面。

较有代表性的是以阮仪三、王景慧等为代表的学者在历史名城、名镇保护理论与实践中进行的探索,下文将专题论述;以丁文魁、谢凝高等为代表的学者在风景名胜区保护与管理的理论与实践中进行的探索——这将是本篇论文的研究重点之一;以陈志华、王世仁等为代表的学者对国外遗产保护理论与方法的介绍与解读的工作——这项工作为我国建立自己的遗产保护理论体系提供了有价值的参考;以陈同滨为代表的学者对大遗址保护规划的系统研究——是中国近年来在新的领域中有开创性的工作;以罗哲文等为代表的学者在中国传统木结构修复领域的实践和研究工作和以常青、张松等为代表的学者在近代产业遗产保护领域的工作,等等。

在这些实践中,最有意义的思想是我国学者也越来越认识到不可移动文化遗产与其所在环境、与其脚下的土地和所承载的人的活动密不可分的联系。

1976年联合国教科文组织第十九次大会将历史环境问题归为五个方面:(1)历史环境是人类日常生活环境的一部分;(2)它是人类过去存在的表现;(3)它给我们的生活带来了多样性;(4)它能将文化、宗教、社会活动的丰富性和多样性传给后人;(5)保护、保存历史环境与现代生活的统一④。这五点的中心内容就是历史环境与现实生活的联系。寺院墓地和

---

① 王军.城记[M].北京:生活·读书·新知三联书店,2003
② 陈立旭.都市文化与都市精神[M].南京:东南大学出版社,2002
③ 王景慧.城市历史文化遗产的保护与弘扬[J].小城镇建设,2000(2):85
④ [日]早川和南.论古城市的保护[M]//李雄飞,王悦.城市特色与古建筑.天津:天津科学技术出版社,1991

村落民居这些景点本身就来自生活,其中生活的历史也就是场地的历史,而这些历史正是遗产地要保护和展示的对象。

常青教授认为在保护实践中应从以下三方面着手:首先要保证历史环境的完整性,其次不能把原真性只看作视觉上的历史联系,更多的应是感觉上、触觉上的东西,最后也是最重要的是应当保持生活的连续性①。常青教授以"风土建筑"的整体概念来涵盖所有研究对象。在这里,"风"即风俗或习俗,"土"即土地和地域。因此他认为物质环境的结构(地脉)及其演变(地志)的延续与保护是建筑遗产保护与利用的前提。②

俞孔坚教授认为:"对文化和自然遗产的认识应该走出历史文物和风景名胜的局限;应该从'死的'和孤立的'点'走向'活'的和联系的完整的文化景观和自然系统网络;应该从片面的、不平衡的封建帝王和贵族的壮丽和辉煌,走向更全面的、反映中国文明历程中独特的人民与土地关系的文化景观。"③

这些思想和实践超越了对器物、孤立的建筑和建筑群外部特征的考察,是我们建立遗产地保护观念和我国遗产地体系的前提。

2.1.5 我国当代文化遗产管理的行政体系和执行机制

我国目前尚未建立系统完善的遗产地体系及其管理系统,现有的文化遗产保护和管理主要集中在两个部门渠道:由各级文物行政主管部门组成的不可移动文物保护管理体系和由各级建设(规划)行政主管部门组成的聚落及区域尺度遗产地保护管理体系。

1) 行政体系

我国的文物保护行政体系主要在文化部领导下的国家、省、市、县各级文物部门组成,他们分别负责不同级别的文物保护的行政监督工作。

对于体现为聚落形态的或者涉及大尺度区域的遗产保护,如历史文化名城、历史文化街区、历史文化名村名镇、风景名胜区等,则由各级建设(规划)行政主管部门会同各级文物部门进行管理。

2) 执行机制

文化遗产的管理执行方式则由行政管理处罚和制定并执行保护规划两种方式并行。主要工作包含以下四种类型:

(1) 不可移动文物的确定及评定级别:由各级文保部门申报,上级文保部门会同有关专家审定登录。

(2) 不可移动文物的研究、调查和记录:由文物保护部门委托有关科研机构、学术单位和专家学者进行发掘、勘查、记录和分析研究工作。

(3) 保护规划的制定和执行:各级文物保护单位的保护规划由文物保护部门委托具有文物保护相关资质的设计单位编制,文物保护部门组织审定和监督保护规划的执行。

历史文化名城、名村、名镇和风景名胜区的保护规划则由所在地方建设行政部门委托具有城市规划或风景园林相关资质的设计单位编制,建设行政部门组织审定和监督执行。

---

① 常青.历史环境的转承与转化[C].南京:东南大学建筑系学术报告,2002
② 常青.建筑遗产的生存策略——保护与利用设计实验[M].上海:同济大学出版社,2004
③ 俞孔坚.世界遗产概念挑战中国:第28届世界遗产大会有感[J].中国园林,2004(11):68-70

(4) 不可移动文物的维修与维护：分别由文物保护单位的使用管理者执行日常维护。当需要维修时，由具有文物保护相关资质的设计、施工单位执行维修任务。

2.2 我国文化遗产管理的立法框架

2.2.1 发展历程：保护和管理体系的逐步形成

1) 初创阶段(1930年—1949年)：

中国具有现代意义的遗产保护的思想起源于20世纪初。和西方一样，历史遗产保护在中国最初也是社会精英的思想。1913年康有为游览了意大利的名胜古迹，回国后即提倡向意大利学习，并著文《保存中国名迹古器说》，全面论述保存文物古迹的意义。康有为将这种意义概括为四个方面：[①]

(1) 教育大众向先贤学习；

(2) 有利于维护国家形象和国际地位；

(3) 提高大众的文化素养和文明程度；

(4) 作旅游资源开发利用，增加国民收入。

康有为的这番概括，至今仍然基本适用，不能不使人叹服他的远见卓识。

然而20世纪初的中国处于剧烈的社会变动之中，还无暇顾及这种并不直接危及民族存亡的事业。直到民国十年(1921年)北京大学成立考古学研究所；民国十七年(1928年)设立了中国历史上第一个专门保护和管理文物的机构——中央古物保管委员会；民国十八年(1929年)朱启钤创办了著名的私人学术团体"中国营造学社"；民国十九年(1930年)之后政府相继颁布了《古物保护法》及其《实施细则》等一系列文物保护法规；至此中国早期文化遗产的研究、管理机制才初步建立起来。

《古物保存法》第一条就明确规定："本法所称古物是指与考古学、历史学、古生物学以及其他与文化有关之一切古物而言"，这里"古物"的概念已超越了过去所谓"古董"的范畴而更接近于现代文化遗产的概念，但主要指的是可移动文物。该法还对地下、地上文物的归属、管理机构的认定、考古发掘活动做出了一定的规定。1931年颁布的《古物保存法细则》则在第十五条指出"凡名胜古迹古物应永远保存之，但依土地征收法应征收时，由该管官署呈由内政部核办，并分报中央保管委员会备查"，初步产生了不可移动文物和遗产地保护与管理的概念。

对于当时的文物管理机构——中央古物保管委员会，国民政府行政院也公布了《中央古物保管委员会组织条例》等一系列部门规章，规定了它的隶属关系、职权范围、工作内容、人员编制及所司职责，确认该会按照《古物保存法》行使古物保管职权。中央古物保管委员会成立后，进行了大量有关古建筑、古墓葬、古遗址的调查，发表了多种有价值的报告，直到抗日战争爆发后才停止工作。

当时唯一的地方性文物保护专门机构是成立于1935年的旧都文物整理委员会，该会主

---

① 郑欣淼.在罗马想起了康有为的卓见[N].中国文物报.2001-7-11

要由工程技术人员及著名古建筑匠师等组成,负责古建筑保护与修缮工程的设计施工事宜。该委员会自 1935—1937 年秋共修缮重要古建筑 20 余处,其中有天坛、北京城东南角楼、西直门箭楼、国子监、香山碧云寺罗汉堂等重大保护工程。抗战期间受时局影响还完成了颐和园、北海、鼓楼、大钟寺等处的一般性维修工程。抗战胜利后,国民党政府在北平设立行政院北平文物整理委员会,下设文物整理工程处,继续从事古建筑的维修保护和调查研究工作。①

1948 年,在人民解放军南下解放全国的前夕,解放军总部特请梁思成主持编写了《全国建筑文物简目》,共 450 项,并附"古建筑保护须知",1949 年 6 月印发全军,要求他们在作战中注意对建筑文物的保护。这个《简目》是以后公布的第一批国家重点文物保护单位的基础(表 2.3)。

表 2.3 1930 年—1949 年中国主要文化遗产保护法规

时间	名称	颁布者	文件性质
1930 年	《古物保存法》	国民政府行政院	国家法律
1931 年	《古物保存法施行细则》	国民政府行政院	行政法规
1935 年	《采掘古物规则》	国民政府行政院	行政法规
1935 年	《外国学术团体或私人参加掘采古物规则》	国民政府行政院	行政法规
1935 年	《古物出国护照规则》	国民政府行政院	行政法规
1935 年	《中央古物保管委员会组织条例》	中央古物保管委员会	部门规章
1934 年	《中央古物保管委员会办事规则》	中央古物保管委员会	部门规章
1948 年	《全国重要性文物简目》	解放军总部请梁思成先生主持编写	咨询报告

注:上述法律、法规全文见 http://law.sach.gov.cn/law/。

2) 探索阶段(1950 年—1979 年):

新中国成立之后,民国时期初步形成的中国文化遗产的保护制度被彻底抛弃。

新的制度在探索中逐渐形成。1950 年 7 月,中央人民政府即颁布了《中央人民政府政务院关于保护古文物、建筑的指示》。这个《指示》首次以行政法规的形式提出了日后在中国文物保护与修复界影响深远的保护原则:文物应"应尽量保持旧观"。这里既可看出梁思成先生"修旧如旧"思想的影响,又是当代《文物保护法》中"对不可移动文物进行修缮、保养、迁移,必须遵守不改变文物原状的原则"这一思想的前身。

1951 年 5 月颁布的《关于名胜古迹管理的职责、权力分担的规定》,将文物分为不可移动的遗址景观类型,如"革命史迹、烈士陵园、宗教遗迹、古文化遗址"等和可移动的古物类型,如"古器物、图书、雕刻、书画"等,同年颁布的《关于地方文物名胜古迹的保护管理办法》要求在文物古迹较多的省、市设立"文物管理委员会",直属该省市人民政府,负责调查、保护并管理该地区的古建筑、古文化遗址、革命遗迹。委员会的经费,由地方人民政府负担。未设立委员会的地方,由当地民政部门协同文化部门共同管理。这两个文件明确了我国文化遗产的管理部门。

1957 年 10 月 28 日,北京市公布第一批文物保护单位名单,包括故宫、中南海、天坛、颐

---

① 北京文物整理委员会. http://www.chinabaike.com

和园等共36处。从此,以政府公布文物保护单位的形式对历史遗产进行保护,成为我国主要的、在相当一段时间里甚至是唯一的保护手段。1961年国务院颁发《文物保护管理暂行条例》,《条例》比较系统地论述了我国文物概念的范围、保护管理的机构、保护的方法、分级保护的制度,强调了"必须严格遵守恢复原状或者保存现状"的修缮、保养原则,是对前一阶段经验的总结。其中对"文物保护单位"首次提出了"四有"的管理制度,即"有保护范围、有标识说明、有专门机构管理、有档案记录",一直沿用至今。

当年还公布了第一批全国文物保护单位180处。各省、直辖市、自治区,乃至各市、县也陆续公布了文物保护单位名单,逐步形成各级文物保护单位网络。

1963年4月文化部颁发了《文物保护单位管理暂行办法》,按照风貌保护的思路提出了对文物保护单位以划分保护区(一般保护区和重点保护区)的方式进行管理。该《办法》第四条规定:"文物保护单位保护范围的划定,应根据文物保护单位周围一定距离的范围内划为安全保护区。有些文物保护单位需要保持周围环境原状,或为欣赏参观保留条件,在安全保护区外的一定范围内,其他建设工程的规划、设计应注意与保护单位的环境气氛相协调。"

1963年9月由文化部颁布的《关于革命纪念建筑、历史纪念建筑、古建筑石窟寺修缮暂行管理办法》,是现代中国第一个古迹修复的规范性文件,指出了古迹修缮包括三种类型:维护、加固、修复。修复的原则是"保持现状或者恢复原状"。该《办法》明确了古迹修复工程的工程计划和技术设计应包含的内容。尽管它和1964年5月第二届历史古迹建筑师及技师国际会议通过的《威尼斯宪章》在对古迹修复的理解上有一定差别,如《威尼斯宪章》强调的新旧"可识别性"原则,但《关于革命纪念建筑、历史纪念建筑、古建筑石窟寺修缮暂行管理办法》由于对工程技术设计的内容加以规范而具备较强的可操作性。

这一时期我国初步建立起了有关文物保护的国家及地方的行政管理制度,其中"文物保护单位"的管理制度、"保持现状或者恢复原状"的文物修复原则都沿用至今。

但纵观这一时期的文化遗产保护法规明显缺乏系统性、前瞻性和长期性,许多文件以"办法""指示""通知""规定"的形式出现(表2.4),使一些有意义的保护管理方法未能形成制度,如可移动文物和不可移动文物分别管理的方法。

表2.4 1950年—1979年中国主要文化遗产之不可移动文物保护法规

时间	名称	颁布者	文件性质
1950年	《中央人民政府政务院关于保护古文物、建筑的指示》	中央人民政府政务院	行政法规
1951年	《关于名胜古迹管理的职责、权力分担的规定》	文化部与内务部	部门规章
1951年	《关于地方文物名胜古迹的保护管理办法》	文化部	部门规章
1953年	《在基本建设工程中关于保护历史及革命文物的指示》	中央人民政府政务院	行政法规
1956年	《在农业生产建设过程中关于文物保护的通知》	国务院	规范性文件
1961年	《文物保护管理暂行条例》	国务院	行政法规
1963年	《文物保护单位保护管理暂行办法》	文化部	部门规章
1963年	《关于革命纪念建筑、历史纪念建筑、古建筑石窟寺修缮暂行管理办法》	文化部	部门规章
1976年	《中华人民共和国刑法》(第173条、第174条)	全国人大常委会	国家法律

3) 形成阶段(1980年—至今)：

"文革"之后，文化遗产是否应该保护不再是一个需要争论的问题，保护管理制度在继承前一阶段的基础上有了很大发展。

1980年代文化遗产保护的最重要成就是1982年11月《中华人民共和国文物保护法》的颁布。它第一次以法律的形式规定了我国的文化遗产——"文物"的内容，首次定义了"历史文化名城"的概念。同年国务院公布了第一批24个历史文化名城。

1983年城乡建设环境保护部的文件《关于加强历史文化名城规划工作的几点意见》强调了"历史文化名城"不仅仅是一个荣誉称号，而且是一个城市的"特定性质"，"作为一种总的指导思想和原则，应当在城市规划中体现出来"。《关于加强历史文化名城规划工作的几点意见》还规定了历史文化名城规划编制和审批方法。

1986年12月国务院批转了建设部、文化部《关于请公布第二批国家历史文化名城名单的报告》，首次提出了"历史文化保护区"的概念，"历史文化保护区"是指"文物古迹比较集中，或能较完整地体现出某一历史时期的传统风貌和民族地方特色的街区、建筑群、小镇、村寨等"，并指出"历史文化保护区"和"历史文化名城"是两个不同于"文物保护单位"的保护对象。"历史文化保护区"在这里的含义既包含历史街区又包含传统小城镇和村落，是一个过渡性的概念。在此后十余年的实践中，逐渐形成了文物保护单位，历史文化街区，历史文化名村、名镇和历史文化名城的多级遗产保护管理体系，并在2002年新修订的《中华人民共和国文物保护法》中明确了它们的名称(表2.5)。

表2.5 我国文化遗产保护管理类型

类型	数量	备注
全国重点文物保护单位	4 295处	1961年3月，国务院颁布180处第一批全国重点文物单位，建立了重点文物保护单位制度。目前我国已有包括古迹遗址在内的不可移动文物76余万处，其中近7万处被公布为各级文物保护单位，4 295处被国务院公布为全国重点文物保护单位
历史文化街区	不详	由各省、自治区、直辖市人民政府核定公布
国家级历史文化名镇(村)	名镇252个，名村276个	2003年11月，由建设部和国家文物局联合审定公布了我国第一批"中国历史文化名镇(村)"，山西灵石县静升镇等10个镇、山西省临县碛口镇西湾村等12个村被评为中国第一批历史文化名镇(村)；第二批2005年9月16日公布，共34个镇；第三批2007年6月9日公布，共41个镇；第四批2009年9月19日公布，共58个镇；第五批2010年12月13日公布，共38个镇；第六批2014年3月10日公布，共71个镇
国家级历史文化名城	125座	1982年2月国务院转批国家建委、国家城建总局、国家文物局《关于保护我国历史文化名城的请示的通知》，正式提出了"历史文化名城"的概念，并公布了北京、苏州、西安等24个城市为首批国家历史文化名城，1986年和1994年分别公布了第二批(38个)、第三批(37个)，后又增补(26个)国家历史文化名城名单。除国务院公布国家级名城名单外，各省、自治区、直辖市也审批、公布了本地区的省级历史文化名城名单。国家级和省级历史文化名城名单的公布，不仅标志着中国名城保护制度的初创，以及历史文化遗产保护对象已经从文物建筑转向整个历史传统城市

(续表)

类型	数量	备注
世界文化遗产、文化与自然双重遗产、文化景观	48处	《保护世界文化和自然遗产公约》是联合国教科文组织于1972年11月16日在第十七届大会上正式通过的。1976年，世界遗产委员会成立，并建立《世界遗产名录》。中国于1985年12月12日加入《保护世界文化和自然遗产公约》，成为缔约方。1999年10月29日，中国当选为世界遗产委员会成员。中国于1986年开始向联合国教科文组织申报世界遗产项目。自1987年至2015年7月，中国先后被批准列入《世界遗产名录》的世界遗产已达48处。被"世界遗产委员会"列入《世界遗产名录》的地方，将成为世界级的名胜，可受到"世界遗产基金"提供的援助

资料来源：根据《中国文物报》2000年—2015年各期有关内容制表。

1993年、1994年建设部、国家文物管理局又相继颁布了《历史文化名城保护条例（草案）》《历史文化名城保护规划编制要求》，对历史文化名城的保护和管理给予了一定的指导，但上述两部法规并不完善，当代城市的物质和社会环境又承受着前所未有的剧烈变化，而历史文化名城的管理又涉及建设部、国土资源部、国家文物局等多个部门以及其他如《文物保护法》《城市规划法》《土地法》以及《房屋管理条例》等相关法规。《历史文化名城名镇名村保护条例》2008年7月1日起施行。

2002年对《文物保护法》的修订正如《中国文物报》记者评论的那样：是"社会环境的变化"而不是保护观念的变化，"是修订的根本原因"[1]，因此新的《文物保护法》延续了以往的保护观念，主要的变化是面对高度商业化的社会环境明晰了文物的所有权性质，规定"国有、集体所有和私人所有文物，均受法律保护；国有不可移动文物的所有权不因其所依附的土地所有权的改变而改变，不得转让、抵押，不得作为企业资产经营"，并将1997年国务院颁布的《关于加强和改善文物工作的通知》中的"五纳入"内容——即要求将文物工作保护纳入地方经济和社会发展计划、城乡建设计划、财政预算、体制改革、各级领导责任制——写进新的《文物保护法》，强化了文物行政执法权力，完善了各项管理措施。[2]

2003年6月国务院颁布的《中华人民共和国文物保护法实施条例》规定了核定"历史文化名城"的工作机关，以及以"确保文物保护单位的真实性和完整性"为原则来划定文物保护单位的保护范围和建设控制地带。同年11月建设部发出了关于《城市紫线管理办法》的119号令，该文件规定"紫线"是历史文化街区或历史建筑的"保护范围界线"，它包含核心保护区和风貌协调区（这个"风貌协调区"也可称为使"风貌、特色完整性而必须进行建设控制的地区"），"紫线"的管理者是本行政区域内的市、县人民政府城乡规划行政主管部门。"紫线"和文物保护单位的保护范围和建设控制地带应该是重合的，而对于历史文化街区是专门的管理手段。2004年8月国家文物局颁布的《全国重点文物保护单位保护规划编制要求》中规定：文物保护单位的"保护区"以"文物安全、完整"为原则划定；"建设控制地带"以"文物的环境完整、和谐"为原则划定。分析上述三部法规可得下面三个结论：

（1）关于"文物保护单位"保护的立法已较为完善，保护方法较为明确；

（2）由于目前还没有关于"历史文化街区"保护原则、方法、保护规划编制的专门立法，

---

[1] 关于《文物保护法》的修订[N].中国文物报，2002-11-6
[2] 李让.国家文物局长单霁翔谈《文物行政处罚程序暂行规定》[N].中国文物报，2005-3-9

"紫线"是现阶段它的主要保护方式;

(3) 上述文件都强调"协调、完整"是保护区控制和划定的基本原则,明确排斥了西方新、旧"可识别性"的保护观念。

由于我国的文化遗产保护法律、法规和规章大部分属于行政管理性质,要由国家行政机关来贯彻实施,而2004年12月《文物行政处罚程序暂行规定》的颁布就使文物部门被赋予了更多的行政处罚权,同时也规范了对这种处罚的实施,从程序上保证了行政管理的公正。

这一阶段我国的文化遗产保护法制体系建设中取得的另一重大成就是文物保护工程管理的系列法规的全面出台,以及受到业内人士高度评价的《中国文物古迹保护准则》的制定。此外我国分别于1985年、1989年、1997年和2000年签署了《保护世界文化与自然遗产公约》等4个国际文化遗产保护公约(表2.6)、(表2.7)、(表2.8)。

表2.6 文物保护工程管理的系列法规

《文物保护工程管理办法》[2003年4月颁布]	《文物保护工程勘察设计资质管理办法》(试行)[2003年7月颁布]
	《文物保护工程勘察设计资质分级标准》
	《文物保护工程施工资质管理办法》(试行)[2003年7月颁布]
	《文物保护工程施工等级表》
	《文物保护工程勘察设计方案编制办法》[尚未颁布]
	《文物保护优秀工程奖评选办法》[尚未颁布]

表2.7 我国签署加入的文化遗产保护的国际公约

1985年11月	我国全国人民代表大会常务委员会签署了《保护世界文化与自然遗产公约》
1989年9月	国务院签署了《关于禁止和防止非法进出口文化财产和非法转让其所有权的方法的公约》
1997年3月	国务院签署了《国际统一私法协会关于被盗和非法出口文物的公约》
2000年	国务院签署了《武装冲突情况下保护文化财产公约》

表2.8 1980年—2011年中国主要文化遗产保护法规

时间	名称	颁布者	文件性质
1982年	《中华人民共和国文物保护法》	全国人大常委会	国家法律
1982年	《中华人民共和国宪法》第22条	全国人民代表大会	国家法律
1989年	《中华人民共和国城市规划法》第14条	中华人民共和国主席令7届第23号	国家法律
1989年	《中华人民共和国环境保护法》第17条	中华人民共和国主席令7届第22号	国家法律
1982年	《关于保护我国历史文化名城的请示的通知》	国务院转批国家建委、国家城建总局、国家文物局	行政法规

(续表)

时间	名称	颁布者	文件性质
1983年	《城乡建设环境保护部、文化部关于在建设中认真保护文物古迹和风景名胜的通知》	城乡建设环境保护部、文化部	规范性文件
1983年	《关于加强历史文化名城规划工作的几点意见》	城乡建设环境保护部	行政法规
1984年	《古建筑消防管理规则》	文化部、公安部	部门规章
1986年	《纪念建筑、古建筑、石窟寺修缮工程管理办法》	文化部	部门规章
1989年	《中华人民共和国水下文物保护管理条例》	国务院批准,国家文物局颁布	行政法规
1991年	《中华人民共和国考古涉外工作管理办法》	国务院批准,国家文物局颁布	行政法规
1991年	《全国重点文物保护单位保护范围标志说明记录档案和保管机构工作规范(试行)》	国家文物局	部门规章
1994年	《历史文化名城保护规划编制要求》	建设部、国家文物局	规范性文件
1997年	《关于加强和改善文物工作的通知》	国务院	行政法规
2002年	《中华人民共和国文物保护法》	中华人民共和国主席令9届第76号	国家法律
2003年	《文物保护工程管理办法》	文化部	部门规章
2003年	《中华人民共和国文物保护法实施条例》	国务院	行政法规
2003年	《城市紫线管理办法》	建设部	部门规章
2004年	《全国重点文物保护单位保护规划编制审批办法》	国家文物局	部门规章
2004年	《全国重点文物保护单位保护规划编制要求》	国家文物局	部门规章
2004年	《文物行政处罚程序暂行规定》	文化部	部门规章
2007年	《世界文化遗产保护管理办法》	文化部	部门规章
2011年	《中国文物古迹保护准则》	国家文物局	行业规范

至此经过二十余年的探索,我国初步建立起保护物质文化遗产的法律体系(图2.6),其特征是狭义的"文物古迹"的保护管理法规较完善,而历史文化街区、城镇、村落,大遗址,名胜古迹遗产地的保护管理法规都还处于起步阶段,对作为遗产的历史景观环境、历史人文环境的保护和管理的立法仍是任重而道远。

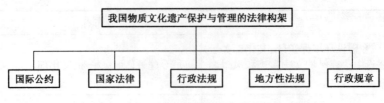

图 2.6　中国当今物质文化遗产保护法规构架

2.2.2　存在问题：因法规体系和实践类型不相符而导致无法可依，因基本概念阐述的不完善而导致保护方法的混乱

1) 对"遗产"概念的认识偏差导致未能形成"遗产地"观念及其立法

2005年6月笔者随江西省建设厅领导到庐山风景名胜区调研了违规建设问题，在所检查的11处未经申报的建设项目中，有一处为一座名为"铁佛寺"的寺院大规模扩建其寺院建筑；一处为庐山世界地质公园景点的承包开发商在景点及其周边建造道路、桥梁、亭台等游览设施；其余均为以别墅为主要内容的房地开发和疗养院建筑群。此类违规建设在当今的风景名胜区是非常具有代表性的，而房地产开发在山岳型风景名胜区并不多见，可是庐山这类违规建设却占了违规建设总量的80%以上，而且在庐山风景名胜区成为"世界文化景观"之后丝毫没有减弱的势头。

房地产开发和疗养设施建设是自1870年代庐山大规模开发以来在130余年的时间里形成的传统，成为了这里一种约定俗成的土地利用方式，这种土地利用方式不因它被列入《世界自然与文化遗产名录》而改变，"世界遗产"在国人心目中只是"受到世界公认的好看的风景"的代名词，是旅游业的广告宣传，而没有被看成是一种土地和资源的管理与利用方式。究其原因，一方面是由于我国缺乏相关的遗产地立法，另一方面我国的"文物"概念与现代"遗产"概念存在一定差别也制约了"遗产"被看成一种用地性质。

我国的《文物保护法》第二条对"文物"的界定是：

"（一）具有历史、艺术、科学价值的古文化遗址、古墓葬、古建筑、石窟寺和石刻、壁画；

（二）与重大历史事件、革命运动或者著名人物有关的以及具有重要纪念意义、教育意义或者史料价值的近代现代重要史迹、实物、代表性建筑；

（三）历史上各时代珍贵的艺术品、工艺美术品；

（四）历史上各时代重要的文献资料以及具有历史、艺术、科学价值的手稿和图书资料等；

（五）反映历史上各时代、各民族社会制度、社会生产、社会生活的代表性实物。"

纵观这段文字突出的特征就是"文物"是一种有价值的人工制造的"实物"。而《保护世界文化和自然遗产公约》界定的"文化遗产"包括三个方面：

"（一）古迹：从历史、艺术或科学角度看具有突出的普遍价值的建筑物、碑雕和碑画，具有考古性质成分或构筑物、铭文、窟洞以及联合体；

（二）建筑群：从历史、艺术或科学角度看，在建筑式样、分布均匀或与环境景色结合方面，具有突出的普遍价值的单位或连接的建筑群；

（三）遗址：从历史、审美、人种学或人类学角度看具有突出普遍价值的人类工程或自然与人工联合工程以及包括有考古地址的区域。"

可见我国的"文物"概念仅仅相当于《保护世界文化与自然遗产公约》中"文化遗产"概念的一部分,而缺乏对"文物"和产生它的人文与自然环境密不可分的联系的认识。

这种"文物"概念也影响了对"历史文化街区"和"历史文化城镇"的界定。《文物保护法》第十四条指出:"保存文物特别丰富并且具有重大历史价值或者革命纪念意义的城市,由国务院核定公布为历史文化名城。"而保护历史城镇的国际宪章《华盛顿宪章》(ICOMOS 1987 年发布)第一、二条认为:"所有城市社区,不论是长期逐渐发展起来的,还是有意创建的,都是历史上各种各样的社会的表现";"历史城区,不论大小,其中包括城市、城镇以及历史中心或居住区,也包括其自然的和人造的环境。除了它们的历史文献作用之外,这些地区体现着传统城市文化的价值。"比较可知我国的"历史文化名城"概念只是个文物的集合体,而国际宪章中的"历史城镇"是体现了历史文献作用的、包含了自然的和人造的环境的人类定居点。将文物与其人文、自然环境割裂,导致了我国在文物保护领域一直没有真正形成遗产地保护的观念以及与之相应的法规。

在我国当代的文化遗产地保护实践中,按照保护对象的规模特征与功能特征自然形成了三种类型:

(1) 保护文物古迹。对古建筑、古墓葬、古遗址、石窟寺、石刻、近代有纪念意义的建筑物等,根据它们的历史、科学、艺术价值,定为各级(国家、省、市、县级)"重点文物保护单位"。对文物古迹的保护原则是在维修保养时不改变文物的原状,在文物古迹的周围划出一定的保护范围和建设控制地带,对新的建设的功能、建筑高度、形式、色彩加以控制,或者禁止再搞新的建设。对各级"重点文物保护单位"要经过整修公开展示,也有的在不妨碍保护的原则下,继续合理使用。

在这一类型中,历史风景点成了法律的盲区。在与我们文化传统较接近的日本,他们的《文化财保存法》对"文化财",即"文物"类型的界定如下表(表 2.9):

表 2.9 日本文化财的类型

1. 有形文化财	建筑物、图片、雕塑品、实用美术品、手迹、经典著作、古文献及其他在日本或对日本具有极高历史价值并有艺术价值的有形文化产品、考古标本及其他具有相当高科学价值的历史材料
2. 无形文化财	运用于戏剧、音乐、实用美术品上的技艺和技能以及其他无形产品
3. 民族文化财	衣、食、住的方式和习惯、职业习惯、宗教信仰、节日等习俗,民间游艺、服饰、器具、房屋及其他使用过的物品,它们对于理解日本人民生活方式的变迁具有不可替代的作用
4. 遗迹	岩层山、古墓、宫殿、要塞、城堡、雄伟的居所及其他在日本或对日本具有较高的历史价值并有或单有科学价值的景点、花园、桥梁、峡谷、海岸、山峦,及其他从艺术的眼光或欣赏的眼光看在日本或对日本具有较高价值的优美风景点;动物(包括它们的窝、饲养场所以及它们的避暑地和避寒地)、植物(包括它们的生长地)、地貌和矿物质(包括可见的自然现象的地表),它们在日本或对日本都具有较高的科学价值

上述日本文化财的第四种类型"遗迹"在我国也大量存在,却一直没有相应的立法、保护规范、登录制度,在当今的保护管理实践中存在着很大的随意性。

(2) 保护具有典型历史风貌和民族、地方特色的人居环境。这些人居环境可以是城市,也可以是建筑群组、商业街、住宅区,也可以是较完整的小镇、村落,可以是古代的,也可以是近代的,关键是要有保存完好的整体风貌。根据不同情况,分别定为历史文化名城或历史文化街区、村镇。保护地段内的单栋建筑物可能并不具有文物价值,但其整体的环境能够反映某一历史时期的传统风貌特色,从而使价值得到了升华。

在这一类型中如上所述缺乏相应的法规是当前的主要问题,另一方面保护建成环境的观念并未成为一种社会共识。我国自古就有文物保护的观念,却并没有现代"遗产保护"的观念。1930年代,梁思成先生从事古建调查时,"在派出小组之前,先把计划和目的通知省政府,让他们先告诉当地的官员。在到达的时候,他们一般先拜访政府官员,要求在小学校里拨给一间房子。'我的经验是,'思成说,'当地人对建筑不大感兴趣。当我说我对文物感兴趣时,他们就会带我去看古代刻的石碑。他们感兴趣的只是碑帖……,金石碑拓的东西能打动他们,木匠的手工活则不能。'"[1]直到今日要大众把那些与重大历史事件、著名历史人物无关的建筑和人居环境看作文物仍然是一件困难的事。

2003年年底南京三山街近代住区被拆除时,当地居民自发组织起来到电视台呼吁保护住区内已废弃不用数十年的文物——清代双眼井,但他们却不认为住区内的合院式民居、精美的近代建筑雕饰,尤其是当地典型的近代城市空间特征有什么价值。尽管1992年出版的《中国近代建筑总览·南京篇》已将该住区中的某些建筑列入[2],《南京近代建筑评估标准》也已于2002年6月制定,但在这个城市更新项目中亦未见具体运用。由此可见,从器物保护上升到建成环境保护的观念,迄今在公众中尚未成为主流。

(3) 风景名胜区中构成景观特征因素的文化与自然遗产的保护和管理。《风景名胜区管理暂行条例》第十条规定:"对风景名胜区内的重要景物、文物古迹、古树名木,都应当进行调查、鉴定,并制定保护措施,组织实施。"风景名胜区中的文物往往是具有较高审美价值的景点,它的保护必须和环境相结合,整体考虑。

由于我国被列入《世界自然和文化遗产名录》的项目大多位于风景名胜区,因此《风景名胜区条例》被许多官员和学者认为是我国的遗产地保护法规,但《风景名胜区条例》的管理对象正如《条例》的第二条定义的那样:"具有观赏、文化或科学价值,自然景观、人文景观比较集中,环境优美,可供人们游览或者进行科学、文化活动的区域。"由此可见《风景名胜区条例》只是一个公园而并非遗产地的管理条例。尽管由于我国独特的文化传统和山川风貌,我国的风景名胜区通常也是自然与文化遗迹荟萃之地,但它并不一定必须具有自然和文化遗产才能被称为风景名胜区,如江西省的一处国家级风景名胜区——仙女湖风景名胜区,实为一处1960年代修建的水库,其范围内并无任何已知的重要自然或文化遗产。因此我们不能认为《风景名胜区条例》是一部关于遗产或遗产地保护的法规。

2) 基于价值取向判断的遗产评估导致的保护方法选择的偏差

我国长期以来的遗产保护和管理法制建设一直强调的是"可操作性",而且也在这方面取得了很大成就,如《全国重点文物保护单位保护规划编制要求》就详尽规范了保护规划编制所应包含的内容,具备很强的可操作性。但是对保护观念的探讨在我国一直不受重视,

---

[1] Wilma Fairbank. Liang and Lin—Partners in Exploring China's Architectural Past[M]. Pennsylvania :University of Pennsylvania Press,1994

[2] 刘先觉,张复合,村松伸等. 中国近代建筑总览·南京篇[M]. 北京:中国建筑工业出版社,1992

除了主张保护文物的"原状"和"完整性"之外,半个世纪以来人们争论最多的就是已毁古迹是否可以复建的问题,在已颁布的、受到业内人士高度评价的《中国文物古迹保护准则》中,这个问题终于有了国家法规层面上的答案。

据报道获得国家文物保护科学和技术创新一等奖的《中国文物古迹保护准则》突出的特点之一就是:"把对文物价值的评估放在了首位,以价值取向决定保护方法,"……"中国对复建有两种观点,《准则》作了灵活的表述,什么情况下可建,什么情况下不能建,像圆明园作为国耻教育基地,只能保护遗址,不能复建;而白塔寺山门,本身就是白塔寺的一部分,应该建,是对白塔寺的整体保护。"①这种以价值取向来判断文物价值决定保护方法的观念可以追溯到20世纪50年代,中央人民政府颁布的第一个文物保护文件——《中央人民政府政务院关于保护古文物、建筑的指示》,首次提出了新中国判断文物的标准——具有历史价值和革命意义。直到2002年最新版的《文物保护法》仍然保留了"革命意义"作为评价历史文化城镇、街区的标准之一。

价值判断是具有很强的主观性的思维活动,不同的人、不同的阶层对于什么是具有"革命意义"的、什么不具备这种意义完全可能做出不同的判断。江西吉安东南部的渼陂是一座历史悠久的古村,1930年,毛泽东、朱德率红四军进驻渼陂村,在这里召开了著名的"二七"会议。解放后,村中最大的古祠堂——梁氏宗祠以及两座规模较大质量较好的民居分别以"红四军军部""二七会址""毛主席旧居"的名义成为了文物保护单位(图2.7)。上述三栋建筑并不是为使它们成为文保单位的这个名义而建造的,它们以临时征用的方式承担这种功能的时间甚至不到半年,因此以"革命文物"的名义来保护至少不是对它们价值的全面评价,而无法科学、全面地评估文物必然影响到保护方法的选择。直到最近仍有关于广东两栋原来属于汉奸的近代住宅建筑是否要保护的争论。

图 2.7 国家历史文化名村渼陂村梁氏宗祠
资料来源:笔者摄影

在上述圆明园的例子中,因为它的价值被评估为"国耻教育基地",因此不能复建;那么如果将它评价为"近代受到西方艺术形式影响的东方皇家园林",是否就具备了复建的资格

---

① 国家文物保护科学和技术创新一等奖的《中国文物古迹保护准则》.中国文物报[N],2004-9-24

呢？而白塔寺山门的复建"是对白塔寺的整体保护",我们可以判断白塔寺通过了"价值取向"的评估,但是如果当代已完全无法获得这个山门的可靠资料了,是否就凭想象复建？

产生上述现象的根本原因是因为我国的现代化过程属于"外源或外诱的现代化(modernization from without)",即在国际环境影响下,社会受外部冲击而引起内部的思想和政治环境的变化进而逐渐进入现代社会[①],而"现代保护运动"将过去的结构和物质定义为一种遗产,制定它们的保护、恢复和保存的相关策略,这是与西方的现代性一起发展起来的,现代历史意识是现代保护意识的起源。这种现代历史观将历史视作科学研究和关于人类的知识体系,使得历史研究从文学转向科学,达成了一种崇尚客观的、要分辨真伪的研究方法。而这种源自西方的"现代意识"在被动现代化的过程没有完全成为我们自己的文化意识。我们接受了"现代保护运动"的某些做法,却并没有完全掌握它科学客观的方法论。

《加拿大公园政策》中对"修复"的规定是[②]:

"遇到下列情况才可对历史性建筑物进行全面或部分的修复:

ⅰ)为使公众了解国家历史公园的历史联系和外观而必须修复者;

ⅱ)现有的建筑情况良好并保留其大部分原来细节者;

ⅲ)有充分资料可以进行精确修复者;

ⅳ)从建筑物的历史意义和说明潜力来看修复的费用可算合理者;

进行修复时应确保不使建筑物原来的带有历史特点的结构受到破坏。

修复或替代材料应有准确的记载,但应与原用材料不易分辨,以保持真实的历史环境。

由于资料的限制,建筑物通常按其最重要的历史时期修复,但如果早于或晚于该时期的建成部分具有历史或艺术价值并有助于说明该建筑的演变过程,则也可以保存。"

从上述规定中可以看出,"修复"是基于古迹的存在状态和使用要求以及技术上的可能性而言的,而不是对特定对象进行价值取向的判断得出的结论。

而国际保护宪章更认定"古迹重建"是科学研究。《保护和管理考古遗产宪章》(ICOMOS 1990 年发布)第七条认为:"重建有两个重要的功能:试验性研究和解释。然而,重建应该非常细心谨慎,以免扰乱任何幸存的考古证据。为了达到真实可靠,应该考虑所有来源的证据。只要是有可能的和适当的,重建不应该在考古遗址上进行,而且重建物应当是可以确认的。"

文化遗产保护作为人类历史的见证,必须客观全面地评估遗产作为历史文献的价值才可能形成有效的保护政策,从而真正保留每一份遗产的特征。江西遂川县大汾乡洛阳村的彭氏祠宅在长达近一个世纪的时间内一直是该村唯一的一座公共建筑,最近文物修复工作者在考察评估这座建筑时发现这座建筑墙身上写满了标语口号,从红军标语、白军标语、抗战标语、土改标语到合作化标语、社会主义教育标语、"文革"标语、包产到户标语、计生标语,一个世纪中国社会的变迁竟然都写在了一栋建筑上,如果仅仅从价值取向来评估它而形成保护策略,反动的白军标语、错误的"文革"标语就应当在修复时抹去,这样实际就无法达成对文物完整的保护。

观念的现代化事实上将是一个比技术现代化更加漫长的过程,我国的文化遗产管理制

---

① 陈立旭. 都市文化与都市精神:中外城市文化比较[M]. 南京:东南大学出版社,2002

② 冯采芹,等. 国外园林法规的研究[M]. 北京:中国科学技术出版社,1991

度的建设要产生真正的飞跃,必须首先建立在认识的进步上。

3) 对"不改变文物原状"的保护原则的模糊论述而导致保护目标的模糊

1950年中央人民政府政务院《关于保护古文物建筑的指示》是新中国第一个关于文物建筑的具有法律效力的文件,但只是规定对文物建筑"应尽量保持旧观,经常加以保护,不得堆存有容易燃烧及有爆炸性的危险物"以及"如确有必要拆除或改建时,必须经由当地人民政府逐级呈报各大行政区文教主管机关后始得动工"。1961年国务院颁布的《文物保护管理暂行条例》明文规定:"一切核定为文物保护单位的纪念建筑物、古建筑、石窟寺、石刻、雕塑等(包括建筑物的附属物),在进行修缮、保养的时候,必须严格遵守恢复原状或者保存现状的原则。"与其同时发布的《国务院关于进一步加强文物保护和管理工作的指示》更进一步明确指出:"对于革命纪念建筑和古建筑,主要是保护原状,防止破坏,除少数即将倒塌的需要加以保固修缮以外,一般以维持不塌不漏为原则,不要大兴土木。"1982年中国第一部文物保护法规定:"核定为文物保护单位的革命遗址、纪念建筑物、古墓葬、古建筑、石窟寺、石刻等(包括建筑物的附属物),在进行修缮、保养、迁移的时候,必须遵守不改变文物原状的原则。"这一条款在2002年的《中华人民共和国文物保护法》中改为:"对不可移动文物进行修缮、保养、迁移,必须遵守不改变文物原状的原则。"除了以"不可移动文物"替代原来对各类文物保护单位的分述之外,实际上没有任何改变。

"不改变文物原状"是我国文物保护的基本原则,是保护和修复的目标,因此究竟什么是古迹的"原状"和如何保护"原状"就成了一个广泛争论的问题。柴泽俊、罗哲文等学者探讨了什么是文物建筑的"原状";曹丽娟等学者探讨历史园林的"原状"应从哪些方面保护;还有一些学者讨论了什么是遗产地的"原生形态";乔迅翔认为"原状"在实践中常指代不明,但实际上"原状"是和"现状"比较得来,"因其比较对象不同,'原状'所指有三:

(1) 相对于初建后的诸多变化而言,指初建之面目;

(2) 相对于保护修复前状态而言,可能是历史上某次有意义的大修后状况;

(3) 相对于保护修复后状态而言,'原状'应是建筑遗产的残存状况,即保护前之现状。"[①]

我国学者们讨论的"原状"通常指的是文物的形式、形状、结构方式、风貌等状态问题,但哪个时期的状态算"原状"?在理论研究和保护实践中有着不同的理解。这种理解和表述上的模糊事实上导致了这个法律条文的失效。

日本的《文化财保存法》在这个问题上用了"改变存在状态的限制"这样的表述方式,并做出了相应的规定[②]。既然"原状"是和"现状"比较得来,而"原状"是模糊不确定的,只有"现状"才是我们最有可能确切了解的,保护好了"现状"才是最大限度保护了文物的信息,而修复到"原状"反而可能丢失现存文物中的许多信息,因此对"现状"有效地保存,对它的改变进行控制才应该是文物保护的真正目标。

---

① 乔迅翔."原状"释义[J].南方建筑,2004(4):71-74
② 参见日本《文化财保存法》第四十三条。

3 美国自然与文化遗产保护观念与实践

3.1 美国自然与文化遗产地保护运动观念的成长

美国国土辽阔,自然因素多样;作为一个移民国家,虽历史不长,但文化传统来源复杂。它是最早以国家力量介入自然文化遗产保护的国家之一,是首先提出世界遗产地概念的国家,也是自然文化遗产保护较为成功的国家。美国的经验和教训,有许多可供我国参照,国内也有大量报导,但尚缺乏完整系统的分析与阐述。因此,本书对美国自然与文化遗产保护观念与实践的形成及其特点作了重点研究。

目前,美国的自然与文化遗产体系主要由国家公园(由内务部国家公园管理局管理)、国家森林(由农业部林业局管理)、国家野生动物保护区(由内务部鱼和野生动物管理局管理)、国土资源保护区(由内务部土地再生局管理)、州立公园(一般由各州政府的自然资源部管理)、各级博物馆体系和各类非官方保护组织组成[1]。与遗产管理体系的制度和法规相对应的还有一系列方法和手段,如遗产地旅游业、乡村博物馆、公园志愿者等等。

美国保护运动的观念与方法的成长,也经历了从保护著名的纪念物到保护建成环境;从保护美学价值到保护生态价值;从保护欧洲殖民者的遗产到认识遗产的多样性;从静态的保护到历史街区的复兴、发展遗产地旅游业等,考察这个变化和发展的过程、遗产的多样性和与之相对应的保护与利用的方法的多样性,尤其是美国以区域为基础的、大尺度综合性的遗产保护和管理方法,会给当代中国仍处于起步阶段的遗产保护体系的建设有益的启示。

3.1.1 保护体系的初步定义(1830—1930年代)

美国由欧洲殖民者建立,他们从一开始就怀着征服自然、支配自然的信念,将环境定义为一种等待征服的力量,要通过人类的干涉使这块土地变得更富有。但在19世纪初,一些人数虽少却很重要的自然主义者和文化人士开始重新思考人类与环境的关系,认识到对资源不加限制的开发会损害未来的生活质量。

1832年,画家和探险家乔治·卡特林(George Catlin,1796—1872)到密苏里州北部旅行写生,行程约2 000英里(约合3 200千米)。卡特林是个富有使命感的人,在旅行中,他注意到在沿途土地开发过程中,大量野生动物被杀,印第安人作为一个民族的存在由于其生存的环境被剥夺而遭到严重威胁。他在这一旅程中所作的札记,今天都已成为人类学家研

---

[1] 汪昌极,苏杨.美国自然文化遗产管理经验及对我国的启示[J].中国园林,2005(08):40

究印第安人的重要资料。更有意义的是,他还提出了设立"国家公园"以保存土地的原始自然状态的建议,这里"人们在未来的日子里可以看到美国土著印第安人身着传统的盛装,骑着野马在奔跑跳跃,手持弓箭、盾牌和长矛,目标是兽群和野鹿。"①这是个具有美国特色的观念,人类平等的思想只适用欧洲殖民者,印第安人将作为一种展品设置在公园供欣赏,但卡特林的设想仍表达了对人与自然相互交融的野性和美的敏感,"国家公园"的理念也是划时代的。

之后,从对自然的关注上升到从中探寻作为美国人的身份和自豪感,在美国知识界成为主流。1864年,在美国景观建筑学之父老奥姆斯特德(Frederick Law Olmsted. Sr,1822—1903)关于风景和环境问题报告的影响下,加利福尼亚在约塞米蒂河谷(Yosemite Valley)建立了自然保护区②。

1872年,国会通过了设立国家公园的法案(*Yellowstone Act*,1872),第一个按照"国家公园"方式保护的土地——黄石国家公园建立了(Yellow Stone National Park,面积8 710平方千米)。黄石国家公园的建立体现了一个新民族的自豪感,当时就有人指出这里不同于欧洲那些有着数千年历史的、远古构筑物与自然场所相交织的风景,它是大自然纯粹壮丽风光的胜地。美国自然和文化遗产保护的许多内容和目标都与建立这个新民族有关,也正是在这个过程中,景观建筑学专业得到了长足的发展③。

1916年,国会通过《建立国家公园管理机构的法案》(*Act to Establish a National Park Service*,Organic Act,1916)之后,专门的管理机构——国家公园管理局(National Park Service)才得以设立,那时已有了15个国家公园和超过30个的国家纪念地。设立公园管理局的立法陈述了它的使命,正如小奥姆斯特德(F. L. Olmsted, Jr, 1870—1957,老奥姆斯特德之次子)总结的那样:"保存风景和自然与民族历史产物以及在其中的野生动物,以不会影响到子孙后代享有这些资源的方式提供娱乐。"④

老奥姆斯特德是美国早期保护运动重要的思想家和实践家,他提出要以一个有感染力的目标作为保护的哲学基础,并且建议了保护的操作方法,发展出科学的保护手段。但保护地传统的使用方式,如狩猎、采矿仍然存在,而新的问题如汽车交通也给保护地造成破坏。内政部官员和保护专家们对这些问题进行了广泛的讨论,得出了保护优先的结论,相继颁布了《黄石狩猎保护法案》(*Yellowstone Game Protection Act*,1894)、《古迹法案》(*Antiquities Act*,1906)。

保护地向公众开放既有利于减轻财政压力,也是民主的一种表达方式。但这同时带来了保护和利用的深刻矛盾。这些矛盾促进了国家公园体系和管理制度的完善,特别加强了公园防火、森林和野生动物的保护,并对进一步完善保护地类型的内容进行了研究。但是在一些人身上,保护和利用的矛盾走向两个极端似乎无法调和,保护主义者要求维护自然

---

① Philip Pregill, Nancy Volloman. Landscapes in History : Design and Planning in the Eastern and Western Traditions[M]. 2nd ed. New York:Van Nostrand Reinhold,1999

② Philip Pregill, Nancy Volloman. Landscapes in History : Design and Planning in the Eastern and Western Traditions[M]. 2nd ed. New York:Van Nostrand Reinhold,1999

③ Lary M. Dilsaver. America's National Park System[M]. Lanham :Rowman & Littlefield Publishers,1994

④ Philip Pregill, Nancy Volloman. Landscapes in History : Design and Planning in the Eastern and Western Traditions[M]. 2nd ed. New York:Van Nostrand Reinhold,1999

地域绝对不受人为干扰,开发主义者则把自然看作一种可利用的资源。

而这种争论最终引起了两种不同原则的管理机构的分离:国家森林管理局和国家公园管理局。国家森林管理局设立于1891年,国家森林,经常被指为一种"储备",从未被认为是永久保存的区域;它们建立起来只为了保证将来在林业上的收获。森林管理主要是确保森林不被过度砍伐,而且能够持续储备,以及管理由砍伐树木引起的问题,如淤泥阻塞航道等。1920年代后,国家森林的经济功能被过分掩盖了,它们的任务也被掩盖了,而越来越被看作另一种公众休闲地。当然,森林管理局至今仍对它在成立之初确定的目标承担着管理和研究工作。另一方面,国家公园常被看作一种纯粹的保护目标,尽管也以另一种方式称作"休闲地"。保守的保护主义者认为即使是"休闲活动"对受保护资源也具有破坏作用。此后保护与利用的争论一直伴随着保护运动[①]。

3.1.2 罗斯福的新政对保护的影响(1930—1950年代)

1935年制定了专门的《保护历史遗址法案》(*Preservation of Historic Sites Act*, 1935)和1936年通过的《公园、风景路和休闲地法》(*Park, Parkway, and Recreational Area Study Act*, 1936),规定了在国家公园体系中保护的历史古迹的内容和措施,进一步增强了国家公园管理局在历史文化资源和休闲地管理方面的力度。

这两个法案颁布于新政年代(The New Deal Years),在此前十余年,年轻的国家公园管理局刚刚建立,并逐渐得到公众的支持,而且建立起了指导公园未来发展的管理哲学。但1930年代的大萧条打破了许多既定的设想,新政倡导的大规模的开发计划给了景观建筑学专业空前大发展的机会,同时也导致了设计观念的转变。景观设计不再仅仅被看作古典风格的运用,更多地被认为是对场地和使用状况的恰当回应。这些都使景观设计哲学与保护理论有了更多的共鸣,重新点燃了自然和文化资源保护的兴趣。同时,新政的一些开发项目如在国家公园中建立营地、增加娱乐设施等,使公园更接近大多数人,国家公园管理局的研究工作也越来越超越了公园本身,而对潜在的、大范围地提供娱乐的可能性发生了兴趣。但过度的开发也使公园的生态系统的恢复能力受到影响。以上因素都是促使《保护历史遗址法案》《公园、风景路和休闲地法》颁布的直接原因[②]。

1933年成立了美国历史建筑查勘局(Historic American Buildings Survey,HABS)。HABS是作为一个保护项目而设立的,目的是雇佣设计师、历史学家和摄影师承担研究和记录历史场地和历史构筑物的工作。促使它成立的最初原因是为了增加就业机会,在大萧条的经济环境中给失业的建筑师们创造一些工作机会,但此后HABS形成了一个沿用至今的历史保护程序。

3.1.3 生态革命(1960—1970年代)

1960年代雷切尔·卡森的著作《寂静的春天》激起了公众对环境问题的广泛关注。保

---

① Philip Pregill, Nancy Volloman. Landscapes in History: Design and Planning in the Eastern and Western Traditions[M]. 2nd ed. New York: Van Nostrand Reinhold,1999

② Lary M. Dilsaver. America's National Park System[M]. Lanham:Rowman & Littlefield Publishers,1994

护伦理将生态观念从科学家和生态保护主义者的领域中变为了一种社会主流意识①。

1960 年代到 1970 年代是环境立法特别活跃的时期,主要是一系列关于污染控制的立法,如 1970 年的《空气清洁法案》和 1972 年的《水体清洁法案》,二者都为控制工业和城市污染制定了的标准。1965 年的《土地和水资源资金法案》建立起一笔资金,由国家公园管理局掌管用于保护公园土地。1970 年通过的《联邦环境政策法案》(NEPA)对环境质量和自然资源管理的影响最大,尤其是在制定各项规划和计划时,对环境影响的定量定性评估。

1961 年简·雅各布的《美国大城市的生与死》出版,她认为历史街区的衰落是由于缺乏重视和一种拆毁型的城市规划政策。尽管由于她写作的时代,使她没有认识到遗产保护作为城市规划的整体部分,但她把遗产保护与城市的社会经济结构调整相结合观察引起了整个社会对此问题的关注。

经过多年的探讨争论之后,国家公园的管理也逐渐由强调对公园美学特征的管理转向对公园生态特征的管理。针对保护和使用的矛盾,1950 年代末进行了以国家公园、公园道、海滨为主要内容的休闲地保护系列研究,1962 年国会宣布成立"室外休闲局"对这一问题进行更深入系统的研究,这一部门主要是为室外休闲需要而不是自然、历史保护的需要而设立的。与此同时国家公园的野生动物、荒野管理部门也建立起来,受保护资源的管理开始多样化、多角度。

在这种社会思潮的影响下,景观建筑师菲利普·路易斯和麦克哈格开始将人类对环境干涉最小化的理念运用到实践工程中,运用土地分析和资源评价的方法来探索规划对象的合理的开发模式。之后,景观建筑学的规划方式越来越脱离传统的美学观念而转向科学分析的方法,1960 年代中霍华德·菲舍尔首先将计算机引入传统上以手绘为主的景观设计领域,对资源和环境的理性分析的方法开始在设计中占据主导地位②。

3.1.4 变革和拓展(1970 年代—至今)

20 世纪后半叶,节约能源、消费品的再循环使用、运用自然而非化学的产品等通常都被认为是公众对环境问题态度转变的重要信号。流行的可持续发展的观念也使生态问题吸引了公众广泛的注意力。

1970 年代开始了所谓后现代时期,以罗伯特·文丘里等为代表,城市规划和建筑界人士对城市历史美学产生了兴趣,他和布朗等人合著的《向拉斯维加斯学习》,在 1972 年首次批判了美国建筑的野蛮发展,建立起了城市设计运动的基础。凯文·林奇则试图建立起一套统一的标准去判断所谓"好的城市",他考虑了利益、土地利用法律、经济、居住与城市中巨大的社会群落之间的关系。在这些研究中,学者们普遍认为历史遗产保护是保持城市美学特征和提升城市美的重要因素。当然这种试图维持城市景观凝固不变的观念后来也遭到了批判,但他们的工作形成了将城市设计作为城市历史景观管理的重要工具,具有划时代的意义。

这期间,在遗产地体系的建设方面有两个重要变化:一方面拓展了国家公园的内容,将

---

① Philip Pregill, Nancy Volloman. Landscapes in History: Design and Planning in the Eastern and Western Traditions[M]. 2nd ed. New York: Van Nostrand Reinhold, 1999

② [美]卡尔·斯坦尼兹. 景观规划思想发展史[J]. 黄国平, 译. 中国园林, 2001(5):93

城市周边的生态敏感及部分城市历史遗迹地带纳入到国家公园体系中,建立了都市休闲地国家公园,如金门国家休闲地(The Golden Gate National Recreation Area);另一方面,更注重对原始旷野自然风景地的保护,因为新的保护观念认为遗产保护应当包含维护地方生态系统的含义,同时立法对保护地的采矿和伐木有了更严格的限制。

20世纪下半叶,美国许多城市越来越被城市面积无节制的扩大所困扰,这种城市蔓延尤其导致了城市周边生态环境的恶化,城郊的田园风貌和林地的保护成为严峻问题。而城市间的竞争是发展潜力与发展环境的竞争,这要求协调好城市的生态、经济、开发与保护等一系列问题,促进城市的可持续发展,这就是"城市的成长管理"。

"城市的成长管理"最初出现时它的目标是保护自然环境,抑制城市蔓延,但此后它逐渐演变成为一项积极的引导城市健康成长的政策,并注重协调公众、企业和政府间的关系,如1980年代下半叶之后在波士顿、西雅图等地的城市中心更新计划、城市森林重建项目等。今天它是"政府通过运用各种传统与演进的技术、工具、计划及活动,对地方的土地使用模式,包括发展的方式、区位、速度和性质等进行有目的地引导"[①]。

"城市的成长管理"的主要工具有:

(1) 划定城市成长界限,对城市发展的总容量进行控制;

(2) 实行公共设施配套开发,执行土地开发许可制度,政府通过对水、电等基础设施建设的控制,调控城市的发展;

(3) 实行土地开发的准入制度,要求开发商提供并组织评估社区和环境影响报告,对区域内资源保护提出专门的构想和措施;

(4) 设立成长管制区,促使城市阶段性成长[②]。

强调必须首先拥有充分的公共设施的土地开发管理思想早在1930年代就已经由景观规划的先驱者派特里克·迪盖斯提出。他在《城市开发:园林绿地和文化设施研究》的著作中认为城市的结构是在基础设施影响下形成的,而工业区、商业区和居住区的建设是从属的,这一思想在1980年代成为一项"城市成长管理工具"。

这一系列政策保护了生态环境,节约了土地资源,促进了对城市现有结构的高效率使用,达到了通过高效使用某一部分资源以保护其他资源的目的。

随着生态学的深入发展,人们越来越意识到事物之间彼此联系的重要性,遗产地定义和管理政策也呈现出这一特征,如国家遗产区域、遗产廊道等概念的提出、同时也伴随了相应的管理政策就是这种趋势最明显的例证。

3.2 美国文化遗产地保护的观念、方法和管理框架

3.2.1 文化遗产管理制度的形成

与欧洲国家由历史文化保护而引发遗产保护运动不同,在美国文化资源保护运动是和自然环境保护运动一同成长起来的,而且它们结合得那样紧密,事实上使人们无法将它们

---

① 吕斌,张忠国.美国城市成长管理政策研究及其借鉴[J].中国园林,2005(3):45
② 吕斌,张忠国.美国城市成长管理政策研究及其借鉴[J].中国园林.2005(3):46-47

完全彻底分开加以考察。

如果从美洲被"发现"的时候开始计算,五百年的时间只是漫长的人类历史中短短的一瞬。文化上具有重要意义的遗址在殖民时代开始就不断遭受损失。欧洲殖民者甚至整体地摧毁美洲土著民族的城市遗址,如阿兹台克人的首都特诺奇提特兰(Tenochtitlan)。他们对自己的历史也不注意保存,还把它看作对更加繁荣的未来的阻碍[1]。在独立革命之后,美国将自己看作没有政治、社会、历史包袱压抑的新民族。直到这个民族到世界上去寻求承认和权力的时候,他们的历史才变得重要起来。因此,美国在文化资源的保护方面早期的注意力都集中在了和建立这个民族有关系的遗址上。

最初呼吁保护历史遗产的声音出现在19世纪的早期,保护的目标不是具有很高历史价值的美洲土著的文明遗迹,而是要求保护反映早期欧洲殖民者浪漫历史的定居环境及景观场所[2]。1889年,在南亚里桑那正式建立了 Casa Grande 遗迹联邦考古场所保护区,它保护的是1450年代前后的欧洲殖民者居住区遗址,是美国第一个国家古迹保护区(Casa Grande Ruins National Monument)[3]。

和国家利用遗产保护运动来确立一个新民族一样,逐渐地,许多地方也致力于将遗产作为保存和传达地方身份的一种手段,这类保护运动主要由私人组织操纵,如成立于1858年的非营利性保护组织美国弗农山庄妇女联合会(Mount Vernon Ladies Association)[4]。

19世纪晚期之后,一些国家范围的组织和团体开始建立起来,以使公众认识和了解这些遗产。如成立于1895年的美国风景和历史保护协会(American Scenic and Historic Preservation Society,ASHPS)。这个组织的工作主要是保护、维护和管理纽约州历史与风景场所、战场公园及河道,并向公众免费开放游览[5]。由于美国遗产保护一开始就有强调景观环境的特征,内政部国土局也在联邦保护运动的发展过程中扮演着重要角色。

1906年的《古迹法案》宣布某些场所,包括西南部美国土著居民遗址、战场,以及其他具有科学和历史意义的场所为国家古迹[6]。此后,对文化遗产关注的目光逐渐跨越殖民和前殖民时期的建筑和场地,开始注意到在现代城市发展中快速消失的19世纪的建筑和城镇景观。此后著名的专业杂志《建筑实录》和美国历史协会也加入到保护运动的行列中,并成为重要力量[7]。

随着交通的发展和访客的增加,这些财富的管理工作显得更加重要。1916年的《建立国家公园管理机构的法案》要求:"要把国家公园内的天然风景、自然变迁遗迹、野生动物和历史古迹,按原有景观世世代代保护下去,不受破坏。"[8]按照这一法案成立的国家公园管理局,是联邦内政部的一个部门。1933年罗斯福总统授权这个局管理联邦历史场地。

---

[1] Philip Pregill, Nancy Volloman. Landscapes in History: Design and Planning in the Eastern and Western Traditions[M]. 2nd ed. New York: Van Nostrand Reinhold,1999

[2] Jukka Jokilehto. A History of Architectural Conservation[M]. Oxford: Butterworth-Heinemann, 2002

[3] http://www.nps.gov/cagr/

[4] http://www.mountvernon.org/

[5] American Scenic and Historic Preservation Society Records,1895—1971[EB/OL]. [2005-07]. http://www.nypl.org/research/chss/spe/rbk/faids/amscenic.pdf

[6] Lary M. Dilsaver. America's National Park System[M]. Lanham: Rowman & Littlefield Publishers,1994

[7] Jukka Jokilehto. A History of Architectural Conservation[M]. Oxford: Butterworth-Heinemann, 2002

[8] Lary M. Dilsaver. America's National Park System[M]. Lanham: Rowman & Littlefield Publishers,1994

同在 1933 年,美国历史建筑查勘局(HABS)成立,由国家公园管理局和美国建筑师协会、国会图书馆共同负责,他们的工作是通过测绘、摄影和文件的形式记录历史古迹,他们以国家公园管理局制定的标准进行工作;为美国建筑师协会提供专业忠告;所取得成果被国会图书馆收藏。1969 年,类似机构美国历史工程记录局(Historic American Engineering Record,HAER)成立,负责建筑工程、美国工业遗产的文件收集、调查和保护[1]。同年美国历史景观查勘局(Historic American Landscapes Survey,HALS)成立,他们调查、记录的范围从小庭院到几千英亩的国家公园、从设计作品到朴素的乡土景观、从乡村景观到都市景观、从农业景观到工业景观,以及菜园、庄园、公墓、农场、核试验站点、废弃地等一切被认为是历史风景的地方[2]。至此形成了一个完善的对不可移动文化遗产进行测绘、整理、记录和研究的常设机构。

1935 年制定了专门的《历史遗址、建筑、古迹法案》(*Historic Sites, Buildings, and Antiquities Act*,1935),把对历史遗产的保护确立为国家政策。1966 年的《国家历史保护法案》(*National Historic Preservation Act*,1966)的通过则创造了一个保护所需要的重要的政府工具,即历史场所的国家登录制度(National Register,NR)。这项由国家公园管理局管理的登录制度是确认和证实各种类型的有重要意义遗址的体系。国家登录制度现有的类型和所占比例如下:场所(如战场、野营地、景观、遗址、遗迹)占总数的 5%;结构占总数的 5%;历史街区占总数的 14%;物体(如雕塑、喷泉)占总数的 1%;建筑占总数的 73%。国家登录制度中的项目的产权所属现状如下:州占 5.4%、地方占 17.5%、国家占 6%、私人占 71%。被登录对业主而言既是一种荣誉(有徽章颁发),当地政府在有关的任何规划中必须加以保护;又享受 20%的减税,但登录项目在维护方面受公众监督[3]。

《国家历史保护法案》还提出了国家赞助对历史街区、场所、建筑物、构筑物、器物的调查和规划项目,对历史遗产的保护、获取、发展建立起一个标准,并提出"历史性保存(Historic Preservation)"的概念,指的是对国家历史、建筑、考古学或文化上有重要意义的区域、场所、建筑物、构筑物、器物的保护、复原、恢复和重建[4]。这个法案推动成立了一个独立的国家机构——历史保护咨询委员会(Advisory Council on Historic Preservation,ACHP)[5],它由来自各学科领域的专家和政策研究人员组成,作用是为历史保护的方法措施和新的项目提供建议。

1933 年以后,国家公园管理局的角色变得更加重要,成为美国古迹修复工程的主要雇主,同时督管历史街区,地方政府也参与其中并给予税收上的优惠。国家公园管理局因此也就成了美国保护政策的主要制定者。1947 年,公园管理局成立了国家历史保护信托(National Trust for Historic Preservation,NTHP),起初它的成员构成和资金都来源于国家公园管理局。1949 年,国会将这个机构扩大为国家信托(National Trust),使其成为一个私人赞助的、非营利的、致力于挽救历史场所和更新美国社区的组织,他们为各类美国历史场所

---

[1] http://www.cr.nps.gov/habshaer/wwdo/
[2] http://www.cr.nps.gov/habshaer/hals/
[3] http://www.cr.nps.gov/nr/
[4] Lary M. Dilsaver. America's National Park System[M]. Lanham:Rowman & Littlefield Publishers,1994
[5] http://www.achp.gov/

的保护和社区复苏提供帮助①。1960年,国家公园管理局又设立了国家历史地标项目(National Historic Landmarks,NHL)②,它所包含的项目由国家公园管理局组织研究、建议,内政部指定,其中很多项目都不包括在国家公园系统内,因此具体的管理由州历史保护机构负责。

自此,我们可以看到一个由国家公园管理局为主导的文化遗产保护和管理的框架(图3.1)、(表3.1):

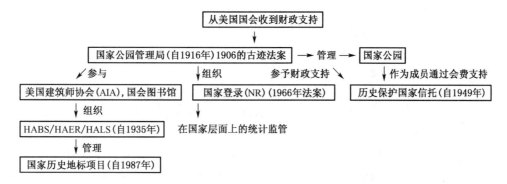

图 3.1 国家公园管理局在文化遗产保护中的整体操作
来源:Karolin Frank,Patricia Petersen. Historic Preservation in the USA. Berlin:Springer,2002:Page57.

表 3.1 美国主要文化遗产保护法规

时间	名称	主要作用
1906年	《古迹法案》Antiquities Act	为建立联邦遗产地保护提供了依据
1935年	《历史遗址、建筑、古迹法案》Historic Sites, Buildings, and Antiquities Act	建立了系统的文化遗产和历史场所的保护机制
1966年	《国家历史保护法案》National Historic Preservation Act	建立了遗产登录制度、国家历史保护基金,遗产保护、监管、使用的标准
1979年	《考古资源保护法案》Archaeological Resources Protection Act	强调保护考古资源和印第安部落土地,加强公众、政府、学者之间的信息交流

资料来源:http://www.nps.gov/legacy/leg_cult.html

3.2.2 历史街区(Historic District)

按照David R. Goldfield的观点,美国的城市化可以划分成为五个阶段:殖民时代(直到独立的1776年),民族经济扩张年代(1790年—1870年),工业城市(1870年—1920年),郊区化(1920年—1970年),和多重中心的大都市(1970年至今)③。每一个阶段也都伴随着社会生活和物质环境的巨大变化,影响着遗产保护的方式和观念。在1790年代到1920年代的经济扩张和工业化过程中,一种怀旧的情绪席卷了美国,历史环境日益显示出它的

---

① http://www.nationaltrust.org/about_the_trust/
② http://www.cr.nps.gov/nhl/
③ Karolin Frank,Patricia Petersen. Historic Preservation in the USA[M]. Berlin:Springer,2002

价值。

1931年,美国历史最悠久的殖民城市之一查尔斯顿(Charleston)颁布了第一个区域法令,将历史街区列为土地使用性质之一,目标是保护和保存老查尔斯顿的历史地标和区域,以及新建立的查尔斯顿历史街区。这是一个里程碑式的法令。"历史街区"早期的目标之一就是不搞博物馆式保存,坚持将保护自然环境与建成环境置于同样重要位置,尤其重要的是历史街区被作为有功能的、适宜居住的地段来考虑。在这一思路引导下,公共空间被转换成"具有家庭气氛"的城市公共空间①。因此,历史街区代表了一种新的发展观念,即新的发展如何与老的结构相融合。9年之后一个城市委员会雇用F. L. 奥姆斯特德对这个区域进行了广泛的调查和规划。F. L. 奥姆斯特德的规划睿智地超越了仅仅从表面结构上处理,特别是提出了汽车交通带来的问题。这项先锋性的规划指定了该州最大的历史街区,规划中首次采用的许多调查方法现在成了在历史遗址调查中通行的方法②。

20世纪后半叶,随着美国城市郊区化问题的加剧,旅游工业开始在城市经济中扮演重要角色,历史街区越来越成为美国遗产保护中活跃而有吸引力的因素。

这使得更多的代表不同利益的集团参与到这一过程中,遗产保护加上了社会经济的主题,也意味着一种动力。相对于欧洲国家把遗产保护作为国家文化政策而言,在美国的城市历史街区的保护中,很多保护项目的形成呈现出一种明显的自下而上的特征。如著名的纽约市苏荷(SOHO,New York)历史街区,它的保护与更新过程就不是一个规划的过程。它最初是非法的,即许多艺术家非法占据了废弃的工业建筑;但权力机构将它合法化了,在立法管理的过程中,法规的作用置换了最初的居民——艺术家,最终使之成为主流房地产市场上的高档社区。在保护与更新过程中,规划要求对建筑的外立面不加修饰,使之看起来仍有工业区的特征③。苏荷是个按市场规律发展的实例而不是规划过程的结果,是大开发商以昂贵的租金置换掉原来的住户,最终还将该地区残存的手工业也置换出局,只留下历史的形式外壳,但商业利益刺激了旧房产的新用途,振兴了历史街区。

造成美国遗产保护中这种自下而上特征的原因是这个国家的辽阔环境和其居民各不相同的文化背景。在美国文化中"遗产"一词暗示着"来源"和"种族",遗产研究作为一种手段,将不同的人归到相应的种族中,从而发展出美国的多元文化④。遗产作为一种公共力量,它经常联系着社区和种族。这使得美国人缺乏如欧洲和亚洲民族长期浸染在共同的文化传统中而形成的相近的文化价值观,事实上造成了不同的人和团体在遗产保护中的不同的趣味和要求。因此也就不难理解美国有为数众多的、针对不同目标的私人组织、社团和协会参与遗产保护,美国遗产保护工作近七成是由私人机构和组织完成的。

3.2.3 国家历史公园(National Historic Urban Park)

国家历史公园这个概念来自美国国家公园系统中的"为民族利益而保护和管理的公共

---

① Karolin Frank,Patricia Petersen. Historic Preservation in the USA[M]. Berlin:Springer,2002

② Philip Pregill, Nancy Volloman. Landscapes in History : Design and Planning in the Eastern and Western Traditions[M]. 2nd ed. New York:Van Nostrand Reinhold,1999

③ Steven Tiesdell,Taner Oc,Tim Heath. Revitalizing Historic Urban Quarters[M]. Oxford:Architectural Press,2001

④ Karolin Frank,Patricia Petersen. Historic Preservation in the USA[M]. Berlin:Springer,2002

区域"的概念,这是一种将城市景观变成为具有民族和国家意义的场所的方式,设置它的主要目的是用作休闲娱乐用地,以便为那些衰退的景观引入新的用途,使城市及其边缘的生态敏感区域得到保护和相对低强度的使用。

国家历史公园内的资源是综合的,自然环境提供了变化的景观,历史传奇提供了空间的品质,同时也要求一个景观、市场、投资和管理综合的策划过程。当然被命名为国家历史公园能得到一定数目的联邦环境资金的支持,但它并不是被供养的,它是一个与城市经济和产业结构相结合的过程。

马萨诸塞的洛厄尔(Lowell)兴起于19世纪上半叶,是一个为纺织工业专门规划的城市。该城开凿运河修建大坝为纺织业提供能源和运输,城市景观由厂房、工人们的公寓和教堂构成,是反映着美国产业和产业工人生活的城市风貌。1950年代后由于运输方式的改变,这里的纺织业迅速衰落,1960年代一些工业设施陆续被拆除。而这时保护运动在美国正在变成一场广泛的社会运动,这里的拆除行动也遭到了一些抵制。

1976年洛厄尔的两个历史街区被登录为国家历史场所,1978年在这里正式建立"洛厄尔国家历史公园"进行保护,公园根据城市的物质肌理状况和旅游业的要求沿运河设置。上百栋建筑在国家公园管理局的技术帮助下进行了维修并找到了新的用途,促进了城市环境的改观。公园将前纺织公司大楼改建为访客中心,在这里向访客们展示了公园的主题:劳工、机械、资本、动力和工业城市。公园的建立细致规划了步行道和运河道,一面小心翼翼地避免创造或人工制造它的历史,一面又继承了国家公园系统的整体观念,使一切又都围绕着阐释城市的建立和工业化这一主题。在转向旅游业的同时,城市也引进了高科技产业,强调了混合使用和产业结构的多元化[1]。

金门国家休闲区(The Golden Gate National Recreation Area)是美国最大的国家公园,是于1972年在"使国家公园的资源更接近城市、更亲近人民"的目标下建立起来的。它体现了公园资源的综合性,公园拥有300平方千米土地和水域,北部从金门桥延伸到Tomales海湾,南部到San Mateo县,包含近90千米长的海湾和海岸线。文化资源包括众多的考古遗址,有200余年历史的构筑物等,反映着18世纪和20世纪初期世纪农业、军史、加利福尼亚淘金热和旧金山都市的成长。自然资源则包括19种不同的生态系统和1 273个植物和动物种类。该公园每年吸引访客1 600万人次,是游人最多的国家公园之一。公园的意义正如管理者所言:"金门国家休闲区的使命是保存和提升沿海土地的自然环境和文化资源,为今人提供启发、教育和休闲场所,为未来世代保存民族财富。将国家公园的精神带给人民,使那些还没有机会参观其他公园的居民感受国家公园的丰厚和宽广,在城市发展的挑战中保护公园资源脆弱的完整性,加强公园与城市社区的合作,唤起公众参与管理公园历史和生态资源的兴趣。"[2]

3.2.4 文化遗产地的主要管理者

美国以区域为基础的遗产地保护必然涉及社会各个层面和各级地方政府,国家公园管

---

[1] Steven Tiesdell, Taner Oc, Tim Heath. Revitalizing Historic Urban Quarters[M]. Oxford: Architectural Press, 2001

[2] http://www.nps.gov/goga/home.htm

理局在文化遗产地管理中的作用在某些方面类似我国的文物局——权力有限。而且美国的地方政府具有高度的独立性,他们又是许多保护项目所在地的直接管理者,还有众多机构出于不同的兴趣和要求参与遗产保护,现将它们的作用和地位略述如下[①]。

(1) 联邦及地方政府参与遗产地保护的机构及其作用(图 3.2)

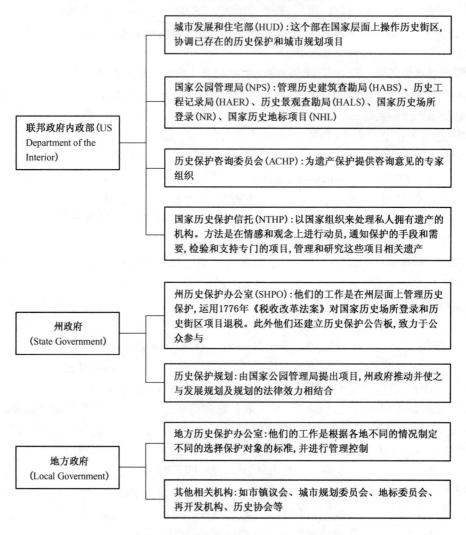

图 3.2 联邦及地方政府参与遗产地保护的机构及其作用

(2) 公共机构及私人保护组织

这类组织中最重要的是各类邻里组织,它们的作用已如前所述。其他还有参与历史建筑保护的美国建筑师协会(AIA)、参与宗教场所保护的圣地场所伙伴(Partners For Scared Place)等等。

此外在一个多元的社会中,不同的群体都努力将自己的要求和理解引入遗产保护,因此也就有了诸如要求保护独立战争遗迹的组织——美国革命女儿(National Society Daugh-

---

① Karolin Frank, Patricia Petersen. Historic Preservation in the USA[M]. Berlin: Springer, 2002

ters of the American Revolution)、要求保护波士顿黑人遗产的组织——黑人遗迹之径(Black Heritage Trail)等等。这些组织在参与保护运动的同时,也创造了一个对过去新的、更广泛的理解。

3.3 美国国家公园的自然与文化遗产保护区管理框架

美国国家公园体系是美国遗产保护体系中规模最大、制度最先建立、最完善的系统;而且其内容既包含自然资源也包含文化资源,既负责管理保护又负责研究整理。在百余年的发展过程中,美国国家公园体系形成了完善的管理制度和法规体系,许多有益的经验值得我们借鉴。本节将系统论述美国国家公园体系的管理方式、法规制度及其特点。

3.3.1 国家公园体系的内容

美国国家公园体系包括了美国国家公园管理局管理的陆地和水域,主要包括国家公园、国家古迹、国家保留地、国家历史场所、国家历史公园、国家纪念地、国家战场、国家公墓、国家休闲地、国家海岸、国家湖滨、国家河流、国家公园路、国家风景小径、附加区域及其他指定区等 20 个类别,共有 388 个单位,总面积超过 34 万平方千米,覆盖 49 个州,占国土总面积的 3.6%[①]。

在建立国家公园体系的同时,各州还建立一批州立公园。对于不同价值的资源,通过国家公园和州立公园两套体系,实现了根据资源的公益性不同进行的分级管理。国家公园以保护国家自然和文化遗产为主,在严格保护的前提下,开展适当旅游观光活动,满足国民的游憩需求。州立公园主要为当地居民提供休闲度假场所,允许建设较多的旅游服务设施。州立公园的建设既缓解了美国国家公园面临的旅游压力,又满足了地方政府发展旅游的需要[②]。

自 1872 年第一个国家公园建立以来,至今已有近 400 个不同区域加入到这个系统中,而且作为一个开放的系统,公园体系因为历史的进步、对自然界新的理解和变化着的休闲方式的运用而不断增添新的成员。增添新成员的建议可能来自公众、州或地方官员、印第安部落、议员和国家公园管理局。这就要求有判别不同类型区域的标准,这个标准就是必须具备国家代表性(National Significance)、适宜性(Suitability)和可行性(Feasibility)。

国家代表性包含四个方面的内容:
(1) 作为某种特殊类型资源的杰出范例;
(2) 在说明和表达国家文化与自然遗产的特征方面有突出的价值和品质;
(3) 可作为游览目的地、公众使用和欣赏或科学研究的场所;
(4) 作为真实、准确、相对未受损坏的资源的范例保持了高度的完整性。

而某区域是否具有国家代表性还必须接受适宜性和可行性的评估。适宜性即一个区域必须代表一种自然或文化的主题,或是一种休闲资源类型,而国家公园系统中尚未有合适的代表,也还未被其他类似的土地管理实体保护用于公众娱乐。代表的适宜性采用逐案比较的方式,比较该区域和国家公园系统中其他单位在特征、质量、数量、资源组合,以及公

[①] http://www.doiu.nbc.gov/orientation/nps2.cfm
[②] 丁新权. 江西省风景名胜区保护管理理论与实践研究[D]. 南京:南京林业大学,2004

共娱乐机会中的相似与差异。

可行性指必须有合适规模和恰当的资源配置以保证长期的保护要求和公众的使用。它必须有高效率的管理和充足的经费,重要可行性因素包括土地所有权、承购费用、对资源的威胁,管理职员和开发要求[①]。

3.3.2 国家公园的管理体系

美国内政部国家公园管理局成立于1916年,负责对全美国家公园系统实施垂直管理,实行国家公园管理局、地区国家公园管理分局、国家公园三级管理体制。国家对公园在管理人员任命和经费安排、保护措施的实施等方面具备强有力的调控职能,同时具有一定的协调职能,与所在地的地方政府和有关部门配合,共同进行国家公园的资源保护。在国家公园内,其管理机构从管理到执法,机构健全,人员匹配都有明确安排,设有自己的警察队伍,具有对其所管辖地域统一管理的职能和权威。

除了管理属于国家公园系统的水域和陆地,国家公园管理局还负责公园系统以外的一些保护和娱乐项目,它们同样是国家公园保护自然与文化遗产使命的重要组成部分。这些项目是:国家历史场所登录,国家历史地标项目,国家自然地标项目,土地和水域保护资助项目,历史建筑勘查,历史工程记录,美国战场保护项目,国家海洋遗产资助项目,河流、小径保护协助项目,部落遗产保护资助项目。

公园管理局对上述两项目标以综合性的方式进行管理,即从为访客服务、科学研究到组织遗产教育,公众参与,协调州、地方和私人保护组织的工作,以及与公众分享遗产的知识和信息,向社会竖立高标准的环境管理模式。公园管理局为此雇佣了拥有不同领域知识和经验的职员,包括守林人、自然的资源管理人员、考古学家、历史学家、解说员、景观建筑师、工程师和规划师。其机构由设在华盛顿特区的总部、7个地区办公室、10个助理办公室、11个国家项目中心、2个经营项目中心和公园服务单位组成。其机构组织如下(表3.2)[②]。

表3.2 美国国家公园管理机构示意

总部 Headquarters Organization				
(其职责是在国家层面上提供政策规章方向、项目指导、财政立法支持,确定国家公园体系的战略方向)				
分管行政管理方面的助理办公室	分管专业方面的助理办公室	分管公园运行及教育方面的助理办公室	分管自然资源及科学方面的助理办公室	分管文化资源及合作方面的助理办公室

▼管理

区域组织 Field Organization			
地方办公室 Regional Offices	助理办公室 Support Offices	公园单位 Park Units	国家项目中心 National Program Centers

国家公园管理局总部主要负责全国国家公园系统的预算计划、项目审批、政策制定,向

---

① http://www.nps.gov/legacy/criteria.html
② http://www.doiu.nbc.gov/orientation/nps2.cfm

总统和国会提交有关报告,并发布局长令。而"地方办公室"的主要职能是传达国家公园管理局的文件、指令,协调地区各公园的项目,递交有关报告,协助总局负责公园人事、培训等方面的业务管理,在区域的层面上为公园和项目提供策略规划和指导,负责与传媒沟通。而"助理办公室"的作用是在区域层面上进行资源管理和与地方政府、公共团体和私人组织沟通合作;推动规划和合作项目,提供技术支持。它们的组成是按区域来划分的(表 3.3)。

表 3.3　美国国家公园管理机构地方办公室与助理办公室的构成

地方办公室与助理办公室						
阿拉斯加办公室 Alaska Office	山区办公室 Intermountain Office	中西部办公室 Midwest Office	首都办公室 National Capital Office	东北部办公室 Northeast Office	西太平洋办公室 Pacific West Area Office	东南部办公室 Southeast Office

资料来源:*Department of the Interior Departmental Manual*, http://elips.doi.gov/elips/DM_word/3527.doc.

公园单位是国家的公园系统的基本管理实体,主要职能是依法并按照总局和地区局的指令负责日常管理工作。每一个公园单位负责管理本系统内所有公园的程序目标,以及与外界合作者合作开发和保护公园资源。其工作包括:解释和教育、来宾服务、资源管理和保护与维护,以及其他的行政的功能,例如经费投入、签订合同、人员及资金的管理。它的组成是按照公园类型来划分的(表 3.4)。

表 3.4　美国国家公园管理机构公园单位的构成

编号	类　型
1	国际历史地(International Historic Site)
2	国家公园(National Park)
3	国家战场(National Battlefield)
4	国家公园路(National Parkway)
5	国家战争公园(National Battlefield Park)
6	国家保护地(National Preserve)
7	国家战争地(National Battlefield Site)
8	国家休闲地(National Recreation Area)
9	国家历史场所(National Historic Site)
10	国家保留地(National Reserve)
11	国家历史公园(National Historical Park)
12	国家河流(National River)
13	国家湖滨(National Lakeshore)
14	国家风景小径(National Scenic Trail)
15	国家纪念地(National Memorial)

(续表)

编号	类型
16	国家海岸(National Seashore)
17	国家军事公园(National Military Park)
18	国家自然和风景河道(National Wild and Scenic River)
19	国家纪念物(National Monuments)

资料来源:*Department of the Interior Departmental Manual*, http://elips.doi.gov/elips/DM_word/3527.doc。

国家项目中心为公园和其他顾客提供管理、技术和各类专业指导。其组织内容如下(表3.5)。

表3.5 美国国家公园管理机构国家项目中心的构成

编号	国家项目中心
1	财务操作中心(Accounting Operations Center)
2	协调项目中心(Concessions Program Center)
3	丹佛管理项目中心(Denver Administrative Program Center)
4	区域操作技术支持中心(Field Operations Technical Support Center)
5	火灾管理项目中心、国家联合防火中心(Fire Management Program Center, National Interagency Fire Center)
6	哈珀斯航运中心(Harpers Ferry Center)
7	信息和技术中心(Information and Telecommunications Center)
8	历史保护国家中心(National Center for Historic Preservation)
9	丹佛服务中心(Denver Service Center)
10	国家保护技术和培训中心(National Center for Preservation Technology and Training)
11	国家休闲和保护中心(National Center for Recreation and Conservation)
12	自然资源项目中心(Natural Resources Program Center)
13	华盛顿管理项目中心(Washington Administrative Program Center)

资料来源:*The Interior Departmental Manual*, http://elips.doi.gov/elips/DM_word/3527.doc。

3.3.3 国家公园的保护法规体系

1872年,美国国会通过《黄石国家公园法案》(*Yellowstone Act*, 1872)自此开始了依法建立国家公园体系、保护自然与文化遗产地的历史。

在国家公园百余年的历史中公布的数十部法律,反映了保护观念的深化和保护方法的变化,可以说国家公园的历史同时也是美国建立国家公园保护法规的历史。这些法律法规以及与国家公园体系管理相关的法规主要可以分为四类。

(一)授权性法案:这是美国国家公园体系中数量最多的法律文件。每一个国家公园体系中的单位都是经国会发布的成文法或总统令批准而成立,这些法律明确规定了这些国家公园单位的边界、重要性以及其他适用于该国家公园单位的内容,如《黄石国家公园法案》。由于每个国家公园都单独立法,所以立法的内容很有针对性,是管理国家公园的重要依据。

(二)管理文化资源的立法,详见表3.1。

(三)管理自然资源的立法,主要内容见表3.6。

表3.6 美国主要自然遗产保护法规

时间	名称	主要作用
1963年	《户外娱乐法案》 Outdoor Recreation Act	这个法案规定内政部作为所有联邦政府的休闲地资源保护与开发的协调员的角色。内政部制定全国休闲地规划,并为州、地方政府和私人组织保护和利用休闲资源提供技术协助
1964年	《荒野法案》 Wilderness Act	这个法案建立起了全国的荒野保护系统
1965年	《土地和水资源资金法案》 Land and Water Conservation Fund Act	这一法案建立起一笔资金,由国家公园管理局掌管以保护"美国人民未来的室外休闲需要"。这笔资金主要有三个来源:(1)出售多余的联邦不动产;(2)部分的联邦汽艇燃料税;(3)沿海水域大陆架石油和天然气的收入
1968年	《国家小径系统法案》 National Trails System Act	这个法案建立了一个风景、休闲和历史小径的国家体系以及描述方法和分类标准
1968年	《自然风景河流法案》 Wild and Scenic Rivers Act	这个法案建立了一个来自传统公园概念的区域系统以保护每一条河流的独特环境,同时也保护某些经选择被评价为拥有卓著的风景、消遣、地质、文化或历史价值的河流,并维护它们的流动情况
1969年	《国家环境政策法案》 National Environmental Policy Act	这个法案是国家环境保护的基本宪章,它要求对主要的联邦行动系统分析,包括所有合理的选择、长期短期的干涉、无法挽回的影响
1970年	《清洁空气法案》 Clean Air Act	这个法案建立了一个全国性的预防和控制大气污染与自由流通的空气的质量标准。在预防重大恶化的要求之下,联邦官员对管理I类地区(国家公园和原野区域)负责任,保护各个区域的空气质量,对可能有害的冲击或新修设施提供咨询
1972年	《清洁水体法案》 Clean Water Act (Federal Water Pollution Control Act of 1972 as amended)	这个法案的目标是恢复和维护国家水域的化学、物理和生物品质,同时也控制污染和避免对航运河流、沼泽地和其他大水域大的改变
1973年	《濒危物种法案》 Endangered Species Act	这个法案要求联邦政府机关保证任何行动都是经授权的,资助或执行反对危害被威胁物种的持续存在或重要习性改变的行动

资料来源:根据 http://www.nps.gov/legacy/leg_cult.html 有关资料整理。

（四）在国家公园体系内关于美国土著权力的立法，主要内容如下（表3.7）。

表3.7 在国家公园体系内关于美国土著权力的法规

时间	名称	主要作用
1978年	《美国印第安人宗教自由法案》American Indian Religious Freedom Act	这个法案保护和保存美洲印第安人、爱斯基摩人、因纽特人、夏威夷人特有的传统宗教，并要求评估联邦规程、政策、法规不强加给联邦政府机关具体责任。宗教关切应运用和实施环境法案或其他适当的法规
1990年	《美国土著坟地保护和归葬法案》Native American Graves Protection and Repatriation Act（NAGPRA）	这个法案创造了一个过程，即由联邦政府机关和博物馆利用联邦基金收集美国土著的人类学遗存和代表性文化产品

资料来源：根据http://www.nps.gov/legacy/leg_natv.html有关资料整理。

3.3.4 国家公园的规划体系

1919年国家公园管理局成立了景观工程处，制定了指导未来国家公园规划的总体规划（Master Plan），其内容包括：

（1）场地资源分析；

（2）这一场地对国家和人民的意义；

（3）它可以告诉参观者什么有意义的故事；

（4）确定场地中可以和不可以建造人工构筑物的地点；

（5）对公园场地提供保护和保存的方式①。

自1919年以来，公园管理局一直雇佣着数量稳定增长的景观建筑师，通过自然资源规划、设计和建造来实施总体规划。国家公园早期的规划更注重发掘公园的经济价值和美学价值，多为以旅游设施建设为主的物质规划。

近百年来，环境和遗产保护运动的思想所发生的巨大变化都对国家公园的规划体系产生了深刻影响。1969年通过的《联邦环境政策法案》对国家公园的规划体系的发展完善产生了转折性的影响，主要有以下两方面：

（1）《法案》将"环境影响评价"赋予法律地位，要求对主要的联邦行动进行系统分析，以便选择合理的干涉手段，避免无法挽回的影响。国家公园因此也就要求对总体管理规划和执行规划进行多方案比较，选择对自然、人文和社会经济环境影响最小方案，体现了资源保护优先的价值取向。

（2）《法案》还明确规定了联邦政府所制定的规划要引入公众参与机制，因此这也成为国家公园规划必须考虑的环节。

公园规划也由20世纪早期的以物质建设为主要内容、以保护自然的美学特征和提供游憩机会为目标的规划转变成为20世纪后期的以保护生态系统和提供游憩机会为内容，以保

---

① Philip Pregill, Nancy Volloman. Landscapes in History：Design and Planning in the Eastern and Western Traditions[M]. 2nd ed. New York：Van Nostrand Reinhold, 1999

护自然的生态特征为目标,以注重多学科多领域考察、引入公众参与机制和重视外部威胁的综合决策为手段的体系规划。

美国国家公园的规划体系主要包括了以下四个层次:

(1) 总体管理规划(General Management Plan)(无限期,一般超过10—15年):主要是解决国家公园发展目标确定的问题。总体管理规划是针对每一个公园单独制定的,它的主要内容包括(以《大峡谷国家公园总体规划》(General Management Plan for Grand Canyon National Park, 1995)为例)①:①土地保护;②文化资源管理;③自然资源管理;④解说的主题;⑤公园无障碍化;⑥访客体验;⑦公园的未来环境分析;⑧公园的可持续发展。

这些内容围绕着公园两大发展目标展开规划:①公园资源保护和提供游憩机会;②鼓励兼并公园毗邻土地以便使外界对公园的不利影响减到最低程度。这个规划是所有其他专项规划的法律依据。

(2) 战略发展规划(Strategic Plan)(期限是5年):主要解决项目的优先发展次序问题。这个规划是针对所有国家公园而制定的总的发展战略,内容包括目标体系和实施战略。②

(3) 执行规划(Implementation Plan):规划项目一般由国家公园管理机构提出申请,国家公园管理局同意立项后,拨专款委托专业机构负责编制。规划编制过程中,国家公园管理局的有关人员和专家要参与编制工作的主要环节,还要征求当地居民的意见。规划编制完成后,报国家公园管理局,最后经国会讨论通过。

执行规划在资金落实情况下,主要解决组织项目实施问题,如河流保护、野生动物保护、生物多样性保护、湿地保护等执行规划。这种规划的期限根据项目而定,如加利福尼亚州的非点源污染③控制规划(Plan for California's Nonpoint Source Pollution Control Program)的期限为1998年—2013年④。其主要内容(以约塞米蒂公园的执行规划为例)包括项目管理人员和机构设置及预算、公园未来发展建议的设施和主要项目的估算⑤。

(4) 年度操作规划(Annual Performance Plan)(期限是1年):主要是每个公园在战略规划总目标指导下,根据自身情况制定的年度应当完成的计划,并在具体操作层次上提供一种逻辑性强的、有据可循的、理性的决策模式。其主要内容由使命陈述和完成目标的具体策略组成,充分体现了国家公园的规划面向管理、以管理目标引导规划的特征。

国家公园管理局下设丹佛国家公园规划设计中心,接受国家公园的委托,专门承担规划设计任务,按比例提取设计费。丹佛规划设计中心的技术人员包括风景园林、生态、生物、地质、水文、气象等各方面的专家学者,还有经济学、社会学、人文学家。美国国家公园

---

① http://www.nps.gov/grca/gmp/
② National Park Service. Strategic Plan FY 2001—2005[EB/OL]. [2005-06]. http://planning.nps.gov/document/NPS%5Fstrategic%5Fplan%2Epdf
③ 非点源污染(Nonpoint Source Pollution)是指在降雨径流的淋溶和冲刷作用下,大气中、地面和土壤中的污染物进入江河、湖泊水库和海洋等水体而造成的水污染,这种污染也称为面源污染,是普遍存在的。严格说来,除了集中点源(如工业废水、城镇生活污水)外,其他各种污染源造成的水污染均属于非点源污染。
④ http://www.swrcb.ca.gov/nps/protecting.html
⑤ http://www.nps.gov/moja/mojafeis3/MOJA_GMP95-96.pdf

的设计、监理,均由该中心全权负责,以确保规划实施的整体质量。规划设计在上报以前,首先向地方及州的当地居民广泛征求意见,然后经参议院讨论通过,再由公园管理部门组织实施,确保规划设计的科学性与公开性。①

美国国家公园规划的特征就是它是一个确定系列目标并在规定时间内达成目标的管理体系,时间层次清晰、目标手段明确,既具备很强的可持作性,又具备明确的检验标准,值得我国借鉴。

3.3.5 国家公园管理制度的其他特点

1) 行政管理制度

国家公园拥有一支高素质的管理人员队伍。国家公园的管理人员,除原有的专业技术基础外,必须通过公开招考合格方可进入工作,在工作之前和工作之中,都要参加专门的业务培训(分别进行行政管理、资源保护、历史保护、信息管理、讲解及教育、执法、规划设计及施工、安全与健康等16个方面的内容学习),以提高管理水平。美国国家公园管理局2000年度有20亿预算,长期的雇员有1 900人,另有6 000位临时雇员,还有专门的制度接纳各种类别的义工,即"公园志愿者"。雇员工资占预算的68%—70%,预算中包括公共行政费、购买土地、紧急救护费用等项支出。虽然国家公园也收门票,但是国家公园的门票价格是由国会决定的,有上下限,各公园的定价不能超过国会规定的价格。国家公园门票的收入不能用于工资,但可以用作公园的修复②。

美国国家公园的管理采取了垂直管理模式,其管理人员均为国家公务员。他们是公园的看管人,但不是业主,无权将公国资源用于牟利的目的,他们的收入只能来源于他们的工资。

2) 经营管理制度

1965年美国国会通过了《国家公园管理局特许事业决议法案》,要求在国家公园体系内全面实行特许经营制度。具体的操作方式是由管理机构通过招标方式与经营者签订合同,合作期限不超过20年,管理机构从特许经营项目利润中提取7%或从经营收入中提取2.5%—3%,作为对国家公园的补偿。目前美国国家公园系统共有600个特许经营者,总量并不大。还有一些不宜特许经营的项目,采用了经营许可的办法,如旅行社,由于利用了国家公园的自然资源和文化景观获利,这些项目需要经过管理机构经营许可,并从经营利润中提取一定比例的费用上缴国家公园管理机构③。

美国国家公园管理制度中备受我国专家推崇的是管理权和经营权严格区分,公园内的所有经营服务项目都必须按照特许经营的规定,通过招标的形式委托企业经营,国家公园对其项目内容、价格、财务、服务水平实施行政管理。

这一方式规范了国家公园内不宜由政府直接提供的服务和经营行为,明确将遗产资源

---

① 金磊.美国国家公园管理的启示[N].中国建设报,2003-4-11
② 钱薏红.环境和资源的保护需要政府和公众的共同推动:环境与发展研究中心项目组访美报告[R/OL].[2005-07]. http://www.cass.net.cn/chinese/s05_sjj/iqteweb_old/hjzx/lt00037.htm
③ 汪昌极,苏杨.美国自然文化遗产管理经验及对我国的启示[J].中国园林,2005(08):40

经营权的限定在提供和消耗性地利用与遗产核心资源无关的后勤服务及旅游纪念品的范围内,同时经营者在经营规模、经营质量、价格水平等方面必须接受管理者的监管。

3)资金管理制度

(1)资金来源:国家公园保护和管理资金的主要来源是联邦经常性财政支出的财政拨款,这个占到国家公园体系全部运营经费的约 3/4。其他资金来源有以下几个方面:①公园门票收入;②公园特许经营管理费;③其他收入,包括有关国家公园非营利组织的经营收入和社会捐款①。

(2)资金使用:1990 年代之后,美国的国家公园局开始使用一种称为"资金增值模式(Money Generation Model,MGM)"的经济模式。这种模式是由人们参观公园造成的经济影响来表现公园的经济价值。它表达了两种类型的花费所产生的经济影响,即由联邦政府为国家公园管理局开支的薪金、公园的建造计划及其他与公园相关的活动;和另一部分来自公园的外部的花费,即建造抵达公园的道路、为访客服务的小游艇船坞、汽车旅馆、餐馆及其他与公园相关的基本建设项目。同时 MGM 也评估了公园访客在购买力、收入和提供工作机会等方面对地方经济的影响。它建立了一个可以用在规划、协调管理、预算说明、政策分析和营销计划等方面的公园经济利益计量模型②。

MGM 的工作方式由公园计算非本地游客参观的天数,这等于游客数乘以停留天数。每天消费额用多种技术方法估计。游客天数乘以消费额,得出直接消费的估计数。MGM 的建立推动了社区领导人与公园管理者之间关于经济因素的讨论与对话,也使社区认识到为了从游客获取最多的利益,在利用与保护公园之间必须保持平衡。MGM 的应用引起对基本的经济利益与资源属性及许多相关因素之间关系的注意。编制 MGM 的程序需要考虑后勤、地理位置、交通、娱乐、季节、声誉、市场、需求与营业额之类的条件因子③。

对于遗产地保护资金的获取、使用及其与遗产地管理效果之间的关系,"资金增值模式"作出了全面、客观的评价,相比较我国遗产地保护只能向门票要资金的状况,"资金增值模式"评价了遗产地经营给所在地方社会、经济发展带来的影响,公园与周边社区分享公园资源的利益,促进了地方社区对遗产地保护的兴趣,共同承担保护公园资源的责任。这一模式的目标是在经济利益上协调开发与保护,加强遗产地管理成效与保护资金的获取之间的关联,提高管理者的积极性,拓展保护资金的来源。

4)管理监督机制

美国国家公园的管理监督机制的主要特点是依法监督和社会监督。

美国的自然和文化遗产保护建立在完善的法律体系之上,每一个国家公园又都有独立的立法,国家公园管理局的各项政策也都以联邦法律为依据。国家公园的规划由公园管理局下设丹佛国家公园规划设计中心全权负责,独家设计。规划编制完成后,报国家公园管理局,最后经参议院讨论通过,这种规划也是公园管理的法律依据。国家公园管理局有松

---

① 丁新权. 江西省风景名胜区保护管理理论与实践研究[D]. 南京:南京林业大学,2004
② About the MGM[EB/OL]. [2005-07]. http://planning.nps.gov/mgm/
③ 社会与经济的思考:为自然保护集资[J/OL]. 世界自然保护联盟通讯,1998(4). [2005]. http://www.chinabiodiversity.com/iucn/iucn4/iucn4-005.htm

散的、非官方的委员会，专门监督国家公园规划的实施。

  同时，公园管理部门的重大举措必须向公众征询意见，甚至进行一定范围的全民公决。公园规划在上报以前，也必须首先向地方及州的当地居民广泛征求意见，经过环境影响评估、居民听证、专家论证等严格程序，否则参议院不予讨论。规划通过之后，专家、居民、新闻媒体还会监督规划的实施。

4 上篇小结：我们目前所处的位置

4.1 研究的起点——西方和国际主流保护思想与实践的演变

自19世纪初对意大利古罗马角斗场的维修开始，遗产保护的理论和实践在西方不断发展，并且被认为是进入现代社会的标志之一。

在本篇第一章中通过对世界文化遗产及文化景观保护思想与实践的论述，可以看到遗产保护运动中不断扩展的保护内容、不断深化的保护观念和日益多元化的保护实践；在对世界自然遗产保护的思想发展历程论述中，可以看到自然遗产保护运动中所产生的生态观、可持续发展观、建立遗产地体系观、国家协作保护观等日益成为文化和自然遗产保护共同的价值观和实践理念。

综上所述，当代遗产保护主要呈现以下特征：

4.1.1 认识到多样性的普遍价值

1960年代之后，文化遗产保护运动与自然遗产保护运动在观念上和方法上日益融合，对多样性的保护超越了文化遗产与自然遗产间的壁垒，覆盖了遗产保护的全部领域。保护文化多样性和生态多样性的概念，使遗产保护观念超越早期对遗产美学价值的欣赏，转而依赖于对保护对象科学的判断。文化的个性和差异——而不是特定群体欣赏的简单的美——成为重要的价值判断标准，面临消失的文化特性和濒危物种一样弥足珍贵。

4.1.2 认识到遗产环境的整体性

随着对事物间联系认识的加深，文化遗产保护从单个古迹保护走向保护古迹所依存的环境，又进一步扩大到更广阔的地域，如街区、城镇；自然遗产保护也从保护濒危、稀有的物种走向保护有代表性的生态系统，两者都面临保护范围不断扩大、保护涉及的元素不断增多的问题，这种范围的扩大使得遗产价值的评判越来越联系着经济活动，遗产保护越来越涉及土地利用过程，同时也使自然与文化遗产保护的相互关系日益密切，日益成为遗产地整体保护中必然涉及的因素。

4.1.3 认识到遗产作为一种资源的经济价值

"资源"的意识使得文化和自然遗产都被看成一种资源，又由于这种资源的稀缺而使之变成了商品，在遗产地引入了新的功能，如旅游业以及相关设施。美学、历史、自然和场所特征成为保护和发展的动力，又进一步整合了文化与自然遗产，同时也导致了保护和发展的矛盾:保护要求限制变化,而发展要求容纳必要的经济变化。

本文所论述的主题——基于地域的文化景观保护——就是建立在这些理论的基础之上的,即在文化遗产保护内容、观念和实践的拓展中发展起来的"文化景观"保护,借鉴自然遗产保护中形成的遗产地及其体系的方法,以地域为基础进行保护。

4.2 中国遗产保护的成就和面临的主要问题

在本篇第二章中,笔者对我国文化遗产中的不可移动文物和遗产地保护的思想和实践历程作了一个检索。

4.2.1 历史的跨越

在近一个世纪的发展历程中,我国的文化遗产保护内容经历了一个剧烈的发展过程:从器物保护到不可移动文物保护;从文物保护单位到大遗址、历史街区、历史文化名城、历史文化名村名镇、风景名胜区等多种类型的遗产地保护;形成了"修旧如旧""历史城市整体性保护"等遗产保护理论;制定了一系列保护法律法规;建立了专职的遗产保护部门。在这个过程中,通过不断的理论探索和实践积累,我国的遗产保护观念主要经历了三个跨越:

(1) 在保护立法方面,经历了从单纯依靠政府法令到初步建立包括国家法律、中央政府法规、地方法律法规等多方面多层次的保护法律法规体系的跨越;

(2) 在保护观念方面,经历了从传统的"收藏"到现代的"保护"的跨越;

(3) 在保护方法方面,经历了从单纯保护遗产本体到整体保护遗产及其环境的跨越,并在部分领域中初步形成遗产地保护体系。

4.2.2 当前的主要问题

在上述我国遗产保护实践中,系列保护法规的制定和颁布是其中最重要的成就,可以说我国的文物保护相关法规是对目前我国遗产保护理论和管理制度最全面的阐述,其内容涵盖基本概念界定、环境保护、文物保护工程管理、遗产地规划编制等各方面。但是如本篇第二章第二节所述在实践中仍然存在"由法规体系和实践类型不相符而导致的无法可依、由基本概念阐述不完善而导致的保护方法混乱"的种种问题,其原因主要有三方面。

(1) 纵观 1949 年至今我国文化遗产管理法规体系建立的过程,可以看到在我国主要是由社会环境的变化刺激了新的文物法规的颁布和制定,许多情况都是在变化的环境中进行实践发现了问题,再制定相关的解决这一类问题的法规。如在基础建设中出现损害地下文物的现象就制定相应条款,在城市大拆大建中出现历史街区大规模破坏就提出历史文化保护区保护等,整个遗产保护法规体系虽然庞大繁杂却缺乏系统性、完整性。

(2) 在遗产保护观念上我国严重滞后。如本篇第一章所述,西方保护法规及理论的形成制定和发展既受到社会环境变化的影响,也受到对遗产认识的加深、保护观念变化的影响,如从风格修复到保护原真性、从可持续发展到保护生物多样性等等,由观念变化带来新的保护策略和保护法规,如 20 世纪后半叶相继颁布的《华盛顿宪章》《内罗毕建议》《佛罗伦萨宪章》等都是保护观念发展的产物。我国的遗产保护理论基本上来自以欧洲保护理论为基础的国际保护理论,由于不同的文化背景往往未能全面理解西方保护概念产生的历史背景、文化渊源,仅从字面意思上理解,要求与国际接轨时照搬照抄,实践中每遇问题则强调中国遗产特征的特殊性,这都带来实践中操作方法的混乱和随意性,而带来这一问题的根本原因是遗产保护观念仍停留在器物保护、形式风貌协调上,学术界和社会缺乏对遗产保护基本思想和概念的探讨。

(3)尚未形成明确的基于遗产地的保护体系。在我国遗产保护实践中,有以地域为基础的遗产保护的思想和实践,如历史文化名城、名村(镇)、风景名胜区等,但至今为止尚未形成完备的和系统的基于地域的遗产地保护的观念,没有建立文化景观保护的体系和方法,法制不健全,没有一部基于地域的保护地管理法律,保护区管理交叉,急待全面整合。

4.3 美国的经验

美国地域辽阔,因为有着以广阔粗犷的自然环境为背景,由探险、殖民、开发和革命等内容构成它的历史,所以它在保护内容的选择上与其历史文化和自然地理特征密切相关,故而它一开始就采用了以地域为基础的保护方式,并在后来的发展中整合了自然和文化遗产,细化了遗产类别,建立了遗产垂直管理体系,完善了遗产管理制度,形成了许多有益的经验。由于许多专家建议我国仿效美国建立垂直集权管理的遗产地体系,因此笔者对美国遗产管理制度进行了详尽研究,总结概括了四个方面。

4.3.1 基于地域的保护

美国遗产保护制度由于其独特的历史,形成了明显的基于地域的保护特征:

(1)具有草根性。在文化遗产方面,保护呈现出价值多元化的局面,虽有文物登录制度,但没有类似我国的文物分级制度,在各个地域,来自不同的种族、不同价值取向的人群强调各自历史的重要性,定义遗产考虑各阶层、各种族的意见,集聚具有不同保护目标的保护组织,从而形成了遗产内容多元化、平民化的特征。正是在此基础上,美国的遗产保护从一开始就与特定的地域文化和自然特征结合紧密。

(2)具有区域性。在这一点上除上述广阔的历史背景之外,还与1900年前后城市美化运动的流行相关,正是在这项运动中,一些学者和组织建议系统化地保护某些区域。遗产的内容呈现出以景观环境和地域为基础的保护目标的特征,如国家公园体系、历史景观保护、国家遗产区域保护等;其次,国家森林和美国大自然协会对大尺度原生态自然保护区的管理和保护也取得了国际先进水平。

4.3.2 多学科的协同

遗产保护和城市规划、景观规划协同作用,它们在原则上都特别注重环境的品质,这种共同的关注使它们能共同工作,多年来它们的关系逐渐系统化。保护方法受到景观规划设计方法的影响。如绿带首先是一种绿地系统的规划方法,之后才逐渐演变成诸如"遗产廊道"这样的遗产保护方法。同时,景观规划和城市规划也汲取保护理论的思想,从过度开发或限制开发到鼓励"精明增长"和可持续发展。近年来,"自然与文化保护"日益成为美国景观与城市规划的核心主题。

4.3.3 旅游业与遗产管理协调发展

美国遗产保护一开始就没有回避旅游业,而是充分意识到遗产保护的经济价值和潜力。国家公园的旅游开发和保护的矛盾自它建立之初就一直存在,到了1970年代末,旅游工业开始在城市历史保护中扮演重要角色。遗产地旅游业的可持续发展重要的是管理和控制,遗产保护需要巨额投入,但遗产地旅游业需要合理控制才能健康发展。很多学者比较中美遗产保护时认为两国之间在经济上的差距使我国难以借鉴美国的保护制度,而事实上美国遗产保护经费的大部分来自遗产地税收:管理完善的遗产地旅游业能长期带来可观的税收。

如本篇第三章第三节介绍的美国国家公园的经济模式——"资金增值模式",将公园管理与遗产地经济获益相结合,推动公园合理地利用其资源发展旅游业,吸引更多的游客,据此测算出公园对地方经济的贡献,促进地方社区在分享公园利益的同时,注意在利用和保护公园资源之间保持平衡,共同承担保护公园资源的责任。

4.3.4 完备的管理体制

许多学者认为美国国家公园制度避免了遗产多头管理而造成的损失。但实际上,除了美国国家公园管理局之外,在本篇第一章第二节中述及的美国大自然保护协会管理着规模庞大的自然保护区;地方历史办公室、历史保护咨询委员会、国家历史保护信托等组织机构也都以各自的方式参与遗产管理。好的管理是健全的制度、有效的监督机制,而不是一定要采用某种特定的制度。美国的遗产保护制度主要具有以下特点:

(1)根据本国国情建立起健全的遗产地体系,管理方式灵活多样。除了大量保护各特定类型遗产的公共机构和私人保护组织,主要的保护地管理分工是:①大自然保护协会主要管理自然保护区;②国家森林管理局主要管理国家森林保护区;③国家公园管理局主要负责管理具有遗产价值的保护区。

对于位于城市的遗产,除了国家历史公园外,如历史街区、历史地标等遗产,由国家公园判定并制定管理标准,具体管理工作则由地方机构如州历史保护办公室等负责。

对于公园保护地则分两级设置,对于遗产价值较高的国家公园以保护为主,开展适当的观光活动;对于遗产价值较低的州立公园则以开展休闲活动为主,缓解国家公园的旅游压力。

同时重视对遗产的记录和研究,形成了许多长期性的资源调查和管理体制,如历史建筑查勘、历史工程查勘和历史景观查勘。这些都对我国具有借鉴意义。

(2)美国遗产地保护在长期的发展过程中,不断健全法制,依法进行管理。如本篇第三章第三节所述美国的遗产保护法主要分为四种类型:①授权性法案;②管理文化资源的立法;③管理自然资源的立法;④在国家公园内关于美国土著权力的立法。而欧洲许多国家如法国,则将保护地划分为若干类型,再针对每一种类型的保护地分别立法,这种方法将在"中篇"中介绍。

由于美国的遗产地类型划分较细,针对每一类型进行专门立法过于繁琐,而且每个国家公园在建立之初都有专门的授权法案,因此美国的遗产保护法不针对不同的遗产地类型而针对不同的遗产资源类型,如管理自然资源的立法分别涉及保护荒野、小径系统、风景河流、空气、水体、濒危物种以及国家环境政策、户外娱乐。

而我国的遗产法规体系、层次均不明确,以针对文化遗产地的保护为例,历史街区的保护受《文物保护法》的约束,风景名胜遗产地和自然保护区的管理分别受《风景名胜区管理条例》和《自然保护区管理条例》约束。前者是国家法律,后两者是行政法规,法律效力并不相同。造成此现象的原因,显然并非三类保护区在重要性上存在差异。

实际上,其原因前文已经论述。现在的问题是我们应当以美国模式还是法国模式建立我国的遗产地法规体系,还是走第三条道路?应该看到,保护法规与保护地分类方式之间的关系,以及与管理方式之间的联系,所以首要的工作仍是要建立我国的保护地分类体系,在此基础上形成相应的保护法规。

(3) 完善的规划管理制度。遗产地除了要依法管理之外,还应该看到,每一个遗产的保护内容和实际利用状况各不相同,美国国家公园的公园规划体系是针对每一个公园的具体情况而建立的管理制度。它的规划期限按规划任务不同,分为10—15年、5年、1年三种,另外还有一种针对具体项目的"执行规划",规划内容为一系列管理上的目标,期限是检验这些目标完成的时间。这一规划体系时间层次清晰,目标手段明确,定量检验规划效果,非常适合我国制定遗产地规划时借鉴。

4.4 我们今天所处的位置

综上所述,对文化和自然遗产相交织的文化景观遗产地进行保护和管理是当代遗产保护的趋势之一。在我国,以地域为基础的保护实践已有了很大发展,相关保护政策也初步形成,但存在政策的出台为实践发展进程所迫的问题,保护地类型的划分与管理类型相交叉造成管理上的不便,保护法规缺乏系统性,急待重新整合。解决上述问题的方法,只有加强相关理论概念的讨论和辨析,加深对自身和他人理解。这也是笔者花费大量笔墨对西方现代保护运动的主要理论和观念及其实践历程进行研究和论述的原因之一。

此外,美国以地域为基础的保护实践经过一个多世纪的发展之后,形成了较为成熟的保护观念和系统的保护方法与管理制度,值得我们借鉴和学习。

然而归根结底,形成我们自己的遗产保护理论应首先基于我们对自身遗产特征的认识。因此本书在"中篇"中将基于中国的遗产地特征提出建立中国的遗产地体系,其中包括分类方法和相应的法规体系;本书在"下篇"中将讨论我国四种不同类型的文化景观遗产地的保护观念和策略。

此外,我国在保护技术上也严重滞后,评价遗产基于主观的价值判断,评价保护成果、制定保护标准时缺乏科学的理论体系,尤其是针对某些自然和文化双遗产地,如何建立起有效的评估和管理体系,全面保护遗产地的多样性价值是一个迫切的问题。因此在"中篇"中将讨论我国访客人数最多、保护和利用矛盾最突出的文化景观遗产地保护的相关技术和理论——遗产地的历史景观、生态系统的动态保护与管理理论。

中篇 理论

5 文化景观：一种特殊的遗产类型

5.1 文化景观(Cultural Landscape)的含义

"文化景观"是四种类型的世界遗产（文化遗产、自然遗产、自然和文化双遗产与文化景观）中最晚形成的概念，它与其他三种类型的遗产之间究竟有什么本质的区别呢？现代最早的保护区之一——美国的印第安人保留地(Indian Reservation)建立的过程为这个问题提供了最生动的答案。

美国政府对印第安人实行的保留地制度(Reservation System)出现于19世纪50年代，它产生的根本原因是为了解决美国在19世纪中叶西部开发中的土地问题。由于文化的差异，印第安人的土地利用方式与白人社会有着明显不同。他们或从事粗放农业，或以狩猎采集为生。这种土地利用方式的一个突出特点就是需要十分广袤的地域。而白人社会则认为这种土地利用方式是低效率的，与文明社会的要求格格不入。

保留地制度(Reservation System)则是将分散生活在广袤的西部大地上的印第安部落集中起来，迁入到政府指定的若干块面积有限的"保留地"中居住，靠联邦政府有限的配给和年金度日。如科曼奇部落，1865年前他们拥有3亿英亩狩猎地，两年后仅剩下了一块300万英亩的保留地[1]。保留地制度的本质是剥夺印第安人的土地为美国经济的崛起提供条件。

这个制度在推行的过程中不免受到印第安人的强烈抵制。印第安人强调他们不仅拥有这些土地而且这些土地是他们不可分割的一部分，"神是我们的父亲，而土地是我们的母亲"。1855年，杜瓦奇部落的首领曾这样强调他的部落与土地的关系，这种关系也反映了他们的遗产观念：

"土地的每一部分对我们而言都是神圣的，每一片松林，每一块沙滩，幽暗的森林，树枝间散落的阳光都是我们民族的心灵和经验中神圣的东西。而树干脉络中的树脂承载着我们红种人的历史，……水花四溅的溪水与河流是我们祖先的血液，……如果我们把土地出售给你，你必须知道那是神圣的，必须告诉你们的孩子这片土地上消失的历史和曾经生活过的人们——他们的命运，他们的传统。你听那水流碰击的声音——那是我们祖先的声音。"[2]

---

[1] 李剑鸣.美国印第安人保留地制度的形成和作用[J].历史研究,1993(2)
[2] Jukka Jokilehto. A History of Architectural Conservation[M]. Oxford: Butterworth-Heinemann, 2002

美国大平原和西南地区的印第安部落,多以猎取野牛为生存依托。但由于铁路的开通和市场上对野牛皮的需求,招致白人职业猎手对野牛的大肆捕杀;美国政府为断绝印第安人的生路而逼迫他们进入保留地,也鼓励猎杀野牛。1867年10月联邦官员与大平原诸部落首领会谈,要求他们迁入保留地。凯厄瓦族首领萨坦塔回答说:

"我们热爱这里的土地和野牛,我不会与它们分开……我不想定居。我喜欢在原野上漫游,在这里我感到自由和快乐;但当我们定居下来后,我们就会变得衰弱,就会死去。"[①]

最后在联邦政府军队的驱赶下印第安人终于全部进入了保留地。但是在这个过程中,印第安人反复阐述的土地观念促使西方社会对遗产问题有了进一步的认识:那就是他们居住的土地上也许并没有我们一般意义上的文化遗产,如精致的雕塑和建筑,也没有我们一般意义上的自然遗产,如罕见的动、植物种类;他们所强调的遗产概念就是他们与土地之间无法割舍的、在生存上和精神上的联系,土地上文化与自然的要素都只是这种联系的证据。这就是"文化景观"的概念——它表达了一种"人、地关系的遗产",因此必然以地域为基础进行保护,并保护土地上的文化和自然遗产作为这种关系的依据。杜瓦奇部落首领朴素的话语已被联合国教科文组织作为形成"文化景观"遗产概念的依据而载入史册。

联合国世界遗产中心对"文化景观"的定义如下:

"文化景观代表了《保护世界文化和自然遗产公约》第Ⅰ款中的人与自然共同的作品。它们解释了人类社会和人居环境在物质条件的限制和自然环境提供的机会的影响之下,在来自外部和内部的持续的社会、经济和文化因素作用之下持续的进化。文化景观应在如此的基础上选出:具备突出的普遍价值,能够代表一个清晰定义的文化地理区域,并因此具备解释该区域的本质的和独特的文化要素的能力。

"文化景观这个词解释了人与自然环境间相互作用的多样性。

"文化景观经常反映了对土地的可持续利用的特定技术,这关系到它们所处的自然环境的特征和限制,以及与自然的特定的精神联系。保护文化景观有助于可持续利用土地的现代技术,能够维持和提升景观中的自然价值。传统的土地使用方式的持续存在支持了世界上许多区域的生物多样性。保护传统的文化景观因此有助于维持生物多样性。"[②]

从广义上说,世界上现存的任何景观都受到人类行为和洞察力的影响,因为"文化"表达的是价值观和人类的实践,而景观(Landscape 而非 Scenery)表达的是地域场所,因此即使那些无人进入的原生态保护区被以这种方式定义也是基于文化的价值判断。但以"文化景观"这一遗产类型保护的土地则强调了在这一区域内人与自然之间持续的相互关系,即由人类的实践之于自然的影响而形成的景观,因此它常反映了传统的可持续的土地利用方式,而传统的土地使用方式的连续存在,不但是世界上许多地域维持其生物多样性的重要手段,更重要的是它形成了该地域文明的基本特征:耕作、放牧、开垦、采掘、加工、崇拜、交易等。在这种长期持续存在的特定的土地使用方式影响之下,所形成的人与土地的精神联系,反映了不同地域的文化特征。因此,保护文化景观有助于保护生物多样性和文化多样性。

---

① 李剑鸣. 美国印第安人保留地制度的形成和作用[J]. 历史研究,1993(2)

② World Heritage Center. Operational Guidelines for the Implementation of the World Heritage Convention[EB/OL]. [2005-06]. http://whc.unesco.org/en/guidelines/

基于管理的目的,美国国家公园将"文化景观"定义为:"一个联系着历史事件、人物、活动或显示了传统的美学和文化价值,包含着文化和自然资源的地段或区域。"[1]这可以看作"文化景观保护区"的定义。凯瑟琳·威特(Catherine Howett)进一步对此解释道:"受保护的历史文化景观不是一件仅供观赏的艺术品,它像当代的环境一样具有一定的功能,我们能够自由地进入并与之融合。"[2]

5.2 在自然遗产和文化遗产保护的发展中发现文化景观保护的价值

国际上开始重视自然和文化保护相结合的遗产地的标志是1968年在美国召开的"世界遗产保护"白宫会议,该会议呼吁保护世界的自然风景区和文化遗产,这是官方公开发表的关于文化和自然遗产合二为一的最早声音之一[3]。这一事实实际上基于人们在自然和文化遗产保护的理论研究与实践中,尤其是以区域为基础的保护实践中,发现在许多情况下两种类型的保护区具有相互融合、交错,无法分别界定与管理的特征。

5.2.1 在自然保护区管理的理论与实践中

(1) 当自然管理的目标从保护自然的美学特征发展到保护生物多样性和种群栖息地,自然保护区的尺度大大扩大,越来越多地包含了人类居住和生产的地方,而且在较大的尺度上,人类利用土地的模式对环境产生的影响能够更明显地被察觉到。

(2) 生态学的研究表明了人类对自然界广泛的影响,特别是各种影响相互之间的关联,而且也正是这种彼此间的密切联系构筑了完整的生态系统,人类持续进入自然生态系统已有数万年的历史,早已成为自然生态系统不可分割的一个部分。

(3) 遗产地原住民参与遗产地管理,以及原住民传统的利用自然的方式对于自然保护区可持续发展的价值也越来越被重视——而这本质上体现了传统文化的价值对于自然可持续演变的意义。

5.2.2 在文化遗产管理的理论与实践中

(1) 人类与自然相互作用的历史涵盖了整个文化成就,文化景观既表明了人与土地的精神联系,也反映了文化与自然交融的状态。

(2) 文化遗产保护区的尺度也在随人们对文化遗产概念的认识深化而增大,从面积数十平方公里的聚落到面积数百平方公里的大遗址,这其中必然包含大量的自然因素,同时人类的宗教、哲学、经济、政治和美学成就所直接指导的人类在自然中的行为也形成一种文化与自然交错的景观。这一概念的确立,反映了从历史遗物保护到遗产地保护的转变,即

---

[1] U. S. Department of the Interior, National Park Service, etc. The Secretary of the Interior's Standards for the Treatment of Historic Properties, with Guidelines for the Treatment of Cultural Landscapes[M]. Washington, D. C.: United States Government Printing Office, 1996

[2] Catherine Howett. "Second Thoughts"[J]. Landscape Architecture,1987, 77:52-55

[3] 李伟,俞孔坚. 世界文化遗产保护的新动向——文化线路[J]. 城市问题,2005(4):7-12

将古迹保护置于遗产地的范畴中考察。

(3) 即使在纯粹的自然保护领域,人类的价值取向和需求也是决定保护成效的关键。

由此可见,文化景观保护的概念正是基于以地域为基础的保护实践的发展,反映了对人类利用土地的方式和关系到人类起源、发展历史的纪念性场所的保护观念的确立,从对历史遗物保护到对遗产地保护的转变。

5.3 文化景观保护对于我国遗产保护的特别意义

费孝通先生说,文化是"From the soil",从乡土中生长出来的东西[①]。从本质上来说,以地域为基础的遗产描绘的就是人类在大地上形形色色的生活方式及习惯,而我们栖居的土地也正是我们民族的景观艺术发生和归属的地方。

文化景观中所包含的人类起源和演变、环境和地域特征、民俗和经济状况、艺术和信仰等多种内容,反映了人类与自然交流和抗争的历史。我国历史上,人们常用"十景"、"八景"来表达他们对自身居住场所的欣赏和赞美,这其中不仅表达了人们与其生存环境的关系,也蕴含了丰富的景观形态。

著名的西湖十景苏堤春晓、双峰插云、花港观鱼、柳浪闻莺、三潭印月、曲院风荷、平湖秋月、断桥残雪、南屏晚钟、雷峰夕照,早已脍炙人口;清朝的皇帝康熙、乾隆等,在修建他们的皇家苑囿的时候,也搞了不少八景十景,甚至搞到圆明园四十景,以至于全国各地凡人文景观稍著者,莫不有八景十景,成为地方文化的一种表达形式。这些表达了我们传统上与土地精神联系的风景,反映了中国人景观认知和景观规划最本质的特征,也从另一个角度阐述了现代文化景观的含义。因此可以说只有以文化景观方式保存中国传统风景名胜和聚落遗产地才是对它们价值的完整保护。

5.4 文化景观的类型

美国国家公园管理局将其所管辖的文化景观分为以下四个类型:

(1) 历史场所:联系着历史的事件、人物、活动的遗存环境,如历史街区、历史遗址;

(2) 历史景观:著名的历史景观,或代表了特定艺术风格的作品的四周环境,如历史园林;

(3) 历史乡土景观:被场所的使用者通过他们的行为塑造而成的景观,它反映了所属社区的文化和社会特征,功能在这种景观中扮演了重要角色,如历史村落;

(4) 文化人类学景观:指人类与其生存的自然和文化资源共同构成的景观结构,如宗教圣地[②]。

此种分类方式完全是基于对美国遗产特征的认识。所谓"历史乡土景观"指代的很大部分就是北美南方种植园景观和中西部大牧场景观,不可等同于我国的历史文化名村,人口密度和建成环境所占比例都差别较大;所谓"文化人类学景观"主要指宗教圣地,而我国

[①] 方李莉. 传统与变迁[M]. 南昌:江西人民出版社,2000
[②] 吴祥艳,付军. 美国历史景观保护理论和实践浅析[J]. 中国园林,2004(3):69-73

的宗教圣地多位于风景名胜区内并和其他人文景观如书院等共同构成文化景观,而且还常常佛、道寺院相邻,像西方那样单纯的宗教圣地较少。由于文化景观是人类实践作用于土地而形成的,因而其形式具有强烈的地域特征,划分其类型应基于本民族文化和地方自然环境特征。

基于对我国文化景观遗产特征的认识,参照 UNESCO《实施世界遗产保护操作性导则》有关条款及美国国家公园的文化景观分类方法,我国的文化景观类型可分为以下四种类型(表5.1)。

表5.1 我国的文化景观遗产分类

类型	特征	实例
历史的设计景观	被景观建筑师和园艺师按照一定的原则规划或设计的景观作品,或园丁按照地方传统风格培育的景观,这种景观常反映了景观设计理论和实践的趋势,或是著名景观建筑师的代表作品,美学价值在这类作品中占有重要地位	传统私家园林
有机进化之残遗物(或化石)景观	代表一种联系着历史的事件、人物、活动的遗存景观环境、过去某段时间已经完结的进化过程,不管是突发的或是渐进的,如考古遗址景观	大遗址
有机进化之持续性景观	即被场所的使用者通过他们的行为塑造而成的景观,它反映了所属社区的文化和社会特征,功能在这种景观中扮演了重要角色,它在当今与传统生活方式相联系的社会中,保持一种积极的社会作用,而且其自身演变过程仍在进行之中,同时又展示了历史上其演变发展的物证	历史文化名村、名镇
基于传统审美意识的名胜地景观	包含了传统的对环境的阐述和欣赏方式,以与自然因素、典型的宗教、艺术和文化相联系为特征,而不一定以文化物证为主要特征,如我国传统的十景、八景、风景名胜	风景名胜区

注:有机进化的景观产生于最初始的一种社会、经济、行政以及宗教需要,并通过与周围自然环境的相联系或相适应而发展到目前的形式。

5.5 文化景观保护的特点

文化景观产生于或依存于自然环境,它是动物、植物、空气、水、土地和人的意识与实践组成的复杂系统,这也是它与文化遗产的差别所在。因此它们的登录、修复和持续的管理都需要全面的、多学科的途径。

文化景观保护规划和管理涉及一个广泛的学术背景、训练和相关经验,职业跨度从景观建筑学、历史、环境考古、农业、林业到园艺、规划、建筑、工程、生态、野生动植物、人类学、古迹修复、文化地理、景观维护和管理等诸多领域。考古学者和保护专家带来文化遗产保护经验、遗产价值评价依据;生态学者提供如水土流失、风沙侵蚀等专门的治理;环境考古者考察历史演变为生态治理提供依据;文化地理学者的工作为文化传播、保护区边界划定等提供依据……他们共同组成文化景观保护区管理和咨询的队伍,通常这些工作由景观建筑师来领导,因为专业上的倾向使他们更善于把握地域环境固有的特征①。

文化景观遗产地由于其自身随着时代的变迁,变化也是必然的,保护是在变化和持续之间寻求平衡,如上所述,文化景观的保护建立在多学科协作的基础上,但保护的基本原则主要在以下三个方面。

5.5.1 维护文化景观遗产地的可持续发展

"可持续性"这个词最初来源于天然林地管理,含义是在没有不可接受的损害的情况下,长期保持森林的生产力和可再生性,以及森林生态系统的物种和生态多样性②。以后"可持续性"的观念逐渐拓展到自然保护领域,而现在已广泛用于社会学与自然科学的许多领域。

在全球化的进程中,我们可以展望经济、文化、规划体系的发展,全球化意味着这样一种变化,产品必须考虑国际市场的竞争,一些公司变成国际市场的参与者,其他公司则通过联合策略参与国际经济过程,使得不同民族文化间的相似性和共同特征日益增加,这时遗产保护作为在全球化时代保持乡土的策略,用以保护和维持一个地方独一无二的特征以反抗"被同化"的力量,维护一个在文化环境和自然环境都具有多样性的世界。

不同的地域在一个较以往更大的尺度上来参与竞争,同时又通过遗产保护保存自身的个性,而这种个性、多样性也意味着一种经济因素。经济必须以地方为基础进行组织,同时被全球化过程所改造,这就要求这种个性具备生产和可再生的能力。

因此维护文化景观遗产地可持续发展所要求的三个基本点就是:文化景观的生产力——使遗产地自身具有发展的能力;文化景观的可再生性——使物质遗存环境在保持其特征的基础上具备自我更新的能力,能够被赋予新的功能以适应变化的要求;文化景观的物种和生态多样性——维护传统文化形态的多样性和自然生态的物种类型,反对在全球化语境中对外来范式不加取舍的"模仿"。

5.5.2 建立文化景观的保护是保护传统人、地关系的观念

保护遗产地的传统人、地关系的理念最初也是来自于自然保护领域,反映了西方社会思潮从自然与人对立走向自然与人的融合。从文化景观的定义"自然界与人类共同的作品,它们体现了人类与他们所处的自然环境之间存在的长久而亲密的关系"中,我们可以看出"文化景观"概念的建立就是基于人与环境的关系——在特定文化影响下人类实践塑造环境,反之环境也影响、培育了文化的形式和内容。

文化景观保护区域内的景观代表这里居民们的重要传统和文化价值,或者说定居在这块土地上的居民创造了一种反映他们文化的景观,保护的目标则是使这一相互关系能够维持并发展下去。

---

① National Park Service. Preservation Brief 36:Planning, Treatment and Management of Historic Landscape[EB/OL].[2005-06]. http://www2.cr.nps.gov/tps/briefs/brief36.htm

② IUCN. World Conservation Strategy:Living Resource Conservation For Sustainable Development[C]. M. Gland:Switzerland, 1980

5.5.3 以建立保护区的方式进行保护

综上所述,文化景观的保护必须基于一个地域,以建立保护区的方式进行保护和管理。根据表5.1对我国文化景观类型的分类,笔者建议设立相应的四种文化景观保护区(表5.2),并制定相应的保护法规。

表5.2 我国的文化景观遗产保护区管理分类

序号	类型	相当于我国当前遗产管理类型
1	历史的设计景观保护区	传统私家园林、寺观、皇家园林、历史风景点
2	有机进化之残遗物(或化石)景观保护区	大遗址
3	有机进化之持续性景观保护区	历史文化名村、名镇
4	基于传统审美意识的名胜地景观保护区	风景名胜区

关于保护区概念本身以及有关技术,将在下章讨论。

5.6 文化景观保护规划要点

保护首先要做的工作是防止文化景观经受不可改变的损害;其次则是修复维护,使其可以持续演变。

文化景观保护规划的内容包括管理规划、讲解规划、展览设计、历史结构的报告及其他。最后的文件由文化景观报告、管理方法陈述、讲解指南、维护指南和维护记录组成。具体包括以下几个步骤[①]:

(1) 历史研究和场地现状调查。以实测和文献的方式去了解场地、位置、背景、设计、材料、工艺、美感等特征,动态的发展都应包含在它的整体价值之中。提交现状报告,它由历史研究、前期计划(如对历史文献与现状环境相互对应之处和发展断裂之处具体标明)、对遗产现存的物质和文献内容普查等内容组成,然后对现存状况汇总、比较、分析景观的连续性和变动特征,评估它的价值和完整性,与肌理类似的景观进行对比研究,由上述研究得出场地的历史特征、植物和建筑物的状况,结合场地新的使命和用途,做出恰当地评估。

(2) 对景观进行专门的解读。景观的解读是在很多层面上的,如自然、栖息地、艺术、生态系统、思想体系、历史、场所和美学,在文化景观保护的策略中最重要的是解读景观在时间和场所上的关联,并在大尺度上分析自然要素(如河流、山脉、物种分布)和人工产品之间相互交错的关系,通过景观来了解人类深入自然系统和以持续的实践干预自然的证据。

(3) 实现对文化景观修复和保存的策略。这个策略首先是承认文化景观是处于永恒的持续性变化之中,因此很多观念和现实的因素都会影响对保存和修复方法的选择,如历史文献的可靠性、现存的物质状况、遗产历史价值和完整性、历史的和现实的用途、该遗产地长期的和现实的发展战略、维护条例及保护机构设置的合理性等。但必须明确,其中自然

---

① National Park Service. Preservation Brief 36: Planning, Treatment and Management of Historic Landscape. http://www2.cr.nps.gov/tps/briefs/brief36.htm

与文化资源的价值是决定因素。文化景观修复和保存的策略应当是一个涉及广泛内容的、动态的过程,规划应当以具体、详细的"开发、保存、维护指南"给予明确。

保存和修复方法的选择没有绝对的标准,保护方法本身只提供一种保护实践和哲学上的框架。但保护方法毕竟是对历史环境的一种物理上的干涉,因此一旦做出了选择,也就决定了哪些可以改变,哪些必须保留,尤其在对现存遗产的保护和安全问题必须慎重考虑。该阶段工作的主要内容应当包括:(1)规划目标的明确;(2)详细方案的制订及图纸绘制;(3)实施程序的安排;(4)费用的估算。

(4)详细记录以备未来查考,这是将来准确理解文化景观价值与原始特征的保证。

6 基于地域的保护：概念、理论与方法

6.1 保护区

6.1.1 古迹保护：从保护本体到保护区

(1) 古迹保护范围

最早以国家立法的形式将古迹及其环境共同保护，可以追溯到1943年法国对其1913年颁布的《历史建筑保护法》的修订，这次修订将所有列级或列入补充名单的历史建筑周围500米半径之内的范围划为"历史建筑的周边地区"，对其中的建设活动进行调控以保证历史建筑与周边环境风貌协调。古迹周边地区建筑的特征和历史价值可能微不足道，但却因为处于特殊的位置而受到保护，同时在古迹周边地区新建的建筑也要受到一定的限制。法国文化部还成立了专门机构"历史建筑周边地区委员会"负责这项工作。到1998年法国的"历史建筑的周边地区"共有三万平方千米，占其国土总面积的5.4%。[①]

我国的《文物保护法》第二章第十五条现定"各级文物保护单位，分别由省、自治区、直辖市人民政府和市、县级人民政府划定必要的保护范围，作出标志说明，建立记录档案，并区别情况分别设置专门机构或者专人负责管理。全国重点文物保护单位的保护范围和记录档案，由省、自治区、直辖市人民政府文物行政部门报国务院文物行政部门备案。"

2003年5月颁布的《中华人民共和国文物保护法实施条例》第二章第九条指出"文物保护单位的保护范围，是指对文物保护单位本体及周围一定范围实施重点保护的区域。文物保护单位的保护范围，应当根据文物保护单位的类别、规模、内容以及周围环境的历史和现实情况合理划定，并在文物保护单位本体之外保持一定的安全距离，确保文物保护单位的真实性和完整性。"

(2) 以区域为基础的保护

"古迹保护范围"体现了对古迹产生及其价值赖以存在的环境的尊重和保护，但"古迹保护范围"的保护事实上也仅涉及古迹周边的物质环境。而以地域为基础的保护将保护推向古迹所在地域传统的整体价值，是古迹周边环境保护思想进一步发展的必然结果。

最早的以地域为基础的文化遗产保护区是美国的威廉斯堡。1926年，在洛克菲勒的资助下，威廉斯堡将重建其历史面貌作为城市振兴的手段，整个城镇被整修成了一个18世纪

---

① 周俭,张恺.在城市上建造城市——法国城市历史遗产保护实践[M].北京:中国建筑工业出版社,2003

的建筑博物馆。很快人们就认识到这种博物馆的保护不具有普遍性,也意味着对城市固有的丰富性和复杂性所带来的活力的扼杀。1931年,美国南卡罗来纳的查尔斯顿颁布了第一个区域保护法令,将历史街区列为土地使用性质之一,开始实践非博物馆的历史区域保护,另一个保护区于1933年在新奥尔良的Vieux Carre创立,但联邦立法直到1966年的《国家历史保护法案》才定义这类场所[①]。

以地域为基础的文化遗产保护最先发生在美国与其保护自然遗产的成功经验密切相关。自1872年国家通过立法保护黄石国家公园到1889年在南亚里桑那立法建立了Casa Grande遗迹联邦考古场所保护区,美国区域遗产保护的思想和方法在1930年代都逐渐走向成熟,天才的景观建筑师F. L. 奥姆斯特德在查尔斯顿保护规划中首先采用的许多调查方法现在已成为历史遗址调查中通行的方法。

1960年代之后,城市住宅需求的剧增、城市环境改善的要求使欧洲城市历史街区普遍承受着城市更新的历程。另一方面,现代主义设计思潮以新的建成环境的面貌代替了所谓的"陈旧风格",寻根意识成为了大众的普遍的心态,原来并不突出的普通社区忽然也变得似乎有了不寻常的价值。

1962年法国颁布了著名的《马尔罗法》,是历史上第一个文化遗产《保护区法》,它的制定基于这样一种观念:"有活力的城市地区必须以现有的城市状况为基础。"[②]这个法案的颁布具有划时代的意义,因为在历史保护规划的实际操作中,它第一次使明确界定一个保护区域成为可能。[③]

保护政策从此开始关注建筑的群体而非古迹个体、市镇景观构成和历史区域中的人类活动。而"保护"观念也由维持古迹状态基本不变到对变化的限制和管理——以地域为基础的保护必须承认保护区内不可避免的变化。早期的保护区法的一个重要问题是仍然经常将"古迹保护范围"的概念带到保护区中来,认为保护区是建筑物的集合体。如1967年英国的《城市舒适法案》(Civic Amenities Act, 1967)立法这样定义保护区:"被描述来保护或提升其品质的特殊建筑或建筑趣味特征的区域"[④]。在以后的保护和管理实践中,人们很快认识到保护区内容应包含自然环境、建成环境、人文环境的多重含义,美国的"历史性场所国家登录"给出了这样的定义:"历史地段是一个存在于城市或乡村的,规模尺度有大有小的区域,它以历史事件或规划建设中的美学价值将场地、建筑物、构筑物或其他实体联系起来,使各构成要素之间在意义上有凝聚性、关联性或延续性。"[⑤]

(3) 保护区的特殊身份

以区域为基础的遗产保护给"保护区"赋予了这样一种身份,即在一种开放的条件下,长期约束这个区域中的维护、更新和重建,并把区域中各要素作为一个整体对待[⑥]。对于城

---

① Philip Pregill, Nancy Volloman. Landscapes in History: Design and Planning in the Eastern and Western Traditions[M]. 2nd ed. New York: Van Nostrand Reinhold, 1999
② 周俭,张恺. 在城市上建造城市——法国城市历史遗产保护实践[M]. 北京:中国建筑工业出版社,2003
③ Spiro Kostof. The City Assembled[M]. London: Thames & Hudson, 1992
④ Steven Tiesdell, Taner Oc, Tim Heath. Revitalizing Historic Urban Quarters[M]. Oxford, GB: Architecture Press, 2001
⑤ Murtagh WJ. Keeping Time — The History and Theory of Preservation in America[M]. New Jersey: The Main Street Press, 1988
⑥ Ashworth GJ, Tunbridge JE. The Tourist-Historic City[M]. London: Belhaven Press, 1990

市文化遗产保护区的特殊身份,美国加州大学伯克利分校建筑系教授斯皮罗·克斯托夫(*Spiro Kostof*)的阐述具有一定的代表性:[1]

"有着来自国家政府背景的市镇管理者给予了城市的一个区域一个特殊的身份使那些历史的积淀作为一个整体被保护,而不是割离为一个个'重要'建筑。这种指定并不简单。它使得这块场地及其中数目巨大的建筑脱离了市场,或迫使它接受严格限制,这些限制规定了它做出变动的方式。这些在保护区域内对地产使用的限制引起了许多业主的麻烦,现在已经十分清楚了。在纽约有50个街区被要求保持其地标身份,总共包括20 000栋建筑。在强有力的地标保护委员会(Landmark Preservation Commission)手中,这批数量巨大的地产在土地用途的决定上扮演了一个关键的角色。该委员会能够冻结如上东区之类的头等城市用地的开发,而又不对它的决定的经济后果负责。"

这种指定的整体性忽略了区域中个别建筑的优缺点,并把过去认为的那些世俗的、关系到每天生活的建筑置于保护的控制与限制之中。这些受保护的建筑不是变成了博物馆,就是直接服务于与保护相关的遗产地旅游业,并由于它们的存在创造了多样的经济用途。[2] "保护区"的"对变化的限制和管理"首先表现为保护区管理内容涉及对公共甚至私人建设行为的制约;其次保护区管理手段的选择受到场地功能和区域发展目标的影响。

(4) 保护区的形成中规划改革的影响

在1960年代西方纷乱的城市改造以及现代主义城市规划造成的种种问题显现出来的时候,一些欧洲国家掀起了规划改革的潮流,即以强调人性化和场所感的规划来反对破坏城市肌理的大拆大建,保护区的设置被看作是这种规划理念的一种表达方式。

1930年代美国最初设立"公共历史街区"早期的目标之一就是不搞博物馆式保护,但要保护自然环境,尤其重要的是公共历史街区被作为有功能的、适宜居住的地段来考虑。在这一思路引导下,公共空间被转换成"具有家庭气氛"的城市公共空间。公共历史街区在当时代表了一种新的发展观念,即新的发展如何与老的结构相融合。[3]

在1960年代欧洲历史文化保护区的概念被引入城市规划时,也被政府作为安抚不动产拥有者、维护他们的财产稳定、确保他们舒适的生活环境的手段,在不动产拥有者的协助下,政府将文化风尚的导向引入"更新"而非"现代化"。在这种导向下,出现了私人赞助的保护基金会,在保护区规划中,也有专门的规划手段以达到一种被广泛认为的"舒适"的环境标准。尽管这些事实都表现了社会普遍存在的、对熟悉环境的快速消失的不安,但仍被看作"一种前所未见的整体性的保护被引入了规划过程"[4]。

(5) 保护区的形成和管理中的经济因素

直到1960年代保护区和历史城镇在西方仍被看作是无报酬的、耗资巨大的难题,产业所有者和政府都表示无力承担保护的代价。因此在1960年代经济高速发展时期许多历史区域消失在推土机之下,但也正是在这过程中,人们更确认了历史区域的价值。1970年代

---

[1] Spiro Kostof. The City Assembled[M]. London: Thames & Hudson, 1992
[2] Burtenshaw D, Bateman M, Ashworth GJ. The European City: A Western Perspective[M]. London: David Fulton Publisher, 1991
[3] Karolin Frank, Patricia Petersen. Historic Preservation in the USA[M]. Berlin: Springer, 2002
[4] Edward Hobson. Conservation and Planning: Changing Values in Policy and Practice[M]. London: Spon Press, 2004

后的经济大衰退时代,历史区域的拆除受到经济能力的阻碍,迫使人们开始寻求经济上有吸引力的保护手段;在将保护过程融入地方经济发展计划中,人们认识到仅仅保护特殊建筑或建筑趣味特征是保护的必需条件却不是保护的充分条件。保护与保存的观念因此也就扩展到对城市规划上的空间回应,当城镇景观与街区模式作为一个整体被确定为保护目标时,这就远比作为孤岛保存的古迹更能凸显场地功能、人口和社会组成,以及交通方式的重要性,尤其是当保护政策在1970年代演变成了一种控制和引导区域之间的竞争的工具。

由此可见"保护区"较之"古迹保护范围"在保护政策上的根本区别是:"古迹保护范围"的管理更集中于考虑场地的过去,更专注于形态风貌的相对稳定;而"保护区"更关注场地的未来,因为它必须参与和其他区域的竞争,更新和发展是必然的,"场地的发展又受到因保护趣味影响而制定的限制和控制规定。"它的管理目标应当是寻求变与不变之间的平衡点,以及如何在维护环境品质的同时利用自身的特点以获取竞争中的优势。

6.1.2 文化遗产保护区

如前所述,"保护区"是比"古迹保护范围"更完整、更全面的遗产保护方法,它综合场地有形和无形的遗产,将发展与保护相结合,是对遗产动态的保护和管理。文化遗产保护区是基于地域的文化遗产保护手段。

1) 我国当前的文化遗产保护区设置

我国现阶段的文化遗产保护区依据其保护对象尺度分为三类:

(1) 文物保护单位的保护范围,即具有历史、艺术、科学价值的古文化遗址、古墓葬、古建筑、石窟寺和石刻、壁画及其周边环境,与重大历史事件、革命运动或者著名人物有关的以及具有重要纪念意义、教育意义或者史料价值的近代现代重要史迹、实物、代表性建筑。(《文物保护法》第二条)

(2) 历史文化街区、村镇,其中包括历史文化城镇、街道、村庄。

(3) 历史文化名城。

2) 法国文化遗产保护区设置

作为一个拥有6 000万人口,每年游客数却超过7 000万的国家[①],法国的魅力就在于它遗产的多样性和文化的丰富性;而且在文化遗产的保护观念、方法上法国都代表了世界的主流意识。

法国的文化遗产保护由文化部负责,自然遗产由环境部自然与景观司负责,以建立"地方自然公园"体系的方式致力于保护以景观为主的地方遗产,每一个地方自然公园都围绕一个保护项目而设立,并制定"公园宪章"进行管理[②]。

法国的文化遗产保护区依据其保护对象的特征分为四类,如表6.1所示:

---

① 阿兰·马莱诺斯. 法国重现城市文化遗产价值的实践[M]//张恺. 圆明园遗址的保护和利用. 北京:中国林业出版社,2002年

② 张晓,郑玉歆. 中国自然文化遗产管理[M]. 北京:社会科学文献出版社,1997

表 6.1　法国的文化遗产保护区（建成环境遗产保护区）分类

序号	名称	内容	立法	管理机构
1	历史建筑的周边地区	列入保护名单的建筑周围500米范围内	《历史建筑保护法》1943年	历史建筑周边地区委员会
2	景观地	自然景观地和遗产地	《景观地保护法》1930年	景观地高级委员会
3	保护区	城市的历史街区	《马尔罗法》1962年	保护区委员会
4	建筑、城市和风景遗产保护区	较之1、2、3项更宽泛地解释了遗产内容，较之第1项从景观和自然环境角度更客观地界定了保护范围	《地方分权法》1983年	地方政府

资料来源：据周俭，张恺《在城市上建造城市——法国城市历史遗产保护实践》第38-39页有关资料整理。

1943年立法规定的历史建筑的周边500米的保护范围，近年来由于其刻板教条的规定已逐渐不再使用，而被"建筑、城市和风景遗产保护区"所取代，采用一种更客观的方法来确定保护范围。1930年的《景观地保护法》事实上是在《马尔罗法》产生之前第一个以场地（Site）为基础的保护法规，也是第一个不仅仅将单幢建筑作为保护对象的法律。景观地指的是"美学的、历史的、风景的或留下传说的、或留下人类杰出痕迹的地方，如圣米歇尔山、科西嘉岛"。《景观地保护法》既适用于城区也适用于郊区[①]。

1962年的《马尔罗法》将"保护区"界定为：该区域中存在的许多地点代表了"一种历史、美学或自然的特征，因而应当对其建筑整体的全部或其中一部分进行保留、修缮并重现其价值。"这种区域中的保护规划要点包括：保护规划图、组织城市要素的原则以及为保证对城市和建筑遗产的保护和重现其价值的工作而制定的规定。保护规划经城市规划管理部门、文化部和内务部签署后具有法律效用。而1983年立法规定的"建筑、城市和自然风景遗产保护区"则适用于遗产价值较弱的对象，更多地涉及自然与城市风景的内容[②]。

3）我国文化遗产保护区与法国相比较

我国和法国风土文化各不相同，但文化遗产的丰富多彩却很相似。比较两国文化遗产保护区方面的特征，可以看到我国的遗产保护存在以下缺点：

（1）我国文化遗产保护区类型的欠缺。

法国的文化遗产保护区又称"建成环境遗产保护区"，这反映了法国遗产的分类方式，即建成环境和自然环境，这点与我国类似。我国的独特的风景名胜地较之建成环境有太多自然的元素，而较之自然环境有太多人工的元素，欧美各国事实上没有完全能与之对应的遗产区域。法国含有文化遗产的风景地规模较小，如世界文化遗产圣米歇尔山，也是法国的景观地保护区，其小岛的周长才900米，仅相当于我国景点的规模。但我国许多自然与人文相结合的景点尚未有专项的保护法规，甚至尚未被承认为一种具有特殊价值和特征的

---

① 周俭，张恺. 在城市上建造城市——法国城市历史遗产保护实践[M]. 北京：中国建筑工业出版社，2003

② 阿兰·马莱诺斯. 法国重现城市文化遗产价值的实践[M]//张恺. 圆明园遗址的保护和利用. 北京：中国林业出版社，2002

遗产。

我国现阶段历史风景点的保护方法大致有以下四类：

① 若此历史风景点位于风景名胜区中，即与风景名胜区共同保护，这是能得到最佳保护的一种方式；

② 若此历史风景点位于城市，则作为历史街区中的一项名为"风景名胜"的内容予以保护，或作为城市公园的一个景点，或以文物保护单位的名义保护；

③ 若此历史风景点既不位于风景名胜区又不位于城市，但被文物部门列为文物古迹，则作为文物保护单位进行保护；

④ 若此历史风景点既不位于风景名胜区又不位于城市，也未被列为文物保护单位，那么它就得不到任何保护，而中国广大的乡村散落分布着不少这样的景点。

由于未设立"景观地"这一类保护风景点的专项保护区，即使受到保护的风景点也因其所处位置的不同而受到差别较大的对待，尤其是在城市中以历史街区中的元素来保护风景点更是无法涵盖风景名胜点的全部价值。

在文化景观保护区的建议中，"历史的设计景观"这一类型涵盖了历史风景点的大部分类型，但仍有部分历史风景点并没有人工的物质遗存，只有当地民众约定俗成的认识，如绍兴的"南洋秋泛"景点，对这一类型的历史风景点的保护方式有待继续研究。

(2) 我国缺乏对各类保护区的专门立法。

针对每一类型的保护区，法国都有关于此类型保护区的专项立法，专门的登录体系，分列入名单和补充名单二级管理，有利于针对每一类保护区的特征，有专门的法规来界定，分别以不同方式进行控制和管理。而我国只有一部《文物保护法》，管辖从"文物保护范围"到各类型的文化遗产保护区，难以起到有效的作用。事实上《文物保护法》除了对"文物保护范围"界定较明确外，对其他类型的文化遗产保护区均未作足够的说明。

因此我国现阶段各类型的文化遗产保护区的管理主要依赖各保护区制定的保护规划和某些地方法规，保护标准有很大差异。即使在保护区的合适规模这样的基本问题上，有的按照"视野所及风貌一致"来确定，有的按照"聚落结构的完整性"来确定，有的按照自然边界如河流、山脉等来确定，具有多重标准。确定保护区规模的问题既是一个技术问题也是一个认识问题。

我国历史文化遗产保护权威专家王景慧先生认为确定历史街区有三个具体标准，他提出的这三个标准也是当今我国确定历史文化保护区的一般做法。

① 有完整的历史风貌。有历史典型性和鲜明的特色，能够反映城市的历史面貌，代表城市的传统特色。

② 有真实的历史遗存。街区内的建筑、街道及院墙、驳岸等反映历史面貌的物质实体应是历史遗存的原物，不是仿古假造的。

③ 有一定规模，视野所及风貌一致。之所以强调有一定规模，是因为只有达到一定规模才能构成一种环境气氛，使人从中得到历史回归的感觉[①]。

以上三点可以归结为完整性和典型性、真实性与一定的规模尺度。其中第一条"完整性和典型性"是任何保护区必须具备的条件，因为保护区是基于"地域为基础的保护"而形

---

① 王景慧.历史街区:文化遗产保护的重点层次[J].瞭望,1997,51

成的保护方法,因此确定保护区范围应尽量维持其风貌的完整。第二条"真实性"基于保护理论中物质原真性的概念,这一条并不适用以判定我国传统的风景名胜景点的价值,如南京的鸡鸣寺,为城中的风景名胜景点,始建于六朝,历经兴毁,至 1980 年代经过"文革"洗劫的清末寺院建筑已基本被毁,完全无法作为寺院殿堂来使用,现在的寺院建筑完全为 1980 年代以后所建,按照"不是仿古假造"的原则,是无法被列入保护区的。第三条"视野所及风貌一致"表现的是一种形态学层面上的认识,以此确定文化遗产保护区的规模无法表达出对文化遗产价值的全面认识,基于地域的传统价值,社区中人与人的联系、人与环境的关系等内容不一定是完全和现存物质形态风貌完全一致的。

由此可见,没有确定的原则,保护规划就没有标准,我国必须尽快出台与历史文化街区、村镇、历史文化名城这样的保护区相对应的各类型保护区的相关法规。

(3) 我国缺乏针对各类保护区的专门的保护机构。

法国针对每一种类型的保护区设置专门机构的做法,有利于提高保护的技术水平,我国保护区各管理机构相互交叉,使得保护区划分方式相互矛盾——这在风景名胜区表现得格外明显;保护方法各不相同,如对于"文物保护范围"文物部门以"重点保护区域"和"建设控制地带"进行管理,而建设部门以"紫线"进行管理,"紫线"和"重点保护区域""建设控制地带"究竟是什么关系? 并不明确。因此法国针对不同类型的保护区设立专门的保护机构的做法是值得我国借鉴的。

综上所述,我国的文化遗产保护区建设目前急待解决的主要问题有:①完善保护区的类型和登录制度;②完善设立保护区的法律依据;③制定保护区内建设管理的相应法规。

4) 建议对我国的文化遗产保护区分类

首先根据联合国教科文组织的定义,文化景观属于文化遗产的范畴[①],因为二者之间事实上无法完全绝对地划分。通过本篇第一章和本章第一节的讨论,笔者拟将我国的文化遗产保护区分类建议(表 6.2)。

表 6.2 我国的文化遗产保护区管理分类

序号	类型	相当于我国当前遗产管理类型	建议制定相应保护区管理规章
1	历史的设计景观,即历史风景点保护区	传统寺观、私家或皇家园林等历史风景点	《历史风景点保护管理规定》
2	有机进化之残遗物(或化石)景观,即考古遗址保护区	大遗址	《考古遗址保护管理规定》
3	有机进化之持续性景观保护区	历史文化名城、名镇、名村和历史文化场所	《历史文化名城保护管理规定》《历史文化名村、名镇保护管理规定》《历史文化场所保护区管理规定》
4	基于传统审美意识的名胜地景观保护区	风景名胜区	《风景名胜区保护管理规定》

---

① 张松.历史城市保护学导论[M].上海:上海科学技术出版社,2001

6.2 自然保护区

6.2.1 自然保护区的产生

自然遗产的保护基于保护生物多样性的目标和就地保护的原则,一直采用了保护区的保护方式。出于娱乐或宗教的目的,自然保护区甚至是自古就存在的,如自然物朝拜处、狩猎保留地等;而现代意义的自然保护区出现于19世纪。

19世纪初,随着资本主义社会发展对自然环境造成的破坏和影响,大量野生动植物不断灭绝或濒危,许多生态系统变得十分脆弱。这引起了世界各国科学家的关注,保护自然的呼声在国际上愈来愈强烈。德国著名学者亚历山大·冯·洪堡(Alexander von Humboldt)首先提出应保护古树名木等天然纪念物,以保护自然界的名胜和独特的自然景观[1]。

1832年,在美国的阿肯色州建立了温泉保护地(Hot Springs Reservation),即今天的温泉国家公园。公园的土地是由美国政府从私人发展土地中划分出来的,面积最初约1000平方千米,是整个北美洲第一块这样保存的土地。这可谓世界上第一个现代意义的自然保护区。1872年,世界上第一个国家公园——美国黄石国家公园诞生。此后国家公园成为自然保护区的重要形式。

6.2.2 自然保护区设置的不同倾向

由于受到政治、经济和社会发展水平的影响,世界各国对自然保护区的认识也不尽相同,在名称、内涵、标准、管理机构等各方面都有很大差异。如在欧洲国家,由于土地有限,农业发展历史悠久,原始自然景观地越来越少,各国虽然也都相应建立了一些自然保护区,但许多与人们对自然保护区的一般理解——基本未经人类侵扰的原生态自然环境——并不相同,如法国常把景观优美的农、牧业用地也划为"地方自然公园"[2]。法国的自然保护区体系,即"地方自然公园",由7个国家公园、132个自然保留地、38个地方自然公园、2 600个保护区、5 000个遗址组成,构成自然遗产的保护网络[3]。

而非洲国家由于经济发展水平低,自然条件优越,仍存有大面积的原始森林,因此自然保护区主要面向原生态自然环境的保护。

北美一些国家与欧洲不同,由于人少地多,开发时间较晚,有大量的原始自然景观地,随着农牧业的发展、工业化的迅速推进,自然保护区从发展之初就是针对原生态自然环境的保护。美国的《原生态保护区法》将"原生态环境"定义为"人类只作造访者出现而未在此居留的地方",如美国国家森林体系中的"原生态级""野生态级""只能行驶独木舟级"都属于"原生态环境",《原生态保护区法》还规定"原生态环境保护区"的管理机构为农业部和国

---

[1] Thomas M Lekan. Imagining the Nation in Nature: Landscape Preservation and German Identity 1885—1945 [M]. Cambridge: Harvard University Press, 2004
[2] 杨锐. 试论世界国家公园运动的发展趋势[J]. 中国园林, 2003(7)
[3] 张晓,郑玉歆. 中国自然文化遗产管理[M]. 北京:社会科学文献出版社,1997

家森林管理局①。而著名的美国国家公园管理局负责管理其他的自然与文化遗产保护区,如国家公园、国家纪念地、国家保护区等20个类型的保护区,并向公众开放提供娱乐机会。

我国地大物博、历史悠久,既有原生态的自然保护区,如可可西里无人区,也有大量类似欧洲国家的风景优美的农牧业用地,更有大量已被人类侵扰的自然奇观、珍稀物种。我国的自然保护区主要基于保护对象的类型来设置,如地质遗迹类型保护区,野生、植动物类型保护区。

6.2.3 自然保护观念的变化与自然保护区设置

1) 从保护单一物种到保护生态多样性

1970年代是文化遗产保护区形成的年代,也是自然保护区建设观念的转折时期。这时科学家们意识到以某一类生物资源或某一濒危物种为对象的资源保护工作已不再能满足保护全球生物多样性的要求,他们将目光转向保护自然资源和物种赖以生存的生态系统和栖息地,呼吁各国政府在特有稀有物种、濒危物种、受危物种以及生态系统关键物种分布的地区和生物多样性的热点地区建立各种类型的自然保护区②。保护生物多样性理论给自然保护区带来的变化主要表现为:(1)保护区类型的多样化,由单一陆地保护走向陆地与海洋综合保护;(2)保护目标从保护自然的美学价值到保护生态系统和提供游憩机会。

2) 从单纯的自然保护到保护人地关系

传统的自然保护是和排斥保护区内居民传统的资源使用权联系在一起的。当一个区域设为保护区以后,生活在该区域内或附近的人们对资源的使用就要受到约束,有时还必须搬迁。1970年代开始,学者们发现自然保护区中居民对资源传统的使用方式通常是一种可持续利用资源的有效方法,是一种值得尊重的文化。加拿大政府在处理北极圈因纽特人的土地协议过程中,最早尝试了让原住民继续以传统的生活方式生活在保护区的保护政策,允许当地居民从事传统的渔猎活动③。

今天社区保护与自然保护共同建立保护区已成为主流意识,它表达了人类对待保护区的态度及方式上的根本性转变,即将人类看作是自然世界整体中的一部分而不仅仅是外部的观察者。

3) 从孤立的保护区到保护区网络、遗产廊道

自然保护区的稳定与其面积是一种正比关系,自然保护区面积越大则受保护的生态系统越稳定,其中的生物种群的生存越安全;然而人类生产、生活和发展的需求又使得保护区不可能无限扩大。老奥姆斯特德在城市公园规划中就已经注意到城市公园呈网络状分布,自然系统具有更强的生命力,这一理念1990年代后影响到自然保护区建设。动物的迁徙廊道,地形、地貌的延续性,都在保护区建设中得到重视,出现了遗产廊道、保护区网络等新型保护方法,自然保护区建设开始强调系统化。

以上这三种变化如今已日益成为自然和文化保护区设置中的共同趋势。

---

① 冯采芹,等. 国外园林法规的研究[M]. 北京:社会科学技术出版社,1991
② 蒋志刚,马克平,韩兴国. 保护生物学[M]. 杭州:浙江科学技术出版社,1997
③ 燕乃玲,吕恒,虞孝感,等. 世界保护区研究的新进展[J]. 农村生态环境,2003(3):49-52

6.2.4 我国的自然保护区体系及其管理体制[①]

1) 我国的自然保护区建设的过程与现状

1956年我国建立了第一个自然保护区——广东鼎湖山自然保护区,由此拉开了我国现代自然保护的序幕,这是一个森林类型的自然保护区。1956年10月,林业部提交了"林业部关于天然森林禁伐区(自然保护区)划定草案",提出了自然保护区的划定对象、划定办法和划定地区。1956年制定的全国科学技术规划第56项把自然保护和自然保护区的建立及其研究列为基础理论研究之一,并阐明天然森林禁伐区划定的原则,应以植被分布地带性及其区划所反映的自然递变规律为主,选择具有代表性的典型地区和特定的珍稀动植物分布所在地,划出禁伐区、禁猎区、禁猎禁伐区和自然植被保护区。1957年我国在福建万木林建立了自然保护区,第二年又在云南勐养、勐腊,黑龙江丰林建立了自然保护区。到1970年代末,我国共建立了48个自然保护区。这一阶段,我国的自然保护区类型较为单一,多为森林生态系统类型。

1980年代之后,随着我国政府和社会各界对生态环境日益重视,自然保护事业迅速发展。1980年9月,林业部在四川成都召开了"全国自然保护区区划工作会议",会议建议将全国自然保护区增加到300个,保护区总面积达到国土面积的1%。1982年,地质矿产部成立了水文工程地质司、环境地质处,负责地质类型的保护区工作。1984年,原农牧渔业部畜牧局成立草原处,负责草原自然保护区工作。1987年3月,国家海洋局成立管理监测司、资源综合管理处,负责海洋自然保护区工作。

1993年国家环保局批准了《自然保护区类型与级别划分原则(GB/T 14529-1993)》,并设为中国的国家标准。该分类根据自然保护区的保护对象,将自然保护区分为三个类别九个类型。到2015年,我国已按此原则,建立了2 729个不同级别的自然保护区,总面积147万平方千米,陆地的保护区面积约占陆地国土面积的14.84%。我国自然保护区体系的特点是面积小的保护区多,超过10万公顷的保护区不到50个;保护区管理多元化;多数保护区管理级别低,县市级保护区数量占46%,面积占50.3%(表6.3)。

表6.3 我国保护区类型、数量和面积

类 别	类 型	数量(个)	面积(公顷)
自然生态系统类	森林生态系统类型	769	2 245.08
	草原与草甸生态系统类型	33	350.56
	荒漠生态系统类型	20	3 623.85

[①] 6.2.4小节:我国的自然保护区体系及其管理体制内容资料主要来源于以下参考文献:
国家环境保护总局网站,http://www.zhb.gov.cn/
国家林业局野生动植物保护司. 中国自然保护发展简史. www.ecotourism.org.hk/other files/
中国自然保护区网. http://www.nre.cn/htm
保护中国的生物多样性. http://www.chinabiodiversity.com/index.shtm。
解焱,汪松,Peter Schei. 中国的保护地[M]. 北京:清华大学出版社,2004
王献溥,崔国发编. 自然保护区建设与管理[M]. 北京:化学工业出版社,2003
IUCN-世界自然保护联盟通讯. 1~27期. http://www.wwfchina.org/csis/iucn/index-cn.htm
燕乃玲,吕恒,虞孝感,等. 世界保护区研究的新进展[J]. 农村生态环境. 2003(3):49-52

(续表)

类别	类型	数量(个)	面积(公顷)
自然生态系统类	内陆湿地和水域生态系统类型	137	2 160.66
	海洋和海岸生态系统类型	40	100.75
野生生物类	野生动物类型	325	4 149.75
	野生植物类型	111	212.99
自然遗迹类	地质遗迹类型	90	109.61
	古生物遗迹类型	28	35.74

数据来源：国家环境保护总局自然生态保护司(SEPA)，2002年。

2) 我国自然保护的立法框架

我国现有自然资源及自然保护区法规主要有国家法律、行政法规和国际条约三种类型。

国家法律主要包括《中华人民共和国环境保护法》《中华人民共和国森林法》《中华人民共和国草原法》《中华人民共和国水土保持法》等。

行政法规主要包括《中华人民共和国自然保护区条例》《自然保护区土地管理办法》《风景名胜区暂行条例》《森林公园管理办法》《自然保护区等级和类别划分原则》《地质遗迹保护管理规定》《海洋自然保护区管理办法》等。其主要特点如下(表6.4)：

表6.4 中国主要的自然保护区法规

时间	名称	颁布者	主要作用	相关网址
1982年(1999年修订)	《中华人民共和国海洋环境保护法》	全国人民代表大会常务委员会	第二十一条 国务院有关部门和沿海省级人民政府应当根据保护海洋生态的需要，选划、建立海洋自然保护区	http://www.soa.gov.cn/zwgk/fwjgwywj/shfl/201211/t20121105_5202.html
1984年(1998年修订)	《中华人民共和国森林法》	全国人民代表大会常务委员会	第二十四条 国务院林业主管部门和省、自治区、直辖市人民政府，应当在不同自然地带的典型森林生态地区、珍贵动物和植物生长繁殖的林区、天然热带雨林区和具有特殊保护价值的其他天然林区，划定自然保护区，加强保护管理。自然保护区的管理办法，由国务院林业主管部门制定，报国务院批准施行。对自然保护区以外的珍贵树木和林区内具有特殊价值的植物资源，应当认真保护；未经省、自治区、直辖市林业主管部门批准，不得采伐和采集	http://www.gov.cn/banshi/2005-09/13/content_68753.htm

(续表)

时间	名称	颁布者	主要作用	相关网址
1985年 (2013年修订)	《中华人民共和国草原法》	全国人民代表大会常务委员会	第四十三条 国务院草原行政主管部门或者省、自治区、直辖市人民政府可以按照自然保护区管理的有关规定在下列地区建立草原自然保护区:(一)具有代表性的草原类型;(二)珍稀濒危野生动植物分布区;(三)具有重要生态功能和经济科研价值的草原	http://www.legalinfo.gov.cn/index/content/2013-12/03/content_5081491.htm
1986年 (1996年修订)	《中华人民共和国矿产资源法》	全国人民代表大会常务委员会	第二十条 非经国务院授权的有关主管部门同意,不得在下列地区开采矿产资源:(五)国家划定的自然保护区、重要风景区,国家重点保护的不能移动的历史文物和名胜古迹所在地	http://www.mlr.gov.cn/zwgk/flfg/kczyflfg/200406/t20040625_292.htm
1988年 (2004年修订)	《中华人民共和国野生动物保护法》	全国人民代表大会常务委员会	第十条 国务院野生动物行政主管部门和省、自治区、直辖市政府,应当在国家和地方重点保护野生动物的主要生息繁衍的地区和水域,划定自然保护区,加强对国家和地方重点保护野生动物及其生存环境的保护管理。自然保护区的划定和管理,按照国务院有关规定办理 第二十条 在自然保护区、禁猎区和禁猎期内,禁止猎捕和其他妨碍野生动物生息繁衍的活动。禁猎区和禁猎期以及禁止使用的猎捕工具和方法,由县级以上政府或者其野生动物行政主管部门规定 第三十四条 违反本法规定,在自然保护区、禁猎区破坏国家或者地方重点保护野生动物主要生息繁衍场所的,由野生动物行政主管部门责令停止破坏行为,限期恢复原状,处以罚款	http://news.xinhuanet.com/zhengfu/2004-08/30/content_1925402.htm
1989年 (2014年修订)	《中华人民共和国环境保护法》	全国人民代表大会常务委员会	第二条 本法所称环境,是指影响人类生存和发展的各种天然的和经过人工改造的自然因素的总体,包括大气、水、海洋、土地、矿藏、森林、草原、湿地、野生生物、自然遗迹、人文遗迹、自然保护区、风景名胜区、城市和乡村等	http://www.mep.gov.cn/ztbd/rdzl/2010sdn/zcfg/201001/t20100113_184209.htm

(续表)

时间	名称	颁布者	主要作用	相关网址
1994年	《中华人民共和国自然保护区条例》	国务院	除了《全国生态环境保护纲要》《风景名胜区暂行条例》以外,以下各法规都以《条例》为根据	http://www.forestry.gov.cn/DB/zcfg/slss.asp?id=36
1985年	《风景名胜区暂行条例》(已废止)	国务院	具有风景和历史趣味的国家公园的保护管理规定	http://www.cin.gov.cn/law/admin/2000111008.htm
1992年	《中华人民共和国陆生野生动物保护实施条例》	国务院	第三十六条 违反野生动物保护法规,在自然保护区、禁猎区破坏国家或者地方重点保护野生动物主要生息繁衍场所,依照《野生动物保护法》第三十四条的规定处以罚款的,按照相当于恢复原状所需费用3倍以下的标准执行。在自然保护区、禁猎区破坏非国家或者地方重点保护野生动物主要生息繁衍场所的,由野生动物行政主管部门责令停止破坏行为,限期恢复原状,并处以恢复原状所需费用2倍以下的罚款	http://www.forestry.gov.cn/xby/1277/content-126965.html
1993年	《森林公园管理办法》	林业部	为了合理利用森林风景资源,发展森林旅游而制定的森林公园分级、保护和管理办法	http://www.chinafpark.net/flfg/more.aspx?id=19
1994年	《地质遗迹保护管理规定》	地质矿产部	规范地质遗迹保护区的分级标准、保护目标和管理措施	http://www.ptztb.gov.cn/bulletin/bulletin_1209.htm
1995年	《海洋自然保护区管理办法》	国家科委批准由国家海洋局公布施行	以海洋自然环境和资源保护为目的,依法将一定面积的海岸、河口、岛屿、湿地或海域划分出来,进行特殊保护和管理的办法	http://www.soa.gov.cn/hyhb/30122.htm
1995年	《自然保护区土地管理办法》	国家土地管理局、国家环境保护局	关于自然保护区土地管理办法的规定	http://www.sangzhi.gov.cn/zfbm/guotuoj/zrbhq.htm
1993年	《自然保护区等级和类别划分原则》	国家环境保护局	根据我国自然保护区的保护对象,将自然保护区分为三个类别九个类型	国家环保总局(SEPA)制定的国家标准GB/T 14529—1993
1996年	《中华人民共和国野生植物保护条例》	国务院	第十一条 在国家重点保护野生植物物种和地方重点保护野生植物物种的天然集中分布区域,应当依照有关法律、行政法规的规定,建立自然保护区……	http://www.forestry.gov.cn/jsxh/3477/content-537529.html

(续表)

时间	名称	颁布者	主要作用	相关网址
2000 年	《全国生态环境保护纲要》	国务院	对重要的生态功能区的生态环境进行保护	http://www.people.com.cn/GB/channel1/907/20001222/358911.html
2001 年	《中华人民共和国防沙治沙法》	全国人民代表大会常务委员会	第三十五条 因保护生态的特殊要求,将治理后的土地批准划为自然保护区或者沙化土地封禁保护区的,批准机关应当给予治理者合理的经济补偿	http://www.forestry.gov.cn/jsxh/3477/content-537524.html
2002 年	《国家级自然保护区总体规划大纲》	国家环境保护总局	规范和指导国家级自然保护区的总体规划编制工作	http://www.zhb.gov.cn/info/gw/huanban/200206/t20020626_83056.htm
2004 年	《水利风景区管理办法》	水利部	对为利用水利风景资源,保护水资源和生态环境而设立的水利风景区的设立、规划、建设、管理和保护的规定	http://www.fawang.cn/lawdetail.asp?id=96
2006 年	《风景名胜区条例》	国务院	第七条 设立风景名胜区,应当有利于保护和合理利用风景名胜资源。新设立的风景名胜区与自然保护区不得重合或者交叉;已设立的风景名胜区与自然保护区重合或者交叉的,风景名胜区规划与自然保护区规划应当相协调	http://www.gov.cn/zwgk/2006-09/29/content_402732.htm
2010 年	《古生物化石保护条例》	国务院	第六条 国务院国土资源主管部门负责组织成立国家古生物化石专家委员会。国家古生物化石专家委员会由国务院有关部门和中国古生物学会推荐的专家组成,承担重点保护古生物化石名录的拟定、国家级古生物化石自然保护区建立的咨询、古生物化石发掘申请的评审、重点保护古生物化石进出境的鉴定等工作,具体办法由国务院国土资源主管部门制定 第八条 重点保护古生物化石集中的区域,应当建立国家级古生物化石自然保护区;一般保护古生物化石集中的区域,同时该区域已经发现重点保护古生物化石的,应当建立地方级古生物化石自然保护区。建立古生物化石自然保护区的程序,依照《中华人民共和国自然保护区条例》的规定执行	http://www.gov.cn/zwgk/2010-09/10/content_1699800.htm

(续表)

时间	名称	颁布者	主要作用	相关网址
2013年	《国家级自然保护区调整管理规定》	国务院	严格、科学、规范的自然保护区范围和功能,为严格保护制度,建立空间规划体系,划定生产、生活、生态空间开发管制界限,落实用途管制提供依据	http://www.gov.cn/zwgk/2013-12/11/content_2545993.htm
2015年	《关于进一步加强涉及自然保护区开发建设活动监督管理的通知》	环境保护部、国家发展和改革委员会、财政部、国土资源部、住房和城乡建设部等	加强和完善对自然保护区开发建设活动的管理和监督	http://www.mep.gov.cn/gkml/hbb/bwj/201505/t20150518_301835.htm

如上表所示,我国的保护地法规多为在《中华人民共和国自然保护区条例》的原则下对特定资源类型如森林、草原等进行保护管理的法规,而《风景名胜区暂行条例》则表达出了一种特别的分类方式——不基于科学而基于人们的趣味(interest),其中的资源在类型上是综合的。

国际条约和宪章对中国自然保护的影响更多地体现在观念和方法上。

为了解决我们当今世界所面临的最重要的问题之一——如何才能把生物多样性和生物资源的保护同它们的可持续利用很好地结合起来? 1970年代科学家们提出了一个新的、向人开放的资源保护与管理的基地的概念,这就是"人与生物圈计划(MAB)",由联合国教科文组织在全球实施。我国于1993年加入人与生物圈计划保护网,到2003年我国已有长白山、卧龙、鼎湖山等23个自然保护区被联合国教科文组织批准列入"国际人与生物圈保护区网络"。生物圈内的功能被划分成三个区:核心区、缓冲带和过渡区。我国的《自然保护区等级和类别划分原则》明显受到了生物圈理论的影响。

1984年10月,世界自然保护联盟(IUCN)接纳中国野生动物保护协会为它的非政府团体。自此以后,随着交流的深入,IUCN在中国进行了大量工作,资助了中国保护地的基础研究项目,宣传和介绍了IUCN保护分类系统的功能和意义,促进了中国自然保护理念与方法和世界的接轨。

1992年我国签署了《关于特别是作为水禽栖息地的国际重要湿地公约》(RAMSAR,1971),又称为《拉姆萨公约》。同年,吉林向海、黑龙江扎龙、江西鄱阳湖、湖南东洞庭湖、海南东寨港和青海青海湖鸟岛自然保护区列入《国际重要湿地名录》。中国湿地类型多样,分布广泛,共有滨海、河流、湖泊、沼泽、库塘等湿地五类二十八型,是世界上湿地类型最丰富的国家之一。签署《拉姆萨湿地公约》后,我国认识到了这一类型资源的意义,加大了湿地保护的力度,至2009年,中国列入《国际重要湿地名录》的湿地已达36处,总面积380万公顷。

《世界遗产公约》保护具有突出的普遍价值的文化和自然遗产——王冠上的宝石,即具有杰出的价值,随着人与环境之间的联系得到了更广泛的认可,自然和文化双重的遗产地和文化景观的数量大量增加,自1985年我国加入《世界遗产公约》以来至2015年底,共有黄龙、九寨沟、武陵源和三江并流等十个项目列入世界自然遗产地,泰山等四个项目列入双重遗产地和一个文化景观遗产地——庐山。

1993年我国批准加入了《生物多样性保护公约》,该公约强调了就地保护的观念,要求缔约国建立保护生物多样性和生态系统功能的保护区,防止引进、控制清除那些有威胁的外来物种。我国政府为履行公约,编制了《中国生物多样性保护行动计划》和《中国生物多样性国别研究报告》,对中国生物多样性资源及其价值进行了全面的评估,列出了受威胁的动植物名录,提出了加强生物多样性保护国家能力建设和生物资源可持续利用的政策建议。

此外我国还签署了《野生动物迁徙物种保护公约》《濒危野生动植物国际贸易公约》《京都议定书》等国际条约和协定。

3) 我国的自然保护区管理:方法、体制、经费和问题

(1) 保护方法

我国将自然保护区内部划分成核心区、缓冲区、实验区和外围保护区四个部分,分别以不同的控制力度进行保护。

核心区面积一般不得小于自然保护区总面积的三分之一,核心区内严禁一切人为的干预措施。缓冲区是指在核心区外围为保护、防止和减缓外界对核心区造成影响和干扰所划出的区域,允许进行非破坏性的科学研究活动。实验区允许进行科学研究、大众宣传教育、旅游甚至饲养稀有或受威胁的物种。外围保护区是一个多用途的地区,可以进行生产活动、小规模定居和游览。

(2) 管理体制

《自然保护区条例》第八条规定了国家对自然保护区实行综合管理与分部门管理相结合的管理体制。国务院环境保护行政主管部门负责全国自然保护区的综合管理。国务院林业、农业、地质矿产、水利、海洋等有关行政主管部门在各自的职责范围内,主管有关的自然保护区。

(3) 经费来源

国家财政每年为自然保护区提供数千万元经费费用,226个国家级自然保护区有资格由当地提出申请,通过审核,大约有30个左右的保护区能各自得到100万元左右的经费。此外保护经费就靠地方政府拨款、旅游收入。

一些国际组织如世界自然基金会(WWF)、保护国际(CI)、世界自然保护联盟(IUCN)、美国大自然保护协会(TNC)等也会资助某些保护项目。

我国的自然保护区建设经费,来自中央主管部门和地方政府的占59.26%,其他来源所占比例较高,自筹资金(包括银行贷款占11%以上)占39%。私人方面对保护区的关注还不够,平均资助仅占保护区平均经费的1.66%。但在一些局部地区,情况也会有所不同,如在西藏的自然保护区来自民间的资金占保护区经费的34.02%。

(4) 问题与前景

《中华人民共和国自然保护区条例》第二条对我国的自然保护区(Natural Reserve)的定义为:"自然保护区,是指对有代表性的自然生态系统、珍稀濒危野生植物物种的天然集中分布区、有特殊意义的自然遗迹等保护对象所在的陆地、陆地水体或者海域,依法划出一定面积予以特殊保护和管理的区域。"

世界自然保护联盟(IUCN)的国家公园与保护区委员会(CNPPA),在1992年2月在委内瑞拉加拉加斯召开的第四届国家公园和保护地国际会议的分类研讨会上,对保护区(protected area)作出如下定义:"它是致力于生物多样性,自然及其相关文化资源的保护和维持,并通过立法和其他有效手段进行管理的陆地和海域。"

比较上述概念可以发现,我国的自然保护区着重阐述的是各种类型自然资源的地域,并由此导入了我国的自然保护区分类体系,与此相关的我国的保护区立法也是根据资源分类分别立法。但在实际操作中,几乎没有单一资源的保护区,虽然可能在某些地域某一类型资源的价值格外明显,但在更多情况下,不同的资源区域是相互重叠的;而且由于按资源分类立法分类管理,导致参与我国自然保护区管理的部门多达十余个,难以形成真正有效的管理(图6.1)。

另外这个自然保护区的定义没有涉及任何文化资源因素,但我国实际未经人类扰动的自然区域已十分罕见,大部分我国的自然保护区都有或多或少的人类活动,人与保护区的关系是一个无法回避的问题。这些因素导致了我国的自然保护法规难以起到充分的作用。

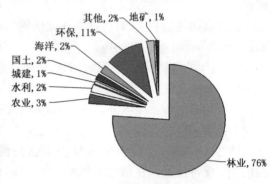

图6.1 各部门负责管理的保护区所占比例

而IUCN的保护区概念不是个纯粹的自然环境,其中可以包含人的活动。1994年国家公园和保护区委员会的"保护区管理类型指南"将这个保护区体系的类型按管理目标最后确定为六种(表6.5)

表6.5 IUCN保护地类型

类型	名称	保护目标
Ⅰ	严格保护地(其中包括严格的自然保护地Ⅰa和荒地保护地Ⅰb)	主要用于科学研究和进行荒地保护的保护地
Ⅱ	生态系统的保护和重建(即国家公园)	主要进行生态系统的保护和重建
Ⅲ	自然景观的保护(即自然遗迹)	主要保护独特的自然特性
Ⅳ	积极管理的保护地(即栖息地和物种保护地)	保护地主要通过积极干预进行保护
Ⅴ	陆地景观及海洋景观的保护和重建(即陆地景观及海洋景观保护地)	主要以陆地景观及海洋景观的保护和重建为目的
Ⅵ	自然生态系统的可持续利用(即资源保护地)	主要以自然生态系统的可持续利用为目的

与此相对应的管理目标如(表6.6)

表 6.6　IUCN 保护地管理类型

管理目标	Ⅰa	Ⅰb	Ⅱ	Ⅲ	Ⅳ	Ⅴ	Ⅵ
科学研究	1	3	2	2	2	2	3
荒地保护	2	1	2	3	3	—	2
物种和遗传多样的保护	1	2	1	1	1	2	1
环境设施的维护	2	1	1	—	1	2	1
独特的自然和人文景观的保护	—	—	2	1	3	1	3
旅游和重建	—	2	1	1	3	1	3
教育	—	—	2	2	2	2	3
自然生态系统中资源的可持续利用	—	3	3	—	2	2	1
文化和传统习俗的保护	—	—	—	—	—	1	2

注："1"表示首要目的；"2"表示次要目的；"3"表示潜在的可利用目的；"—"表示不可利用。

这个保护地体系是经过世界许多科学家多年研究到目前为止形成的一个较为成熟的体系。它的优点在于它超越了保护地内部资源千差万别的实际状况，也超越了人们主观的对不同的保护地重要性的设定（如我国常规定的国家级、省级、市县级自然保护区），它根据保护地实际的功能状况和自然生态维护要求确定保护目标，以管理手段达到目标。

IUCN 建议中国参照这个保护地体系建立统一的中国保护地管理体系，并制定相应的法规和设立专门的管理机构。根据 IUCN 专家的意见，我国现有的保护区类型与 IUCN 的保护地类型的大致相当关系如下（表 6.7）。

表 6.7　IUCN 保护地管理体系与中国现有自然保护区对应表

中国现有的自然保护区类型	IUCN 保护地管理类型
大部分的国家级自然保护区	Ⅰ严格保护地或Ⅱ国家公园
地方级自然保护区	Ⅳ栖息地和物种保护地、Ⅴ陆地景观及海洋景观保护地或Ⅵ资源保护地
风景名胜区	Ⅱ国家公园
森林公园	Ⅱ国家公园
地质公园	Ⅱ国家公园或Ⅲ自然遗迹
水利风景区	Ⅱ国家公园
湿地公园	Ⅱ国家公园
海岸公园（拟建中）	Ⅱ国家公园
自然遗迹	Ⅲ自然遗迹
海洋保护区	Ⅵ资源保护地或Ⅴ陆地景观及海洋景观保护地
禁伐/禁猎禁牧/禁渔区	Ⅵ资源保护地
生态功能区	Ⅵ资源保护地
农田保护区	Ⅵ资源保护地

根据上表,我们可以依据 IUCN 的保护地分类原则将我国的自然保护区分为以下七种类型(表6.8):

表 6.8 对上表中"自然资源保护区"的详细说明

名称	保护目标	相当于我实国现有的自然保护区类型及例子	相当于 IUCN 管理类别
(1)严格自然保护区	尽可能使保护地的栖息地、生态系统以及物种免受干扰,维持遗传资源的动态和进化的状态,维持生态过程,允许非破坏性的科学研究	相当于我国现在的国家森林生态系统类型的自然保护区,含核心区,如长白山、鼎湖山、佛坪	Ⅰa
(2)原野保护地	保护没有永久的或明显的人类居住,未经改造或改造轻微的大面积陆地和海域,保持其自然的特征和影响;使当地居民人口处于低密度状态,并使他们的生活方式与可获得的资源处于平衡状态	相当于我国现在的国家大草原和草地生态系统或沙漠生态系统的自然保护区,含缓冲地带,如羌塘、可可西里	Ⅰb
(3)国家公园	保护在精神、科学、教育、娱乐以及旅游等方面具有国内和国际显著意义的自然和风景区;应考虑当地居民包括生计所需资源利用等方面的需求,同时保证这些并不影响其他管理目的的实现	相当于我国现在某些被列为风景名胜区的大型自然遗产,如三江并流	Ⅱ
(4)自然纪念物	保护因其固有的稀有性、代表性、美学或文化意义而具有突出的或独一无二的价值的地区;为研究、教育、阐释和公众欣赏提供机会;提供给当地居民的利益应与其他目标保持一致,保证资源的可持续利用	相当于我国现在的自然纪念物类型的自然保护区,如河源恐龙博物馆、五大连池、青龙山	Ⅲ
(5)栖息地和物种管理地	通过特殊的人为干预,维持保护特殊物种所需的栖息地条件、生物群落或周围自然面貌;提供给当地居民的利益应与其他目标保持一致,并保证资源的可持续利用	相当于我国现在的森林生态系统和野生生物类型的自然保护区,如大田坡鹿自然保护区、大丰麋鹿自然保护区	Ⅳ
(6)陆地/海洋景观保护地	通过保护陆地景观及海洋景观,保持人文和自然之间和谐的相互关系,维护传统的土地利用模式和文化实践;保护陆地景观、海洋景观、栖息地、相关物种及生态系统的多样性;提供给当地居民的利益应与其他目标保持一致,并保证资源的可持续利用	相当于我国现在的许多目前的森林公园和生态功能区,目前保护区的"周边地带",如香山	Ⅴ
(7)生态功能保护区/资源保护地	以保护未经改造的自然系统为主,长期保护和维持生物多样性和生态功能,同时为满足社区的需要,可持续性地提供产品和生态服务功能;其中可能包含传统的文化变迁、生产方式等内容,也将作为一类保护对象	相当于我国现在所有生态系统类型的自然保护区,含实验区,部分的森林公园、海洋公园、湿地公园、社区保护地,如熊猫走廊、遗产运河	Ⅵ

资料来源:参见解焱,汪松,Peter Schei 主编的《中国的保护地》,清华大学出版社 2004 年 10 月出版,第124页;以及笔者整理的相关内容。

保护地体系的建议是一个系统的规划,它涉及国家资源的管理战略,保护资金的获得和分配,各部门间的协调,保护地居民的生产、生活和利益,公众的理解和支持等许多问题。由于 IUCN 的保护地分类原则是主要基于管理上的要求而非资源类型,便于我国的自然保护区在分类方式上与国际接轨,汲取国际自然保护区管理的先进经验。

综上所述,我们可以看到,遗产保护区的设置观念和管理手段在遗产保护兴起近百年的时间里,尤其是 20 世纪下半叶有了长足的发展。主要表现在以下几个方面:

(1) 从保护著名的纪念物到保护"由于时间流逝而获得意义"的环境,以地域为基础的保护逐渐形成,保护区类型不断扩展完善,从划定保护区进行保护到突破小范围的保护区进行大尺度遗产区域保护;

(2) 从保护遗产美学价值到保护文化、环境的多样性,1996 年联合国教科文组织的《世界遗产保护操作指南》中指出:除非特殊情况,美学条件不能单独作为列入世界遗产名录的标准,一种濒危的物种,其价值可能远远超过一道壮丽的风景[①];

(3) 从保护具体的物质对象到人、地关系的保护;

(4) 自然保护的观念和管理方法全面渗透到文化遗产保护区的管理之中;

(5) 从单纯的保护到区域的复兴、将遗产保护与发展策略相结合。

笔者在分析了国际保护区建设与管理的经验以及我国自然与文化保护区设置与管理的问题之后,参照有关研究成果和国外经验,初步提出了我国自然与文化保护区分类的建议。

6.3 超越保护区——保护地群:遗产廊道(Heritage Corridor)、文化线路(Cultural Routes)和国家遗产区域(Heritage Area)

6.3.1 富有历史文化遗产的绿带——遗产廊道(Heritage Corridor)

1) 遗产廊道的来源

遗产廊道的概念是在以地域为基础的保护实践发展和绿带规划理论成熟的基础上发展起来的。

绿带(Greenbelt)的概念是由 William Whyte 在他的著作《使美国城市的开放空间安全起来》一书中于 1950 年代首先提出的[②],尽管没有使用这个词,绿带规划在 19 世纪末的美国已经兴起,以老奥姆斯特德的名为"波士顿蓝宝石项链"的波士顿公园系统规划为代表。20 世纪上半叶,以查尔斯·埃利奥特和小奥姆斯特德为代表的一些景观建筑师继续了绿带规划的实践。二战之后,菲利普·路易斯和 L. 麦克哈格扩展了绿带规划思想,将自然过程引导土地开发的思想导入绿带规划。菲利普·路易斯则发现了河流作为生态和景观走廊的重要意义,他是第一位以环境廊道保护带为核心进行规划的设计师。

如今绿带涵盖了如保护重要的生态系统、为野生动物提供迁徙走道、维持生物多样性、

---

① 俞孔坚.世界遗产概念挑战中国:第 28 届世界遗产大会有感[J].中国园林,2004(11):68-70
② William Whyte. Securing Open Space for Urban America:Conservation Easements[M]. Washington, D. C.:Urban Land Institute, 1959

提供游憩资源、保护历史文化遗产等多重目标,遗产廊道的思想正是建立在这个理论基础上。1984年美国国会立法指定了第一条国家遗产廊道——伊利诺斯与密歇根运河。这条遗产廊道无论是在遗产保护还是旅游经济发展上都取得了很大成功。此后,更多的国家遗产区域和遗产廊道出现在了美国历史场所保护登记名单上[①]。

由于江河等带状走廊多数是湿地和湿地系统所在位置,同时又大多是文明发祥和繁盛之地,因此遗产廊道多为综合性的自然和文化景观,具有很高的游赏价值。随着对大尺度景观价值的认识,绿带和遗产廊道逐步成为开放空间规划和遗产保护的重要方法。

2)遗产廊道的特点

绿带从理论上来说主要有三种类型,但实际情况中它们往往是相互叠压的:(1)有生态作用的廊道和自然系统;(2)娱乐性绿带,通常在水域、游览路和风景旁边;(3)富有历史文化遗产的绿带[②]。

遗产廊道作为"富有历史文化遗产的绿带"被定义为"拥有特殊文化资源集合的线性景观,通常带来明显的经济中心、蓬勃发展的旅游、老建筑的适应性再利用、娱乐及环境改善。"[③]这个定义中包含了文化、经济、生态的内容,因此遗产廊道被看作是一种多目标、区域化的保护方法,它将本来呈破碎状态的动植物栖息地、湿地、河流和其他生态上重要的区域同文化遗产和乡土文化景观一起通过连续的廊道连接和保护起来,进行整体性的解说和展示,以叙说地方传奇的方式组织户外游憩活动,将遗产保护与游憩、生态保护和地方经济发展等多目标相结合[④]。

3)遗产廊道保护规划的特点

遗产廊道是大尺度景观遗产地的概念,有的甚至跨越数国国界。建立廊道的根本目标是在相对孤立的栖息地斑块之间建立联系以对抗景观破碎化,增进物种间的流动,以保护生物多样性[⑤]。当这个概念被引入文化遗产保护,增加了历史传奇的线索时,遗产廊道的规划和保护内容因此既要考虑物种间辐射、联系的通道,如动物迁徙线路;又要考虑文化遗产间的联系,如庙宇和朝圣之路的关系。

这种类型遗产保护的方法完全依赖于对遗产特征与价值的准确分析与把握来做出相应的决策。绿带及遗产廊道的规划方法是由麦克哈格创立的,他在每张图纸上把不同的风景特征用数值标注出来,然后叠加所有这些图纸,合成的图纸就具有保存、保护、开发和娱乐适应性的相关信息指数[⑥]。再根据这些条件决定每块土地的保护方式和开发力度,确定合适的开发力度是遗产廊道土地利用规划的关键。

---

① 李伟.介绍一部大尺度文化遗产保护管理方面的国际文献——美国的《遗产合作伙伴法(草案)》[N].中国文物报,2006-08-09

② [美]朱利叶斯·G.布法士,S.兰莘.美国马萨诸塞大学风景园林及绿脉规划的成就(1970—)[J].付晓渝,刘晓明,译.中国园林,2005(6):5

③ 李让.遗产廊道为大运河文化遗产整体保护提供新思路——访北京大学景观设计学院院长俞孔坚教授[N].中国文物报,2004-06-11

④ 俞孔坚,李伟,李迪华,等.快速城市化地区遗产廊道适宜性分析方法探讨——以台州市为例[J].地理研究,2005(1)

⑤ 俞孔坚,李迪华,段铁武.生物多样性保护的景观规划途径[J].生物多样性,1998(6)

⑥ [美]朱利叶斯·G.布法士,S.兰莘.美国马萨诸塞大学风景园林及绿脉规划的成就(1970—)[J].付晓渝,刘晓明,译.中国园林,2005(6):3

美国遗产廊道保护规划由四个部分构成①：

(1) 绿色廊道规划，由三部分组成：

① 构筑连续的绿地系统并使沿廊道散布的文化遗产形成统一连续的背景；

② 对保持生物多样性及廊道连通性最关键的地区或者是最脆弱的地区、遗产节点附近的区域实施重点保护；

③ 对植被结构以"保育""放任"或"更替"的方式给予保护或修复。

(2) 游步道规划，主要规划三项内容：

① 现已不再发挥原有功能的历史性路径的保护，如历史上的公路、铁路等，在这种情况下，规划重点是让其重新使用。

② 连接廊道内各重要组成部分的游道，廊道中原有各种路径若不连成一体，这种情况下，设计工作的重点就是怎样将它们联为一体；若没有任何先前遗留的路径，这种情况较为特殊，设计的重点就是设计出合理的路径；在一般情况下，应尽可能地运用历史上既存的路径，需要修补的部分应充分考虑周围的生态条件。

③ 遗产廊道与周围区域之间必要的慢速连接交通线路。

(3) 具体文化资源的保护规划。

(4) 解说系统规划，帮助访客阅读遗产廊道。

针对我国的遗产廊道保护的规划方法，俞孔坚先生认为有两个层次：

① 制定遗产廊道宏观尺度上的保护战略，如遗产廊道范围的确定、区域内遗产元素的判别、廊道遗产元素空间关系的整合等；

② 制定遗产元素设计保护导则。②

4) 遗产廊道管理的特点

遗产廊道的范围经常跨越行政界线，给其管理带来一定难度，美国的遗产廊道的管理体系分为三个层次：③

(1) 国家公园管理局(NPS)是最高的监督和管理支持机构，在十年的时间内，NPS 负责为遗产廊道提供技术和资金支持。

(2) 遗产廊道主要的管理机构应是一个联邦、州立或县级政府机构或非营利组织，它负责为遗产廊道的各部分恰当分配联邦资金，并具体负责廊道的保护、解释计划、教育、娱乐建设等，同时还要起到沟通政府与其他相关机构的桥梁作用。

(3) 多样化的辅助机构，这种机构是由政府机构或私人组织如地方司法机构、历史性社区、环境组织、商业机构等，组成的合作网络。

6.3.2 对话与交流之路——文化线路(Cultural Routes)

1980 年代后期，线性大尺度遗产开始引起国际社会的重视，1987 年欧洲理事会宣布圣地亚哥·德·孔波斯特"朝圣之路(Route of Santiago De Compostela)"为第一条"欧洲文化

---

① 王志芳,孙鹏. 遗产廊道——一种较新的遗产保护方法[J]. 中国园林,2001(5)

② 李让. 遗产廊道为大运河文化遗产整体保护提供新思路——访北京大学景观设计学院院长俞孔坚教授[N]. 中国文物报,2004-06-11

③ 王志芳,孙鹏. 遗产廊道——一种较新的遗产保护方法[J]. 中国园林,2001(5)

线路(European Cultural Itinerary)",并资助了它的保护和修复。这条路线穿越法国和西班牙边界,沿途散布着1,800多处宗教和世俗遗迹,自古至今一直是朝圣者们通往圣地亚哥·德·孔波斯特的"朝圣之路",它在中世纪的时候对于促进伊比利亚半岛和欧洲其他地方的文化交流起到了关键作用,同时还是那个时代基督教信仰征服欧洲社会各阶层人士的见证,具有极高的历史文化价值。1993年圣地亚哥·德·孔波斯特"朝圣之路"被列为世界遗产[①]。

1988年,联合国教科文组织在其"十年文化发展"[World Decade for Cultural Development(1988—1997)]框架中提出了名为"丝绸之路的整体研究——对话和交流之路"的研究项目,开始了其对文化线路遗产的保护与研究工作,UNESCO的总干事Fedeico Mayor说: "丝绸之路穿越了陆地、海洋和沙漠,它首先是一条对话和交流之路,对伟大文明之间的渗透融合起到了重要作用。"UNESCO丝绸之路项目的协调员D. Diene认为,它交换的商品不仅有丝绸还有香料和陶艺,更重要的是各民族的艺术、技术、信仰和习俗也同时得到交流[②]。由此可见文化线路主要是建立在文化传播途径基础上的遗产类型,强调了不同文化之间的交流与对话。

1998年,ICOMOS在西班牙Tenerife召开会议,成立了国际古迹理事会文化线路技术委员会(The ICOMOS International Scientific Committee on Cultural Routes,ICOMOS-CI-IC),正式确认了"文化线路"这一新的遗产类型。2003年修订的《世界遗产保护行动指南》将"文化线路"定义为"一种陆地道路、水道或者混合类型的通道,其形态特征的定型和形成基于它自身具体的和历史的动态发展和功能演变;它代表了人们的迁徙和流动,代表了一定时间内国家和地区内部或国家和地区之间人们的交往,代表了多维度的商品、思想、知识和价值的互惠和持续不断的交流;并代表了因此产生的文化在时间和空间上的交流与相互滋养,这些滋养长期以来通过物质和非物质遗产不断地得到体现。"[③]

2008年10月,国际古迹遗址理事会第十六届大会在加拿大古城魁北克通过了《关于文化线路的国际古迹遗址理事会宪章》,该宪章对作为遗产类型的文化线路的定义、内容、作用及其真实性和整体性作出了说明和界定。该宪章对"文化线路"作出了如下定义:"任何交通线路,无论是陆路、水路、还是其他类型,拥有清晰的物理界限和自身所具有的特定活力和历史功能为特征,以服务于一个特定的明确界定的目的,且必须满足以下条件:a.它必须产生于并反映人类的相互往来和跨越较长历史时期的民族、国家、地区或大陆间的多维、持续、互惠的商品、思想、知识和价值观的相互交流;b.它必须在时间上促进受影响文化间的交流,使它们在物质和非物质遗产上都反映出来;c.它必须要集中在一个与其存在于历史联系和文化遗产相关联的动态系统中。"[④]

"文化线路"这一遗产类型目前的保护还限于甄别、登录、基础资料整理、研究阶段,还未形成成熟的管理手段,国际古迹理事会文化线路技术委员会支持和提倡各国间就跨国文

---

① UNESCO. Route of Santiago De Compostela[EB/OL]. [2005-06]. http://whc.unesco.org/pg.cfm?cid=31&id_site=669
② Sun Yifu. From Venice To Osaka[M]. Beijing:China Pictorial Publishing House,1992
③ 李伟,俞孔坚.世界文化遗产保护的新动向——文化线路[J].城市问题,2005(4):7-12
④ 《关于文化线路的国际古迹遗址理事会宪章》"文化线路的定义要素"一节,http://www.international.icomos.org/charters.htm

化线路保护进行合作,立法加以保护。

"文化线路"保护在我国还处于起步阶段,2005年10月国家文物局局长单霁翔表示,中国将联合其他国家为"丝绸之路"申报世界文化遗产。①

2008年国家文物局在扬州市召开了大运河申报世界遗产工作会议暨大运河保护规划编制要求研讨会。会议讨论审议了大运河申遗办公室工作职能、大运河申报工作方案、大运河保护与申遗联盟筹建方案等文件,并通过了《大运河保护与申遗扬州共识》。全面启动了大运河保护和申遗工作②。2014年6月,中国大运河项目成功入选世界文化遗产名录。

6.3.3 遗产廊道和文化线路的异同

文化线路和遗产廊道都是在遗产区域化保护的理论和实践中发展起来的,突破以往保护区的限制,强调了事物之间的联系,二者都属于文化景观的范畴。

而它们之间的差别,也正反映了美国遗产保护思想和欧洲遗产保护思想之间的差别。

遗产廊道是以一个自然地理特征如河流、山脉为其载体,串联起文化遗产和片断的自然保护地,然后作为发展和经营的整体致力于生态保护、遗产保护和地方经济。遗产廊道的保护观念事实上是和美国国家公园的保护思想一脉相承的,只不过国家公园更强调保护,而遗产廊道更强调地方发展战略与保护相结合。

文化线路则是以一个文化事件为其载体,如以中世纪宗教信仰带来文化交流为主题的圣地亚哥·德·孔波斯特"朝圣之路"和以东西方贸易带来文化交流为主题的丝绸之路,串联起与此事件有关联的遗产和社区。它与欧洲文化遗产保护传统一脉相承,强调遗产的纯粹性,甚至制定了一个并不完善、操作起来也困难的"文化线路原真性标准"③。

2008年《关于文化线路的国际古迹遗址理事会宪章》这样界定了"文化线路"遗产的原真性:"文化线路的真实性必须被它的文化和自然环境明确、可靠地表达,并由物质和非物质的因素来定义它的特征,这些标准必须应用于研究线路发展的整个历史过程来证明遗存结构布局的真实性。原真性还必须被关系到线路主题的文化和自然的内容来评估和分析,这其中也包括涉及它的历史功能和设施的有形和无形的遗产要素。即使在一条文化路线中某些物质遗迹没有被明确保护,它的存在也有助于显示线路的整体价值,无形的因素和非物质的信息都是组成线路真实性不可缺少的证据。用于文化路线保护、保存和管理的技术和方法,无论是传统手段还是新方法,都必须尊重真实性标准。"④

---

① 喻菲,刘畅,冯国.中国将联合其他国家为"丝绸之路"申报世界文化遗产[N].中国文物报,2005-10-21
② 吴涛.25城市签署《扬州共识》[N].扬州日报,2009-09-26
③ 2003年修订的《世界遗产保护行动指南》明确强调应从以下几个方面判别"文化线路"的真实性:1.文化线路的物质形态;2.文化线路的历史感,文化线路所携带的信息;3.其重要的精神特征;4.应考虑相关时间因素及各个部分现在的使用状况;5.受线路影响人群的立法愿望。见李伟,俞孔坚,《世界文化遗产保护的新动向——文化线路》。
④ 《关于文化线路的国际古迹遗址理事会宪章》"识别、完整性与真实性"一节中的"真实性"解释,http://www.international.icomos.org/charters.htm。

表 6.9　文化线路和遗产廊道的判别标准

类型	内容
遗产廊道	(1)具有历史重要性的遗存;(2)具有建筑或工程上的重要性;(3)具有自然对文化资源的重要性;(4)具有经济重要性
文化线路	(1)空间上丰富多样;(2)时间具有一定的跨度;(3)文化特征具有一定的跨度;(4)具有文化交流的功能

资料来源:Charles A. Flink, Robert M. Searns, *Greenways*, Washington: Island Press, 1993. CIIC, *Reports of Experrs*, Madrid, Spain, 1994.

从表 6.9 及讨论中,我们可以看出文化线路是以抽象的无形遗产为联系的,一条文化线路与一个文化事件相关,因此文化线路上重要的结点都是和这一文化事件相关的因素,靠近线路的无关因素即使是重要遗产也无法列入以这一文化线路为主题的保护;而遗产廊道虽然也讲述地方历史传奇,但这种讲述是具备极大包容性的,判别主要依据物质内容,廊道内从古到今一切被认为有价值的文明或自然的景观都包含在保护范围内。

可以说这两种遗产保护方式是美国人和欧洲人分别根据各自对遗产保护、遗产价值的认识做出的不同选择。

6.3.4　基于生态网络概念的保护地群——国家遗产区域(Heritage Area)

国家遗产区域是美国最近提出的大尺度文化遗产的保护方式,具体内容详见《遗产合作伙伴法》(草案)。国家遗产区域指的是由国家指定的对于美国来说具有国家遗产意义的区域[①],它的标准是:

"(1)独特的、具备高度价值和较高质量的自然、历史、文化、教育、风景美学或游憩资源。

(2)作为美国遗产之范例或解说证物,在地点位置、背景环境、感受与联想诸方面具有高度的完整性。"

国家遗产区域的概念是以遗产廊道和生态网络的概念为基础提出,它基于对美国遗产特征的认识,即美国历史是一个由"探险、殖民、开发和革命等内容构成的历史,其特征取决于一种渐进式的文化层积,原住民文化本来是多元的,又因为一拨接一拨的移民浪潮而强化了这种多元特征。"[②]这种看待遗产的方法受到环境考古学的影响,较之历史景观之从古迹到遗产环境,认识又进了一步;较之传统的国家公园的局部性,国家遗产区域概念的提出是力求在一个更大尺度的地域环境中保护遗产的完整性。

此外国家遗产区域的保护政策并不讳言其经济动因,它既是一项保护政策,也是因后工业化时代产业结构转型而导致的一些早期工业基地衰落,寻求新的经济出路的一项措施。整合地方资源、发展旅游业在这些地方成为了一种重要选择。

这同时也增加了国家遗产区域在管理上的复杂性。而《遗产合作伙伴法》的制定就是为国家遗产区域的设立、保护、管理和利用建立一套程序和标准,其主要内容包括九个部分:1. 名称与条款目录;2. 定义;3. 国家遗产区域计划;4. 考察研究;5. 管理规划;6. 地方协作授权实体;

---

① 李伟.遗产合作伙伴法(草案)[N].中国文物报,2005-06-10

② ICOMOS美国科技委员会 1996 年陈述,转引自李伟刊登于 2006-08-09《中国文物报》的《介绍一部大尺度文化遗产保护管理方面的国际文献——美国的〈遗产合作伙伴法〉(草案)》。

7. 与其他联邦经办机构的关系;8. 私有财产及其他法规制度的保护;9. 拨款授权①。

国家遗产区域由内政部直接管理,单个国家遗产区域每年可获得的拨款不得超100万美元,此款项可随需随拨,花完为止。与国家公园以保护为主,只允许少量特许经营不同,国家遗产区域的管理规划中有关于商业计划的专项规划,其中包括地方授权实体、运转设想、财政来源和功能描述等,遗产地管理人员也要求具备"经济和社区开发"专长②。

6.3.5 遗产廊道和文化线路对我国遗产保护的借鉴意义

从保护区到遗产地群是以地域为基础的遗产保护系统化、整体化,以及在变化的环境中,可持续发展的要求下进行遗产保护的必然结果。无疑我们应当借鉴遗产地群的保护方法,作为整合我国文化遗产和景观资源的方法;但也存在这样一个问题:这几种遗产地群的保护方式哪种更适合中国? 或者我们应该走第三条道路? 我国幅员辽阔,具有作为"遗产廊道"所要求的壮丽的自然载体,同时又历史厚重,也不乏富有文化内涵的历史传奇作为"文化线路"遗产的立项主题。

其实早在1982年,国务院评定第一批国家重点风景名胜区时,就曾经有意识地将川陕公路沿线的自然遗产和三国以来的栈道文化遗迹串联起来,审定了"剑门蜀道"风景名胜区。近年来又致力于将"遗产廊道"保护方法引入我国,作为京杭大运河遗产整体保护的方法。我国适宜采用"遗产廊道"的保护地整合方法,主要有以下四方面的原因:

(1) 我国已经实践了依托自然地景观整合历史文化、自然资源的保护方法,如风景名胜区;

(2) 文物保护经过长达半个世纪的发展,已成为我国遗产保护领域中最成熟的保护方法。事实上现在我国已经相对较完善地保护了个体的文化遗产,因此在现有保护基金和条件都相对薄弱的情况下,以一个文化事件串联相关文化遗产的方式可以登录、研究,在个体遗产都受到保护的情况下不必专设"文化线路"保护项目;

(3) 我国自然遗产保护力量薄弱,一方面是由于我国纯粹的自然遗产地较少;另一方面也因为长期在管理上条块分割、保护资金匮乏,很多自然遗产得不到有效的保护,同时,生态环境的保护也应是遗产保护的前提。作为生态保护和遗产保护相结合的保护方式——遗产廊道有利于提高我国自然及文化混合遗产地的保护力度。

(4) 随着我国假日经济的发展,人们对游憩地的需求大量增加,同时在我国人口众多、经济发展水平低的情况下,发展的呼声超过了过分限制和控制的保护要求,忽视这一现实需求并不是促成保护的必然之路,积极地加以引导,以遗产保护促进地方发展战略的实施应当是更有效的策略。

但近来也存在一种趋势,即文化线路与遗产廊道的概念和方法在日趋融合,文化线路的生产功能越来越被强调,在保护的同时也能刺激其周边地区的环境整治与经济发展,国际古迹遗址理事会(ICOMOS)对它的强调也使"文化线路"成为我国目前主要的遗产地群保护方法。

---

① 李伟. 遗产合作伙伴法(草案)[N]. 中国文物报,2005-06-10
② 李伟. 遗产合作伙伴法(草案)[N]. 中国文物报,2005-06-10

2014年京杭大运河(图6.2)与丝绸之路(图6.3)两个项目均申遗成功,成为我国第46、47项世界遗产。这样尺度的遗产申遗成功不仅表达了恢宏的过去,更是目前我国国力的体现,其遗产调查所调动的人力物力在十年前都是无法想象的,未来的保护更是任重道远。

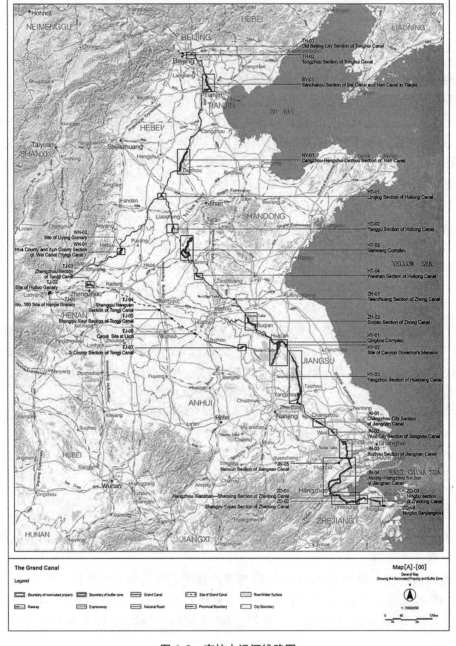

图6.2 京杭大运河线路图

资料来源:World Heritage Nomination File, The Grand Canal, Vol. I, State Administration of Cultural Heritage of People's Republic of China, Beijing, 2014.

中篇　理论

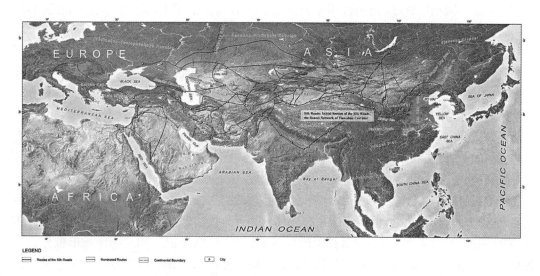

图 6.3　丝绸之路线路图

资料来源：World Heritage Nomination File, Silk Roads, State Administration of Cultural Heritage of People's Republic of China, Beijing, 2014.

6.4　建立我国的遗产保护地体系

6.4.1　我国现阶段的保护地体系的不足之处

通过对不同类型的保护区考察分析，以及对我国在自然与文化遗产保护的管理、研究和实践领域的成就和问题的论述可知，我国以地域为基础的保护地体系尚未建立、保护区管理制度不够完善等问题都困扰着我国遗产地的保护与发展。

我国现阶段保护地体系存在着以下主要问题：

1) 保护区类型不完善，设置方法不合理，保护区之间相互交叉

保护区类型不完善在文化景观遗产地中表现得格外明显，如大遗址保护在我国仍以文物保护单位的形式进行操作，即作为文物以划定保护范围的形式进行保护，而没有明确大遗址保护区是以地域为基础的保护地的概念，也没有相应的立法。

此外我国的自然保护区类别体系也不完善，保护区未能涵盖所有重要的物种类别，而且有的保护区规模较小，欠缺整合能力。

保护区之间的相互交叉的问题在风景名胜区表现得十分明显，很多规模较大的风景名胜区中往往又存在自然保护区、地质保护区、文物保护区、村镇聚落，这些保护区又分别对应了不同的管理机构，位置又可能相互交错，多头管理造成混乱。

在我国自然保护领域中，根据资源类型划分保护区，如地质、森林、野生、动植物保护区，忽视自然生态系统的整体特性，保护区之间相互交叉、相互包含的情况更为严重，使很多保护区无法管理，形同虚设。

2) 在保护地体系建设中生搬硬套西方概念或经验

我国的风景名胜区英译为"National Park of China（建设部 1990 年规定）"，其目的是和

西方的国家公园相接轨,以便引进国家公园的管理方法。事实上,我国的风景名胜区与国外的国家公园有较大差距。

其一,我国风景名胜区的特点与国外的国家公园具有明显不同。总体上来说西方的国家公园意味着以自然、动植物资源为主要内容的保护区,如法国把景观优美的自然地区及农业、牧业用地划为"自然公园",这类地区也称"国家公园"。相比之下我国的风景名胜区包含了远较西方国家公园更多的文化遗产内容,有些风景名胜区甚至位于城市中心,如杭州西湖风景名胜区,这就更不是西方国家公园的概念。《风景名胜区管理条例》中对风景名胜区提出的英译"Scenic & Historic Interest Areas"[①]倒是表达得较为确切——风景名胜区是"风景和历史趣味的区域"。

其二,美国以建立自然和文化遗产保护地体系的方式建立了国家公园体系,与我国风景名胜区有一定相似之处,但美国国家公园体系的管理内容包括作为美国遗产的自然保护区、文化遗产、混合遗产保护区,而我国的风景名胜区、自然保护区和文物保护单位分别有各自的管理系统,风景名胜区只包含某些访客人数较多的自然保护区以及一些原本就包含在风景名胜区中的自然保护区。我国的"名胜"的含义为"有古迹或优美风景的著名的地方(《现代汉语词典》)",一个地方是必须被传颂方可称为"名胜"的,而不是依据一定的科学标准来选择的。我国的风景名胜区基于一种约定俗成的认识,它包含的内容、选择和评价都无法等同于美国的国家公园,因此照抄美国国家公园管理方法也不合适。

另外如前所述,遗产廊道与文化线路是近年来兴起的新的遗产地保护方式,它们分别代表了美国和欧洲对线性遗产保护区的不同认识,这两个概念引入我国后,我国文物部门统统拿来使用,命名丝绸之路为文化线路,京杭大运河为遗产廊道。没有讨论这两种概念在我国现实情况下应该如何使用,丝绸之路的保护是否只按文化线路的定义那样只保护沿途物质遗存,还是应该把生态重建也加入到保护过程?整体开发京杭大运河遗产廊道的旅游业是否条件成熟?

3)保护区管理机构及法规不健全

我国遗产地管理体制不完善,法制不健全。参与管理的部门机构繁多,保护区土地属权不清,缺乏权威的管理机构和社会监督。

我国目前关于保护区管理的法规仅三部《文物保护法》《风景名胜区管理条例》《自然保护区管理条例》。《文物保护法》尽管提出了"历史街区,历史文化名城、名镇、名村"等文化保护区的概念,但并未对这些保护区的保护原则进行进一步的明确。《风景名胜区管理条例》与《自然保护区管理条例》均未对相互交错的领域该执行哪部法规的问题做出明确的说明,如九寨沟风景名胜区究竟该执行哪个管理条例呢?

当保护地规划和城市规划相重叠时,《城市规划法》规定保护地规划必须服从城市规划,这在许多地方造成了城市建设的要求压倒保护的情形。在乡村,《村庄和集镇规划建设管理条例》没有关于当乡村建设与保护地保护要求相冲突情况的相关规定,造成许多保护区土地不合理地商业化、人工化[②]。

---

① 解焱,汪松,Peter Schei. 中国的保护地[M]. 北京:清华大学出版社,2004。联合国世界遗产中心公布的《世界遗产名录》也将我国"风景名胜区"译为"Scenic & Historic Interest Areas"。

② 蔡立力. 我国风景名胜区规划和管理问题与对策[J]. 城市规划. 2004(10):76

法国的保护区法规是根据保护区类型制定的,一种类型的保护区对应一种管理法规,先确定一块土地的保护区类型,再以相应的保护法规予以保护,由于保护区类型完善、法规完善,这一方式具有很强的可操作性,不会造成保护区相交叉、管理制度相冲突的情况。

美国的保护区法规有一类数量众多的"授权法案",每建立一个保护区,即颁布一个"授权法案"将保护区的范围、边界确定下来,这样使所有的保护区土地都置于保护立法的管理之下。

上述两种保护地立法方式都是值得我国借鉴的。

4）保护与发展矛盾尖锐

专家强调遗产保护是公益事业,保护地的管理者和所在地政府却将保护地视作经济动力。由于国家无力承担庞大的保护开支,保护地的开支多由地方财政承担,而各地又根据各自不同的发展战略,以不同的方式对待保护地管理,保护地管理和发展都没有一定的标准。美国和欧洲的很多历史街区都将区域振兴和遗产保护结合起来,目标直指城市更新,要求历史区域利用自身特点参与竞争。竞争需要功能、形态、传统都可以改变,如美国SOHO地区,更新后,场地的功能变化了、使用者变化了,场地内的建筑由工厂改造成了居住建筑,那么这里的传统也一定相应发生了变化,最后唯一可能没有变化的就是当地工业建筑的外在风貌。遗产廊道更是将其目标确定为:把生态保护与游憩活动相结合,遗产保护与地方经济发展相结合。欧洲委员会秘书处"the Council of Europe's Secretariat（Cultural Heritage Department）"1998年推动的一项工作的主题即为"修复古老的历史中心作为加强社会凝聚力和经济发展的要素。"①《保护历史城镇与城区宪章》(ICOMOS,1987年10月在华盛顿通过)也指出,保护"意味着这种城镇和城区的保护、保存和修复及其发展和谐地适应现代生活所需的各种步骤。"

但对于某些类型的保护区,如法国的圣米歇尔山及其海湾、意大利罗马历史地区,美国西部的国家公园等则采取了较为严格的保护措施,除了有限制的旅游业,不得发展其他产业,物质遗产得到了更严格的维护。大部分西方国家的保护机构,都是由中央政府下属部门直接管理重要的保护地,地方政府负责配合。

由于专家学者们出于知识分子的历史使命感,强调保护的重要性,对一些破坏遗产资源的行为如在风景名胜区修缆车索道痛心疾首。他们在制定法规建议保护指导政策的时候过于理想化,忽视地方强烈的发展要求,致使出现保护区内"违章建设随处可见,规划是一套,实施又是另一套"②。与其出现这种情况,还不如国家对保护区划分等级,承认开发和利用的重要性,将属于国家级的保护区严格控制,对其他不同级别的保护区进行不同等级的开发控制。

5）保护区保护与管理中人的因素

首先,遗产地管理人员素质有待提高。因为这是一项政策性、专业性、社会性都很强的工作,涉及多学科、多领域,也是一项综合性很强的公益事业。我国的遗产地管理人员包括领导、工作人员、群众以及相关利益方的人员,人员素质参差不齐,而更重要的是专业人员

---

① Robert Pickard. Management of Historic Canters[M]. Londonl and New York: Spon Press, 2000
② 蔡立力. 我国风景名胜区规划和管理问题与对策[J]. 城市规划. 2004(10):75

少,又未能和学术团体建立合作关系。保护管理工作停留在"不要乱涂乱画""不要乱扔垃圾""防火防盗"等初级阶段,建设部门对风景名胜区的管理大多也停留在控制违章建设,缺乏科学的监管技术。此外管理人员数目庞大,管理成本高,如江西省的庐山风景名胜区,它的门票收入要维持约6 000名管理人员的开支。

其次,遗产地经营管理与原住民的生产生活关系处理不当。有的遗产地由原住民直接参加保护和管理,而原住民与专业人员观念落差大,会因对遗产地文化特征的认识和各自的需求不同而产生一些问题。如江西吉安东南部的渼陂古村(第二批国家级历史文化名村)作为遗产地开发旅游后,门票收入每年仅20万元,却先贷款在村口造了一座价值60万元的、与当地历史文化毫无关联的徽州石牌坊作景区大门,在遗产地原住民看来这是向先进文化学习的行为,而在专业人员看这是破坏遗产的行为。

而有的遗产地完全为外来人员管理,草根性不足,保护所要求的限制、控制措施与原住民的传统的生产生活方式产生了一定的矛盾,如在云南勐腊自然保护区,管理部门曾不得不在村民的武装示威下放弃了对保护区的管理,因为这里传统的土地利用方式已有近百年的历史,村民们无法接受保护区的管理要求[①]。

6.4.2 遗产地国家级系统规划途径的建议

面对上述存在的种种问题,首先应当建立一个完整的保护地体系,这个体系应当类型完善,便于管理,立足于中国的遗产特征;然后制定《遗产地法》,确立以地域为基础的遗产保护的法律地位;再根据不同类型的保护区制定相应的保护法规,建立相应的保护监管机构和保护网络,对特别重要的大型保护地进行专项立法,明确责任和权力;国家对不同类型、不同等级的保护地根据其自生产能力和重要性给予不同的财政资助。

这样每块土地在保护之初首先判别它的保护地类型,明确管理范围的界限,执行这一类型保护地的管理法规。即如果一块土地已被列入风景名胜区类型的保护地,而它其中包含或它本身就是符合自然保护区标准的地块,那么它必须以风景名胜区中的重要自然资源的方式保护;如果它其中包含村落,那么村落的处理方式应该根据风景名胜区的要求或进行搬迁或接受一定的发展限制。

这要求《遗产地法》要处理好与《城市规划法》《村庄和集镇规划建设管理条例》《文物保护法》等相关法规的衔接问题。各类型保护地的监管机构不仅负责监督管理相应的保护地,还应负责研究和制定各自负责的保护地管理的特点和技术措施。

俞孔坚教授认为建立我国遗产地体系是一个系统工程,他呼吁在国家和区域尺度上尽快开展遗产地系统和网络的建设,以获得"一个彰显民族身份和保障人地关系和谐的、永远留存的国土生态和文化的安全格局"[②]。

由于遗产地保护早已超越了狭义环境保护和自然保护,也超越了列入世界遗产名录的单个项目,保护的内容和方式都有极大拓展,因此要形成一个能涵盖不同类型的土地、不同的管理形态的遗产地体系,避免业务重叠以及辖区重叠,这绝非易事。这个体系还必须形成一个新的财政制度、新的部门权责划分方式和相关遗产地保护法规的整合,这是一个庞

---

① 解焱,汪松,Peter Schei. 中国的保护地[M]. 北京:清华大学出版社,2004
② 俞孔坚. 世界遗产概念挑战中国:第28届世界遗产大会有感[J]. 中国园林. 2004(11):68-70

大的工程。

台湾大学地理环境资源学系教授王鑫认为达成保护区之国家系统规划的途径主要有五条:(1)借由预算审议达成系统化;(2)借由部门权责划分及合作达成系统化;(3)借由组织改造整合相关部门为一而达成系统化,即设置专门的保护区管委会或由某一部门如农业部或环境部负责管理;(4)借由国土计划达成系统化;(5)借由整理法规达成系统化[①]。

为了研究方便,本人根据王鑫教授"借由国土计划达成系统化"的方法,以及对文化及自然遗产地的分类研究,建议建立中国的保护地分类体系(表6.10)。

表6.10 借由国土计划达成保护地系统化提出建议使用的中国保护地类别体系

可发展地区	1. 已发展地区	1. 城市建设用地		
		2. 农业用地		
	2. 未发展地区	限制开发和已开发地区以外的土地		
限制发展地区	1. 生态维护及资源保育	1. 遗产资源保护地 建议制定《遗产地法》	1. 自然资源保护区 建议制定《自然资源保护区管理条例》	1. 严格自然保护区
				2. 原野保护地
				3. 国家公园
				4. 自然纪念物
				5. 栖息地和物种管理地
				6. 陆地/海洋景观保护地
				7. 生态功能保护区/资源保护地
			2. 文化遗产及文化景观保护区 建议制定《文化遗产保护区管理条例》	1. 历史的设计景观及风景点保护区
				2. 有机进化之残遗物景观保护区
				3. 有机进化之持续性景观保护区
				4. 基于传统审美意识的胜地景观保护区
		2. 生产生活生态安全保护区 建议制定《生态安全保护区法》	1. 生产资源保护区	1. 水源水质水量保护区
				2. 水库集水区
				3. 地下水资源区
				4. 保安林地
			2. 天然灾害保护区	1. 地质灾害地区
				2. 洪泛地区
				3. 特定水土保持区
	2. 国防安全保护区			

基于上述保护地分类相应的文化遗产保护地法规体系建议(表6.11)。

---

① 王鑫.环境资源计划的整合之道[J].大地地理.2002,174:8

表 6.11 保护地系统法规体系建议

国家法律	行政法规	管理规章
《遗产地法》	《自然资源保护区管理条例》	
	《文化遗产保护区管理条例》	《历史风景点保护管理规定》
		《考古遗址保护管理规定》
		《历史文化名城保护管理规定》
		《风景名胜区保护管理规定》
		《历史文化场所保护区管理规定》
		《历史文化名村、名镇保护管理规定》
	《保护地群管理条例》	

说明：保护地群由国家根据专门的保护和利用项目设定。

此外，笔者建议对保护地等级实行遗产级和一般保护级两级划分，对遗产级的保护地实行更严格的管理和保护，对一般保护级的保护地则允许一定的开发力度。

7 文化景观保护与管理的理论与方法

7.1 历史景观保护管理与修复理论

7.1.1 历史景观保护在文化景观遗产保护中的价值和意义

如前所述,对古迹环境的关注终于导致了以地域为基础的保护政策的产生,而以地域为基础的保护内容大多包含了有价值的历史肌理及其形成的景观特征。历史的人文景观是人类活动附加在土地上形成,也成为人们识别环境特征的参照。历史环境保护起源于工业化、城市化以及20世纪后半叶席卷全球的现代主义设计风尚给世界文化多样性带来的损失,而最初人们正是从景观特征的变化中认识到这一问题的。

1960年的欧洲和北美大规模的再开发和社会的分裂已日益明显。布朗·摩顿这样写道:"我们文化遗产死亡的寂静,正如推土机不加检验地抹去我们城市和乡村的景观,毫不留情地更新公众对美国历史和过去的观点、声音、品味和行为的兴趣。"[①]此后城市空间设计理论都表现出了对传统城市的发展过程和先例的欣赏,这种回应逐渐引入了对传统城市的规模和质量的新的思考,使许多研究者和专业工作者转向恢复工业革命之前的城市景观;而比设计新空间更重要的是保护传统景观。

国际古迹遗址理事会2005年提出的《维也纳备忘录》认为"景观(Landscape)"相比传统的术语如"历史中心(Historic Centres)""整体(Ensembles)""周边环境(Surroundings)"更广泛地涵盖了区域的背景、文化产品与历史的地形、地貌之间在实践、功能、物质、视觉和联想等方面的重要关联[②]。而这些历史景观的决定因素是:土地的使用模式、空间组织、视觉关系、地形和土壤、植被以及技术性基础设施的各个部件,其中包括小型物件和建筑细节。

自1990年代以来,中国农村人口大规模向城市流动,城市化进程加剧;自由市场经济的发展,使资本成为控制土地的一种主要力量。而这些变化带来的外在表现形式就是景观的变化,历史景观管理和维护因此也就变得更为迫切了。

---

① Steven Tiesdell, Taner Oc, Tim Heath. Revitalizing Historic Urban Quarters[M]. Oxford: Architecture Press, 2001

② ICOMOS Vienna Memorandum on World Heritage and Contemporary Architecture — Managing the Historic Urban Landscape, WHC-05/29. COM/5, Paris, 15 June 2005, Page 29.

7.1.2 历史景观的保护与管理

由于受到功能用途、社会结构、政治环境和社会发展的持续影响,历史景观是个动态发展的过程。保护要求采取前瞻性的行动,保护的目标是保持景观特征的可识别性和发展的可持续性。这种保护必须与当代生活是相和谐的,必须是当代社会和经济发展的有机组成部分。

因为历史景观表达的是生活在一块土地上的人的工作和生活所形成的动态景观,因此景观的整体保护涉及地方权力机构、居民参与、立法和规划、与公共组织和私人的合作、财政支持以及长期持续的监管。

下面是历史景观保护管理的政策和规划框架。

历史景观的管理是对遗产使用和安全的管理。保护政策经常被定义为一种监督拆除、大规模改变和新建过程的体系,但实际上,它意味着对景观变化的控制、对场地发展的管理,是一种对历史景观自然演变过程的干预。管理的目标是保护景观结构赖以形成和存在的基本条件并使之可持续的变化;管理的方法是维护地方的社会凝聚力、功能多样性、经济活力和价值多样性。

历史景观的衰退是遗产地衰退的副产品。时光流逝,人、社会、经济或自然环境不断变化,相对固定的历史肌理变得不太适合当代的需求。它的景观价值也在慢慢失去根据。拯救它的方法,就是要为它的存在和发展找到依据,以一定的干涉手段规定它的发展方向。管理手段直接联系着历史景观更新和再生过程。

保护历史景观的多样性、可识别性的关键是鼓励维持和继续使用历史场地,因为文化多样性和场地使用功能共同养育了历史景观的和谐,保持和延续了历史景观的生命力。在不破坏本质特征的条件下灵活使用,以恰当的经济手段促进保护,提升环境品质。这要求国家或地方的代理机构参与管理过程,制定专门的管理政策。

(1) 保护历史景观的可识别性应注意以下原则

① 尊重现状的类型和形态(如建筑特征和土地的使用方式):复兴场所精神和认同感,采用灵活的更新方式使现有的肌理适应现代生活;

② 认识公共场所的重要性:保护既是对建成环境的保护也是对习俗和传统的保护,所以公共空间就具有十分重要的意义,因为它是人们传统上交流和进行公共活动的场所,对于人们心理上、情感上对一个地方的归属起着重要作用;

③ 尊重原有建成环境的外在感知:熟悉的形象的力量也和许多因素一样表达了景观的可识别性,形象上差别大的介入物会被认为是陌生的,不符合历史景观的体验和自身的价值。同时,《维也纳备忘录》认为保护景观可识别性不能采取"伪历史设计"的形式,因为这种设计形式既背叛历史,也否定当代。

(2) 保护历史景观的多样性包括以下两方面

① 保护社会多样性:维持和鼓励社会多样性,它是城市景观健康、稳定和繁荣的标志;

② 维护功能多样性:功能多样性是通过混合使用的途径来达到的,并不是指维持原来的功能一成不变,而是鼓励灵活地、多功能地使用场地。

保持历史景观的可持续发展是在保护景观的多样性、可识别性和活力的过程中实现的,同时要求持续的管理,以恰当的政策提供整体性保护的框架,以确定承载力的方式定义历史景观可接受的变化。

(3) 历史景观管理的内容主要有以下五方面。

① 对景观形态的管理:

a. 界定不允许的涉及历史景观的发展政策,选择场地可兼容的新功能;

b. 新的建造在体量、规模、形式、材料和设计品质上尊重历史肌理;

c. 保护视线、有机和无机的环境配置、历史的设计风格状况的安全,以法律、控制监督程序确保历史的建造肌理,以及其他构成历史景观的元素的安全;

d. 通过场地设计原则和发展大纲来强化场地特征,提升场地品质,兼顾自然特征和文化特征;

e. 尽可能多地保护物质遗存,鼓励可持续的更新过程;

f. 在由现代道路网和大尺度工程所定义的建成环境中保护传统的人性化的空间尺度。

② 对环境要素的管理:历史景观的衰退也可能因疏于环境管理,如空气污染、噪声、振动而失去吸引力。不恰当的交通管理方式对历史景观的影响最大,不仅带来景观特征的变化还污染环境。

对此的管理内容包括:

a. 减少环境污染和噪声;

b. 尽量减少交通拥挤和对某些污染严重的交通方式进行管制,限制不便利的重型交通,这些既是美学上的要求也是维护历史肌理的要求;

c. 对环境的物质肌理加以改善,如道路修缮、街具的及时维护与更换;

d. 保护开放空间的特征以维护历史景观的特征;

e. 充分利用步行交通的优势;

f. 恰当规划停车场;①

g. 场地的生态恢复与生态重建,包括水体治理、土壤改造与植被恢复等。

环境管理有赖于和权力部门合作,修建新的道路和交通设施,处理环保问题,避免材料和能源的浪费,恰当地处理生活、生产的废物等。维护和修缮工作尽可能使用传统的材料和技艺,因为这可能对地方来说是可持续的资源使用和管理模式。

③ 对社会要素的管理:

a. 维持场地人与人之传统的联系方式;

b. 保护衰退的历史景观作为人居环境的功能;

c. 保护场地传统的社会、经济、文化功能,以及维持这些功能间的平衡。

④ 对旅游业的管理:旅游业提供给维护历史景观的经济条件,创造了对新的服务业和相关发展的需求,给地方带来新的经济增长的机会,但同时旅馆、商店和其他经营支撑了保护也改变了景观,过分发展旅游业会破坏已经存在的社区间的平衡、危害地方文化个性的延续。适当的旅游业有助于增添地方的活力,但过度的旅游业既破坏物质肌理也破坏社会肌理,因此旅游业必须被仔细规划和控制,因为它对维护文化多样性至关重要。

⑤ 管理中的公众参与:管理政策和规划本质上是自上而下的,当地定居者对环境有自

---

① Robert Pickard. Management of Historic Centers[M]. London: Spon Press, 2000

发的要求和影响这是自下而上的,二者必须协调才能形成有效的管理策略。历史景观保护政策的形成必须听取公众的建议,保护机构必须和地方公共团体、个人建立长期的合作关系。

7.1.3 空间规划作为历史景观保护和品质提升的一种手段

美国国家公园管理局将介入文化景观的保护与修复的手段分为四种类型(表7.1)。

表7.1 历史景观保护与修复的四种类型

类型	内容
保存	运用一定手段维护遗产在形式、完整性、材料和历史特性等方面的现状
修复	通过维修、置换和增添的方式保护那些能传达遗产历史和文化价值的特征
恢复	在形式、特征、材料等方面严格准确地恢复历史结构
重建	异地重建或用新的材料在原址重建已湮没或消失的景观,以达到重现历史意象或对某种文化解释说明的目的

资料来源:据 National Park Service,*Preservation Brief 36:Planning, Treatment and Management of Historic Landscape*, http://www2.cr.nps.gov/tps/briefs/brief36.htm 有关资料整理。

《历史保护:建成环境的监管》一书中将介入历史建成环境的手段分为以下七种,分别表达了对建成环境的不同的干涉程度(表7.2)。

表7.2 历史建成环境保护与修复的七种类型

类型	内容
保存(preservation)	维持它现在的物理状况和工艺特征,"对它的艺术特征一点也不加一点也不减"
转换(conversion)	使建筑适应新的功能和使用要求
恢复(restoration)	回到它原来的物理状况的过程,这其中它的物理形态有所发展
修整(refurbishment)	(保护和加固)对建筑肌理的物理干涉确保它的结构和肌理的持续性
重构(reconstitution)	一块一块砖地重建建筑,在原地或在新的地点
复制(replication)	为现存建筑建造一个拷贝
重建(reconstruction)	在它的原始场地重建已消失的建筑

资料来源:据 James Marston Fitch,*Historic Preservation:Curatorial Management of the Built Environment*,Charlottesville:University of Virginia Press,1990。

美国国家公园管理局的四种介入手段主要针对以自然环境为主的文化景观,而《历史保护:建成环境的监管》一书的七种介入手段主要针对以建成环境为主的历史景观。相似之处在于它们仅仅涉及历史景观保护的空间规划,由于不涉及场地功能被一些学者称为"表层"的维护与修复;但它们是历史肌理的修整与保护的基本方法,也是历史场所复兴和功能更新的基础。同时,场所精神是历史景观最重要的美学特征,必须加以维持。维持这种视觉特征的品质基于不断的更新和整修过程,而出于对历史景观"原真性"的考虑又必须慎重地选择介入方式,避免伪造历史又要兼顾视觉的连续性和整体性,因此产生了一系列经严格界定的介入方式,而保护的空间规划就是选择合理的保护与修复手段的过程。①

运用空间规划手段对景观的历史特征加以控制,关键问题是确定允许变化的程度和变化的方式,这种对场地变化的控制需要公众与专家、居民与政府磋商以达到一致意见,保护和保存的过程就是协商和做出决定的过程。正如卡森爵士所言:"健全保护的本质就是判断。"

7.1.4 在一个实例中理解历史景观管理的本质——对"变化"的管理

西安化觉巷清真大寺回民街区是西安城市中的重要保护区之一。该保护区占地11.8公顷,涉及居民5 000余人。其社区的组织方式具有回民的典型特征——基于共同的信仰和生活方式,围绕清真寺聚居的回民社区模式。这个社区所呈现的历史景观特征为中国传统寺院格局的清真寺和北方院落式民居,以及伊斯兰教的文字和植物装饰特征。随着现代交流的发展,以及该街区近年来旅游业的发展,历史景观特征发生了新的变化:首先回民们计划建造新的清真寺,并确定新寺为阿拉伯建筑风格;其次他们改建了自己的住宅,运用现代建筑风格——白面砖加宽大的蓝色玻璃窗②。

这个社区由于没有被拆迁破坏,它的文化传承一直没有被打断,在其文化传统受到外界影响而变化的过程中,其社区景观特征发生着相应的变化(表7.3)。

表7.3 西安化觉巷清真寺回民街区景观特征的变化

阶段	居民	所受文化影响	社区景观特征
1	最初的定居者	伊斯兰文化	不详
2	传统居民	伊斯兰文化、汉族文化	当最初的定居者去世后,他们从周边的汉族居民的文化中汲取营养,形成了带有伊斯兰教装饰特征的中国传统寺院格局的清真寺和北方院落式民居景观,在祖祖辈辈使用汉族建筑风格之后,他们认同了这一风格,也把它看作自己传统的一部分
3	当代居民	伊斯兰文化、汉族文化、全球化时代其他阿拉伯国家的文化	在当代社会中和世界上其他伊斯兰地区频繁交流后,他们要求建造阿拉伯风格的清真寺;同时,他们的住宅随邻边汉族民居一样随时代变化而变得现代化,在此基础上,社区形成新的景观特征

资料来源:笔者分析整理。

这个社区的保护是中国政府和挪威政府签署的"环保项目"合作协议的一部分,项目由挪威专家主持。他们以欧洲历史景观管理和保护的方法操作了这个项目,较之中国普遍采用的先划定重点保护、修复对象,再划定各级保护范围的历史文化保护区保护方法,挪威专家操作的西安化觉巷清真寺回民街区的保护方法更具有典型意义。

首先,既然历史景观的管理是对"变化"的管理,那么当某种正在发生的"变化"被认为

---

① Steven Tiesdell, Taner Oc, Tim Heath. Revitalizing Historic Urban Quarters[M]. Oxford: Architecture Press, 2001

② 丽丝贝·索阿莉亚. 地点认同——从人类学角度看西安回民区的保护[J]. 建筑业导报,2005(3):48

是不合理的时候,就要阻止这种"变化"的继续进行。如上表所示,当回民街区景观特征自然演变到第三阶段时,专家认为这个阶段的发展将在"景象"上割断与过去的连续性,使该街区原来在与城市其他部分比较中所具备的文化差异、复杂性和多样性消失,而且专家认为阿拉伯风格的清真寺并非该街区回民的文化传统。因此这第三阶段的"变化"应当被阻止,尽管它的产生是自然的而非强加的。

其次,从景象(image)角度出发,而不是像我们习惯的从建筑个体的角度来确定保护的内容。景象表达的是街区给人的基本印象,因此也就可以认为是该街区的本质特征。根据调查,最后形成了修复旧有的院落,其余部分根据规划制度重建,规划对高度、密度和用途做出要求,并建议开发出能传承庭院文化的新形式。这也体现了欧洲人对"原真性"的认识,他们认为新的建造尽管不能与全球化进程合拍,但也必须体现出1949年之后的发展历史[①]。

在这个案例中,历史景观的管理也正如前文所述,不仅仅是对空间形式变化的管理,它包括历史景观管理的五个主要方面的内容(表7.4)。

表7.4 西安化觉巷清真寺回民街区景观保护管理的内容

项目	内容
1. 景观形态的管理	保护繁忙的街道景象和幽静的清真寺形成的有对比的空间层次;改善居民生活空间中缺乏私密性和安全性的特点
2. 环境要素的管理	改善供水、卫生、垃圾处理条件,沿化觉巷建立供、排水系统
3. 社会要素的管理	保持和维护当地居民与宗教社会的联系
4. 旅游业的管理	旅游业以观光、餐馆和小吃摊为主,是当地的重要收入来源但并不是唯一的收入来源。旅游业的发展活跃了社区经济,也没有超出环境承载能力,是值得鼓励的。要控制的是在旅游业的发展中,当地居民对环境进行的现代化建造,使该地区的原始魅力和作为重要商业基础的环境遭到破坏,因此现代化改造必须接受规划引导
5. 公众参与	规划师与受保护工作影响的住户进行了挨家挨户的交流

资料来源:原始资料据丽丝贝·索阿莉亚,《地点认同——从人类学角度看西安回民区的保护》;哈拉德·海恩,《永恒与变化——西安鼓楼区保护与开发介绍》,《建筑业导报》,2005年第3期,笔者进行了分析整理。

通过上表也可看出,上述五个方面都是构成景观或对它的变化产生影响的重要方面,保护管理的措施基于规划制定者对景观价值的认识和判断,以引导变化的方式来保护景观的可识别性和可持续发展。

7.2 自然生态保护管理与维护理论

如果说历史景观管理理论是对"变化"的管理,那么环境容量控制理论则是对"变化"的控制。随着人们对保护区认识的加深,保护区的保护、规划、建设和管理等方面的技术理论也不断发展,其中最重要的就是"环境容量(Carrying Capacity of Environment)"概念的产

---

① 哈拉德·海恩.永恒与变化——西安鼓楼区保护与开发介绍[J].建筑业导报,2005(3):52-56

生及其在资源管理中的运用。

环境容量指的是某一环境对损害的最大承受限度,在这一限度内,环境质量不致降低到有害于人类生活、生产和生存的水平或者是专门设定的标准。环境具有一定的自我修复外界损害所致损伤的能力,即环境的自净能力。环境的自净作用越强,环境容量就越大;但一旦突破了限度,环境的自我修复能力就会受到损害乃至丧失。这个限度就是环境容量理论的基础。

1968年,日本学者首先将这个概念借用到环境保护领域,尔后景观建筑学家和旅游学家将这个概念引入游憩管理和土地利用规划,逐渐发展出游憩环境容量理论(Recreation Carrying Capacity,简称 RCC)、可接受的改变极限理论(Limits of Acceptable Change,简称 LAC)、娱乐机会谱(Recreation Opportunity Spectrum,简称 ROS)、环境影响评价理论(Environmental Impact Assessment,简称 EIA)等将资源保护、文化资产保存与经济利益相结合的管理理论。在这些理论中,环境容量作为一种工具,设置了一个门槛——越过它,环境的改变就会无法修复,从而确定一个对环境可持续发展的监控系统。

我国在运用环境容量理论对风景旅游环境进行监控时,确定数值时常用"面积容量法""线路容量法"和"卡口容量法"来估算,这些方法都过于简单化、静态化,无法全面反映人类活动对环境的影响[①]。而 RCC、LAC、ROS、EIA 等理论都要求建立一个全面的指标体系来量化环境的改变,为管理提供更准确、更全面的依据。

此外,从这些理论的发展中,以下几个问题值得注意:

(1) 从以"限制利用"来保护到保持"可持续的利用",是"环境容量"概念及其衍生的管理理论的重要特征,承认人对环境的干预,承认人的活动必定会影响环境,在此前提下对环境的变化进行控制。

(2) 环境容量的控制由人数控制转变为控制人对环境改变的影响,由于环境容量是一个复杂的概念体系,影响因素很多,很难用一个数字来给出准确答案。而且即使在人数固定情况下,不同的游客行为和管理水平对旅游资源的影响也会产生很大区别。因此考察的重点逐渐由控制具体人数到研究"多大的改变才是可接受的"问题上来,对游憩环境注意力集中在不同的游憩类别会对环境造成的不同影响上,以及相应的从资源适宜的角度考虑开展何种旅游活动形式。

(3) 环境容量中"环境"所考察的对象从传统的物质环境拓展到社会环境、经济环境,用系列指标代替单个指标,用动态指标代替静态指标,更真实全面地反映人类对环境的利用、环境的改变以及对环境的必要的制约。

7.2.1 游憩环境承载容量理论(RCC)

环境承载容量的概念最早出现于1838年,是由比利时的数学生物学家 P. E. 弗雷斯特(P. E. Forest)提出的,随后被应用于人口研究、环境保护、土地利用、移民等领域[②]。游憩环境承载容量理论(RCC)最早出现在1930年代中期,在1970年代末达到成熟高峰期。其理论基础是指任何资源的使用都是有极限的,景观资源的利用也不例外。当使用强度达

---

① 张晓,郑玉歆. 中国自然文化遗产资源管理[M]. 北京:科学文献出版社,2001
② 杨锐. 从游客环境容量到 LAC 理论环境容量概念的新发展[J]. 旅游学刊,2003(5)

到某一阈值或临界值时,资源及其环境将失去可持续利用的可能。自然及风景保护区的开发利用必须在其允许的环境承载容量之内,即要在资源允许的承载能力范围内规划布置所有开发利用活动和社会经济建设。根据生态保护和环境容量的要求,合理确定开发利用的限度以及旅游发展的容量,有计划地组织游览活动,严格控制其他各类经济建设与活动。

RCC 理论通过量化的方式用数量级来定义景观环境的游憩承载容量。美国学者 Shelby 和 Heberlein 将"RCC"定义为不破坏环境和影响游客体验的利用强度,他们将游憩承载容量划分为四个部分加以考察,分别是:生态承载容量、空间承载容量、设施承载容量和社会承载容量[①](表 7.5)。而这些承载容量的研究结果以数量级的方式加以表达,如社会承载容量以 1 到 9 加以划分,"1"相当于"最不拥挤",而"9"相当于"极端拥挤"。对这些承载容量研究的成果将形成在保护区内开发力度的门槛,使资源的可持续使用、访客的体验和有效管理的可能性都能得到保证。

表 7.5 四种类型游憩承载容量研究的主要内容

类型	研究内容
1. 生态承载容量	生态系统受到的压力,如地表植被的损失、保护区内聚落和湿地受到的影响、土壤受到的污染、垃圾收集和清洁的问题,以及文化资源的保护和参观学习之间的问题
2. 空间承载容量	人与空间关系的压力,如人在风景或生态敏感地带的分布密度
3. 设施承载容量	游憩设施带来的压力,如人与设施的比例关系,停车场、码头的规模等
4. 社会承载容量	主要研究人对环境的感受(如是否拥挤?)、游客之间的冲突等

资料来源:据 U. S. Department of the Interior Bureau of Reclamation Pacific Northwest Region, Snake River Area Office, *RIRIE RESERVOIR Recreation Carrying Capacity Study*, January 30, 2004, Page14.

RCC 研究的承载容量并不仅限于当时,而是根据规划要求期限,如期限为十年的规划,则研究十年内场地可持续发展的承载容量,然后据此进行保护与游憩规划,确定管理目标和方法。

对于大的保护区不同的地段生态承载容量、空间承载容量、设施承载容量和社会承载容量也会有很大差异,因此要分段分块分别进行研究,此外根据保护区内资源状况还要对某些特殊的承载容量指标加以研究,如水景保护区中的水面游船数量和承载容量的研究。

在上述四种承载力调查完成后,还要确认哪一种或哪几种类型的承载容量是最重要的限制因素,最后得出场地的总承载容量水平。承载容量水平是不能够用绝对的人数、车辆这样的数字来表达的,因为总体上它仍是一个估算出来的值,但是它可以用质量指标、随时间变化的数量或限制条件来表达。分析得出场地使用强度的四个等级:低于承载容量(Below Capacity)、接近承载容量(Approaching Capacity)、等于承载容量(At Capacity)和超出承载容量(Exceeding Capacity),即确定怎样的使用强度会达到的等级水平。

综上所述,确定场地的游憩环境承载容量分为三个步骤:

---

① Shelby, B. and Heberlein. Carrying Capacity in Recreation Settings[M]. Corvallis: Oregon State University Press,1986

(1) 收集场地四种类型承载容量的数据。所收集数据的内容见表7.5,并可以根据调查场地的特征对调查内容加以扩展。

(2) 辨认出对场地使用最重要的限制因素,例如如果场地邻近敏感的动植物,那么生态承载容量就被认为是最重要的限制因素;如果环境要素给人的感觉已经十分拥挤了,那么社会承载容量就是重要的决定因素。

(3) 估算场地总承载容量。当四种承载容量都被平等地加以评估之后,以及评价了所有田野观察、可能得到的娱乐使用情况的数据、场地管理人员提供的资料之后,就可以确定场地的总承载容量。总承载容量也划分为高、中、低三个强度等级。通常如果有一种类型的承载容量强度为"等于承载容量(At Capacity)"或"超出承载容量(Exceeding Capacity)",那么可以认为场地已接近它的总承载容量[①]。

在以上研究的基础上,理论上保护区内同时容纳的人数(Persons-at-one-time,PAOT)和游客娱乐天数(Recreation Visitor Days,RVDs)的最大值就可以确定下来。再根据四种类型承载容量和总承载容量研究结果,分析出场地合理的游憩使用强度和选择恰当的管理方法。

1980年代后研究者发现环境容量虽然是一个看起来很有价值的概念,但在实践中运用却并不总是十分成功的。因为环境承载容量体系很复杂,游客的目的不同、自然环境的变化等方面都直接影响环境容量,RCC理论过于简单地定义了旅游目标而忽略了利用技术估计承载容量的结果与资源的社会影响、人为利用和价值评价之间的重要区别,使得环境容量的数据并不准确。因此,游憩环境承载容量作为一个以数据控制资源利用强度的理论,仍然存在缺陷。之后,这一理论有所改进,加入了人的主观判断对决定总承载容量的影响,认为总承载容量的决定过程是一个主观的过程,除了考虑四个分项承载容量的客观研究数据外,还要加入研究和管理者的经验、比较同类型的场地、分析保护对象的特殊状况,最后根据研究者的职业经验综合判断出场地总的游憩承载容量[②]。

7.2.2 可接受的改变极限理论(Limits of Acceptable Change,简称LAC)

可接受的改变极限理论(LAC)是在游憩环境承载容量理论(RCC)的基础上发展而来的。1960年代,世界各国学者对环境容量的研究达到了一个高潮,当时许多科学家认为如果能计算出环境容量的具体数字,那么它将为解决资源保护和利用之间矛盾的提供更客观的依据,但此后发现,对于变量如此之多,变量之间的关系如此复杂的环境,要计算出一个准确的、可以作为管理依据的数据几乎是不可能的,实践也证明,如果将环境容量仅仅作为一个数字对待的话,管理的结果往往会以失败告终。科学家们也认识到只控制"量"是不够的,游憩活动的种类、管理能力的高低、游客的素质都会对生态状况和环境品质造成影响[③]。

[①] 参见 Oroville Facilities Relicensing (FERC Project No. 2100), SP-R8 Carrying Capacity, January 10, 2002, page 4。

[②] 参见 U. S. Department of the Interior Bureau of Reclamation Pacific Northwest Region, Snake River Area Office. RIRIE RESERVOIR Recreation Carrying Capacity Study. January 30, 2004, page25。

[③] 丁新权.江西省风景名胜区保护管理理论与实践研究[D].南京:南京林业大学,2004

1) 可接受的改变极限的基本概念

"可接受的改变极限"这一用语是由一位名叫 Fdssell 的学生于1963年在他的硕士学位论文中提出来的。Fdssell 认为,如果允许一个地区开展旅游活动,那么资源状况下降就是不可避免的,也是必须接受的。关键是要为可容忍的环境改变设定一个极限,当一个地区的资源状况到达预先设定的极限值时,必须采取措施,以阻止进一步的环境变化[①]。1980年代美国国家森林管理局的几位科学家进一步发展了这一理论,针对 RCC 理论将重点放在控制"数量"上,如访客数、设施数目。LAC 理论主要控制环境本身的变化,力求在绝对保护(Absolute Protecting)和无限制利用(Unrestricted Recreational Use)之间寻找一种妥协和平衡。

LAC 理论的逻辑包括以下几点[②]:

(1) 只要有利用,资源必然有损害、有变异,关键的问题是这种变化是否在可接受的范围之内;

(2) 资源保护和游憩活动是国家公园规划和管理的两大目标,要取得平衡,这两个目标必须相互妥协;

(3) 决定哪一个目标是主导性目标,在国家公园,通常主导性目标是资源与旅游品质的保护;

(4) 为主导性目标制定"可允许改变"的标准(包括资源状况和旅游品质两个方面);

(5) 在可允许改变的标准以内,对游憩利用不加严格限制;

(6) 一旦资源与旅游品质的标准超出了"可允许改变的"范围,则严格限制游憩利用,并采取一切手段使资源与旅游品质状况恢复在标准以内。

2) 可接受的改变极限理论的操作方法

1985年1月,美国国家林业局出版了题为《荒野地规划中的可接受改变理论》的报告,系统地提出了 LAC 的理论框架和实施方法,分为9个步骤[③]。

(1) 确定保护区的课题与关注焦点,包括:

① 确定规划地区的资源特征与质量;

② 确定规划中应该解决哪些管理问题;

③ 确定哪些是公众关注的管理问题;

④ 确定规划在区域层次和国家层次扮演的角色,这一步骤的目的是使规划者更深刻地认识规划地区的资源,从而对如何管理好这些资源得出一个总体概念,并将规划重点放到主要的管理上。

(2) 界定并描述旅游机会种类:每一个规划地区内部的不同区域都存在着不同的生物物理特征、不同的利用程度、不同的旅游和其他人类活动的痕迹,以及不同的游客体验需求,上述各个方面的多样性要求管理也应该根据不同区域的资源特征、现状和游客体验需求而有所变化。机会种类用来描述规划范围内的不同区域所要维持的不同的资源状况、社会状况和管理状况。旅游机会的提供必须与规划地区的总体身份相协调。

---

① 杨锐. 从游客环境容量到 LAC 理论环境容量概念的新发展[J]. 旅游学刊,2003(5):62
② 蔡立力. 我国风景名胜区规划和管理的问题与对策[J]. 城市规划,2004(10)
③ 杨锐. 从游客环境容量到 LAC 理论环境容量概念的新发展[J]. 旅游学刊,2003(5):64

（3）选择有关资源状况和社会状况的监测指标：指标是用来确定每一个机会类别其资源状况或社会状况是否合适或可接受的量化因素。指标是 LAC 框架中极为重要的一环，单一指标不足以描绘某一特定区域的资源和社会状况，应该用一组指标来对相应的地区进行监测。

（4）调查现状资源状况和社会状况：LAC 框架中的现状调查，主要是对步骤 3 所选择出的监测指标的调查。当然也包括其他一些物质规划必要因素的调查，如景点等。调查的数据为规划者和管理者制定指标的标准提供依据。

（5）每一旅游机会类别的资源状况标准和社会状况标准：标准是指管理者"接受的"每一旅游机会类别的每一项指标的极限值。一旦超过标准，则应启动相应的措施，使指标重新回到标准以内。

（6）制定旅游机会类别替选方案：第 6 个步骤就是规划者和管理者根据步骤 1 确定的课题和关注点及步骤 4 所获得的信息，来探索旅游机会类别的不同空间分布。

（7）每一个替选方案制定管理行动计划：步骤 6 所确定替选方案只是制订最佳方案的第一步，在步骤 7 中应该为每一个替选方案进行代价分析，以便进行比较。

（8）评价替选方案并选出一个最佳方案：经过以上 7 个步骤后，规划者和管理者就可以坐下来评价各个方案的代价和优势，管理机构可以根据评价的结果选出一个最佳方案。

（9）实施行动计划并监测资源与社会状况：一旦最佳方案选定，则管理行动计划开始启动，监测计划也必须提到议事日程上来。监测主要是对步骤 3 中确定的指标进行监测，以确定它们是否符合步骤 5 所确定的标准；如果资源和社会状况没有得到改进，甚至是在恶化的话，就应该采取进一步的或新的管理行动，以制止这种不良的趋势。

LAC 管理理论最初在美国国家森林保护区中运用，随后很快被推广到世界其他国家如水面、海岸等其他地表形态的保护中。LAC 理论以制定环境指标及其控制标准和超出标准时的管理对策来进行保护区游憩活动管理。LAC 管理理论中最关键的部分就是选择监测指标的内容，确定监测指标的标准，所选择的监测指标必须是由游憩项目直接引起的，然后确定这些指标可接受的变化范围，并进行持续的监测。

3）可接受的改变极限理论运用实例

奥纳克摩尔（Aonach Mor）是苏格兰著名的滑雪胜地，位于 Linnhe 湖附近，后面高耸着山顶常年被白雪覆盖的本尼维斯山。奥纳克摩尔的管理开发模式是英国运用 LAC 管理保护区的范例。

1986 年奥纳克摩尔滑雪项目开发报告被提交时，独立的生态咨询机构先提交了场地生态信息，1987 年据此完成了最初的环境评估，并根据这份环境评估和开发项目的特点确定了系列 LAC 指标和管理方法。1989 滑雪设施建成后，每年秋天由生态和水文中心对滑雪牵引、道路、视线、排水隧道和丢弃物对环境造成的影响进行评估，审查它们的 LAC 指标是否超出了既定的标准。

奥纳克摩尔的管理者每年持续地监测既定地区和潜在的可能遭到破坏的场地的植被覆盖情况，管理方法则采用重新播种或植草的方法将被损坏区域恢复到游览设施建设之初的情况（表 7.6）。同时也鼓励访客尽量在海拔低的地方行走，因为那儿的草更有弹性。这些监测和维护都要投入大量人力和资金，但这是维护胜地良好的生态状况所必需的。尽管已有很多监测指标了，研究者发现仍然有些重要的参数没有被列入，如由流沙而产生的沉积、胜地的景观面貌、积雪的深度等①。

表7.6 奥纳克摩尔的监测指标和管理应对策略

监测内容	LAC 指标	管理回应
滑雪场引道和滑道的植被覆盖	小于90%原始的植被覆盖	在被侵蚀区播种和施肥
道路的测量	道路宽度的特定值从0.5～4.5米，路宽意味着有植被被践踏	对重建的道路限制使用
视线穿透	1994年的视线穿透区	景观规划
垃圾数量	每千米线性长度15个项目	增加垃圾收集点
被侵蚀区的长度和宽度	4平方米或4千米线性长度中有新的裸露地面	继续监测
侵蚀片区	长度和宽度比1998年增加10%	继续监测
山脊上生物种群的构成和覆盖	死去的苔藓以20%的速度增加	限制接近

资料来源：据 Juliette Young, *Limits of Acceptable Change in Aonach Mor*, http://www.nbu.ac.uk/bioforum/LAC%20cs.pdf。

LAC 理论开始的目标是在帮助边远地区进行生态旅游规划时建立社会与生态标准，特别是自然与环境质量的决定因子。LAC 理论较之它同时代的保护理论有两个重要的改进：

第一是对游憩承载容量理论（RCC）的重要改进，RCC 理论过于简单地定义了旅游目标，忽略了利用技术估计的承载容量的结果与资源的社会影响、人为利用和价值评价之间的重要区别；而 LAC 理论是基于人们的使用来理解和为自然保护区制定的一个真实的标准。

第二是指标的制定不只是考虑技术和旅游者，同时也考虑到自然保护区、经济、旅游和生态工作者各方面的需求②。但也正如上述实例反映的情况，LAC 指标的选择是否合理完善是决定 LAC 理论在实践中运用效果的重要因素，如何更准确地确定 LAC 指标也是该理论有待完善的地方。

4) 依据可接受的改变极限理论的"游客体验与资源保护"（Visitor Experience and Resource Protection，简称 VERP）技术方法

根据 LAC 理论的基本框架，美国国家公园管理局于1990年代制定了"游客体验与资源保护技术方法"管理游憩活动。VERP 理论将其指标定义为明确、可测量的生态、社会变量，资源指标指游客活动对公园生态、文化资源的冲击，社会指标则指游客的游憩体验。

VERP 理论建议由四种方式来设定指标类型：(1) 查阅科学文献；(2) 专题研究；(3) 咨询公众意见；(4) 以管理要求来确定指标类型。此外还要将指标可接受的变化范围也定义出来，具体的指标体系因其管理的区域特征的不同而不同。指标一般分三大类：

① 物质、生态承载量指标，如生态多样性受到的威胁、文化财产受到的损害、住宿设施

---

① Juliette Young. Limits of Acceptable Change in Aonach Mor[EB/OL]. [2005-06]. http://www.nbu.ac.uk/bioforum/LAC%20cs.pdf
② 蒋志刚,马克平,韩兴国.保护生物学[M].杭州:浙江科学技术出版社,1997

的最低提供门槛、游憩设施的最低提供门槛、空气品质的损害等；

② 社会、人口承载量指标，如游客量的最高门槛、当地观光就业最低受雇门槛、游客满意程度、游客抱怨程度、居民满意程度、居民抱怨程度等；

③ 政治、经济承载量指标，如观光收益的最低门槛、观光贡献的最低门槛、地价差异的最高门槛、政策法规的足量性、组织执行与管理能力等。

一个成功的指标体系必须定义明确、客观，与游憩活动联系密切，可重复测量[①]。

在建立了指标体系并确定了指标的变动范围之后，下一步的工作就是监测各指标是否超过标准，如果发现有指标超过标准，则决定采取何种手段或停止限制某种使用方式以改善环境状况。

这一技术方法在美国国家公园管理实践中，对于解决资源保护和旅游利用之间的矛盾起到了很大作用。公园通过VERP理论框架形成一套指标和标准以量化方式监视环境和社会的状况。这些指标与监视程序为公园管理者做出健全的、基于科学的关于游客的使用和公园资源管理的决定提供信息。

7.2.3 娱乐机会谱（Recreation Opportunity Spectrum，简称 ROS）

生态旅游管理的娱乐机会谱理论是解决资源保护与游客体验之间关系的一种技术。其基本假设是：访客体验的质量是通过生态多样性与访客寻求的体验所必需的背景来保障的。它与LAC理论紧密相连，是一种描述如何在一个资源保护地内管理不同区域的旅游活动的方法。它为在保护地开展旅游业的分类、分级保护和利用提供了理论和技术支撑[②]。

1）娱乐机会谱的基本概念

娱乐机会谱（ROS）的概念由美国国家森林管理局在1970年代提出，根据容易进入的程度、人类对环境的影响、游客相互接触程度、景点开发程度与现场立法程度将娱乐机会类别划分为六个等级：城区（Urban）、农村（Rural）、有道路的自然区（Roaded Natural）、半原始的有交通工具可到达地区（Semi-primitive Motorized）、半原始的无交通工具可到达地区（Semi-primitive Non-motorized）和原始的地区（Primitive）[③]。在以自然资源为主的保护区更多采用四个等级：原始（Primitive）、半原始（Semi-primitive）、半现代（Semi-modern）、现代（Modern）。开发程度包括从高度开发到限制开发到不允许开发的系统的变化。现代的部分人为娱乐设施多、交通便利、到达的人多、使用密度大，而原始地区的自然环境相对较少受到人类影响。

人类对环境的改变、可接近性、使用者的相互影响和保护区的管理分区等是娱乐机会谱的核心内容，这些因素的变化决定了娱乐活动的特点。

使用娱乐机会谱描述和度量室外娱乐机会的分布和管理，其中娱乐机会的设置集合了物理、生物、社会和管理等方面特征，给予场地提供娱乐机会的可能性。主要包含了三方面的内容：

---

① 曹胜雄，陈彦玲，王志宏. 生态旅游地承载量指标及其应用[J]. 旅游管理研究，2004(5)：4-5
② 丁新权. 江西省风景名胜区保护管理理论与实践研究[D]. 南京：南京林业大学，2004
③ 蒋志刚，马克平，韩兴国. 保护生物学[M]. 杭州：浙江科学技术出版社，1997

(1) 由自然所提供的条件:植物、地形、地景和风景;

(2) 旅游使用类型和使用层度所要求的条件;

(3) 由管理所提供的条件:开发、道路、管理条例等。

由于上述这些条件因品质、状况的不同提供了多样化的娱乐机会,同时娱乐机会也暗含了访客的选择,所以娱乐机会必须由上述设置和访客的需求共同组成。因此,娱乐机会就是一种由访客爱好所定义的功能、提供这种条件的设置和使访客意识到它们存在的管理活动三方面共同定义的产品。

娱乐机会是具有提供某些娱乐活动和体验的功能,它的定义集中于场地的社会、物质和管理特征,而"谱(Spectrum)"的概念反映了对多样的土地管理特征的变化的描述,从适合高密度使用的地区到稀少使用的荒野,描述了娱乐机会分布和开发的范围,通过它使管理人员认识地块间的差异并以不同的方式进行管理(表 7.7)。

表 7.7 "谱(Spectrum)"在美国法律、土地管理和娱乐机会分级上的运用

联邦法律	《野生动物和风景河流法案》	在改变、开发、允许的活动变化的水平上将河流分为三级
	《国家风景小径法案》	将小径和邻近的开发分为三级
	《国家森林管理法案》	要求提供地块的分布和发展娱乐机会的广泛谱系
联邦机构的规划	国家森林管理局	从提供的挑战、荒地独处和要求高技巧到设施齐备和包含较少技巧,将娱乐机会划分为六个层次
	遗产保护和娱乐服务局(前户外娱乐局)	界定了六种室外娱乐设置范围从Ⅰ级(高密度娱乐区域)到Ⅵ级(历史和文化场地)
娱乐机会	漂流	将河流分为六个级,从Ⅰ级(流水只有小波动和小浪花无阻塞)到Ⅵ级(几乎不可能娱乐,很危险)
	爬山	国际的十进制的系统将它从 1.0 级(步行)分为 5.0 到 5.11 级(在器械保护下爬行难度不断增加)

资料来源:据 Roger N. Clark, George H. Stankey, *The Recreation Opportunity Spectrum: A Framework for Planning, Management, and Research*, U.S. Department of Agriculture Forest Service,1979,笔者进行了整理。

2) 娱乐机会谱的六个基本的管理因素

ROS 定义了对娱乐机会有影响的六个方面的场地特征和管理因素,以此界定不同的娱乐机会和管理室外娱乐活动与场地环境间的关系。这六个与环境条件、访客爱好、管理经验相关的因素是[1]:

(1) 可进入性(Access):它定义了不同的道路和交通工具体系。植被和地形是界定可进入性的重要参照。管理者综合考察一个区域的自然特征、设计手段和管理标准,以决定该区域的可进入系统。

(2) 其他非娱乐资源的使用(Non-recreational Resource Uses):如采矿、伐木、放牧等与户外娱乐有矛盾的活动必须给予限制。

---

[1] Roger N Clark, George H Stankey. The Recreation Opportunity Spectrum: A Framework for Planning, Management, and Research[R]. Washington D. C. : U. S. Department of Agriculture Forest Service, 1979:8-14

(3) 现场管理(Onsite Management)：包括对场地设施、植物配制等方面的管理，主要考虑四个方面：

① 场地因娱乐而改变的程度，即是只有一些孤立的点发生了改变还是已经散布到整个区域了。

② 场地因娱乐而改变的明显程度，即是需要添加本地植物来弱化已发生的改变，还是根据要求修正自然的配置状况，甚至用人工材料加强这种改变。

③ 环境改变的复杂性管理，即因地制宜，最低程度地改变原环境，如风景区修建一小跨度桥梁可用原木搭接，也可用混凝土，这样就要既考虑环境的改变也考虑娱乐机会的要求。

④ 娱乐设施管理，设施包括两类，一是为娱乐要求使访客安全、享受便利的设施，二是为保护资源的设施。管理则决定在某些区域内不设置任何设施，在另一些区域内不得不安置某些设施，如厕所。

(4) 社会因素的相互作用(Social Interaction)：访客与其他访客的接触以及访客影响的可接受性，仅仅以人口密度来确定它是不合适的，这个相互作用包括以娱乐的方式和人对环境的感知来共同确定娱乐的人口承载能力。

(5) 访客影响的接受程度(Acceptability of Visitor Impacts)：访客必然对环境在两方面造成影响，即资源和其他人。管理者的工作不是如何阻止影响，而是去确定什么程度的影响是和因这种影响而产生的变化所提供的机会类型是相一致的。管理者必须关心为维持娱乐机会而保护娱乐品质。这个概念关系到多少影响是合理的，这种影响既包括大小也包括重要性。影响的大小基于一个客观的评价，由目标监测程序来确定；而影响的重要性则基于对其可能导致的结果的价值判断，它不基于一些绝对的数值而基于对娱乐所要求的机会和随之而来的人类经验变化的影响。

(6) 可接受的组织化(Acceptable Regimentation)：在现代的娱乐机会类型中较之原始的类型以高度的组织化和规则化为特征，但也必须接受一定的限制，在最严格的自然保护区，访问可能是必须禁止的。运用管理访客活动的特别技术，包括条例、规定、场地设计和法律，来控制和管理。法律和政策提供一些指导，即什么是恰当的，什么是不恰当的；对于具体的区域应制定具体的管理条例。

以上这六个方面建立起一系列创造和管理娱乐机会的因素。

3) 娱乐机会谱的运用

ROS 的具体运用主要包括以下四个方面[1]。

(1) 分配并规划娱乐的资源：ROS 是关于决定可能提供的娱乐机会类型的一个有帮助的概念。当一个区域的娱乐机会基本被定下来之后，ROS 提供了一个规划指导原则，即每个因素都要被按一定的标准管理。以下三个概念在 ROS 做这些的决定时有重要意义：①不同机会的相对的获取；②它们的再生能力；③它们的空间分布。

ROS 尽管不是直接管理任何一个娱乐供应商，但是它提供了可供选择的机会和影响这些机会的基本因素。机会的空间分布和适宜性的评估是地方性的规划框架工作，当一种类型的机会供应充分，就为代理机构提供了多样的选择机会，如美国阿拉斯加东南部国家森

---

[1] Roger N Clark, George H Stankey. The Recreation Opportunity Spectrum：A Framework for Planning, Management, and Research[R]. Washington D. C.：U. S. Department of Agriculture Forest Service, 1979：21-26

林管理局管理的土地就提供了多样的现代和半现代的娱乐机会。

再生性和可逆性也是基本的考虑因素,娱乐机会必须在技术上能够再生,娱乐机会越现代的部分与原始的部分相比越具有再生能力,即越容易以技术的使用、资本的注入来创造娱乐能力。当然只要给予充分的时间和金钱,娱乐机会一般都是可再生的。ROS的特点就是管理活动可逆性上的不对称,即从原始区域转变到现代区域要仔细权衡,因为原始区域的可逆性和再生性更难实现。

（2）ROS提供了一种评估娱乐机会的基本框架,包括:
① 调查已经存在的和潜在的娱乐机会;
② 为管理责任机构提供娱乐机会的目录;
③ 指出各种娱乐机会之间的空间关系。

（3）确认管理行动的后果:因为ROS理论集中讨论物理、社会和管理的设置,使它便于将娱乐机会转变成一个特定的管理行动。它能描述娱乐活动给环境带来的变化,以及这些变化是否是恰当的和所必需的。

（4）使可得到的娱乐机会与访客所要求的体验相匹配:对于娱乐机会的管理者来说,是为访客提供信息,使他们在恰当的位置进行恰当的活动,如俄勒冈国家森林按环境条件和设施提供了五种不同的野营娱乐机会,从最原始的到最现代的,以激发不同的娱乐体验。

ROS理论整合了娱乐机会和资源保护,"谱"的概念提供了变化的环境设置和与之相应的管理要求,当管理和娱乐价值相联系,它必须严格维持某些因素,谱系中没有规定的改变都不能做出。

7.2.4　环境影响评价理论(Environmental Impact Assessment,简称 EIA)

环境影响评价理论(EIA)最初的来源是1969年美国的《环境政策法案》(*National Environmental Policy Act*,NEPA),将环境影响评价作为一种制度规定下来,依据该法设立的国家环境质量委员会(Council on Environmental Quality,CEQ)于1978年制定了《国家环境政策法实施条例》(*Regulations for Implementing the Procedural Provisions of the National Environmental Policy Act*,简称 CEQ 条例),又为其提供了可操作的规范性标准和程序①。

之后,西方国家纷纷效仿,瑞典、澳大利亚、法国、加拿大、德国、日本等均对这一制度予以法律肯定,使其具备了强制性。几十年来的实践表明,这一制度的实施对于维护生态平衡、保持环境系统的稳定性等起到了重要作用。EIA理论是对建设项目或公共政策引起的环境变化——包括自然环境和社会环境——所进行的预测、评价,并据此提出缓解环境负向变化的措施。其基本目的是在大型项目建设之初或公共政策实施之初,就考察它们对外在环境会产生多少不利影响,从而制定相应的措施,协调社会经济发展与环境保护的关系,为谋求人类社会的健康、持续发展提供科学的方法论基础。这个理论影响和支撑了保护区的保护形式从点状保护转向生态区域性保护,由"孤岛式"保护转向完

---

① 马绍峰.美中环境影响评价制度比较研究[J].科技与法律,2004(03):115-117

整的保护体系[①]。

1) 环境影响评价的内容和目标

我国于 2003 年 9 月 1 日颁布施行《中华人民共和国环境影响评价法》[②]。其颁布实施的基本目的是"为了实施可持续发展战略,预防因规划和建设项目实施后对环境造成不良影响,促进经济、社会和环境的协调发展"(《环境影响评价法》第一章第一条);评价的对象是(《环境影响评价法》第二章第七、八条):

第七条 国务院有关部门、设区的市级以上地方人民政府及其有关部门组织编制的土地利用的有关规划,区域、流域、海域的建设、开发利用规划……

第八条 国务院有关部门、设区的市级以上地方人民政府及其有关部门组织编制的工业、农业、畜牧业、林业、能源、水利、交通、城市建设、旅游、自然资源开发的有关专项规划……

评价的内容是(《环境影响评价法》第二章第十条):

"(1) 实施该规划对环境可能造成影响的分析、预测和评估;

(2) 预防或者减轻不良环境影响的对策和措施;

(3) 环境影响评价的结论。"

美国的《环境政策法案》的立法目的是为了使人口和资源使用处于平衡状态,能够享受高质量的生活。《法案》设立总统下属机构"环境质量委员会",负责对生态环境进行调查研究、考察分析,并对联邦政府的计划进行评价,在促进环境质量的基础上提出各有关政策[③]。美国环境影响评价的对象是联邦政府的立法建议的和其他的对人类环境有重大影响的重大联邦行为。这些行为的种类主要有:

(1) 联邦政府机关向国会提出的议案或立法建议,其中包括申请批准条约;

(2) 全部或部分的由联邦政府资助的、协助的、从事的、管理的或批准的工程或项目以及新的或修改了的行政决定、条例、计划、政策或程序。

美国《国家环境政策法实施条例》又规定了"背景(Context)"和"强度(Intensity)"两个判断标准,即上述行为有一定的背景或达到一定的强度才需要进行环境影响评估。所谓背景是指联邦行为对社会整体、行为实施地和相关利益的影响;强度则指联邦行为影响的严重程度,它又通过更具体的标准来认定,可以归纳为:

(1) 对公众健康和安全、特殊地理区域、国家历史遗迹和濒危物种的不利影响的程度;

(2) 行动的环境影响的不确定性及其危险程度;

(3) 行动的环境影响引起重大争议的可能性;

(4) 行为成为未来行动的先例或代表的可能性;

(5) 行为是否分散进行会比集中进行产生较小影响;

(6) 行动是否可能违反联邦、州或地方的环境保护法[④]。

美国环境影响评价的内容是:

---

① 丁新权. 江西省风景名胜区保护管理理论与实践研究[D]. 南京:南京林业大学,2004
② 《中华人民共和国环境影响评价法》全文见 http://www.china.org.cn/chinese/2002/Oct/224266.htm
③ 冯采芹,等. 国外园林法规的研究[M]. 北京:中国科学技术出版社,1991
④ 王曦. 美国环境法概论[M]. 武汉:武汉大学出版社,1992

(1) 包括两方面内容：建议行动(The Proposed Action)和替代行动(The Alternatives)两类，其中替代行动包括不作为(No Action)，详细说明各种可供选择的方案的环境影响程度；

(2) 对各种方案可能会影响的环境进行分析；

(3) 各种行动方案及其补救措施的环境后果[①]。

欧共体在1970年代初期就开始采取行动监测成员国的环境，1985年欧共体理事会和各成员国代表在卢森堡签署了《对某些公共或私人项目进行环境影响评价的方针》(Council Directive of 27 June 1985 on the Assessment of the Effects of Certain Public and Privative Projects on the Environment)。规定必须受评估的项目为：

(1) 建筑工程、设施或其他项目，这些项目可能产生放射性、有毒化学物质等污染，对此《方针》附录有详细规定；

(2) 那些干扰了自然环境或风景区的活动，如采矿业。

评估内容包括项目和以下四方面内容的关系：

(1) 项目对人、动物、植物的影响；

(2) 项目对土壤、水、空气、气候和风景的影响；

(3) 人和动物、植物与土壤、水、空气、气候和风景间的相互影响；

(4) 项目对有形资产和文化遗产的影响[②]。

通过上述比较可见，我国和欧盟的环境影响评价都是针对具体的建设和开发项目的，但欧盟的《环评方针》在附录中详细列出了必须被评估项目，有"联合化工设施""以焚化、化学或深埋的方式处理有毒和危险废物的设施"等九类，以及建议成员国申报评估的十二大类项目，因为环境评估也要花费一定的人力物力，因此所有的项目都评估在实际中也很难操作，我国的《环境评价法》应在必须评估的项目的界定上进一步明确。

美国的环境影响评价是针对项目和政策两方面的，而在实际操作中，国家政策对整体环境的影响远远超出了个别的项目。其次，我国的环境影响评价的内容是针对具体项目指出其可能的环境后果；欧盟的环境影响评价内容着重考察项目与环境的关系；而美国的环境影响评价还包含推荐可能情况下更合适的方案[③]。这些都是值得我国环境影响评价制度借鉴的地方。

2) 环境影响评价理论的技术特点

EIA理论(环境影响评价)、LAC理论(可接受的改变极限理论)和RCC理论(环境承载容量)一样，都是希望用客观的量化指标体系来描述环境的变化，但是由于生态系统的复杂性，需要一整套不同的时间、空间层次的指标，确定这一指标体系是EIA理论在操作上的关键和难点。如在业内具有较高知名度的圆明园东部湖底防渗工程环境影响评价的监测指标由噪声、大气环境、地表水环境、地下水环境、生态系统等五个部分组成，分别考察其在防

---

① 王曦. 美国环境法概论[M]. 武汉:武汉大学出版社,1992

② European Commission. Council Directive of 27 June 1985 on the Assessment of the Effects of Certain Public and Privative Projects on the Environment[EB/OL]. [2005-06]. http://europa.eu.int/comm/environment/eia/full-legal-text/85337.htm

③ 马绍峰. 美中环境影响评价制度比较研究[J]. 科技与法律,2004(03):115-117

渗工程影响下可能的变化,并由此来评价工程对环境的影响①。

环境影响评价的目标是:"为了实施可持续发展战略,预防因规划和建设项目实施后对环境造成不良影响"(《环境影响评价法》第一章第一条),因此 EIA 指标应该显示表示由于项目使环境产生变化与可持续性状态之间的差异,即考虑到未来使用的需求,因此评价指标体系应包括三个组成部分:

(1) 描述当前环境状态的环境指标,对环境要素如大气、水、噪声、土壤等进行预测评价。

(2) 可持续性的指标体系,表征由于项目的实施使环境产生变化与可持续性状态之间的差异,针对每个项目的特点建立一些新的指标体系。它所涵盖的范围包括经济发展与经济效率的实现、自然资源的有效配置和有序利用、环境质量的改善。

(3) 可持续发展的指标,用它们衡量当代人实现可持续发展主要目标的进程是否合理,将环境影响采用剂量——反映函数予以量化,将环境污染物的预期剂量与受体的量化影响联系起来,确定环境可以承受的限度②。

3) 环境影响评价制度对公众参与保护的作用

公众参与保护运动在西方有悠久的历史,近年来更成为一股重要的政治力量。在环境影响评价中,"公众参与"是其理论的组成部分之一。一个完整的环境影响评价过程应包括三个组成部分:

(1) 对开发行为或政府政策对环境可能造成的影响,事前以科学、客观、综合的调查、预测、分析及评价;

(2) 提出环境管理计划;

(3) 公开说明,进行审查。

《美国国家环境政策法实施条例》对公众参与的程序作了详细规定,包括参与阶段、参与范围、参与人员、参与效果以及参与的限制等。如项目审查前不必通知公民,但审查后应通告,一般公开的时间为45—90天;公民可以参与规划过程;规划过程开放,为公众提供信息;公民有机会得到 EIA 文件;公民可以提交有关项目书面评论;当局或建议者必须对公众意见做出反应;当有较大争议或公众对听证感兴趣时可要求举行听证;公众有权了解做出最后决定的理由;公众可以在参与 EIA 后 30 天之内收到有关信息;公众可以质问 EIA 的充分性等等③。欧共体的《某些公共或私人项目进行环境影响评价的方针》也在第六款中规定了公众参与的方式方法。

我国的《境影响评价法》第二十一条也做出了相关规定:"除国家规定需要保密的情形外,对环境可能造成重大影响、应当编制环境影响报告书的建设项目,建设单位应当在报批建设项目环境影响报告书前,举行论证会、听证会,或者采取其他形式,征求有关单位、专家和公众的意见。"但是由于对公众参与环境影响评价的范围、程序、方式和公众意见的法律地位缺乏相应的规定,在实际操作中有一定难度。

我国现阶段的公众参与环境影响评价主要方式是利用公共传媒对一些社会影响较大

---

① 清华大学环境影响评价室.圆明园东部湖底防渗工程环境影响报告书[R].北京:清华大学,2005:267-270
② 芦婷.浅析规划环境影响评价[EB/OL].[2005-07] http://lutingapple.vip.sina.com/pubchi.htm
③ 马绍峰.美中环境影响评价制度比较研究[J].科技与法律,2004(03):115-117

的项目进行舆论监督,如发生在2005年3月的"圆明园防渗塑料膜使用"事件,即圆明园整治工程将几乎所有的湖面排干,在湖底铺设防渗塑料膜。此事件经媒体披露后引起了广泛争论,民间环保组织负责人、专家学者、相关政府官员、知名人士纷纷站出来阐明各自观点。

专家中较有代表性的是俞孔坚先生的意见,他认为圆明园的价值在于它作为遗址的价值和作为一个完整的生态群落的价值,修葺山水重新造园,是根本错误的方向[①]。而清华大学建筑学院的郭黛姮教授则认为"圆明园所处地质条件不好,渗漏严重,要想留住水,一定要采取措施。防止漏水属于节水措施,这是一种不得已而为之的措施,否则河湖会干涸。对湖底不进行防渗处理,湖水下漏后,水生动植物也会死亡,湖周围的草木枯萎,影响生态。不能从单方面的认识出发,毁掉防渗措施,使圆明园成为水体枯竭的历史园林。"[②]专家尽管有不同意见,但都基于对保护问题的理性思考,差别在于保护观念,即遗址保护要不要修复及生态维护方法的问题。

民间环保人士在这个事件中的作为主要是通过媒体对铺设防渗塑料膜的做法进行激烈抨击。其中,一些做法引起了争议,例如为证明自己的说法伪造生态变化的证据,还拉来一个十一岁的小学生为此事提了八条意见——不是儿童无权参与环保讨论,而是在没有大人指使的情况下,现阶段中国的儿童不可能有机会参与到这种事件中。在后来召开的圆明园防渗听证会上又对持有不同意见的人士喝倒彩,之后又爆出这些所谓的民间环保人士受到国外财团的暗中资助[③]。如此这般,使得对一个环保项目的讨论沾染上了派别、意气之争的色彩,充分暴露了我国公众参与重大环境问题决策远未制度化、规范化。尽管如此,公众参与作为一种让社会公共利益和公民私权得到有效维护的制度仍然在这一事件中显示了积极意义。

哪些项目是必须进行环境影响评价的?什么性质、多大规模的项目?是新建项目还是包括所有的整治、改造、修复项目都要进行评估?在我国的《环境影响评价法》并不明确。上述圆明园项目在已开工一年被曝光后才提交了《圆明园东部湖底防渗工程环境影响报告书》的环境影响评价报告。环评报告书并没有否定防渗做法,但提供了使用环境友好性更佳的防渗材料和措施的建议,同时也暴露了《环境影响评价法》在对其评价项目的范围不明确这一问题。国家环境保护总局召开的关于圆明园整治工程环境影响听证会吸引了广泛关注,中央电视台也进行了调查采访,采访中还发现了圆明园整治工程中的腐败行为[④]。这些都是在公众和媒体的监督下取得的成果,因此重要的是让公众参与、了解环境问题的决策成为一种制度而不是炒作,才能更有效地发挥其作用而不被不适当地利用。

7.3 历史景观和自然生态的管理、维护与修复

以地域为基础的文化景观保护的理论和方法主要包括两个方面,即本章讨论的历史景观保护管理与修复、自然生态保护管理与维护。

---

① 徐百柯. 这是一个"外耻内愚"的典型[N]. 中国青年报,2005-03-30
② 夏命群. 圆明园防渗听证会之现场:唇枪舌剑争论五大焦点[N]. 京华时报,2005-04-14
③ 新语丝. 立此存照·圆明园事件[EB/OL]. [2005-06]. http://207.152.99.250/dajia/yuanmingyuan.html
④ 王晴. 圆明园防渗听证会之内幕:整治工程被疑暗藏猫腻[N]. 京华时报,2005-04-14

文化景观是人与自然共同的作品,对其中文化遗产保护的历史景观保护,其本质是对"变化"的管理,这种管理以动态保护历史景观的多样性和可识别性为原则,主要内容包括景观形态管理、环境要素管理、社会要素管理、旅游业管理、管理中的公众参与五个方面。

对文化景观遗产地的自然生态要素的保护与维护,其本质是对生态环境"变化"的控制,使人类行为对环境的影响处于环境能够修复的范围内。生态保护管理与维护理论发展初期形成的重要理论:RCC 理论,将环境承载力分为生态、空间、设施和社会承载力四个方面来考察,最后得出保护区内所能容纳的人数为其控制指标。

由于发现仅从"人数"上控制环境状况变化的考虑过于简单化,LAC 理论发展出一种控制环境本身变化而不控制人数的保护区生态维护理论,这一理论要求针对不同的保护区设置专门的系列环境监控指标,发现超出限度则做出相应的管理上的回应。依据这一理论,美国国家公园制定了它的"游客体验与资源保护"技术方法,控制公园的保护与利用间的关系。这一技术方法值得我国遗产地管理借鉴。

由于对于较大范围的土地,它的每一个部分所能承受的开发力度、修复能力并不完全相同,有时甚至差异较大,因此就产生了 ROS 理论。这一理论将土地的不同部分根据一定的指标划分为不同的开发级别,是一个大尺度土地生态维护与开发利用的管理工具。

EIA 理论则超出了对专门划定的保护区的管理,全面评价国家重大政策、重大工程对生态环境的影响,是保护地从"孤岛"走向"体系"的理论支撑。

下篇 类型

8 历史的设计景观:《佛罗伦萨宪章》指导下的历史园林及景观设计保护的概念和方法——风貌维护与风格修复

8.1 历史园林及景观设计保护观念辨析

历史的设计景观指的是由景观建筑师和园艺师按照一定的原则规划或设计的景观作品,或园丁按照地方传统风格培育的景观,这种景观常反映了景观设计理论和实践的趋势,或是著名景观建筑师的代表作品,美学价值在这类作品中占有重要地位。

历史园林是我国历史的设计景观的重要组成部分,它是一种相当古老然而又很脆弱的人类艺术形式。巴比伦的空中花园,建章宫的太液池,宋徽宗的艮岳,在当时均极尽奢华,但今天早已湮灭;此外历史的设计景观还包括历史的风景点设计,风景点是利用城邑郊外或依托市区某一佳山好水形成的游览胜地,一般都有亭阁、寺观等建筑,像南京的鸡鸣寺等。因此历史的风景点设计也能被看作没有围墙的历史园林。由众多风景点组成的集合构成的区域性景观,则被称为风景名胜区[①]。

历史的设计景观能保存至今的,在世界范围内数量有限,它们之所以能保存至今,自然是已经经历了相当年代的某种意义上的保护。例如苏州名园拙政园,自明代嘉靖初创建以来,五百年间数易其主,多次毁坏,但每一次均很快得到保护,经过精心维护和修复,获得新的生机,是故直至今日,仍然是吴中胜迹之一[②]。因此,对历史设计景观进行适当保护,其实已经是一种传统。

然而,自1960年代以来,随着国际古迹遗址理事会发布的《威尼斯宪章》[③]逐渐在世界范围内被普遍接受,为历史古迹的保护建立了新的标准。这一标准以保持历史古迹的原真性为核心,通过一系列国际公约、宪章和其他国际文件,现在已遍及所有历史古迹的保护范

---

① 潘谷西. 江南理景艺术[M]. 南京:东南大学出版社,2001
② 童寯. 江南园林志[M]. 北京:中国建筑工业出版社,1984
③ 《威尼斯宪章》全名为《保护文物建筑及历史地段的国际宪章》,是"从事历史文物建筑工作的建筑师和技术人员国际议会"(International Congress of Architects and Technicians of Historic Monuments, ICOMOS的前身)1964年于威尼斯举行的第二次会议通过的决议。中文本由陈志华译,发表于《世界建筑》,1986年第3期。本文在引用和述及时同时参照英文本,见 http://www.icomos.org。

围;其中,历史园林及设计景观的保护,便有 ICOMOS 于 1982 年发布的《佛罗伦萨宪章》①专门加以规范。按照这一标准所进行的对历史园林及设计景观的保护,与传统的习惯做法大有区别,且历史非常短暂,内容和方法尚有争议。下面将讨论《佛罗伦萨宪章》所提出的保护原则与传统有何区别,以及其具体内容和方法应如何理解和界定。

8.1.1 《佛罗伦萨宪章》与《威尼斯宪章》

《佛罗伦萨宪章》是《威尼斯宪章》在历史园林这一特殊历史遗产领域的延伸。它在一开头就明确指出,"'历史园林指从历史或艺术角度而言民众所感兴趣的建筑和园艺构造'。鉴此,它应被看作是一古迹。"(第一条)因此,"作为古迹,历史园林必须根据威尼斯宪章的精神予以保存。"(第三条)因此,解读《佛罗伦萨宪章》,必须从《威尼斯宪章》开始。

"威尼斯宪章的精神",可以用一个在该宪章中仅出现了一次的词概括:原真性 Authenticity。该宪章的全部内容,都是围绕着在保护历史古迹(Historic Monument)(中文本译作"历史文物建筑")时如何确保其原真性不受损害而展开的。因此,《威尼斯宪章》规定:

"……使用时决不可以变动它的平面布局或装饰。"(第五条)

"凡是会改变体形关系和颜色关系的新建、拆除或变动都是决不允许的。"(第六条)

"一座文物建筑不可以从它所见证的历史和它所从产生的环境中分离出来。"(第七条)

"任何一点不可避免的增添部分都必须跟原来的建筑外观明显地区别开来,并且要看得出是当代的东西。"(第九条)

"各时代加在一座文物建筑上的正当的东西都要尊重,因为修复的目的不是追求风格的统一。"(第十一条)

"……必须使补足的部分跟原来部分明显地区别,防止补足部分使原有的艺术和历史见证失去真实性。"(第十二条)

"不允许有所添加,除非它们不至于损伤建筑物的有关部分、它的传统布局、它的构图的均衡和它跟传统环境的关系。"(第十三条)

可见,《威尼斯宪章》所要求的当代意义上的对历史古迹进行的保护,是要最大限度地保护历史古迹的原状、原貌,保存原有的结构、构造、材料和环境,以最大限度地真实保护和忠实传递历史古迹所承载的历史文化信息。这就是原真性的意义。

然而,传统上对历史园林进行的维修和修复,和《威尼斯宪章》的精神可以说常有出入。中国古人修整园林,大体率意为之,往往近于改造甚至重建,如《园冶》作者计成所谓"旧园妙于翻造"之说②。其较为严谨者如拙政园,清初画家恽寿平对其中部面貌有较详细记载,据陈从周先生考证③,与今日格局出入尚不大,但建筑、山水、树木花草等具体形态,则无从探究。严谨者尚如此,不严谨者可知。如苏州留园,清人刘恕于嘉庆道光年间得明人东园故址,大加改造,广植白皮松,并因此将园名改为"寒碧山庄";又多觅奇石,置于园中,与明

---

① 国际古迹遗址理事会与国际历史园林委员会于 1981 年在佛罗伦萨召开会议,决定起草一份历史园林保护宪章即《佛罗伦萨宪章》,并由国际古迹遗址理事会于 1982 年登记作为涉及有关具体领域的《威尼斯宪章》的附件。中文本译者不详,可见法国华夏建筑研究学会主编,《法中历史园林的保护及利用》,中国林业出版社,2000 年。本文在引用和述及时同时参照英文本,见 www.icomos.org。

② 计成,陈植. 园冶注释[M]. 北京:中国建筑工业出版社,1988

③ 陈从周. 说园[M]. 上海:同济大学出版社,1984

代东园旧物"冠云峰"一起成为该园一大特色。清末,该园归盛宣怀,改名留园,又有增添修改①。西方人同样如此,比刘恕稍晚,后来在建筑史上赫赫有名的英国人帕克斯顿(Sir Joseph Paxton)于1826年当上了查滋沃思花园(Chatsworth)的主管,随即对这个原来主要以英国自然风景式为主的园林进行改造,形成了相当接近于法国古典主义花园的面貌;此后又在花园里用铁和玻璃建起了大温室②。在法国,在大革命中被摧毁或荒废的园林在革命之后并没有按照原来的式样被重新修复,而是被一一改造成英国风格的自然式园林。

《佛罗伦萨宪章》的制定,可以说正是针对这一传统。因此,该宪章对历史园林的保护和修复提出了这样一些规定:

"构成历史园林整体组成部分的永久性的或可移动的建筑、雕塑或装饰特征,只有在其保护或修复之必要范围内方可予以移动或替代。任何具有这种危险性质的替代和修复必须根据《威尼斯宪章》的原则予以实施,并且必须说明任何全部替代的日期。"(第十三条)

"在未经彻底研究,以确保此项工作能科学地实施,并对该园林以及类似园林进行相关的发掘和资料收集等所有一切事宜之前,不得对某一历史园林进行修复,特别是不得进行重建。"(第十五条)

"修复必须尊重有关园林发展演变的各个相继阶段。原则上说,对任何时期均不应厚此薄彼,除非在例外情况下,由于损坏或破坏的程度影响到园林的某些部分,以致决定根据尚存的遗迹或根据确凿的文献证据对其进行重建。"(第十六条)

"在一园林彻底消失或只存在其相继阶段的推测证据的情况,重建物不能被认为是一历史园林。"(第十七条)

上述规定,与历史上形成的修复传统有明显区别,与《威尼斯宪章》的精神却正是一脉相承,由此奠定了历史园林在当代意义上的保护原则。

8.1.2 历史的设计景观:有生命力的遗产

传统上对历史的设计景观进行的维修和修复,虽然看似率性而为,但也自有其由来。此种传统之所以形成,实乃基于历史的设计景观自身的特点,而这一特点在《佛罗伦萨宪章》一开头就得到了明确的肯定:

"'历史园林是主要由植物组成的建筑构造,因此它是具有生命力的,即指有死有生。'因此,其面貌反映着季节循环、自然变迁与园林艺术,希望将其保持永恒不变的愿望之间的永久平衡。"(第二条)

它们的内容除了建筑、种植格局外,还包括"活动或平静的水域,蓝天的倒影"。(第四条)它们的历史与艺术价值与大自然中瞬息万变的各种景象密切相关,其魅力不会随时光的流逝而减弱;岁月也许会使它们失去初时的光辉,但同时也在不断丰富和复杂着它原始的设计形态。时间的痕迹正是历史园林的特点,甚至是历史园林作为历史遗产本身的一部分。"自然的废墟"从18世纪起就是英国景观庭院的重要组成部分,英国18世纪诗人、园林理论家森士腾(William Shenstone)写道:"谁所营建的杰作立时开始倾塌;而谁所种植的杰作立时开始升华。种植营建允诺更持久的乐趣,是因为,多么完美的建筑物,开始即碎为微

---

① 陈从周.说园[M].上海:同济大学出版社,1984
② [日]针之谷钟吉.西方造园变迁史[M].邹洪灿,译.北京:中国建筑工业出版社,1991

尘必须以想象力弥补。"①

罗斯金在他的著作《建筑七灯》中,认为废墟有着"高贵的画意",是"时间金色的斑点",自然中的建筑也和自然一样出生、成长、衰退②。"苍古"更是中国古典园林所追求的格调,童寯先生在1930年代调查拙政园时有言:"惟谈园林之苍古者,咸推拙政。今虽狐鼠穿屋,藓苔蔽路,而山池天然,丹青淡剥,反觉逸趣横生。"③另一方面,时间的流逝,也使得园林的面貌始终处在一种动态之中。作为园林主要组成部分之一的植物,随时间流逝,由幼小而壮大而凋零;随四季变更,或落叶或开花或结实。由此可见,历史园林的价值正是由时间累积而成。

因此,作为一种有生命力的历史遗产,历史的设计景观的保护具有有别于其他历史遗产的两个因素:

其一,任何得以保存至今的历史设计景观,都依赖于其局部的甚至整体的、不断的人工或自然的修复和重建过程。因此对于历史设计景观,修复和重建就是保护和保存的基本手段,任何严谨的修复和重建的价值和产品都是无法否定的。

其二,在历史设计景观永不停息的发展过程中可能确实存在过某些相对稳定的形态,但根据文字描述和绘画图片记载所进行的原始形态复原有多少真实性也是值得怀疑的。而且作为整体运作的自然系统,也很难做到让不同的时代片断共存。

随着时代的变迁,历史设计景观中自然和文化要素的不断生长、变化是必然的,因此要根据不同的情况选择保护的方式。与一般历史遗产有所区别的是,历史设计景观除了要保留原始的印迹,还要保留"变化"的印迹。因此对它们的修复不能仅仅被看作复原至某一时期或使现存形态完整的行为,更重要的是在场地历史研究和现状调查中了解其演变和转化的过程,从而确定哪些部分需要改变,哪些部分需要恢复,以及哪些部分需要使之继续演变。

另一方面,对于以植物为主的历史设计景观,日常维护也是保护的重要手段。《佛罗伦萨宪章》指出:"对历史园林不断进行维护至为重要。既然主要物质是植物,在没有变化的情况下,保存园林既要求根据需要予以及时更换,也要求一个长远的定期更换计划。"(第十一条)

因此,历史设计景观的保护,虽然必须遵循《威尼斯宪章》的精神,但在具体的方法上则不可拘泥,而应适应其自身特点。这些方法,正如《佛罗伦萨宪章》所指出的那样,可分为两个层面:日常的维护与保护,可以称为历史设计景观的风貌维护;以及在受到破坏以后的修复与重建,可以称为历史设计景观的风格修复。

8.1.3 风貌维护

《威尼斯宪章》第四条指出:"古迹的保护至关重要的一点在于日常的维护。"《佛罗伦萨宪章》第十一条规定:"对历史园林不断进行维护至为重要。"对于以植物为主的历史设计景观,日常的维护和保护尤为重要。此种维护,其目的在于维持历史设计景观的景观特征,使

---

① 法国华夏建筑研究学会.法中历史园林的保护及利用[M].北京:中国林业出版社,2000
② John Ruskin. The Seven Lamps of Architecture[M]. New York : Dover Publications,1990
③ 童寯.江南园林志[M].2版.北京:中国建筑工业出版社,1984

其不因外界或自身的变化而出现显著的改变,因此称为风貌维护。在实际操作中它包括两个方面:

1) 历史设计景观本身风貌的维护,包括对植物、建构筑物和水体的维护

植物是历史园林景观的主要组成部分之一,其维护首先是植物品种的维持。《佛罗伦萨宪章》第十二条指出:"定期更换的树木、灌木、植物和花草的种类必须根据各个植物和园艺地区所确定和确认的实践经验加以选择,目的在于确定那些已长成雏形的品种并将它们保存下来。"陈从周先生评某历史名胜曰:"……门额颜曰:'六朝遗迹',入其内,雪松夹道,岂六朝时即植此树耶?"①是一个典型的植物品种错误的例子。此外,许多历史设计景观中的古树名木,反映了造园初始时植物配置的意匠及造景寓意上的考虑,但是并非设计之初时的景观效果。因此维护它的风貌,主要应强调古树名木的保护复壮、在保存植物原始配置的基础上对花木植被的养护补植及修剪。

建构筑物在历史设计景观中具有重要地位,建筑的风格往往体现了历史设计景观本身的风格,在中国园林中尤其如此。因此《佛罗伦萨宪章》第十三条明确指出,对各种建构筑物和雕塑等必须依照《威尼斯宪章》的原则加以保护,只有在由于保护而必须的时候才能移动或替代。

水体是一个更为微妙和敏感的问题。历史设计景观中的水体通常是非常重要的景观因素,但同时往往也是更大的地区水环境的一部分。除了常规的疏浚、清淤等技术性维护措施之外,维持整个地区水环境的生态平衡对于维持历史设计景观中水体的景观特征具有根本性的作用。《佛罗伦萨宪章》第十四条指出:"历史园林必须保存在适当的环境之中,任何危及生态平衡的自然环境变化必须加以禁止。所有这些适用于基础设施的任何方面(排水系统、灌溉系统、道路、停车场、栅栏、看守设施以及游客舒畅的环境等)。"山东济南诸园,多半和名泉有关;但 1970 年代以后,由于地区水环境发生变化,城市地下水位降低,泉水逐渐枯竭,园林顿时失色。近年来由于注重涵养水源,提高地下水位,名泉稍有恢复,是一个突出的例子。

2) 历史设计景观外围环境风貌的维护

作为一种景观设计艺术,历史设计景观无法脱离其环境而存在,事实上在中国造园艺术中,通过"借景"实现和外部环境的交融正是秘诀之一。计成云:"倘嵌他人之胜,有一线相通,非为间绝,借景偏宜;若对邻氏之花,才几分消息,可以招呼,收春无尽。"②中国的皇家名园颐和园,其现存的整体格局形成于 18 世纪,跨越了两个半世纪的历史变迁,依然较为完整地保存到现在,使万寿山、昆明湖的山水魅力至今不减,这主要依赖于现代城市规划对其环境风貌的控制,使视野范围内的景观得到维护③。但在更多的位于现代城市内部或边缘的历史园林中,景观视野被现代建构筑物闯入在今天已几乎习以为常,造成了风貌上的冲突。因此,有必要为历史设计景观设立环境风貌保护区。

从 1933 年 CIAM 的《雅典宪章》提出以设立"历史建筑和地区"以保护城市中的历史街区,到 1962 年法国制订了保护历史性街区的法令,在历史保护规划的实际操作中,第一次使

---

① 陈从周. 说园[M]. 上海:同济大学出版社,1984
② 计成,陈植. 园冶注释[M]. 北京:中国建筑工业出版社,1988
③ 法国华夏建筑研究学会. 法中历史园林的保护及利用[M]. 北京:中国林业出版社,2000

明确界定一个保护区域成为可能①。至今,保护区仍是历史遗产整体性保护的有效手段之一。我国的《风景名胜区规划规范》(GB 50298—1999)界定了景观遗产保护区的性质、划定方式及区内控制手段,但主要是面向大尺度自然和人文景观。《文物保护法》及其《实施细则》规定,各级文物保护单位应划定保护范围,并在其周围划出一定的建设控制地带,《实施细则》第十三条规定"在建设控制地带内,不得建设危及文物安全的设施,不得修建其形式、高度、体量、色调等与文物保护单位的环境风貌不相协调的建筑或者构筑物。在建设控制地带内新建建筑物、构筑物,其设计方案应当根据文物保护单位的级别,经同级文物行政管理部门同意后,报同级城乡规划部门批准。"但对于建设控制地带的具体尺度并未作规定。就历史设计景观而言,它的整个景观视野范围都应划为建设控制地带,因此可能要求一个很大的范围,从而与城市建设发生矛盾。

保护区这一规划手段的目标是限制和控制,在城市历史街区的保护中它具有矛盾的价值取向:一方面它使有价值的历史建成环境得以保存,复兴旧城中可重新使用的结构也可节约资源;另一方面,由于保护区及其周边地段的发展受到限制,在某种程度上降低了城市土地的使用效率,助长了现代城市的蔓延,因而是一种相对消极的规划手段。

8.1.4 风格修复

《佛罗伦萨宪章》和《威尼斯宪章》在基本思想观念上一脉相承,对重建和修复的历史古迹作品不予以承认。这是基于考古学修复的观念:严格区分原件和复制品,如罗马大角斗场的修复方式。但在现实中,对于历史设计景观的保护,这种理论存在着可操作性的缺失。历史设计景观修复的本质就是对历史意境的保护和展现,而这种重现历史意境的目标在实践中通常表现为对某种景观艺术风格的追求。"风格"这个概念是通过比较艺术形式上的差异而建立起来的,是一个美学概念。而正如《佛罗伦萨宪章》第一条所声明,历史园林是一种艺术品。因此,历史园林的修复和重建应当理解为在严谨考证基础上的风格修复,这里的"风格"指的是历史园林这一艺术品的历史风格。

古迹修复中风格修复观念的产生,源自19世纪在艺术哲学领域中占据主导地位的古典主义美学思想和当时建筑界占据主导地位的折中主义思潮的影响。欧洲现代考古学的先驱者、古典主义美学家德国人温克尔曼在18世纪就提出了现代古迹修复的基本原则,他认为"修复艺术品要受到严格的约束:事先研究风格,准确推定日期。"②法国是风格修复实践的发祥地,著名历史学家、作家、法国历史建筑总检察院负责人梅里美注意到,当时的古迹修复者由于不了解古代的风格,往往成为古迹最危险的破坏者,他因此提出古迹上所有风格都应当得到保护。在梅里美的倡导下,以杰出的建筑师和理论家尤金·维奥雷·勒·杜克为代表的法国建筑师进行了大量古迹修复工作,并发展和完善了风格修复的理论。19世纪,维奥雷·勒·杜克的工作和影响遍及欧洲,风格修复成为古迹修复领域中一种主导性的潮流。

19世纪的风格修复理论对景观遗产的修复是具有指导意义的。首先,在修复中"忠实

---

① Spiro Kostof. The City Assembled[M]. London:Thames & Hudson,1992
② Claude Moatti. 罗马考古——永恒之城重现[M]. 郑克鲁,译. 上海:上海书店出版社,1998

于建设目标,忠实于建造方法"①。其次,将古迹恢复到完整状态,尽管"这种状态很可能从未在任何特定时间存在过"②。对于如建筑等遗产,这么做不免导致修复时的杜撰,但对于历史设计景观,将其植物、水体修复完善却是完全有可能出现"这种状态很可能从未在任何特定时间存在过"的情况的。第三,所恢复的目标是一种历史风格,而不是随意完善一种风格,即"排除个人的幻想,尊重原有的风格"③。第四,时代风格与地方风格都应当考察。对于历史园林的修复重建,其中的建筑物、构筑物应当尽可能以考古学的方法处理,对于植物造景则应通过对历史景观风格的研究、分析来选择恰当的修复方法。

在扬州古典园林修复中,修复工作者强调:"遵循以史料为主,最大限度地在原址、原物、原风格基础上加以复建"④。始建于清代的杭州名园郭庄的重建规划中,设计者强调的是"保持了古趣"⑤。又如绍兴沈园相传为宋代著名园林之一,旧时池台极盛。南宋绍兴二十五年(公元1155年),陆游在此与前妻唐氏邂逅相遇,感伤之余,题《钗头凤》词于园壁,从此声名益著。宋以后,园渐废。1984年,绍兴市政府拟扩大清代沈氏之园的规模,恢复宋代沈园,由东南大学建筑系朱光亚教授主持重建。其中葫芦池、水井、土丘均系旧时遗物。孤鹤轩、半壁亭、宋井亭、冷翠亭、闲云亭、放翁桥等建筑均按宋代法式构建(图8.1)。陆游所题《钗头凤》词及唐氏和词重刻于壁间,依然一派古意。沈园修复完成后,游人如织,并被列为省级文物保护单位。可见在我国的景观遗产修复实践中,采用的都是通过恢复景点历史意境的方法。

图 8.1　绍兴沈园
资料来源:笔者摄影

---

　　① 维奥雷·勒·杜克的观点。转引自[英]肯尼斯·弗兰姆普顿. 现代建筑——一部批判的历史[M]. 原山,等译. 北京:中国建筑工业出版社,1988
　　② 这是维奥雷·勒·杜克对修复的著名定义,全文为"修复这个词和这件事本身都具有现代意识。修复一栋房子不是去维护它、修理它,也不是重建,而是把它复原到一种完整的状态,这种状态很可能从未在任何特定时间存在过。"转引自 M. F. Hearn. The Architectural Theory of Viollet-le-Duc: Readings and Commentary[M]. Cambridge, MA: The MIT Press, 1990.
　　③ 这是风格修复的另一位重要人物英国的乔治·吉尔伯特·司各特爵士的著名言论,引自 Scott to Petit. Architectural Restoration: Its Principles and Practice, a speech at a meeting of RIBA, 1877.
　　④ 法国华夏建筑研究学会. 法中历史园林的保护及利用[M]. 北京:中国林业出版社,2000
　　⑤ 法国华夏建筑研究学会. 法中历史园林的保护及利用[M]. 北京:中国林业出版社,2000

传统中对历史园林的修复通常基于业主和工匠的个人趣味，但如今这一事业已和全社会的公共利益紧密结合在一起。《佛罗伦萨宪章》第二十、二十一条阐述了历史园林在当代利用的问题，以及可以做出的变化以适应当代的需要。事实上任何修复或重建不可避免地要受到当代人对于历史的理解和阐释的影响。"历史遗产保护在一定程度上也是以现代人的观点来重建历史，因为保护对象的选择和保护方法的确定都仅仅建立在我们这一代人对历史和未来的理解的基础上。"[①]

8.1.5 小结

历史设计景观是一种有生命力的历史遗产，对它的保护必须充分重视这一特点。《佛罗伦萨宪章》为历史园林的保护确定了基本的准则，但在实际的保护实践中，必须根据历史设计景观的特点加以具体运用。历史园林的日常维护，主要是保证其风貌不受破坏，包括其自身和外部环境的风貌，均必须通过适当手段予以维持；在建筑遗产保护中已被扬弃的风格修复，在已受到破坏的历史设计景观修复中可以合理使用并得到良好效果。

我国是一个历史设计景观遗产非常丰富的大国，当前，随着社会经济的迅速发展和人民生活水平的不断提高，这份遗产受到越来越多的关注。对《佛罗伦萨宪章》的正确理解和把握，将有助于依据国际公认的标准，有效地维护和修复尽可能多的历史园林，从而为人民提供更多的文化活动和休闲场所，并且使历史遗产能够传之永久。

8.2 历史的设计景观的保护方法

如前所述，随着时代的变迁，历史设计景观的形态变化也是必然的，因此要根据不同的情况选择保护的方式。保护是在变化和持续之间寻求平衡，它的目标是恢复景观的历史结构（Historic Fabric），这应当包含它在历史发展过程中形成的大部分形式、特征和细节。对此各国均有不同的层面和方式。本书试在我国国情的基础上，提出此项工作的主要手段：

（1）风景文物[②]的维修。对实体遗存维修以保持其耐久性和艺术完整性；

（2）搬迁和改建。为使某些分散的古迹得到更有效的保护，或由于某种不可抗拒的原因危及到原址保护，搬迁是一种补救措施，同时，在景观的个性能够得到确实保存的前提下，可以作适当的添加或改变以适应新的要求；

（3）重建和复原。用新的材料创造已湮没或消失的景观，以达到重现历史意象或对某种文化解释说明的目的；

（4）风貌保护。这种保护是较大范围的整体形态和形象的保护。

需要说明的是，在历史的设计景观的保护和维护工作中，常遇到被列入国家各级文物保护单位的建筑物、构筑物，在保护操作中应严格按照文物的修复标准来对待；对于不属于文物的建筑物、构筑物的维修则可以具备更大的灵活性。

---

① 董卫.城市更新中的历史遗产保护[J].建筑师，2000(94)：31-37

② 郑孝燮先生最早在《关于风景文物保护区的初探》(见《建筑师》1980年第3期，第56-62页)一文中提出了"风景文物"的概念，他认为"我国许多著名的风景区、风景点，乃至一些公园绿地，往往又是文物古迹所在地。因此在大多数情况下，风景和文物是分不开的，总是相互结合成为一个艺术整体。……风景文物一般都赏心悦目，……。"

8.2.1 风景文物的维修

风景文物作为一种"具有生命力的文物",随着时光的流逝,岁月既使它失去了初时的光鲜,同时又不断丰富和复杂着它原始的设计形态,因此对它的维修不能仅仅被看作复原至某一时期或使现存形态完整的行为,更重要的是在场地历史研究和现状调查中了解其演变和转化的过程,从而确定哪些部分需要改变,哪些部分需要恢复,以及哪些部分需要使之继续演变。

同时,这些决定的做出又受到许多思想观念的影响,例如中国和法国在文物修缮领域都强调古迹修复在艺术上的完整性,所不同的是中国强调"修旧如旧",如梁思成先生所说"不是返老还童,而是输血打针,让它延年益寿"[①]。而法国的做法则是"整修一新",如刚刚完成的对巴黎圣母院的修缮。意大利学派的修复方法则基于考古学修复观念,严格区分原件和复制品,他们以这种方式对罗马大角斗场进行了修复。

1) 风景文物维修的原则

风景文物维修的基本原则,主要有以下几个方面:

(1) 维修既要尊重古迹的艺术价值,又要尊重古迹的历史价值:

关于艺术价值,《威尼斯宪章》指出:"补足缺失的部分,必须保持整体的和谐一致"(第12条)。关于历史价值,《威尼斯宪章》指出:"修复是一件高度专门化的技术。它的目的是完全保护和再现文物建筑的审美和历史价值,它必须尊重原始资料和确凿的文献。它不能有丝毫臆测。……不论什么情况下,修复之前和之后都要对文物建筑进行考古的和历史的研究"(第9条)。我国的《文物保护法》规定:"对不可移动文物进行修缮、保养、迁移,必须遵守不改变文物原状的原则"(第21条)。这也体现了对文物历史价值的尊重。

(2) 维修需使古迹的历史可读性(又称"可识别性")更加清晰:

《威尼斯宪章》指出:"任何一点不可避免的增添部分都必须跟原来的建筑外观明显地区别开来,并且要看得出是当代的东西。"(第9条)"必须使补足的部分跟原来部分明显地区别,防止补足部分使原有的艺术和历史见证失去真实性。"(第12条)《历史性木结构建筑的保存原则》指出:"新构件或其部分应该用雕刻、烙印或其他的方法分别加以标志,以便能在以后被识别。"(第11条)

(3) 维修的目标应当包括长久、可逆、日常维护:

维修的基本目标是使古迹更持久地保存。在1931年ICOMOS第一届会议上,与会的专家们即交流了各种用现代材料加固古迹的方法。《历史性木结构建筑的保存原则》指出:"修复的目的是保存历史性的结构和它的支撑功能"(第8条)。

为了不影响今后在古迹上获取历史信息,《历史性木结构建筑的保存原则》指出:维修的手段和添加的构件"在技术上可行时应当是可逆的,或至少不妨碍将来的保存工作"(第5条)。

对于以植物为主的风景文物,日常维护也是十分重要的。《佛罗伦萨宪章》指出:"对历史园林不断进行维护至为重要。既然主要物质是植物,在没有变化的情况下,保存园林既

---

① 李雄飞. 城市规划与古建筑保护[M]. 天津:天津科学技术出版社,1989

要求根据需要予以及时更换,也要求一个长远的定期更换计划。定期更换的树木、灌木、植物和花草的种类必须根据各个植物和园艺地区所确定和确认的实践经验加以选择,目的在于确定那些已长成雏形的品种并将它们保存下来。"(第11条、第12条)

上述原则除"维修需使古迹的历史可读性更加清晰"外其他均被我国文物保护工作者广泛接受。"维修需使古迹的历史可读性(又称'可识别性')更加清晰",在我国被理解为:维修时文物的新、旧部分呈现突兀的色彩和形式上的变化,因而无法被广泛接受。一次在关于历史景区的讨论会上,一位中山陵的管理人员称:"中山陵祭堂蓝色的琉璃瓦掉了我总不能换块黄的上去吧!"事实上这都是因为我们对来自西方的"历史可读性"理论的理解只限于形式。历史可读性指的是文物在其存在的历史过程所产生的每一个变化都是一段历史文献,必须保留使后人有机会阅读。保存历史可读性的方法多种多样,详细地记录修复过程也是其中的一种方法。

清华大学的吕舟教授认为"历史可读性"作为一项文物保护的普遍性原则在中国同样适用。因为"所谓可读性就是使文物建筑所具有的历史信息清晰可辨,尽可能展示历史的真实面貌,而不是混淆,甚至是伪造历史。……作为一项原则,可读性在实际操作中有不同的做法,甚至罗马大角斗场南侧外墙和北侧外墙就使用了不同的方法来实践这样的原则。我国在近年的实践中如承德普宁寺大佛阁和独乐寺观音阁的维修中也进行了相关的实践。"[①]

2)风景文物维修技术

基于以上原则的风景文物维修在实际操作中,由于文物本身的种类和形态千差万别,因此维修技术也各不相同,牵涉到大量的专门技术,跨越材料科学、工程技术、历史文化研究等多个领域。例如在渤泥国王墓保护与墓区环境整治详细规划中,对石象生等石制文物建议采用了以有机硅为主要成分的材料涂于其表面,防止进一步的风化,对裂痕和崩裂选用颜色相近的高分子黏合剂予以修补的维修方法[②]。在一些大型石窟中,对由于山体开裂造成的风景文物的损坏,通常的做法是铁件加固局部裂缝,然后喷浆掩盖加固件以保证风景文物的艺术完整性。而对我国风景文物中大量存在的传统木结构的修缮,在长期的历史实践中已积累了丰富的经验,如《大清会典·内务府》卷94中就详细规定了木结构建筑的每一种构件的"保固"期和更换期[③]。当代更有多本专著探讨这一课题,如祁英涛著《中国古代建筑的保护与维修》(文物出版社,1986年出版)。

正因为保护技术的复杂性和多样性,1959年一个名为国际文物保护与研究中心(International Center for the Study of the Preservation and Restoration of Cultural Property 简称ICCROM)的组织在罗马成立,通过培训、研究、宣传、提供信息、国际交流等手段为遗产保护提供技术支持。

虽然具体的技术千差万别,大致地说,目前常用的维修技术手段主要可分两类:传统技术和现代技术。传统技术往往有悠久的使用历史,也往往被认为是较为稳妥的维修方式;但在工业时代以后,随着一般技术手段的飞速发展,现代技术也开始应用于古迹维修。虽

[①] 吕舟.《威尼斯宪章》与中国文物建筑保护[N].中国文物报,2002-12-27
[②] 东南大学城市规划研究院.渤泥国王墓保护与墓区环境整治详细规划[R].南京:东南大学,2002
[③] 马炳坚.要端正文物古建筑的修缮思想[N].中国文物报,2002-09-27

然它和传统技术相比在效率上往往有明显优势,但由于和古迹本身的建造技术往往相距甚远甚至完全不同,也时常引起争议,需要谨慎对待。从1931年的《关于历史古迹修复的雅典宪章》提出"正确使用所有的现代技术,特别是钢筋混凝土"来修复古迹,到更严谨的《威尼斯宪章》提出"当传统的技术不能解决问题时,可以利用任何现代的结构和保护技术来加固文物建筑,但这种技术应有充分的科学根据,并经实验证明其有效。"到最近的《历史性木结构建筑的保存原则》更详细地指出在哪些情况下使用传统技术,在哪些情况下使用现代技术以及具体的技术方法。2002年,联合国教科文组织与美国加利福尼亚大学伯克利分校视觉设计中心在世界七个城市组织了七次互动会议,探讨数字时代遗产保护的技术问题,尤其是地理信息系统(Geographic Information Systems 简称 GIS)的运用。这种技术在测量和分析地形、人口密度、古迹定位、居住模式等广阔领域中均为一种有效的工具,在当今的历史保护和文化资源管理中扮演着重要角色。

3) 风景文物维修实例

以下笔者根据杭州胡雪岩故居(图8.2)及其园林的修复和法国阿尔贝·肯恩园林(图8.3)的修复为例,探讨风景文物维修的方法和步骤。

图 8.2　修复后的胡雪岩故居园林与 1960 年代照片对比
资料来源:www.scsmly.com,《中国文物报》,2002-11-15。

(1) 现状研究:

胡雪岩故居初建于1872年。现存建筑为原有建筑的50%,其园林芝园为违章建筑所占领。①

阿尔贝·肯恩园林形成于1895至1910年,占地3.9公顷,划分成法式园林、日式园林、英式园林等五个部分。1930年代后,阿尔贝·肯恩在金融危机后破产,这个产业被分散,1936年被地方政府收购改为公园,其中设施简陋,缺乏创意,场地种植已有较大改变②。

---

① 高念华.胡雪岩故居修复纪实[N].中国文物报,2002-11-15
② 珍娜·苞索蕾.阿尔贝·肯恩园林——急需找回灵魂……[M]//法国华夏建筑研究学会.法中历史园林的保护及利用.北京:中国林业出版社,2002。

图 8.3 法国阿尔贝·肯恩园林的修复
资料来源:法国华夏建筑研究学会主编.法中历史园林的保护及利用[M].北京:中国林业出版社,2002

(2) 维修的根据:

一般分两个部分:文献和现状。

胡雪岩故居建筑的现存部分提供了建筑风格、用材、装修、雕刻工艺等方面的范例;园林虽然残破,但拆除违章建筑后,各景物位置尚能识别,又进行了考古清理,这些使准确修复成为可能。文献方面有《胡雪岩外传》中的详细描绘及 1950 年代的照片。

阿尔贝·肯恩园林有 1930 年代的地形图和描绘当年园林景色的彩色图片。

(3) 维修的技术措施的选择和运用:

胡雪岩故居建筑部分的修缮既运用了梁架校正、接柱、更换蛀朽木构件等传统方法,也运用了钢筋混凝土剪力墙等现代技术来加固外倾墙体。

考虑到阿尔贝·肯恩园林已由私家园林转变为公园,许多现代设施如自动浇灌系统、照明设备、查阅图片的自动系统等在修复中进入了园林。

这两个历史园林的修复过程正反映了历史的设计景观的保护是风格修复和风貌维护的过程。阿尔贝·肯恩园林则因其中英式园林和法式园林的风格不同,而产生不同的修复思路。在自然主义风格的英式园林中,修复中就强调不对称、自由生长的枝叶的对比,把老树和修复中新植树木巧妙地结合起来。而在图案化的法式园林中,修复工作者砍掉了几乎所有的树木,以根据已定的尺寸重新建造。

为了使胡雪岩故居园林恢复旧貌,修复中建筑保护运用了混凝土等新技术。原水池早已盛不住水,因此浇筑了钢筋混凝土池底和池壁。浇筑完成后,池岸旁太湖石驳坎仍按原样放置,环境气氛恢复旧状。

8.2.2 重建和复原

重建和复原都是保护和保存历史设计景观的重要手段。

重建是对已消失的历史设计景观或历史设计景观环境中缺损部分进行再创作。"这种方式既尊重我国大多数人的传统文化心理和审美标准，也有利于保持原有地区历史文化的完整性和延续性。"①我国的许多历史胜迹都是经过历代多次修建才保存至今，并且每次重建并不拘泥于位置和形象上的准确，既有延续历史的含义，也抒发当世的情怀。例如江南名楼之一滕王阁，有文字记载的重建自唐代到民国就达三十六次，而且每次重建艺术风格都在继承中有所创新，位置上的变化可考证的达五个之多②。重大的重修重建活动还要请名家作文记之，范仲淹的《岳阳楼记》就典型地反映了古代胜迹的重修重建的时机和目的："越明年，政通人和，百废具兴。乃重修岳阳楼，……"既然是适逢盛世，因此重修，那么必然要超越前者："增其旧制，刻唐贤今人诗赋于其上，……"由此可见，"重建设计相对比较宽松，不必拘泥于某一历史时期的特定式样，可以根据需要作出调整，也可对原有历史环境进行再创造，使人文胜迹与自然更有机地融为一体。"③

复原是一种较为严格的重建，是在现有残址上恢复到某一历史时期旧观的方法，有整体复原和部分复原之分，但都要求严格遵循原有建筑的形制和时代特征④。在关于保护历史园林的《佛罗伦萨宪章》提到重建和复原问题时指出："在未经彻底研究，以确保此项工作能科学地实施，并对该园林以及类似园林进行相关的发掘和资料收集等所有一切事宜之前，不得对某一历史园林进行修复，特别是不得进行重建。在任何实际工作开展之前，任何项目必须根据上述研究进行准备，并须将其提交一专家组予以联合审查和批准。"（《佛罗伦萨宪章》第 15 条）"修复必须尊重有关园林发展演变的各个相继阶段。原则上说，对任何时期均不应厚此薄彼，除非在例外情况下，由于损坏或破坏的程度影响到园林的某些部分，以致决定根据尚存的遗迹或根据确凿的文献证据对其进行重建。"（《佛罗伦萨宪章》第 16 条）

1）重建

作为中国传统的保存场地历史的方式——重建在当代受到了许多学者的质疑。西方由于历史保护思想的影响，注重物质形态的历史遗存，重建工程受到《威尼斯宪章》和《保护世界自然和文化遗产公约》的排斥。有人认为"它很容易造成文化史的错误认识，真假不分，甚至虚伪和欺骗。……重建也必须有严格的根据和证明，决不可以臆测。即使如此，他们也不可能有任何历史的痕迹和信息，没有真实性……"⑤这些看法都是只看到历史胜迹物质形态的一面，而未看到它传递历史信息、文化意义的一面。同时历史胜迹环境本身也是发展变化的，无论是在形态上还是文化上，而且古人也未回避这一点，各种重修重建记录中他们都自豪地谈到了胜迹的历史和最新的变化。

另一方面，也不可否认作为人们情感载体的实物部分形式的重要性。像著名的华沙重建，第二次世界大战中波兰首都华沙几乎被夷为平地。战后，波兰人民怀着对法西斯的憎恨开始了重建，当时也有建一座新城还是恢复历史旧貌的争论，但大多数人赞成后者。全部按历史形式重建的中心区完成之后，掀起了巨大的爱国热情。后来华沙也作为特例登录

---

① 杜顺宝.中国建筑艺术全集·卷 19·风景建筑[M].北京：中国美术出版社，2001
② 九奇、仲禄.滕王阁史话[M].南昌：江西人民出版社，2000 年
③ 杜顺宝.中国建筑艺术全集·卷 19·风景建筑[M].北京：中国美术出版社，2001
④ 杜顺宝.中国建筑艺术全集·卷 19·风景建筑[M].北京：中国美术出版社，2001
⑤ 李雄飞.城市规划与古建筑保护[M].天津：天津科学技术出版社，1989

为世界遗产。① 在最近进行的杭州雷峰塔重建工程中，清华大学开始提出了一个颇具新意的雷峰塔形象：即由巨大的钢结构莲花基座托一仿古形式的塔身，以使新塔下方有较大空间展示老塔遗址，②但由于担心这种形象难以为大多数人接受，胜迹环境的历史连续性会被割断，最后放弃了这一方案。

因此，被毁历史胜迹在哪些情况下应当重建，重建设计应当遵循哪些原则既能获得学术界的认可又满足广大人民群众对历史胜迹的心理需求是极其重要的。

首先，重建和复原项目要受到总体规划的制约。《中华人民共和国文物保护法》第二十二条规定："不可移动文物已经全部毁坏的，应当实施遗址保护，不得在原址重建。但是，因特殊情况需要在原址重建的，由省、自治区、直辖市人民政府文物行政部门征得国务院文物行政部门同意后，报省、自治区、直辖市人民政府批准；全国重点文物保护单位需要在原址重建的，由省、自治区、直辖市人民政府报国务院批准。"对于某些标志性景观，为加深对历史连续性认识的需要，为形成历史环境的完整性以及人民情感的需要，也应当进行适当的恢复和重建工作。

其次，恢复和重建工作常常被简单化地理解为在名胜古迹景点建仿古建筑。由于现在很多设计质量参差不齐，尤其是无法反映特定环境所固有的文化意义，无法准确传递场地的历史信息，因此受到很多学者的质疑。例如江西著名道教胜迹大上清宫和正一观，均毁于"文革"，2000年开始的总投资约1亿元的恢复重建工程现已初具规模，令人不解的是这两组景点惊人的相似，且均和周围人文环境格格不入，设计者均套用宋朝《营造法式》制作单体建筑，形式上与当地历史遗存的小道院毫无关联；在内容上，大上清宫为天师作法处而正一观为炼丹处，形制应有某种区别，但此二设计均在入口附近设置钟楼、鼓楼，然后依轴线形成院落，成为两组个性不突出的普通仿古建筑群。

历史胜迹的重建恢复工作应当持谨慎的态度、严谨的学术研究的精神。就重建工程，杜顺宝先生提出应从以下几个方面着手③：

(1)"研究历史胜迹的演变过程和现状，分析布局与环境的关系，评判历史形式与处理手法的优劣，去芜存精。"

例如，绍兴柯岩景区中的名胜石刻天工大佛开凿于隋开皇年间（公元581—600年），据记载："有石工发愿为此，未成而逝，以禅之子，子复禅孙，三世讫功"。从佛面的丰满圆润与佛身的庞大雄浑来看，为典型的隋唐风格。明万历年间曾于大佛前建有寺庙名曰普照寺，惜毁于战火。④ 在建设风景区时，普照寺作为重要景点被重建，考虑到如按明代布局恢复，整个景区建设将可能无法呈现出如今开阔大气的面貌，也使柯岩石文化的主题无法得到充分展示，通过综合考虑，设计者将寺院建筑群置于天工大佛和云骨之后的柯山山麓上，建筑群选用唐代风格与石刻大佛相呼应。重建后的普照寺，曲折延伸，山门、钟楼、天王殿、大雄宝殿、观音阁渐次升起，并由罗汉廊连接，占地1万平方米，建筑面积3 300平方米，其中大雄宝殿占地1 000平方米，高25米，并独创唐式重檐结构，屋檐挑出4米（九铺作），像展翅

---

① 张松.历史城市保护学导论[M].上海：上海科学技术出版社，2001
② 张复合.建筑史论文集[M].第13辑.北京：清华大学出版社，2000
③ 杜顺宝.中国建筑艺术全集·卷19·风景建筑[M].北京：中国美术出版社，2001
④ 孙茹雁，杜顺宝.原环境的超越[J].建筑学报.1998(1)：10

欲飞的雄鹰,翘首在柯山山麓中。寺院规模宏大,但体量分散,隐于山中,既是大佛、云骨优美的背景,自身又具备复杂丰富的韵味。(图8.4)

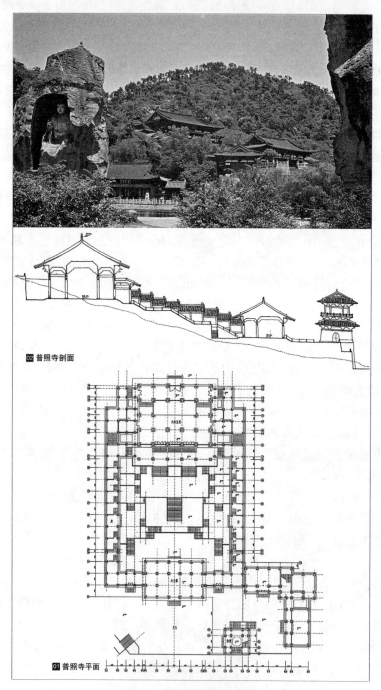

图 8.4 绍兴柯岩景区普照寺
资料来源:杜顺宝教授作品集

(2)"分析和提取历史发展过程中的典型形象。这种形象具有象征性。在重建时,若能谨慎地保留这些象征性形象特征,有助于取得认同,延续场地的历史文化意义。"

南京鸡鸣寺，明清时是著名的金陵四十八景之一，留下大量图片描绘了其重重屋宇簇拥一高耸宝塔的整体形象，以及与台城、玄武湖的空间关系。这些和常被周围群众看到的山门的形象及清康熙皇帝为寺院题写"鸡鸣古迹"的传说，都在重建设计中得到了充分表达，因此重建后的鸡鸣寺作为历史性的空间标志很快得到广泛的认同。（图8.5）

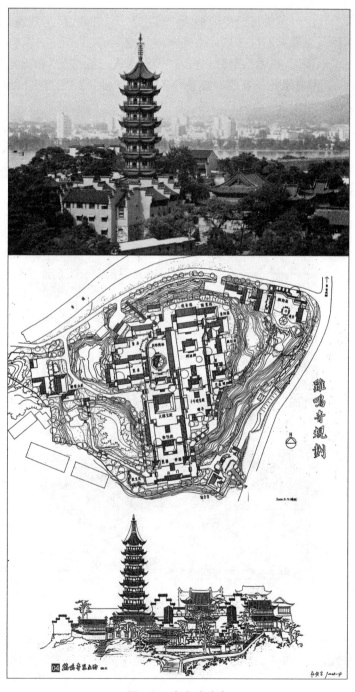

图8.5 南京鸡鸣寺
资料来源：杜顺宝教授作品集

(3)"准确把握总体风格和规模尺度,恰如其分地体现它在地区文化中所具有的地位。"

陈从周先生在《造风景还是煞风景》一文中指出,现在有一些重建工程"明明是一处名人故居,他的身份是个穷秀才,如今一修却变成了地主庄园,这种现象甚为普遍。"[1]这就是总体风格和规模尺度的把握问题。

绍兴青藤书屋是我国明代杰出书画家、文学家徐渭的出生地和读书处,明末画家陈洪绶亦曾寓居于此,为我国青藤画派的发源地。青藤书屋为庭园式民居建筑,面积不及两亩,环境清静,优雅不俗。书屋系石柱砖墙硬山造木格花窗平房,共两室。前室南向,内悬徐渭画像及其手书"一尘不到"。东西两壁分别嵌有"天池山人自题像赞"和阮元撰的《陈氏重修青藤书屋记》石碑,记述书屋始末甚详。南窗下有石砌水池,即"天池"。池中置方形石柱,镌徐渭手书"砥柱中流"四字。池西栽青藤。院内天池、漱藤阿、自在岩等,均为明代遗存。书屋至今已经过多次重修,又因城市发展,可以看出今天的青藤书屋与徐渭所绘的《青藤书屋图》已大不相同,但是它保持了简洁小巧,朴素优雅的情调,并没有变成大画家纪念馆式的豪华建筑群,使后世的参观者还能从传统的精心营构中得到启示。(图8.6)

图8.6 绍兴青藤书屋
资料来源:笔者摄影

天宁寺是常州市一座较大的佛教寺院。"文革"时遭到破坏,1979年至今一直在不断修复扩建之中。重建的天宁寺宝塔2007年落成,设计高度达到154米。这样的巨大高度不免

---

[1] 陈从周.造风景还是煞风景[M]//丁文魁.风景名胜研究.上海:同济大学出版社,1988

与周围的传统寺院建筑群发生比例尺度上的冲突,也夸大了天宁寺作为一座佛教寺院在常州市文化、经济生活中的地位。

(4)"重建时,强调表现特有的地方特色,才能使之融入该地区的历史文化环境之中。"

传统形式产生于地方文化和环境之中,它的独特性正是它今天形成景观资源的重要因素。陈从周先生说:"僧侣的世俗化,对风景区与寺庙修整,也带来很多不利条件,他们想争取善男信女与游客,以庸俗和所谓"现代化"的东西,强加于寺庙风景之上。……不尊重地方特色,好新猎奇,赶时髦。广东园林及时,从东北到海南岛全国风行。苏州园林一上市,南北叠假山,……经验交流,师其精神,盲目搬用,其所造成痛苦教训,是值得提出注意的。"①因此,只有充分表达独特性,才能成为成功的重建设计。

2) 复原

相比以上这些重建创作,复原要求更多的是学术上和科学上的严谨。复原工程开始前,首先应当具体分析环境状况,及现有资料、技术、材料,有无复原的可能性,另一方面,还应当考察复原是否有价值。在绍兴柯岩风景区寓园与入口区规划中,杜顺宝先生提出了复原寓园的设想。

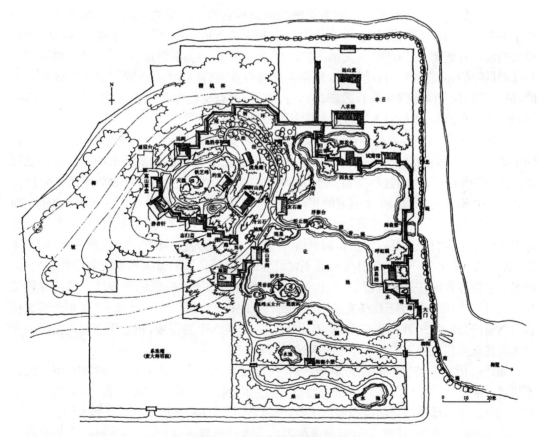

图8.7 绍兴寓园复原平面图
资料来源:潘谷西.中国建筑史·元明卷[M].北京:中国建筑工业出版社,2001

---

① 陈从周.造风景还是煞风景[M]//丁文魁.风景名胜研究.上海:同济大学出版社,1988

寓园是明末绍兴籍文学家、戏曲家祁彪佳(1602—1645)的私园,也是他晚年自沉殉国之地。祁彪佳热爱园林艺术,他游览过的绍兴城内外私园达175处之多,并在他的文集《寓山注》中述及了他对造园艺术的许多精辟见解[1]。考察复原寓园的环境条件:"现有遗址,原有的水池已成农田,但当年入口码头和寓山的形态仍能一一辨认"[2],园林内容与布局则在祁彪佳的《寓山注》中有详细文字和图纸记载,甚至包括"仅欲三、五楹而止"到"山之顶趾镂刻殆遍"的建造过程。通过大量分析研究可以看到寓园复原具有重要的历史文化意义,可以补我国明代园林实例不足之缺憾。在这些谨慎的考察研究中作出的判断,可以让今后的工作少走弯路。(图8.7)

8.2.3 搬迁和改建

搬迁和改建是两种在特殊情况下保存历史景观设计的方式,只有在确实不可避免时才能采用。

1) 搬迁

搬迁损失了古迹中最重要的信息之一,就是产生这一胜迹的地点。《威尼斯宪章》第七条指出:"一座文物建筑不可以从它所见证的历史和它所从产生的环境中分离出来。不得整个地或局部地搬迁文物建筑,除非为保护它而非迁不可,或者因为国家的或国际的十分重大的利益有此要求。"我国的《文物保护法》也指出:"无法实施原址保护,必须迁移异地保护或者拆除的,应当报省、自治区、直辖市人民政府批准;迁移或者拆除省级文物保护单位的,批准前须征得国务院文物行政部门同意。全国重点文物保护单位不得拆除;需要迁移的,须由省、自治区、直辖市人民政府报国务院批准。"(第20条)

1950年代埃及决定建造阿斯旺水坝,这将意味着尼罗河谷水位的大幅上涨,位于河谷中心的古埃及文明的瑰宝——阿布辛拜勒庙宇将会完全淹没在尼罗河水中。经过埃及和苏丹两国的呼吁,联合国教科文组织于1959年发起一场保护阿布辛拜勒庙宇的国际性运动,历时18年之久,得到50个国家的捐献,达8 000万美元,终于将4万多块每块重达半吨至12吨的巨石块的庙宇迁移到附近的阿纪基亚岛上。拯救阿布辛拜勒运动使人们进一步意识到世界上还有很多具有突出普遍价值的遗产,它们是大自然的杰作(自然遗产)和人类祖先的杰作(文化遗产),是极其宝贵而不可再生的;它们又是超越国界为人类所共有的;同时显示了世界各国在保护世界遗产时共同承担的责任和团结一致的重要性。这还导致了1972年11月16日联合国教科文组织在巴黎召开的第17届年会上,通过了《保护世界文化和自然遗产公约》。[3] 我国也在1956年,因建造三门峡水库的需要,将处于水库淹没区的元代木构建筑永乐宫搬迁了几十千米到芮城县新址。

搬迁对历史古迹价值的损害是必然的,但是在城市建设高速发展的过程中,搬迁又是不可避免的。尤其是周围的环境已经改变,古迹即使在原址也显得不太真实,像现在许多私家园林的入口处不再是曲折幽静的小巷,而是宽阔的马路、气派堂皇的公园大门。

我国的松江方塔园(图8.8)就是典型的古迹搬迁集锦式保护,园中古迹除方塔是在其

---

[1] 潘谷西.中国古代建筑史[M].卷4.北京:中国建筑工业出版社,2001
[2] 杜顺宝.绍兴柯岩风景区寓园与入口区详细规划说明[R],2002
[3] 张松.历史城市保护学导论[M].上海:上海科学技术出版社,2001

原址，其他均搬迁而来，方塔前的照壁原是明代松江府城隍庙的照壁，抗战期间庙宇遭毁，照壁搬入园中保存。方塔园北面有一座宏伟的殿宇，原是上海河南路桥北境的天后宫大殿，建于清光绪九年（公元1883年），是该天后宫仅存的一座建筑物。该建筑在搬迁前，所处用地逼仄，被一校舍包围，为保存古迹，迁建在方塔园中以恢复古建风貌。另外散置在松江县中山西路的明代建筑"兰瑞堂"，原为清初江西巡抚朱春的住宅，该厅建筑风格简洁明快、素雅脱俗，梁枋全系素面，斗拱均用于梁枋之间，前廊柱用八角形截面木料，较为少见。今亦拆建于方塔园内，用作"明朱舜水纪念堂"。兰瑞堂门前的大小美女峰石，原是明代画家孙克弘别墅中物；长廊向北有一座小花厅，厅外白粉墙内的五座石蜂，人称"五老峰"，是明代画家顾正谊的灌锦园废址遗物，今均被取来点缀方塔文物公园园景。这些来历各不相同的建筑被组合成群落之后也显得十分协调，与略有起伏的自然地形和树木绿化极其吻合，丝毫不露匠气。

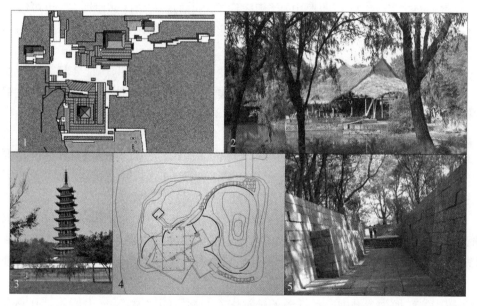

图 8.8 松江方塔园
资料来源：笔者摄影、绘制

三峡水库的建设，使得中国进行了一次历史上规模最大的古迹搬迁活动。根据2000年6月国务院三峡建设委员会审批通过的《长江三峡工程淹没及迁建区文物古迹保护规划报告》，在364处地面文物中，搬迁保护的占133项，原地保护87项，留取资料144项[①]。规模较大的搬迁如大昌古镇，它原来坐落在巫山县长江支流大宁河和洋溪河的交汇处，整体上呈明清风格。三峡成库后，古镇将被长江水全部淹没，必须搬迁复建。搬迁地距原镇址有5千米，地形、地势与原址相差无几。搬迁过程中将用重点建筑定位，确保搬迁后的古镇仍保持原有的街道布局和空间视角。对于省级重点文物——云阳张桓侯庙的搬迁保护工程则进行了搬迁选址、规划设计和保护方案的反复比较和论证，这个过程促使人们更加深入地思考了历史胜迹与环境之间的关系。张桓侯庙是为纪念三国名将张飞而修建的祠宇，位于

---

① 邵卫东，王风竹. 高峡出平湖，文物应无恙[N]. 中国文物报，2002-09-27

重庆市云阳县飞凤山麓，紧靠长江，与云阳县城隔江相对，处于三峡库区淹没范围。对此，管理部门提出了两种可供选择的保护方式：一种是随云阳县城搬迁，异地保护；另一种是就地靠后，提升标高。异地保护，古迹与原所处自然环境的关系就会彻底破坏；就地靠后则能使它的景观特征变化最小，但这样做虽然最大限度地保持了张桓侯庙与原有自然环境之间的关系，"却割断了它与云阳社会生活之间的联系，终止了它目前仍然保持着活力的社会功能，使它相对更为重要的文化价值受到损害"①。最终，张桓侯庙选择了随云阳县城搬迁的保护方式。《威尼斯宪章》所指文物古迹"不可以从它所见证的历史和它所从产生的环境中分离出来"，这个"环境"应当包含人文环境和自然环境两方面的含义。

2）改建

对古迹的改建一直遭到如《威尼斯宪章》等国际宪章的排斥。但这种做法作为一种客观存在是无法回避的。1981年澳大利亚ICOMOS提出的《保护具有文化特征的场所的巴拉宪章》终于面对了这个问题，"提出在'相容用途'的前提下允许适度改建，也可以说是一种积极的保护观念。""相容用途"意味着不改变能体现原有文化意义的实物，改变的部分能修复回原状。

改建在我国大多数情况下主要是功能的改变。功能改变了，也同时会赋予场所新的文化意义。如位于南京中山陵东面1.5千米处的灵谷寺，原址在今明孝陵处。因明太祖朱元璋选中了该地作为墓址，于洪武十四年（公元1381年）下令迁至现址，并赐名"灵谷禅寺"。后寺院毁于兵燹，仅存无梁殿。1928年至1935年，在原寺址建成国民革命军阵亡将士公墓。现无梁殿前有一座五楹带顶的阵亡将士牌坊，殿内墙上书刻孙中山的《总理遗嘱》，还书刻国民革命阵亡将士名单，殿后是阵亡将士第一公墓。而重建的"灵谷禅寺"位于无梁殿东。无梁殿也因此由原来的供奉无量佛的寺庙大殿变成了一座纪念性建筑。②

当然对文物建筑的改建仍要受到一定限制，改建只适用于保护级别较低的文物建筑，如市、县级文保单位和历史街区为维护整体风貌而保留的历史建筑。但场地的改建则更具灵活性，因为历史环境的功能转换常常是其生命力得以延续的重要方式。上海外滩在近五十年来就经历过两次大规模的功能转换，第一次是从金融中心转换为市政中心；第二次是又由市政中心转换为金融中心。许多各种时代人们推崇的形象、文化上的象征在这个过程中不断被加入到这块场地中，丰富了该场所的历史内涵。只要有机更新，历史环境"活着"总比死遗址更有吸引力。

位于南京太平北路西侧的珍珠园因其紧临珍珠河而得名。一般认为太平北路、东南大学附近地段是南京在南北朝时的城市位置，当时一位皇帝与其妃子划船在河上游玩，夕阳西下时皇妃望着河水说那好似满河珍珠，珍珠河由此得名。虽为六朝胜迹，珍珠园对于附近居民来说是散步休息、下棋玩牌的街头绿地。（图8.9）

上海的苏州河记载了上海产业的百年兴衰，今天它的航运业已逐渐衰退，独特的人文价值却不断显现出它的魅力。苏州河地段的改造，就是通过控制污染源、初步改善水质、沿岸逐步绿化等环境治理手段，使这一地段得到复兴。随着环境的改善，沿岸旧建筑的整治改造逐步进入由工业仓储建筑向艺术工作室的功能转换，导致这一地段不仅日渐繁荣，还

---

① 吕舟.从云阳张桓侯庙的价值判断谈传统乡土建筑的保护[J].建筑师，79：20
② 王世仁.王世仁建筑历史理论文集[J].北京：中国建筑工业出版社，2001

图 8.9 珍珠河沿岸一景
资料来源:黄朝阳摄影

有逐渐成为如纽约 SOHO 那样的文化和艺术的聚集区的趋势。这一改造过程虽然还在进行之中,但不仅已经取得了卓著的成效,而且还具有更为远大的前景。

历史保护中的重要思想之一就是保护不仅具有文化和情感上的价值还有生态学上的意义。珍珠河和苏州河这两个例子是很好的例证。

8.2.4 风貌保护

瑞典哲学家哈尔登在他的论文《我们需要过去吗?》中说:"生命的延续性意识的强弱决定于社会被历史激发的程度,文物古迹和居住区形式对这个激发过程起很大作用。……除了少数例外,大多数人认为最好住在一个充满记忆的环境里。知道前后左右都是些什么东西,会使人感到安全,……我们跟历史环境的联系中,文化的认同是归属意识,这是由物质的许多方面造成的。"[①]正是对场所认同的需要产生了对历史风貌——"生于斯、长于斯的人们凭借谙熟于心的建筑、街道、广场、桥梁和城墙等等一切真实存在的形象和场景来记忆逝去的时代"[②]——加以保护的要求。

随着历史保护理论的不断发展,1960 年代开始关于风貌保护的内容进入了保护宪章。1962 年联合国教科文组织《关于保护景观和遗址的风貌与特性的建议》指出风貌保护是:"保存并在可能的情况下修复无论是自然的或人工的,具有文化或艺术价值,或构成典型自然环境的自然、乡村及城市景观和遗址的任何部分。"而 ICOMOS1987 年发布的《保护历史城镇与城区宪章》则指出了历史街区和地段风貌保护的内容:

"(一)用地段和街道说明的城市形制;

(二)建筑物与绿地和空地的关系;

(三)用规模、大小、风格、建筑、材料、色彩以及装饰说明的建筑物的外貌,包括内部的

---

① [芬兰]J. 诸葛力多. 关于国际文化遗产保护的一些见解[J]. 世界建筑,1986(3):12
② 杜顺宝. 对保护和利用历史建筑遗产的几点思考[R]. 南京:南京夫子庙秦淮风光带发展与建设论坛,2002

和外部的；

(四) 该城镇和城区与周围环境的关系，包括自然的和人工的；

(五) 长期以来该城镇和城区所获得的各种作用。任何危及上述特性的威胁，都将损害历史城镇和城区的真实性。

综上所述，风貌保护的对象是有特性的组群景观，其中不一定有特别重要的文物或古迹，但作为一个整体，这种景观的形体、形象已成为某个地点、区域或某种文化的标志；风貌保护的目标则是基于对文献和遗存实物的研究来反映历史场景，以获得地方文化上的认同感。规划中的个体不一定都是过去的物质真实，而是创造出来服务于环境气氛的。

由于风貌保护手段上的多样性和不确定性，以及许多人对"风貌"简单化的理解，许多为保存"多样性"和"独特性"而进行的风貌保护，反而因此失去了"多样性"和"独特性"。例如南京夫子庙地区在秦淮风光带的建设和开发过程中，"片面追求明清'风貌'，在现代小区的多层住宅中也套用马头墙，违背了真实性原则。过多重复和失去尺度感的马头墙不仅看了让人心烦，也抹杀了城市发展的生气。"①

人们通常概念中的南京夫子庙地区是一个相当广阔的概念，远大于夫子庙建筑群本身，至少在明代已经是城市中的繁华地带，在近六百年持续不断的发展过程中形成了丰富的城市肌理。只要爬上附近任何一座高层建筑的屋顶，就可以观察到这一地段的风貌构成是如何丰富和复杂：有内桥附近的河房民居(这种民居并无马头墙)；有六七十年代的多层住宅小区；有近代商业建筑和近代民居；有近代高级连排式住宅小区；有八十年代的居住区和近年来开发的各种商业居住建筑……如果仅仅把一种"马头墙"当作该地区的"风貌"而加以一刀切地推广，实际上是抹杀了城市肌理的"多样性"，反而破坏了真正的历史风貌。正如上海新天地的建筑师本杰明·伍德所说："就像我母亲家的一面墙上挂着我曾祖父、祖父、我过世的父亲、我的、我的孩子们的不同时期的照片——每个人的状态都有不同，所以这面墙才变得那么丰富。如果只挂着所有这些人孩提时代的照片，那会是多可笑的一件事呀？"②

有"姑苏第一街"之称的苏州观前街(图 8.10)，在费时三年八个月，耗资八个亿，全面整治后以"崭新的面容"向中外游客开放了。据报道"整个改造工程，十分细腻地处理了文化传承问题"，具体做法是"在建筑更新、立面整治和民居改善中，刻意保持传统风貌，……街景小品、休闲广场和观前公园建设，注重追求苏州园林的品位。""一些连体建筑因分租给多家单位经营，更是门面大小不一，装修色调凌乱。经过这次规划整治，遵循整齐划一的原则，老字号店招为黑底金字，配以射灯映照，其余店招则用霓虹灯勾勒。商家的广告灯箱、橱窗也在重新包装设计后统一使用各种灯光。"③这就是我国历史风貌保护中最普遍的做法：在建筑形式上加了点古代"符号"的商业步行街，整齐划一而不是丰富多样的门面和小品。事实上该街经改造后，除了有玄妙观这一历史古迹外，和全国其他仿古商业街相比，并无任何真正与众不同之处。

而真正的老观前街是什么样子呢？据记载，"当时道路没有用沥青铺设，但用的是苏州

---

① 杜顺宝. 对保护和利用历史建筑遗产的几点思考[R]. 南京：南京夫子庙秦淮风光带发展与建设论坛，2002
② 戴焱辉. "新天地"是一个聚会的场所[J]. 设计新潮，2002(98)：36
③ 中新苏州网. 八个亿打造"姑苏第一街"观前街[EB/OL]. [2002-08-29].

图 8.10 苏州观前街
1.老苏州观前街一景　2.今日苏州观前街　3.苏州玄妙观三清殿与山门之间的休息广场
资料来源：图 1 引自《中国文物报》，2002-5-10；图 2 引自 www.51766.com；图 3 笔者摄影。

特产的金山石整整齐齐、密密层层砌就。如遇雨天，石板街面锃亮如镜，又溜滑诱人。那时偶有行人脚穿硬底鞋上街，其叩击石板街时发出清脆的响声犹如一曲韵律优美的水乡古乐。""旧时观前街两边的伙计购物，可将纸包食品掷至对面店中，遇到下雨天，只需用根竹竿挑只篮子传递过去，就可实现银货两讫。"①只要听听这些生动的回忆，就知道老观前街留给人们的究竟是些什么：不是通常认为的建筑外观，而是这些用材料和尺度说明的空间特征，这才是风貌保护中最重要的部分，也恰恰是当前我们忽略最多的部分。在美国伊利诺斯格雷斯堡(Galesburg)的一个保护规划中，所强调的正是对人行道的形式、街道转角的形式和街道植物景观的保护②。

城市历史设计景观的风貌保护也不仅仅是空间形式的问题，它还涉及市镇规划、建筑肌理和土地使用等内容。

就风貌保护规划的复杂性，在形态设计方面有三大注意点。

1) 保持文化的延续性

保持文化的延续性，首先要从文化地理的视野中观察场地的来龙去脉，把握并延续场地所根植的文化。最近上海新天地保护规划获得了极大成功，它的做法综合了"保存""重建""新建"，而且"以旧衬新"，新旧结构在形式、材料、做法上都截然不同，但是当游客们步入其中，除了不断感受到重新发现的喜悦，甚至对于那些新旧直接交替的地方，并没感到特别强烈的不协调，甚至很多时尚的符号也与石库门住宅浑然一体。原来可以这么做！这就是许多中国建筑师参观后的感想。

常青教授主持的无锡"文渊坊"(图 8.11)保护规划中，保护对象是江南民居、祠堂、易地移建的文庙戟门、学宫等等，这个规划也采取了同样的方式："具有风土特征的老建筑已有一定的规模，只要控制住新建筑的体量，就能保住老建筑的主导地位和环境气氛。因此，东西两侧的新建筑在一定的控制下，拟采取现代风格，与老建筑'相反相成'，拉开时间距离，

---

① 姜晋. 老明信片中的一条江南名街[N]. 中国文物报，2002-05-10
② Philip Pregill, Nancy Volloman. Landscapes in History：Design and Planning in the Eastern and Western Traditions[M]// 2nd ed. New York：Van Nostrand Reinhold，1999

使二者在对比冲突中取得和谐。""在直接发生冲突的部位以玻璃连廊做过渡空间,使二者既分割又联系,……"常青教授提出这种做法是新老建筑的"对比性"和谐和"冲突性"和谐[①],就图面而言,只能看出新建筑为玻璃和钢制品,旧建筑是典型的江南传统木结构。因为笔者尚未见到过按这种方法建成的实物,不便评说,而且笔者也很赞同常青教授提出的"修旧如旧、补新以新"的观点[②],但同样的形式与石库门里弄相加是成功的,和江南传统木结构相加就未必能达到"和谐"。

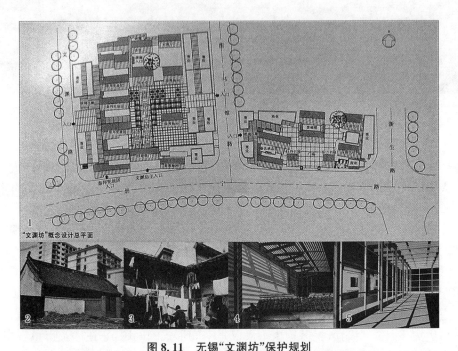

图 8.11　无锡"文渊坊"保护规划
1."文渊坊"概念设计总平面　2.现状　3—5"文渊坊"实验中的冲突性和谐和对比性和谐规划设想
资料来源:引自常青,徐峰."文渊坊"实验.新建筑,2001(4):48

上海新天地的成功,其秘诀需要加以仔细考察。首先,新天地保留下来的石库门里弄建筑当年就是法国建筑师设计的[③]。其次,新天地的保护规划设计师本杰明·伍德来自美国,虽然有同济大学建筑系和新加坡日建设计事务所这样"有东方文化背景"的顾问,但是甚至在最小的细节上,手法和思维方式都是西方的,比如对门把手的处理,据伍德说:"我曾想到要在黑色的门扇上做一些色彩或构件的装饰,但最终还是保留了它最本色的简单形式。依东方的传统手法,往往会通过包金等方式让某个细节显得不寻常,这是比较容易做到的;但如何让最普通、最简单的成为最美的,是我所追求的。"[④]可以看出,整个新天地,从它的过去到现在一直都是西方人在中国对西方文化最具接纳和包容能力的地方进行的建造实践。尽管有时间上的距离,但还未大到如钢结构和中国传统木结构——"机器大工业"和"工匠手工业"的距离。除此之外,整个新天地建筑群还统一使用灰色调以取得和谐。当

---

① 常青,徐峰."文渊坊"实验[J].新建筑,2001(4):49
② 常青.历史环境的转承与转化[R].南京:东南大学,2002
③ 戴焱辉.上海新天地[J].设计新潮,2002(98):19
④ 戴焱辉."新天地"是一个聚会的场所[J].设计新潮,2002(98):35

然,最重要的就是它在文化上具有连续性。

2) 保持场所特征的延续性

保持场所特征的延续性,意味着在风貌保护中应当尽可能保留场所的标志性特征。这个标志性特征可以是形象上的,如夫子庙的奎星阁、聚星亭、天下文枢枋等沿河景观中的特征最鲜明的部分,即通常所谓的"地标"(Landmark);地标通常是占据空间中重要位置或能与背景形成对比的景物,它是人们确认场所的重要参考,风貌保护中保留标志物已是一种共识,如村镇景观保护中首先保护风水塔、村口的大树等。

场所的特征也可以是整体形态上的,如南京夫子庙的空间形态:河道与建筑群的关系、广场和街道的尺度和位置、建筑群体重重叠叠的马头墙的形式特征。抗战期间,由于侵华日军的破坏,夫子庙的场所特征消亡殆尽,历史上十里秦淮的繁荣景象一度不复存在。1984年以来国家旅游局和南京市人民政府对它进行了复建和整修,恢复了明末清初江南街市商肆风貌,夫子庙才再度成为著名的游览胜地和商业中心。由此可见,特定的标志性空间和形式对于识别特定的场所具有特别重要的意义。

在上海新天地,这一特征则是石库门里弄格局。这里没有标志性的建筑物,因此由群体构成的空间形象就更为重要。由于场地实际使用功能的改变,局部空间形态也有所改变,拆了一栋老房子,新建了广场,但是没有里弄只有建筑就不能被称之为石库门;因此未拆的老建筑间的小巷全部予以保留,作为通往广场的支路。而且虽然广场地面用花岗石以表达其新,里弄地面却仍然是用老房子拆下的青砖以表达其旧,以便和它所构成的空间一起去表达旧式里弄朴实浪漫的情调。苏州观前街就没有那么幸运了,正如张松所指出的,观前街因为由"线型的传统特色商业街变成了点状购物中心,……使城市特征的可识别性和场所精神丧失殆尽。"①

场所的特征也可以是文化上的,如夫子庙的文庙、贡院,观前街的千年道观玄妙观,上海城隍庙的豫园等。但是这种文化上的特征同样需要空间和形态去表达。如玄妙观山门和大殿之间的广场,作为观前街一个特别的休息场所,给人的感受是独特的、印象深刻的。在这里休息时,你会听到古朴的道教音乐,看到作法的道士们鱼贯走入一个侧院的砖雕门楼,三清殿前的香炉中青烟袅袅升起,寺院大殿前种植的香樟树,大殿、山门、廊院组成相对闭合的广场空间,其中充满了历史的感染力……总之,观前街我只记住了这里。

意大利建筑师罗西说是肌理(Texture)和纪念物(Monument)带给了场地个性,因此保持场所特征的延续性就是保护场地的景观个性。

3) 保持生活的延续性

延续生活既是设计的目标也是检验设计成败的标志,"因为只有在生活中继承了真正的文化,才使人感到历史的存在。"②风貌保护的目的就是维系和加强居民之间以及与他们生活的城市环境的情感纽带。日本学者早川和南认为"保存、保护历史环境就是保存、保护从古至今的人的关系。"③

关于夫子庙,人们总是回忆起大成殿前广场上聚集的游戏杂技者,河上则是"桨声灯影

---

① 张松.历史城市保护学导论[M].上海:上海科学技术出版社,2001
② [日]早川和南.论古城市的保护[M]//李雄飞.城市特色与古建筑.天津:天津科学技术出版社,1991
③ [日]早川和南.论古城市的保护[M]//李雄飞.城市特色与占建筑.天津:天津科学技术出版社,1991

连十里,歌女花船戏浊波",可见与场地有关的记忆总是联系着某种活动。而设计的目的则是为这些活动提供机会。通过调查,夫子庙的设计者认为:活动具有维持风貌的能力。因此既要通过设计引导活动又要让活动启发设计。最后的场地空间规划是来源于传统的交易方式和"逛"这一活动的特征。它的空间是有等级的:街、巷、广场;有静态的也有动态的;有收有放[①]。今天夫子庙始终洋溢着的浓郁的生活气息就是设计成功的最佳证明。曾中断的春节灯会又重新成为传统。多年前,凯文·林奇也被这里缤纷的市街生活所打动,他甚至在夫子庙认真地听了一段说书[②]。

而上海新天地则创造了一种新的场地生活,设计者强调他们所营造的是一个"聚会的场所"。本杰明·伍德说:"我所做的就是新开一扇门、扩大窗的面积、加一个屋顶平台或在一个小天井上架天窗等。我们不是作为原封不动的保护主义者来完成这个项目,我们要营造一个在上海最有创造力、最有活力、最具娱乐性、最善于应变的环境。"[③]在历史风貌保护中,这同样是对待历史环境的合理态度,因为任何历史环境中的活动都是会随时间而有所变化。我们所强调的延续生活,是希望历史环境不只是标本、文物,而是作为一个充满活力的环境发展下去。

[①] 丁沃沃.南京夫子庙传统公共活动中心的改造[J].建筑师,1987(28):29
[②] 凯文·林奇.总体设计[M].黄富厢,等译.北京:中国建筑工业出版社,1999
[③] 戴焱辉."新天地"是一个聚会的场所[J].设计新潮,2002(98):37

9 有机进化之残遗物景观——大遗址保护的概念和方法

9.1 大遗址保护的基本观念

9.1.1 大遗址保护相关概念

大遗址是指具有深厚文化与科学底蕴的大型的广义的古文化遗址,是考古学、政治、经济、文化的研究对象。《保护世界文化和自然遗产公约》(UNESCO1972年发布)第一条指出:"以下各项为'文化遗产':(1)文物;……(2)建筑群;……(3)遗址:从历史、审美、人种学或人类学角度看具有突出普遍价值的人类工程或自然与人工联合工程以及考古地址等地方。"1997年,国务院在《关于加强和改善文物工作的通知》中,正式使用"古文化遗址特别是大型遗址"的提法。大遗址即大型古文化遗址,包括大型古遗址、古墓葬及其体系、组群和相关环境。"在考古学和我国历史上占有政治、经济、文化重要地位的原始聚落、古代城市、宫殿、陵墓以及宗教、丧葬、军事、交通、手工业、水利等建筑与设施的遗迹及相关环境。"[①]

大遗址较之普通遗址具有以下三个特征:

(1) 规模性,即历史遗留下来的、并已丧失了其原有功能的、代表了一种消失文明的、具有规模化的不可移动人类遗迹;

(2) 区域性,即是区域文化现象、环境变迁、历史变更的表征[②]。

(3) 人与自然共同的作品,大遗址的规模从几十平方千米到十几公顷,是古遗址与其自然环境共同构成的产物,许多大遗址深刻地反映了人与自然的互动关系,如位于辽宁西部山梁上的牛河梁古代祭祀遗址、因山为陵的陕西唐乾陵遗址,因此大遗址应属文化景观的范畴,它表达了一种消失的人地关系。

大遗址按其保护内容划分可分为地面遗址和地下遗址。每一遗址的保护均涉及已揭示的地面遗址和未揭示,甚至未探明的地下遗址,这也是大遗址保护的特点和难点之一。

1) 我国大遗址的分布类型和基本状况

我国1 270多处全国重点文物保护单位中,属大遗址的有400余处,约占总数的三分之

---

① 韩维龙,章昀. 大遗址的保护与展示——南越国宫署遗址的发掘、保护与博物馆建设浅议[EB/OL]. [2005-06]. http://www.gzwh.gov.cn/whw/channel/ztlm/518/asp/gzlt/200551892008.htm

② 李宏松. 关于大遗址保护的几点思考——集安市高句丽史迹保护工程后记[N]. 中国文物报,2004-07-23

一[①]。我国目前的大遗址按其性质特征可分为史前遗址、城市遗址和建构筑物遗址[②]。

史前遗址是史前人类活动过的地方,如史前村落和洞穴,著名的良渚遗址就是我国史前遗址的代表;城市遗址是人类有组织建造的设施、林木景观、防卫工事等,如内蒙古元上都遗址;建构筑物遗址指的是各时代建造的宫殿、寺庙、民居和堤坝遗址等,如陕西唐大明宫含元殿遗址。

按《全国重点文物保护单位保护规划编制要求》(国家文物局2004年8月颁布)规定,我国遗址按其保护范围占地面积大小分为四个类型:(1)小型:小于50公顷;(2)中型:50~500公顷;(3)大型:500~5 000公顷;(4)特大型:5 000公顷以上。

1997年3月国务院《关于加强和改善文物工作的通知》首次在我国文物保护的法律、法规性文件中强调了大遗址保护,文件指出:"地方各级人民政府和有关部门要本着既有利于文物保护,又有利于经济建设和提高人民群众生活水平的原则,妥善处理文物保护与经济建设以及人民群众切身利益的一些局部性矛盾,把古文化遗址特别是大型遗址的保护纳入当地城乡建设和土地利用规划;充分考虑遗址所在地群众的切身利益,采取调整产业结构、改变土地用途等措施,努力扶持既有利于遗址保护又能提高当地群众生活水平的产业,从根本上改变古文化遗址保护的被动局面;尽量减轻由于保护遗址给当地群众生产、生活造成的负担,必要时采取适当方式给予补偿。"这个文件充分强调了大遗址因其在规模上的特殊性而带来的保护问题,因而必须将其纳入地方城乡建设和土地利用计划综合来考虑,这是大遗址保护的必然途径。

我国对大遗址真正引起重视是在进入21世纪之后,国家文物局在2000年11月提出了《"大遗址"保护"十五"计划》,希望通过对数百处重要遗址,除配合必要的建设工程外,主动进行考古调查、勘探和发掘工作,弄清遗址的分布范围,进而划定遗址的保护范围和建设控制地带,编制保护规划,依法进行保护。同时加大宣传力度,促进社会对大遗址的认知程度的提升,加快重要遗址保护和展示工作的步伐,在2015年前建设完成一批国家遗址保护园区,即国家遗址公园[③]。

从2005年起国家财政部设立每年2.5亿元的大遗址专项资金,国家文物局已会同财政部组织编制了36处全国大遗址保护规划纲要,加上近年已经批准的大遗址保护规划项目组成备选项目库,在此基础上每年遴选出实施项目。2005年的重点是新疆丝绸之路文物保护工程,西安的秦阿房宫、汉长安城、汉阳陵、唐大明宫等大遗址保护项目[④]。

处于起步阶段的大遗址保护仍然面临诸多威胁,如遗址所在地群众的生产、生活的影响,基本建设工程、国家大型基础设施建设的影响,破坏偷盗文物的犯罪活动,生态环境的持续退化等。对此,陕西文物局局长赵荣认为大遗址保护应坚持四个原则:

(1) 大遗址保护的公益性,即坚持政府主导、国家保护为主,广泛动员吸纳国内外社会各阶层参与。

(2) 将大遗址保护与遗产地经济发展相结合。

---

① 谭新政,陈延文. "蚕"和"茧"的抗争——从唐城遗址看大遗址保护[N]. 解放日报,2004-07-05
② 侯卫东. 古遗址保护的思考与实践[N]. 中国文物报,2004-04-16
③ 关强. 中国配合基本建设的考古与文物保护[N]. 中国文物报,2003-10-03
④ 财政部:我国将每年投入2.5亿元保护大遗址文物[EB/OL]. [2005-07]. http://news.xinhuanet.com/zhengfu/2005-06/14 content_3081279.htm

(3) 将大遗址保护与生态保护与环境政策相结合。

(4) 加强宣传教育,为大遗址保护争取更多支持。在具体操作上,则要注意建立健全大遗址保护机构,完善大遗址保护专项法规,系统做好考古勘探和保护规划工作,真正做到将大遗址保护"纳入地方经济和社会发展计划、城乡建设计划、财政预算、体制改革、各级领导责任制"①。

2) 大遗址景观遗产地保护观念的建立

(1) "原址保护"("In Place" Protection)的观念

澳大利亚遗产委员会编纂的《意义、文物和藏品重要性评估指南》一书认为:"保有遗物的遗址比没有遗物的同类遗址有更重要的意义;原址物品比博物馆中的文物更有意义。"②原址保护体现了对文物与文物之间关系、文物与其环境之间关系的保护,是对遗存更全面、更真实的保护,理论上是适用于一切文物保护的,经常由于安全上的考虑和将文物自然损耗减到最少等原因无法全面实践这一做法。但由于物质遗存自身的特点和文物与其背景之间相互说明、相互依存的密切关联使其无法分别加以保护,一般遗址都实行原址保护。

《考古遗产保护与管理宪章》(ICOMOS 1990年通过)更指出一些遗址的某些部分现在仍是"构成当地人民生活习惯的组成部分,对于这类遗址和古迹,当地文化团体参与其保护和保存具有重要意义。"

(2) "大"的概念与保护

中国文化遗产研究院教授李宏松先生认为大遗址保护应突出其"大"的概念,即它的规模特征,从这一角度出发,大遗址保护具有三方面的特征:

① 长期性:对遗址变化的管理和控制是长期的任务,并应随遗产地社会经济发展、生态环境变化而不断调整管理目标和方法;

② 系统性:由于大遗址保护内容的复杂性,包含物质遗存及其环境、涉及有形与无形两类遗产的保护,以及与此相关的、动态的变化过程,因此它的保护必然涉及多学科领域、多职能部门的相互配合与协调;

③ 持续性:如上所述,这样一类的保护过程必须有持续的人力、物力投入,方可保持下去③。

(3) 遗址本体与环境共同保护的观念

遗址包含人类过往的文化信息,也期待未来人类以新的知识和技术加以解读。对于遗址保护,《威尼斯宪章》(ICOMOS 1964年通过)第十五条规定:"遗址必须保存,必须采取必要的措施永久地保存建筑面貌和所发现的文物。同时,必须采取一切方法从速理解文物的意义,揭示它而决不可歪曲它。预先就要禁止任何重建。只允许把还存在的但已散开的部分重新组合起来。黏合材料必须是可以识别的,而且要尽可能地少用,只要能保护文物和再现它的形状就足够了。"《威尼斯宪章》建立了关于遗址本体的保护原则。

如前所述,大遗址属于文化景观的范畴,大遗址景观遗产地的价值是由遗址本体与其

---

① 庞博.确立大遗址保护在文物工作中的重要地位[N].中国文物报,2005-10-14
② 郑军.考古发掘与现场保护[N].中国文物报,2003-02-28
③ 李宏松.关于大遗址保护的几点思考——集安市高句丽史迹保护工程后记[N].中国文物报,2004-07-23

所处自然环境共同构成的。环境的变迁又往往是遗址存在和消亡的决定因素，如由于维苏威火山爆发而毁灭的庞贝古城遗址，及由于人类对自然的过度索取导致生态环境恶化、栖息地丧失的楼兰遗址——尽管这里是人类历史上第一部森林保护法的诞生地。还有一些大遗址遗产地，优越的自然条件以及人类可持续的利用方式，使其仍然保持了原来功能，如良渚遗址数千年来一直是优良的人类栖息地。无论对于何种大遗址进行保护，保护其环境条件不发生较大变动都是最有效的大遗址保护手段。为此，联合国教育、科学及文化组织大会于1962年颁布了《关于保护景观和遗址的风貌与特性的建议》，专门从环境风貌的角度给予遗址保护原则性的建议。

国际古迹遗址理事会1990年发布的《考古遗产保护与管理宪章》明确提出了"整体保护的政策"："考古遗产是一种容易损坏、不能再生的文化资源。因此，土地利用必须加以控制并合理开发，以便把对考古遗产的破坏减小到最低限度。考古遗产的保护政策应该构成有关土地利用、开发和计划以及文化环境和教育政策的整体组成部分"。

进入21世纪之后，古迹遗址的背景环境的重要性得到了进一步强调。2005年在中国西安召开的国际古迹遗址理事会第十五届大会将"背景环境中的古迹遗址"作为会议主题，与会者认为环境是动态发展的，应在考虑整个生态系统的基础上制定古迹保护控制政策。会议还特别强调了保护策略应放弃美学定律的束缚，因为这常导致长期保护与短期流行风尚间的矛盾。这一点值得我国保护工作者思考。我国的许多保护规划常以指定新建建筑的样式作为保护手段之一，这是很值得商榷的。

9.1.2 国外大遗址保护的方法和经验

1) 日本大遗址保护

日本的大遗址保护起步于1970年代，其方法是设立"史迹公园"。大遗址被定义为"文化财"的一个类型，但作为一种特殊的"文化财"——与土地有关的文化财，其保护受《史迹名胜天然纪念物保存法》约束。

日本的"史迹公园"规划主要有以下四个特征：

（1）明确保护主题，以展示遗址为主，展示出土器物为辅，因此遗址博物馆一般规模较小、位置隐蔽；

（2）复原设计基于考古学修复观念，严格区分原件和复制品，避免混淆历史的真实性；

（3）展示手段多元化，如采用露天保护、地上复原、展览陈列、挖掘现场展示等多种手法展现遗迹的可读性；

（4）公园规划因地制宜，富于变化以增强公园的娱乐性[①]。

首开日本遗址公园之先河的登吕史迹公园，位于静冈县，1947年考古挖掘发现这里有弥生时代（公元前300年—公元300年）典型的聚落遗址，生动地反映了弥生文化后期农业的进步。登吕是一个有12户居民的村落。这里是低湿地区，不能造竖穴，因此人们都在地面上建屋，各家都面向水田方向开门。村落周围用杉树林保护。1950年代国家征购了土地，复原了部分居住址、仓库址、水田址和森林址，建起了登吕史迹公园。

---

① 黄渭金.日本大遗址的保护与利用[N].中国文物报，2003-10-24

2）美国大遗址保护

在美国，大遗址作为考古学资源的组成部分。在《考古资源保护法案》(*Archeological Resources Protection Act*，ARPA)中，考古学资源被定义为"一百年以上历史的人类生活或人类行为的遗存和具有考古价值的场地。这些遗存或场地必须能够提供对人类以往行为的科学的或人类学的解释。"《国家历史保护法案》(*National Historic Preservation Act*，1966)建立了历史场所登录制度，这个"历史场所"中就包含历史的和史前考古遗址，这样遗址保护就被置于国家保护规划项目的保护伞之下了[①]。而早在1906年的《古迹法案》(*Antiquities Act*)、1935年的《历史遗址、建筑、古迹法案》(*Historic Sites, Buildings, and Antiquities Act*)也都明确将遗址列入了保护内容。

美国现代大遗址保护是从它们被洗劫的历史开始的。从19世纪下半叶起，位于美国西南部的玛雅人和阿兹台克人的遗迹就开始不断被掠夺用于私人目的和商业用途。这个问题逐渐地引起有识之士的关注。1881年，Adilph Bandelier向政府提交报告呼吁保护新墨西哥州的考古遗址。1889年Casa Grande遗址成为美国第一个考古学保护区。1892年通过了关于这个保护区的立法[②]。

然而1890年代的哥伦比亚世界博览会又将掠夺推向了一个高峰。这次博览会展出了许多从古遗址上搬来的物品，引起了观众强烈的兴趣，其结果就是人们干脆修筑了通往美国西南部遗址集中地区的铁路，开始系统地从古代遗址搬运构件和艺术品用于私人或商业目的。就连著名的建筑大师弗兰克·劳埃德·赖特也从古代玛雅遗址上收集了不少艺术品，随意地砌进他自己的建筑作品——西塔里埃森。

这种状况最终有所改善得益于1906年《古迹法案》(*Antiquities Act*)的出台，明确遗址受法律保护。这部法律有三个重要功能：

（1）建立了处理考古学资源的公共政策；

（2）提供了一种工具，即总统有权给予特别重要的场所特别的保护，在20世纪这一功能促使美国建立了保护考古遗址、历史场所和自然保护区的"国家古迹"项目；

（3）法案建立了发掘、揭示、搬运、调查古代遗址的科学和专业的一般规则[③]。

在《古迹法案》颁布之前，美国已形成了两种较为成熟的大尺度保护区的管理方法，即国家公园(National Park)和保留地(Reserve)，每一个公园或保留地的形成都有专门的立法，如黄石国家公园、Casa Grande遗址，手续繁琐。"国家古迹"项目简化了这些手续，使被列入项目得到了更快的保护。《古迹法案》还把遗址发掘、清理和文物收集工作收归内政部管理，禁止遗址的私人和商业用途，它带来的种种变化使得这部法案被看作20世纪的进步运动之一。1935年颁布的《历史遗址法案》(*Historic Sites Act*)基于《古迹法案》对遗址"公共价值"的认识，在此基础上作为保护的技术规范，对美国的历史遗址、建筑、古迹保护提供技术指导。

二战之后，发展的热潮和城市蔓延又使更多的古迹遗址遭到破坏，针对变化的情况，1966年，《国家历史保护法案》颁布，它拓展了《古迹法案》和《历史遗址法案》的内容，新的变

---

① Sherry Hutt, Caroline M Blanco, Ole Vermer. Heritage Resources Law: Protection the Archeological and Cultural Environment[M]. New York: John. Wiley & Sons, Inc., 1999

② 参见 http://www.nps.gov/cagr/。

③ Sherry Hutt, Caroline M. Blanco, Ole Vermer. Heritage Resources Law: Protection the Archeological and Cultural Environment[M]. New York: John Wiley & Sons, Inc., 1999:4

化主要体现在两个方面：

（1）认识到公共考古和考古保护是一种发生在联邦政府、州、地方各层面的活动，也涉及私人组织和个人，无法由一个国家政府或国家博物馆完全包办。而广泛的公共和私人团体参与考古和历史保护，也能加深了人们对自身历史的理解，增添了保护的责任感。

（2）认识到保护与当代发展和经济活动之间的关系，把遗产保护看成现代生活的组成部分[①]。

1970年代，美国西南部大遗址集中地区的偷盗情况十分严重，《考古资源保护法案》(*Archeological Resources Protection Act*, 1979)就是针对这一现象专门出台的惩治破坏考古遗址行为的法案。

现在美国的大遗址保护也涉及多个部门协作完成，如国家公园管理局、国土管理局、渔业和野生动物管理局、国家森林管理局、州历史保护办公室、历史学家协会、学校、博物馆、印第安部落和地方政府都可能在保护工作中扮演重要角色；此外，很多公共或私人团体也会参与进来，如美国考古学会、国家历史保护信托等；整个大遗址保护就是一个多方协作、平衡各种利益、倾听各方要求的过程。

对于以遗址为背景展示历史，将保护与利用相结合，美国国家公园体系专门有"国家历史公园""国家纪念地"等类别给予它们分类管理。"国家历史公园"一般规模较大，如Kennesaw山国家战场遗址公园(Kennesaw Mountain National Battlefield Park)是美国内战时亚特兰大战役的战场，面积达2884英亩，园中有战争中的防御工事、大炮等武器以及各种解说标志。游客可通过在园中漫步了解这段历史。"国家纪念地"的目标在于保护某项单一的、有国家级重要意义的资源。"国家纪念地"的占地面积一般较小，内容主要是历史纪念地、史前遗址或有科学价值的东西，如林肯出生地国家历史遗址(Abraham Lincoln Birthplace National Historic Site)即为一小型纪念公园，园中仅有两栋小建筑：纪念馆和游人中心，周围遍植橡树，道路以"总统之路"等命名突出纪念气氛[②]。

9.2 我国大遗址保护的方法

9.2.1 我国大遗址的保护面临的问题

如前所述，随着环境观念的加强，我国的大遗址保护也步入了新阶段。当前大遗址保护主要面临着一些问题。

首先是发展与保护的矛盾。中国建筑设计研究院建筑历史研究所所长陈同滨认为这包括两个方面：

① 在城镇建设中土地资源紧缺的压力大、城市化与工业化过程中用地性质的变化、基本建设项目对大遗址的占用等；

---

① Sherry Hutt, Caroline M. Blanco, Ole Vermer. Heritage Resources Law: Protection the Archeological and Cultural Environment[M]. New York: John Wiley & Sons, Inc., 1999

② 参见 http://www.nps.gov/。

② 由于生态环境恶化而引起的植被退化、防灾能力降低、环境污染等问题①。

其次是保护与利用的矛盾。为了弥补保护经费的不足，大遗址旅游发展迅速。但是对大遗址旅游设施、保护设施的建设都还缺乏相应法规的约束。遗址景观不符合中国人传统的欣赏习惯，为了增加遗址的可观赏性，很多地方做了过多的复原设计，博物馆规模也过大，由于大遗址保护内容一般包括地上、地下两部分，过多的建设必然导致遗址的破坏，这可能包含对未探明的地下文物的破坏，也可能包含对环境风貌的损害。

9.2.2 我国大遗址保护的两条途径

在我国当前大遗址保护的实践中根据遗址的具体情况逐渐形成了两种模式：一是遗址公园模式，适用于规模较小、遗址现状情况简单的大遗址保护；二是遗址保护区模式，适用于规模较大、遗址现状情况复杂的大遗址保护，这类遗址保护面临的情况与风景名胜区较为相似。

1) 遗址公园

遗址公园是将古迹遗址的保存与展示相结合，并向公众和社会开放的一种形式。与遗址博物馆不同，它是将遗址及其自然环境一起保存并展示。构筑遗址公园最重要的思想是现场保存展示的观念，即以遗址及其周围环境为保存展示内容，使观众在身临其境中有所观、有所感、有所体验。因此遗址公园的规划设计的主要目标就是保护遗址、标识遗址、展示遗址和烘托遗址。遗址公园是依托遗迹而存在的，同时也在对遗迹的表现与展示规划设计中成为一个新的景观艺术作品。

遗址公园主要用于对一些在当代社会生活中没有继续使用价值的古迹遗址的保护。由于它在保护古迹的环境整体性、结构完整性方面具有优势，考古学上所谓的大遗址最先采用此种保护方式。

由于遗址状况各有差异，保护和展示的要求各不相同，遗址公园的设计取向可以根据具体项目的实际情况有所区别。笔者将遗址公园的设计取向分为三类：

以场所展示为主的遗址公园——场地是重要的遗址，但文物遗存数量相对较少；环境保存情况较理想，有较丰富的景观因素。对此类遗址公园，所展示的主要是场地遗存，规划中应当以保护为主，兴建道路、建筑尽量少破坏原始环境，除必要的管理服务设施外，主要是对文物的标识和提示；

以文物展示为主的遗址公园——场地中文物遗存和遗迹丰富，规划设计时应注意对遗迹的烘托。

以场所传说展示为主的遗址公园——场地中已无物质历史遗存，设计较为自由，但应注意围绕设计主题——历史传说进行创作。

在南京近年来兴建的遗址公园中，上述设计取向均有实例建成。以场所展示为主的如南京明孝陵遗址、明故宫遗址等；以文物展示为主的如南京汉中门广场；以展示场地传说为主的如南京三山门遗址广场（图9.1）。

(1) 以场所展示为主的遗址公园

在南京明故宫遗址上，围绕仅存的午朝门形成的遗址公园——南京午朝门公园，是南京

---

① 陈同滨. 城镇化高速发展进程下的中国大遗址背景环境保护主要规划对策[N]. 中国文物报，2005-10-14

基于地域的文化景观保护研究

图 9.1　南京三山门遗址广场
资料来源：笔者摄影

最早的遗址公园之一。明故宫位于南京城东，是明洪武、建文、永乐三代的皇城和宫城，最初建成于明洪武六年（公元 1373 年），为此后建于北京的明清故宫之蓝本。明成祖迁都北京后，南京故宫仍保持原有建制，由皇族重臣驻守。清咸丰三年（公元 1853 年）大部建筑毁于兵火。

南京刚解放，刘伯承、陈毅等同志即邀请有关专家、学者座谈，征求保护意见，决定将约 350 个石柱础就地深埋，埋入路北侧中轴线及其两侧；将中山东路北侧约 60 万平方米的地辟为南京军区教练场进行保护，并将当年被英国人法雷斯劫至下关扬子饭店的石雕运回遗址重加修整。

1956 年 10 月，明故宫遗址被公布为江苏省重点文物保护单位，午门、内五龙桥周围辟为明故宫遗址公园。园内遍植柏树，气氛幽静，围墙仅用透空铸铁栏杆围合，使公园融合到城市的开放空间中来。朴素的公园大门也和园中景物十分协调。公园布局继承了原明故宫的中轴线，入口处又以一展示文物——石屏风使园景不至于被一眼看穿。园中景物除午门和内五龙桥外，主要以展示石雕构件文物为主，只在公园两侧不显眼处布置了一些休息座椅。园中标识文物的指示牌和花坛设计别具匠心，地面选用材料朴素，都与文物十分协调。午朝门公园虽然设计规划年代较早，但它简洁的设计充分体现了对场所特征和文物的尊重。如今，这里是越来越少的还能体验到老南京忧郁深浓的历史意味的地方（图 9.2）。

（2）以文物展示为主的遗址公园

新中国成立不久，在对北京进行旧城改造时，就古代城墙的存废问题进行过一场争论。当时梁思成先生就提出城墙外有护城河，正是形成绿化带与公园的优越条件，"城墙上面平均宽度约 10 米以上，……种植花草，再安放些座椅，夏季黄昏，可供数十万人的纳凉游憩。秋高气爽的时节，登高远眺，俯视全城，……还有城楼、角楼等可以辟为陈列馆、阅览室、茶点铺。这样一带环城的文娱圈、环城立体公园，是世界独一无二的。"[①]

---

① 梁思成. 关于北京城墙存废问题的讨论[M]//梁思成文集·卷四. 北京：中国建筑工业出版社，1982

图 9.2　明故宫遗址公园
资料来源：笔者摄影

梁先生的愿望如今在北京已成为现实，2001年、2002年相继建成皇城根遗址公园、明城墙遗址公园。南京的城门、城墙基本上也以这一方式进行了保护规划。城西，由城墙的联系形成带状的明城墙风光带，组合成具有一定宽度与厚度的环城绿色生态圈；城东，围绕着中山门、东华门、西华门、西安门和汉中门五处明代宫城城门、城墙，也兴建了遗址公园。

这一类型的遗址公园由于涉及城市环境，因此在考虑如何展示和烘托古迹的同时，又要考虑如何适应当代城市发展，如何承担作为城市开放空间的功能。具体的规划设计涉及以下几个方面：

① 文物保护

南京城墙本体是国家重点文物，对它的保护涉及文物本身和周围的空间环境两个方面。文物本身是绝对保护对象，应以修缮为主。环境保护首先是在城墙两侧划出15米的禁止建设范围；其次周围地段为有限制使用的城市建设区，要求风貌协调；最后是景观视线保护，兼顾登临远眺的视野和它本身作为观赏对象时的视线二者的控制[①]。从对这些问题的处理中，可以看到设计者对待历史的态度——是添枝加叶将文物修整得焕然一新，还是仅作加固处理让历史的魅力自然地流露？南京西安门公园是以西安门残迹为中心布局，占地1.6万平方米，公园规划保留了几排围绕在城门前的水杉树和广玉兰。而南京中华门城堡的管理者在城门马道上放有一排彩塑古代武士，而且这些泥塑还是立在马道上砌的永久性水泥墩上！瓮城中还贴城墙建了纪念馆、办公室，初衷可能是因为担心游客认为观赏内容不够，停留时间短。作为一个保护主义者，我个人不赞成对属于国家文物保护单位的明城墙非可逆性地添加任何构件。

在更多的情况下，城墙充当了自然风光和游园活动的一个朴素的背景。就城市总体景观而言，玄武湖台城段是最优美的，东边是九华山，孤塔危岩；西边是鸡鸣寺，金碧辉煌，台城像它们的基座，与山水景观融为一体。较差的是中山门城墙段，水平的城墙构图中突兀

---

① 《南京明城墙》编委会.南京明城墙[M].南京：江苏美术出版社，2001

地竖起现代高层建筑。

②形态与设计

从历史的角度看，城墙是一个内和外界限的标志，表达了城市的过去和发展。有些意义会随城市的发展而消失，但在它仍然存在的某些地方应当使之有机会得到延续。例如，在中华门地段，城墙界定内外的意义仍然在一定程度上存在，保护规划保留了城内城堡前的河道以及桥梁，并延续其作为公共广场的性质，但重建了它的内容。通过将东面的城墙公园修整成公共休闲绿地，使规划前在城堡前桥梁上进行的休闲活动如放风筝、转陀螺等转移到该处进行，从而使城堡前桥梁和桥头广场恢复了集市功能。通过环境改造，将城门口由于交通汇聚而产生的集市功能重新挖掘出来并获得成功，说明成功的保护规划常常是超越形态的。

当然古迹形态本身对遗址公园规划的限定也是有意义的。中华门东段城墙呈一直线型，公园设计中通过铺地形式的变化、活动设施安排的变化，自然地形成不同的区域，吸引不同的对象。狮子山公园中城墙的形态较为丰富，随地形自由地曲折变化，形成不同的空间，同时城墙又兼作游步道，与阅江楼等相映成景。城墙作为一种景观因素在这里得到了最充分的运用。汉中门广场为明代石城门的瓮城所在，1996年为保护古迹建造了面积达2.2万平方米的汉中门广场，利用了城墙三面围合的形态，在瓮城和城墙增设了登城坡道，游人可沿阶而上，登临眺望，丰富了广场景观。

东水关遗址公园则充分利用了直线型的城墙与其附近弯曲的河道丰富的形态相交错形成园景。明南京城的东水关是"十里秦淮"的入城处，这里的城墙用条石砌筑，墙上设三层拱券以泄洪。东水关旁的通济门是与中华门、水西门型制相近、设有三道瓮城的重要城门，门外河道上还有建于明代的九龙桥。通济门已于1957年拆毁，九龙桥与东水关仅存残迹，但该场地上复杂交错的河道形态正是形成公园的有利条件，可登临的城墙还为观察这些丰富的水景提供了高视点，而复建的仿明式样的九龙桥，经局部维修的东水关城墙等历史遗存又给予了园景更深的人文内涵。充分利用场地原有条件，仅经过环境整理、文物部分修复而建成的东水关遗址公园甚至以其优美的景色带动了所处地段的房地产开发，紧邻公园的"东城水岸"楼盘和一条马路之隔的"江南·青年城"楼盘的促销口号都是："'park-house'社区、东水关公园、明城墙、秦淮河……"

另一方面，城墙的材料肌理，既是一种可欣赏的景物又能启发设计。城墙不同的砌筑方式、攀缘植物和墙体、刻有文字的城墙砖、城墙断裂处形成的特殊肌理等都使景物充满耐人寻味的细节，敏锐的设计者通常都能把握这些在场所和文化语境中产生的意义，并将其延续到场地设计的其他部分，如中华门东段城墙公园中局部采用的城墙砖铺地、西安门公园模仿城墙断裂处肌理的花台等。汉中门广场则采取了简单化的处理手法，新、旧对比，无论在形式上还是在情感上看不出任何联系。可取之处是文物的标识工作，于广场醒目之处立有一"新建汉中门广场碑记"的石碑，是这里除文物外最有吸引力的景物，笔者调研时发现，在此观看汉中门广场石碑的人数远远超过其他同类遗址公园的类似场所。因为在这个2.2万平方米的广场中，场地设计所提供的活动实在太有限了。

③遗址的再生

遗址除了静态的展览功能，如何在古迹保存的前下，恢复场地活跃的使用状态，即遗址活力的再生是遗址公园规划中具有挑战性的工作。

对场所的解读除了空间、材料、历史之外，更重要的是人的活动、设计的可能性。是将古迹仅仅当作一个展品,还是将新的活动编织到这个地方去?东南大学建筑学院唐军提出了城市广场绿地设计是"形象点缀还是融于生活"问题,指出许多"美丽"却失败的设计具有这样的特征:"对于大多数居民而言,是一个需要刻意去感受的'事件',而不是他们日常生活的舞台。"[1]中山门广场就是这样一个失败的设计,它采用了圆形图案构图,花草植物环绕中间一大形石狮雕塑,广场具有很强的纪念性,却让人不太明白纪念的主题,特别是该广场很难找到可以坐坐的地方,整个广场视线上一目了然,缺乏有遮蔽感、围合感的小角落。

水西门广场占地约2公顷,是明三山门和西水关的遗址公园,广场被划分为东、西两部分,成功的设计为各种活动提供了可能性。在下沉式广场半围合的角落里,一位先生在读报,一对情侣在嬉闹;在一个较为开敞的由台阶构图形成的区域里,一组人群在闲聊,还不时地有母亲带着孩子来玩耍。特别可贵的是这个1999年8月才建成的广场,在被立交桥划分开的两块场地中,群众自发地固定开展两种活动:在面积较大较开阔的西广场,是放风筝的人群;在东广场上,以一段园林的云墙为背景,堆以较平缓的土坡,上面植有稀疏的树木,场地设计中还有浅池、石桥、湖石假山等景点,这些形式启发出来的活动是遛鸟。

南京的城门、城墙遗址公园大多数都是不收费的公益性绿地,但要使人民真正拥有遗产,自觉保护遗产,在规划设计中强调遗迹的文化和生活的连续性无疑是一个重要方面。

(3) 保存场地传说的遗址公园

这类遗址公园指那些并无实物景观遗存,所要保存的主题就是地点以及与之相关联的事件,同时这也是规划设计的主题。从某种程度上来说,这相当于一个纪念园地设计。上文述及的水西门广场,就是这一类遗址公园。该广场范围内原有的西水关、三山门均已无存,在传达场地传说时,它首先采用了标识的方式:在西广场中心偏向沿街部分,立有一"国泰民安"的纪念柱;水池旁一石碑上刻有该场地原有水闸的历史;下沉式广场的护壁上嵌有该场地历史及广场建造情况介绍的石碑;在东广场上则将刻有明三山门及西水关示意图的三山门遗址碑置于浅池中。其次,除了这些直白的说明,设计者更力求在材料和细部上阐述这个场地的过去和现在,如城墙砖砌筑的护壁,小桥、浅池、雉堞、灯具,以及不同材料交接的界面等。再次,设计者还抓住场地现状条件,如西广场临护城河,因而形成河边散步道;东广场临一其他单位的云墙,场地也不规则,就据此形成有假山、亭子、小桥的园林式广场景观。

著名景观建筑师劳伦斯·哈普林认为纪念园林设计应当述说故事并鼓励参与而不是默默欣赏的纪念碑[2],从这点上看水西门广场的设计非常成功。

2) 遗址保护区模式

针对每一处大遗址现状千差万别的情况,如遗址保护区中有人居住或无人居住、远离城市或靠近城市等,保护方式也各有差别,但就当代中国的实际状况而言,主要涉及以下四类问题:

(1) 多渠道的大遗址保护资金来源

我国从今年起每年对大遗址保护投入2.5亿元的专项资金,这些资金仅用于对少数属于国家级重点文物的大遗址进行保护,以每年完成若干重点保护项目的方式进行。而对于大多数未被列入重点保护项目的遗址的保护资金,以及大遗址保护所要求的持续的资金投入,其来源主要有五方面:一是遗址所在地政府出资;二是遗址商业经营所获利润;三是吸

---

[1] 唐军.困惑与思索[J].中国园林,2001(6):26
[2] 林箐.美国当代风景园林设计大师、理论家——劳伦斯·哈普林[J].中国园林,2000(3):2

纳民间私人资本;四是向银行贷款;五是在可能的情况下吸引国际保护资金。

表 9.1　1995 年以来陕西大遗址保护主要资金来源(不完全统计)

出资方式	数量和使用对象
(1) 遗址所在地政府出资	• 陕西省政府陆续投入 300 多万元,新建、改建了 30 多个遗址保管所 • 1998 年,陕西省政府投入 19 750 万元用于西汉景帝阳陵遗址保护 • 陕西省政府投资 2.3 亿元的秦始皇陵遗址保护 • 西安市政府投资 2.2 亿元的唐大明宫遗址保护
(2) 遗址商业经营所获利润	• 乾陵懿德太子墓遗址近八年观光收入 1 300 万元
(3) 吸纳民间私人资本	• 1995 年,台胞毛德昌出资 550 万元用于乾陵懿德太子墓遗址保护
(4) 银行贷款	• 汉长安遗址部分保护资金的来源,数目不详
(5) 吸引国际保护资金	• 联合国教科文组织投资 230 万美元用于唐大明宫含元殿遗址保护 • 日本政府投资 2.8 亿日元用于唐大明宫含元殿遗址保护
(5) 国家大遗址保护专项资金	• 2005 年国家文物局拨专款 2 900 万元用于汉长安遗址保护

资料来源:据《中国文物报》2003/10/24、2003/1/21、2005/8/26、有关资料统计。

从上表可以看出,保护资金中地方政府的投入是资金的主要来源,各级地方政府因此也就在选择保护对象、保护方法、经营模式上起着重要作用。

在利用私人资本进行保护上,陕西乾陵懿德太子墓遗址的做法是出资方出于道义和对传统文化的热爱而出资保护,资金的使用则完全由当地政府和文物主管部门操作,在遗址经营赢利之后返还合作方资金。1985 年投资保护之前,乾陵懿德太子墓遗址的年收入是 6 万元,由台胞毛德昌出资 550 万元用于保护、维修、新建博物馆、征地之后的 8 年中,到 2004 年共赢利 1 300 余万元,返还合作方 552 万元,积累国有资产 850 万元①。在这个过程中投资方只有出资权,没有管理和经营权,550 万元资金 8 年仅获利 2 万元,相当于慈善事业。西方国家有很多不为赢利目的从事保护事业的基金会,但是对资金的使用方式具有监督管理权。因此,陕西乾陵懿德太子墓遗址的这种做法,虽然可能是一种十分有利于遗址保护的方法,但是并不具备普遍性。

吸收投资方参与保护过程、分享保护利益,如果管理得当,会是一种更有效的方式。浙江良渚遗址在利用民间私人资本进行保护方面就做得比较成功。良渚文化被认为是一种存在于距今 6 000 至 4 000 年长江下游太湖流域地区的史前文化。良渚文化的遗迹涵盖的空间范围"北至黄河流域以北的苏北鲁南地区,南至浙江的宁绍平原,东及太平洋西海岸的舟山群岛,西达皖赣境内。"②

承载这种文化的太湖流域地区持续保持着适宜人居的自然环境。在良渚文化的中心区是一种由丘陵与河湖相间的沼泽平原构成的温暖湿润的亚热带气候环境,沼泽平原上遍布樟树、桑树、棕榈、麻栎等常绿阔叶林的植被,至今仍为一典型的湿地环境,良渚遗址区几

---

① 习建涛. 合资合作探索文物保护与利用的双赢之路——陕西乾陵懿德太子墓博物馆保护与利用的实践与思考[N]. 中国文物报,2005-01-21
② 杭州市余杭区良渚镇人民政府. 良渚文化[EB/OL]. http://www.liangzhu.gov.cn/

千年来一直是丰裕的粮仓和景致宜人的栖息地。浙江良渚、瓶窑两镇是良渚遗址分布最集中、最密集的地区。遗址面积约 4 200 公顷,包括反山、瑶山、汇观山(祭坛)、莫角山(建筑群遗址)等著名遗址群(图 9.3)。

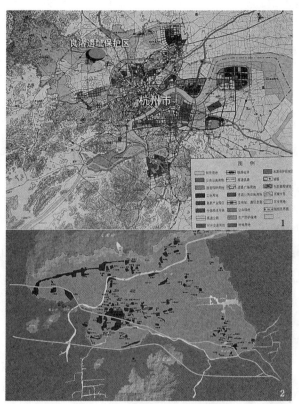

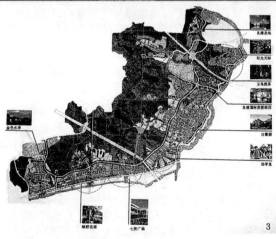

图 9.3 良渚遗址保护规划、良渚文化村规划
图 1. 良渚遗址与杭州市的空间位置关系　图 2. 良渚遗址群分布图
图 3."良渚文化村"总平面
资料来源:图 1:笔者根据中国建筑设计研究院建筑设计研究所 2003 年 12 月编制,良渚遗址保护总体规划的相关资料制作;图 2:引自 http://www.lzsite.gov.cn,图 3:引自《南都房产》的《良渚地缘》。

近年来这块遗址优良的生态环境与中心城市空间位置上的近距离,使它的保护和利用与经济发展和城市化的矛盾日益尖锐。尽管自1990年代以来,据不完全统计我国各级政府为良渚遗址的保护投入已达约2.7亿元,但这同时也是一个经济高速发展的时代,大规模的城市化已对遗址形成遮蔽之势,遗址保护范围据杭州市中心不到20千米。在这种情况下,《良渚遗址保护总体规划》提出了"消解遗址分布区内的城市化、工业化进程""强化遗址分布区外的城市化、工业化进程"[①]的遗址保护基本对策。

一个由房地产商操作的开发项目——"良渚文化村"就是上述保护对策的具体化。"文化村"是一个复合型的房地产开发项目,该项目将依托良渚遗址而形成具有丰富文化内涵的集旅游与居住为一体的小镇,由多名国内外著名建筑师参与设计。规划人口3.2万—3.4万,由11个纪念区域(其中包括圣地公园、度假酒店、休闲娱乐中心等)和居住组团构成,既是旅游的目的地又是生活的居住地,并以功能的混合、景观形态的多元化形成有生命力的开发模式。

《良渚遗址保护总体规划》对保护区的分级划分如表9.2。"良渚文化村"项目就位于"建设控制地带"中的"允许建设区"这一保护区中,"建设控制地带"位于遗址"保护范围"的外围、紧贴"保护范围",强化这一地块的发展,吸引"保护范围"的人口转移,促进"保护范围"的产业结构调整——"文化村"建成后将带来7 000个左右的就业机会,其中半数以上为服务业,可以说这是大遗址保护的一种积极措施——以遗址外围的适度开发来反哺遗址保护。

表9.2 良渚遗址保护区

保护区名称	面积	保护要求	备注
保护范围(其中包括:重点保护区、一般保护区)	4 204公顷	禁止在重点保护区内建设一切与遗址保护无关的项目,已建项目应当限期拆除;禁止在一般保护区内建设与遗址保护、利用无关的项目,已建项目应当分期拆除或整治	现有人口3.4万人,人口平均密度为808人/每平方千米
建设控制地带(其中包括:非建设区、保留农居点区、允许建设区、特殊控制区)	4 230公顷	禁止建设危及文物安全的设施	建于此处的良渚文化村规划人口3.2万~3.4万人,占地800公顷,人口平均密度为每平方千米8 000~8 500人,年接待游客100万人次
景观协调地带(其中包括:重点协调区、一般协调区)	2 616公顷	禁止从事对遗址和环境造成破坏或污染的建设和生产经营活动,对良渚遗址环境风貌应当进行整体保护。良渚遗址的水网、植被、土墩、山体等环境地貌现状不得随意改变	

资料来源:根据《良渚遗址保护总体规划》《杭州市良渚遗址保护管理条例》《良渚文化村和闲林翡翠城的比较》《良渚文化博物馆新馆初步设计说明》制表

---

① 中国建筑设计研究院,建筑设计研究所2003年12月编制《良渚遗址保护总体规划》。

《良渚遗址保护总体规划》对"建设控制地带"中的"允许建设区"的控制要求是"地带内建筑限高18米,靠近遗址保护范围一侧的建筑物和通向遗址保护范围的道路、通视走廊两侧的建筑物,其形式、体量、色调应符合遗址环境风貌规划的要求"。据此精神规划的"良渚文化村"采用了传统小城镇的尺度,并主要以步行交通连接,同时地形的变化既是保护的对象又成为创造富于变化的新景观的主要手段。

这种既有别于大城市又不同于传统村落的居住环境的营造取得了异乎寻常的商业上的成功,已开发的部分都形成了有价无市的局面;同时也达到了保护遗址本体、宣传和推广遗址的作用,可见只要管理得当,让私人资本参与大遗址保护与经营过程也是有积极意义的。

(2) 对遗址保护区中聚落的处理方式

大遗址遗产地中的聚落一直是遗址保护的难点。大多数情况下,这些聚落已和遗址所代表的时代与文化联系不大,如一些处在乡村环境中的古代城市遗址;也有一些遗址中的聚落反映了遗址环境持续变化的过程,随时间推移已成遗址景观的组成部分。

在我国,大多数遗址保护都采用了搬迁聚落的方式,这种方式虽有利于保护但耗资巨大,在某些情况下也违背了历史遗产保护原真性的原则,因为人对土地的利用方式也是构成遗产价值的一个组成部分。1832年,美国画家、探险家乔治·卡特林(George Catlin 1796－1872)提出设立"国家公园"以保存土地的原始自然状态的建议,他说"人们在未来的日子里可以看到美国土著印第安人身着传统的盛装,骑着野马在奔跑跳跃,手持弓箭、盾牌和长矛,目标是兽群和野鹿",[1]表达了对人与自然相互交融的景观价值的欣赏。

国际保护组织的专家认为,在遗产地的社区,"他们的物质、文化和精神生活及福利都不可避免地与维护他们传统的土地、领地和资源的多重关系产生了联系,以及在其使用上的安全性联系。国际社会公认他们在实现可持续发展方面的关键性作用。土著居民的知识是他们的文化和智慧遗产的基本部分,包括对自然景观和资源、特殊的遗址、物种、神圣之地和墓地的管理。还有他们那些被各级保护部门和保护团体忽视或轻视的作用、知识和习俗。"[2]因此我们应当尊重他们对土地和资源的权利,以及他们传统的生活方式,同时应按照遗址保护要求进行一定的控制和管理,用联系和发展的观点看待大遗址已消失的人地关系与现存人地关系之间的区别和关联。

江西省浮梁县瑶里是景德镇瓷业的发祥地,景德镇瓷器的主要原料——高岭土就产于瑶里附近的高岭山。明代之后,景德镇成为瓷业中心,瑶里的制瓷业逐渐衰落,成为单纯的原材料产地;到了清代,高岭土矿藏也采掘殆尽,瑶里的经济就此一蹶不振,茶叶生产逐渐成为当地的经济支柱。瑶里镇有很多古窑遗址,遗址中有炼泥池、沉淀池,均用大块石料砌筑,青砖衬底,显示了当时的生产工艺和规模,已经达到成熟的水平。遗址的周围还有大面积的作坊遗址,其中部分已被揭露。尽管这些遗址被非正规的发掘和不科学的修复严重损害,但仍然极为壮观。虽然作为一种产业早已衰落,但瑶里制瓷的传统并未完全消失。遗

---

[1] Philip Pregill, Nancy Volloman. Landscapes in History: Design and Planning in the Eastern and Western Traditions[M]. 2nd ed. New York: Van Nostrand Reinhold, 1999

[2] 中国科学院动物研究所编印. 第五届世界保护地大会专辑. IUCN-世界自然保护联盟通讯. 第22期

址附近仍有新建的作坊,完全按照传统工艺生产。瑶里古窑遗址没有以与村落隔绝的方式进行保护,而村落的存在也增添了瑶里古窑遗址价值和吸引力。

而另一处古窑遗址——江西吉安县吉州窑遗址情况则有所不同,(图 9.4)吉州窑遗址是 2001 年 6 月公布的全国第五批重点文物保护单位,拥有晚唐至宋元时期的窑址堆积共 24 座,堆积中有大量的珍贵文物,对研究我国陶瓷制造工艺、陶瓷业发展史乃至区域经济发展史都具有重大价值。这里的陶瓷业在明代以后完全衰落,之后当地群众不再从事这一产业。古窑遗址区现为永和镇政府所在地,其中有 1 个街道、3 个村委会(含 10 个自然村),人口 3 000 余人。一条公路呈"几"形跨越窑区,中段已因为遗址的发现而建成仿古街,并在遗址中心地带又兴建了一座仿古瓷厂,计划以此来发展遗址观光旅游业。这种情况下,村落位于遗址之上,在遗址保护区内建不切合历史真实性的仿古街、仿古瓷厂等旅游设施,既破坏文物也造成误导,因此尽管已有不少投入,保护规划仍做出了"结合永和镇新镇区建设,逐步搬迁保护区内全部政府机关、单位、学校、工厂和居民,逐步拆除保护区内除其他文保

图 9.4 江西吉安县吉州窑遗址保护规划
资料来源:引自南昌大学历史系,城市规划研究所,吉安县文化广播电视局 2004 年 4 月编制的《吉安县永和镇吉州窑遗址保护规划》。

单位外的全部建筑物"的决定①。

处理遗址中聚落的原则主要建立在考察聚落与遗址的关联性的基础上，聚落与遗址的联系越密切，聚落的保留价值就越大，反之则应当适当搬迁。有些遗址保护区规模过大，如湖北省潜江龙湾遗址分布范围达60平方千米，一级保护区中有6个自然村，人口达5 463人；二级保护区中有8个自然村，人口达11 910人，此外遗址保护区内还有与这些居民生活相关的农田2万余亩，林地4 000余亩，鱼塘近3 000亩②，在这么大的范围内大规模搬迁和限制居民的生产和生活都是很难办到的，只有在保护区及其周边对宅、田、林、路统一规划，鼓励发展生态农业，让当地居民参与发展遗址旅游业，才能促进保护与发展共荣。

（3）大遗址观光业的特点和经营原则

大遗址观光业是目前大遗址经营的主要手段之一。由于遗址的形态特征不符合中国人传统的欣赏习惯，因此为满足观光业需求往往进行大量的复原设计，如同济大学风景科学与旅游系编制的《河姆渡遗址旅游总体规划》，在河姆渡大遗址北面拟建一面积达4 000亩（约267公顷）的模仿先民生活场景的生态园区，为访客提供采集、渔猎等游乐活动③。这种复原设计往往有两大问题：一是投资大、回报慢；二是"伪造现场"，因为古人的生活环境是无法完全复原的，而且很多复原研究都无法完全被证实，所以过多的场景复原有时是有误导作用的。

另一个问题是遗址博物馆的规模缺乏相应规定，现在普遍的做法似乎是依财力而定，因此很多地方遗址博物馆规模过大，如陕西懿德太子墓遗址博物馆面积达3 400平方米④；浙江良渚遗址博物馆（2个）面积达11 500平方米⑤；汉阳陵遗址考古陈列馆陈列面积1 400平方米⑥，三星堆遗址博物馆约14 000平方米⑦，江西吉安县吉州窑遗址博物馆（规划）面积3 000平方米⑧，等等。博物馆规模过大占用过多保护资金，以及维护的人力、物力，大遗址旅游重要的是感受事件发生的环境，而不是参观室内展品；相比之下，美国国家公园中的博物馆采用了小规模、小尺度的布局方式，如著名的黄石国家公园博物馆，共有4个，现有资料的两个面积分别为260平方米和60平方米，大峡谷国家公园博物馆面积88平方米，化石林国家古迹博物馆面积148平方米，内华达博尔德坝州立公园则利用原来印第安人村落遗址作为博物馆，利用这些村落建筑与其文化和自然环境天然的联系使古代遗物的展示有了更完整的意义⑨。

---

① 参见南昌大学历史系，城市规划研究所，吉安县文化广播电视局2004年4月编制的《吉安县永和镇吉州窑遗址保护规划》。
② 郑爱平.对潜江龙湾遗址保护与发展的思考[N].中国文物报，2004-02-06
③ 黄渭金.日本大遗址的保护与利用[N].中国文物报，2003-10-24
④ 习建涛.合资合作探索文物保护与利用的双赢之路——陕西乾陵懿德太子墓博物馆保护利用的实践与思考[N].中国文物报，2005-01-21
⑤ 参见David Chipperfield Architects，浙江工业大学设计研究院2004年9月的《良渚文化博物馆新馆初步设计说明》。
⑥ http://www.hylae.com/
⑦ http://www.sxd.cn/front/zjsxd/zjbwg.asp?nid=31
⑧ 南昌大学历史系，城市规划研究所，吉安县文化广播电视局编制.吉安县永和镇吉州窑遗址保护规划.2004年4月
⑨ [美]艾伯特·H.古德.国家公园游憩设计[M].吴承照，姚雪艳，严诣青，译.北京：中国建筑工业出版社，2003

面对大遗址经营中的过度开发问题,西北大学文化遗产规划中心的张祖群、赵荣认为:首先必须明确"大遗址不是经济资源,遗址保护不能产业化",但可以有产业方式运作的部分,"展示体系的建设应坚持公益性投入为主导"的原则[①];同时,国家应尽快制定相应的法律法规,对遗址展示区的开发建设、旅游环境容量控制制定严格的标准。

(4) 大遗址管理体制和管理机构的问题

大遗址保护是一项长期的工作,因此必须设立专门的管理机构。由于大遗址保护往往涉及征用土地、搬迁居民、产业结构调整等问题,地方政府在其中起着关键作用,遗址管理机构也在遗址所在地政府的主持下成立,如"良渚遗址保护区管理委员会"就是杭州市下属的正区级行政单位,它的前身是1987年成立的"良渚遗址管理所"。在该委员会的主持下制定了遗址保护规划和管理条例,良渚遗址的保护和管理都取得了一定成效(表9.3)。

表9.3 良渚遗址保护大事记

时　　间	主　　要　　工　　作
1961年	浙江省公布良渚遗址为省级重点文物保护单位
1987年	余杭县文物管理委员会设立良渚遗址管理所,加强日常巡查和遗址保护力度
1990年	浙江省人民政府公布良渚遗址保护范围
1995年	浙江省人民政府批准公布了《良渚遗址群保护规划》(浙政发[1995]133号)
1996年	良渚遗址列为全国第四批重点文物保护单位
2001年	2001年9月,浙江省人民政府批准设立杭州良渚遗址管理区,成立杭州良渚遗址管理区管理委员会 依据《中国大遗址保护展示"十五"专项计划》,国家文物局将良渚国家遗址公园列为第1类第1号项目,根据近十年来的考古发掘成果编制《良渚遗址总体规划》和《杭州良渚遗址管理区总体规划》,适当调整了良渚遗址保护区范围,对管理区进行一体化规划和建设
2002年	《杭州市良渚遗址保护管理条例》颁布,6月1日起施行;良渚遗址管理区管理委员会委托中国建筑设计研究院建筑历史研究所编制《良渚国家遗址公园项目建议书》和《良渚国家遗址公园规划》,计划通过5年左右的时间,使遗址展示区基本成型,再通过若干年的努力,将良渚国家遗址公园建设成为长江下游新石器时代最重要的史前文化展示园区

资料来源:据良渚文化网 http://www.lzsite.gov.cn 资料整理。

属地管理体制便于遗址保护与地方社会发展的密切结合,具备很多优点,但国家文物部门对大遗址的监管和控制也因此有所降低。

9.2.3 建立大遗址保护规划管理的基本框架

大遗址保护规划涉及多学科的研究工作、多部门的协调管理。保护首先应从评估着手,建立对保护内容综合的现状评价体系,以此作为划定保护范围,确定管理对策的依据;然后确定保护方法、保护区管理目标、建立系统的评价、监测机制。陈同滨先生经过多年研

---

① 张祖群,赵荣.重新认识大遗址保护中的社会文化价值——汉长安城案例剖析[N].中国文物报,2005-08-26

究,认为大遗址景观保护应在四个层面上进行考察,即管理、社会和谐、生态保护、景观设计①,中国遗产研究院教授李宏松先生认为对包括大遗址在内的整个文化遗产地的保护才是对大遗址文化遗产的整体保护,保护工作应以可持续性保护为目标,建立多学科协同研究机制和长期性的政策支持②。据此,大遗址保护规划的调查与对策的基本体系的构建如图9.5、图9.6。

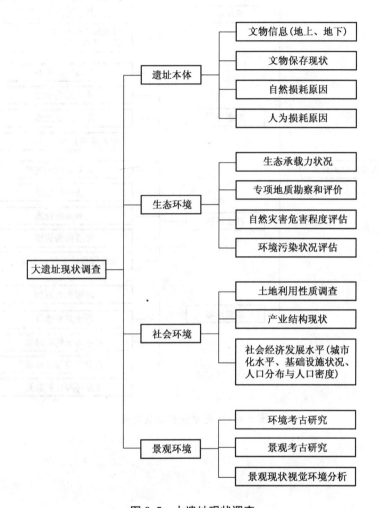

图9.5 大遗址现状调查

---

① 陈同滨.城镇化高速发展进程下的中国大遗址背景环境保护主要规划对策[N].中国文物报,2005-10-14
② 李宏松.关于大遗址保护的几点思考——集安市高句丽史迹保护工程后记[N].中国文物报,2004-07-23

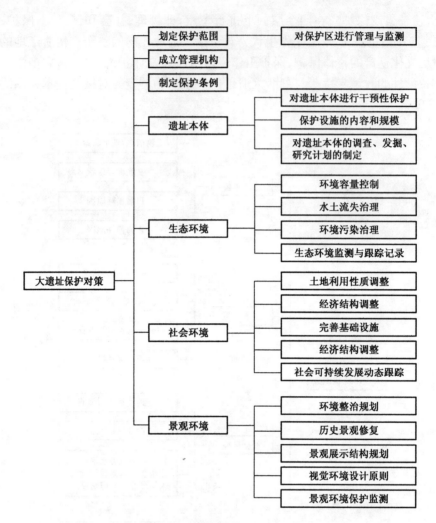

图 9.6 大遗址保护规划对策

10 有机进化之持续性景观：聚落遗产地保护的观念和方法——从"建筑博物馆(Building Museum)"到"生态博物馆(Ecomuseum)"

10.1 历史聚落的整体性保护观念和方法的演进

"聚落"指的是人类聚居的地方。全面地说，"聚落"的内容应包含居住空间，土地与资源的分布、开发利用方式，形成它的社会关系及人与自然环境的关系，这些构成聚落特征的因素同时也是聚落遗产地保护所应包含的内容。

事实上，文化遗产的概念自19世纪出现以来一直在变化之中，但最具革命性的变化之一即是我们从对遗产的美学特征和个别构筑物的保护中解放出来，扩展到更广大的社会和自然领域，注意到了乡土和大众的产品，深入到了历史与自然相交接的领域，并开始思考遗产的场所和它的语言学传统，将无形遗产看作联系地方文脉的基础，最近它更覆盖了环境、文化和经济的范畴而进一步提升和转变了文化遗产的观念——产生了两个重要概念：地域性和身份认同——正是这两个概念形成了现代历史聚落的整体性保护。

10.1.1 露天建筑博物馆(Open-air Building Museum)

乡土历史聚落的整体性保护起源于"露天建筑博物馆"，它建立的最初目的是保护被工业文明破坏了的乡村文化记忆和社会多样性。1891年，瑞典人Artur Hazelius在斯坎森买下了一大块土地，按照传统习俗和人类学指导原则，在保证材料、美学和乡土特征真实的基础上，重建了150栋从全瑞典收集的乡村民居，以及能代表斯堪的那维亚半岛乡村生活和劳动景观的构筑物，形成了世界上第一个露天聚落博物馆——斯坎森公园(Skansen Open-air Museum)[①]。(图10.1)

这种保护方式在1920年代的美国得到了呼应。工业家亨利·福特在1919年至1927年出资兴建的密歇根州的绿野村(Greenfield village)是这种做法早期的例子。该村包含有80栋曾建造在不同时期、不同地点的美国历史建筑，福特将这些建筑搬迁到一起形成绿野村，创办了"爱迪生学院"。这所学校的教学内容是："祖先们的工作和生活方式。"绿野村对遗产保护的贡献就在于它是美国后来的"乡村博物馆"这种保护方式的开创者，将当时的保护观念引导向"保存建成环境作为时间、场所和人类历史连续性的文本"[②]。(图10.2)

"露天建筑博物馆"在欧洲至今仍然存在，如著名的荷兰风车村露天博物馆(De Zaanse

---

① https://en.wikipedia.org/wiki/Skansen
② http://www.michigan.gov/hal/

基于地域的文化景观保护研究

图 10.1　斯坎森露天建筑博物馆示意图
资料来源：http://www.tobaksochtandsticksmuseum.se/

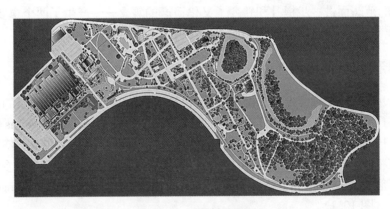

图 10.2　绿野村总平面
资料来源：http://rob-of-cleargraphics.blogspot.jp/

Schans)（图 10.3），位于赞河（Zaan River）河畔，风车村保留着 16 世纪、17 世纪的旧式建筑、传统的木鞋加工及奶酪加工工艺，19 栋带有风车的历史建筑均为 1960—1970 年代从荷兰各处将受拆除威胁的乡村建筑搬迁而来[①]。16 世纪末，阿姆斯特丹贸易与工业的发展在 Zaanse 湿地产生了对工业用风车发展的需要，几个世纪之间千余架风车沿着赞河及其周围乡村建立起来，风车被用在锯木、打谷去壳和在其他生产之中，逐渐成为荷兰生产发展和景观特征的标志之一。风车村中保存的 19 栋带风车的建筑都是被官方登录的历史建筑。如

---

① S. Jong, J. Schipper. Zaanse Houtbouw[M]. Zaanstad: Stichting De Zaanse Schans, Holland, 1976

今,它们汇成了赞河上一道著名的历史风景线。

图 10.3　荷兰风车村露天博物馆示意图
资料来源:笔者摄影

这种集锦仿制式的聚落保护影响巨大,直到 1960 年代,日本还建成了著名的名古屋明治村博物馆(Meiji Mura)(图 10.4)。它是保存和陈列明治时代(1868—1912)的日本建筑物的室外博物馆,占地面积达 100 万平方米,至今已搬入和复原 60 多幢明治时代的建筑物。这些建筑物中,有的继承了江户时代(1603—1868)以来优秀的木造建筑传统,如"菊之世酿酒厂""森鸥外、夏目漱石住宅"等;有的则具有西洋建筑风格,如圣约翰教会堂等,甚至还包括莱特设计的东京帝国饭店的入口局部(该建筑已经在原地完全被拆)①。明治村由谷口吉郎于 1965 年规划,建成之后,产生很大影响,引发了与当时日本大规模建设相对抗的传统建筑保护运动,并进一步发展为历史城镇保护运动。

我国 1980 年代早期建设的江西景德镇古窑民俗博览区是我国当代民居集锦仿制式保护的成功实例,(图 10.5)它由散落在景德镇市区和郊区的瓷业古作坊、古窑房、古建筑集中搬迁于此而形成。全区占地面积 43 公顷,由 3 个群落组成:清代民间建筑群、明代民间建筑群和古窑瓷厂。进入博览区大门,首先见到的是清代民间建筑群,由三座大型住宅、一座书院和一座祠堂组成,群落北面有大片开阔水体。隔水相望的是明代民间建筑群,由四座大型住宅、一座祠堂、一座村镇商店和一栋农舍组成,村落形态更加完整。其中,明代村镇商店——瑶里程兴旺宅是全国孤例;桃墅汪氏五股宗祠木结构气势宏大,技术精湛;还有一幢罕见的三层木结构住宅,而且装修极其雅致。所有这些建筑,均为由景德镇周围各地搬迁而来的古代原物,体现了高超的拆迁和复原技术。这些来历各不相同的建筑被组合成群落之后也显得十分协调,与略有起伏的自然地形和树木绿化极其吻合,丝毫不露匠气。博览区建成之后,立即成为景德镇市最受欢迎的游览胜地②。

---

① http://www.meijimura.com/
② 郑国珍,姚樆,蔡晴等.中国古建筑文化之旅——福建·江西[M].北京:知识产权出版社,2002

基于地域的文化景观保护研究

图 10.4　明治村示意图
资料来源：http://www.meijimura.com/

图 10.5　景德镇古窑民俗博览区
资料来源：笔者摄影

然而这种"露天建筑博物馆"的保护方式正如常青教授评论的那样："整合后的单体建筑是真实的,群体空间是类型的。"①搬进了博物馆的建筑就是死的建筑,它所起的作用就是一个历史建筑避难所的作用,封存着暂时不能使用的历史建筑。

除了历史真实性的问题,这种不事生产又规模庞大的建筑博物馆的维护也是一个重要问题。日本明治村的建筑在迁来之前,原来的业主都急于拆迁另建新建筑,因此明治村除了拆卸、搬运和重新安装外,没有向原业主交纳费用。但几十年后一些原来的业主或原建筑归属地的地方政府向明治村要求,希望把建筑搬回到原来的地址。同时明治村本身的经营又因为受到附近新建的迪斯尼乐园的影响,游客趋少,经费拮据,保护人员减少,它所代表的保护方式已渐呈弱势。

10.1.2　乡土博物馆(Homeland Museum/Museum Village)

此后的聚落博物馆使用了对时间和场所更加有限的主题。如果说露天建筑博物馆只是一个虚拟的聚落,乡土博物馆则是对一个真实的聚落加以整治、修饰、美化,使其成为一个特定时代、特定地点的反映。这种保护方式更注重地方社区,认为聚落保护不仅要保护传统也应服务于当代,它既承担解释地方历史的义务,也参与创造地方未来的活动。由于聚落生活仍然延续,它的动态的特征、对本地有形与无形遗产的整体性解释都与静态的建筑博物馆形成鲜明对照。

美国弗吉尼亚州的小镇威廉斯堡(Colonial Williamsburg)(图10.6)是这一保护方法的著名范例。18世纪的威廉斯堡曾经是该州的首府和文化中心,但在美国独立战争期间,弗吉尼亚州将首府迁往里奇蒙,该镇逐渐衰落,成为一个仿佛被时间和发展遗忘了的角落。1920年代末,威廉斯堡的牧师兼财政长官A. R. Goodwin梦想恢复这个城镇在18世纪晚期的繁荣状态。要实现这个目标,必须重建全镇百分之四十五的建筑和修整大量街道景观,显然需要巨额资金。但A. R. Goodwin看到了重建这一地区光荣的过去足以为它的未来担保,他以此说服亿万富翁约翰·D.洛克菲勒提供了研究和建设的大部分经费,并使洛克菲勒深信这一投资必将升值。保护规划将时间定格在了1790年代,以保证它的景观在视觉上的纯净统一。威廉斯堡修复完成之后,"像一只从两个世纪的尘埃中飞出的凤凰,激发了其他拥有古迹遗址的城市保护和修复的热情"②。

一些乡土博物馆还将写实主义延续至解说方面,让讲解员扮演殖民地居民,以便和那些古旧的建筑场景的味道合拍。随着最初的复古热潮降温和经济结构的多元化,聚落博物馆也走出了只开历史化装舞会的局面,绿野村在1980年代末引入了高科技产业,威廉斯堡也和威廉·玛丽学院分享了它的历史建筑产业。

当然这种"乡土博物馆"的建造和维护耗资惊人,而且也抹杀了真正的历史演变过程,但商业上的成就使这种保护方式的影响很快扩展到大城市的历史街区。

新墨西哥州的圣塔菲(Santa Fe)是美国在城市历史风貌保护中的著名实例。这个城市

---

① 常青,徐峰."文渊坊"实验[J].新建筑,2001(4):48
② Phili Pregill, Nancy Volloman. Landscapes in History[M]. New York: Van Nostrand Reinhold, 1993. 在园林史上被称为美国"殖民式园林(Colonial Garden)"代表作之一的威廉斯堡殖民总督府园(建于1706—1720年,面积70公顷)也于这一时期得到修复,现作为古迹保存。

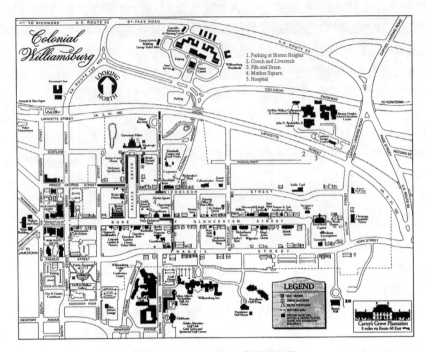

图 10.6　威廉斯堡历史街区总图
资料来源：http://www.buschgardens.com/

规定历史街区中仅能运用两种建筑风格："老圣塔菲风格"，即采用真正当地传统材料黏土砖建造的建筑；和"新圣塔菲风格"，即采用其他包括现代材料的建筑，只是外观像黏土砖。在这种制度下，圣塔菲的大多数建筑呈现了较为统一的面貌。已故的加州大学伯克利分校建筑系教授斯皮罗·克斯托夫(Spiro Kostof, 1936—1991)对此提出了严厉的批评：

（这种保护方式）"为一个理想的过去建立起偶像，使居住在此和来参观的人能在他们天真的崇拜中得到享受。……城市从不是静止的，它们拒绝制造一种整洁的场景，我们必须尊重它们的韵律，认识到城市形态的活力必须是松散的控制——在完全控制与完全自由之间。在保护和前进中，前进是最终的结果。说到底，城市事实上是流动的。"①

10.1.3　社区（邻里）博物馆（Community Museum/Neighborhood Museum）

二次世界大战以后，保护观念又有了新的变化：对遗产的认识不再被限制在可供猎奇的与众不同的特性，专家和公众的兴趣逐渐扩大，涉及普通人的日常生活遗迹、工业化和城市环境的人类学解释，以及环境文脉的巨大关联性。这些变化导致了拆卸和重建真实建筑的大型展览活动彻底被就地原物保护的观念代替。1950年代在美国和欧洲建立的许多保护工业和乡土遗产的聚落保护区都强烈地导入了社区民主参与的保护方式。这些受保护的历史社区有着强烈的地方自治特征，不仅仅保护遥远的过去也保护最近的遗产，不仅保护器物和构筑物遗产也保护传统的生产技术，并有意识地用历史来解释当代。

1967年在华盛顿郊区建立了阿纳卡斯蒂亚博物馆（The Anacostia Museum），专门展示

---

① Spiro Kostof. The City Assembled[M]. London: Thames & Hudson, 1992

小城非洲裔美国人社区流行的社会生活①。1972年联合国教科文组织在圣地亚哥发表宣言,提出了形成了"整体博物馆(Integrated Museum)"的概念,并要求"整体博物馆"作为社区和环境服务的一个机构。在此基础上建立起了社区的整体性保护和民主保护制度的聚落保护理论。

社区博物馆在英国是保护工业遗产地和再现工业化时代生活影像的重要力量,著名的世界遗产地铁桥峡博物馆(Ironbridge Gorge Museums)的保护过程就是其代表(图10.7)。

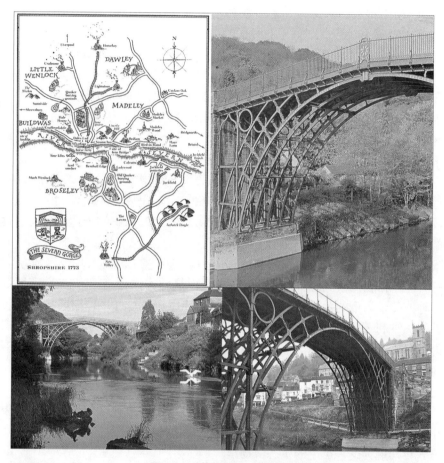

图 10.7　英国铁桥峡博物馆
资料来源:http://www.ironbridge-gorge.co.uk/

铁桥峡是工业革命的象征。这里原是塞文河上一处水流湍急的峡谷,1779年在这里建起了世界上第一座铁拱桥,跨度达30.5米。1795年,塞文河洪水暴发,摧毁了河上其他所有桥梁,唯有这座铁桥毫无损伤,依然横波矗立。从此,铁桥声名大噪,桥北岸的小镇科尔布鲁克代尔因此获得大量铁结构订单,一度成为英国工业革命早期的中心之一。但到了19世纪末,其重要性已被其他新兴工业城市所取代而逐渐没落。直到20世纪中期因英国"新镇运动"兴起,当地人民发起了一场自下而上的保护铁桥峡周边工业遗址的运动,1970年代又对大桥进行了整修,建立了乔治铁桥博物馆,并以地域内的所有自然与人文遗产为基础,

---

① http://anacostia.si.edu/

重建了1890年代的科尔布鲁克代尔工业小镇。1986年,铁桥峡被列入《世界遗产名录》[①]。

社区博物馆将保护的目光从王公贵族投向平民百姓;其自下而上的保护要求使遗产地保护从精英化走向民主化;从实物遗存管理扩展到对物件与环境之间脉络的重视,启发了现场保存及地方保存的观念,管理操作上极具基层民主特色。

10.1.4 生态博物馆(Ecomuseum)

"生态博物馆"最初由法国人乔治·亨利·理维埃(Georges Henri Riviere)于1970年代提出,它的目标是致力于保护后工业时代的社区遗产地,建立"人和工业的博物馆",这种保护方式要求当地人"不仅帮助创办博物馆,而且将自己的生活展示其中"[②]。

经过二战后二十余年的争论和国际经验,全球遗产观念的新发展更强调运用学科交叉的方法和地方社区整体环境提升的途径来保护遗产,与以往的保护经验相比,生态博物馆方式集中于保护社区和环境的关联性,除了强调保护有形和无形的文化遗产,它还关注保护自然环境,较之以往的聚落博物馆集中于物质空间保护,"生态博物馆"引入了场所与社区的元素、历史的连续性,强调了自然环境的价值。

"生态博物馆(Ecomuseum)"这个术语部分来源于博物馆学,部分来源于经济学,表明了这一保护方式所涉及的社会经济问题[③]。"生态博物馆"是以一个地理的区域上共同的主题和共同的物质活动联结的系列遗产为保护目标,它对遗产保护的表达既是历时性的又是空间性的。

当代"生态博物馆"主要有两种模式,分别关注改进和提升自然环境或者地方社区。

第一种生态博物馆模式综合了早期欧洲露天建筑博物馆和美国国家公园的保护传统,加入了对地方传统习俗的关注,融合了地方自然环境的保护。1960年代,生态博物馆创始人之一乔治·亨利·理维埃将斯堪的那维亚半岛户外民俗博物馆的理念引进法国的"地方自然公园"规划,使生态博物馆居于一个自然公园之中。博物馆的建筑用作地方传统活动,它是历时性的,在文化遗产保护中加入自然生态保护的要求,以法国微观历史学派的方式追溯历史的传奇[④]。

第二种生态博物馆模式的显著特征在于社区参与。地方社区的传统习俗与发展要求提供了生态博物馆项目的基础,以自下而上的居民组织方式进行管理,许多城市历史街区的操作方式可理解为这一类型的生态博物馆。

意大利学者认为一个生态博物馆的保护内容必须包含四大要素:

(1) 人的活动(人在文化和交流的物质环境中的观念);

(2) 地理上和生态上的环境;

(3) 人类学视野中的社区;

---

① http://www.ironbridge-gorge.co.uk/

② Kenneth Hudson. Ecomuseums Become More Realistic[EB/OL].[2005-06]. http://www.nordiskmuseologi.com/www/nm/962/hudson962.html

③ Maurizio Maggi. Vittorio Falletti,Ecomuseums in Europe — what they are and what they can be[J]. Istituto Ricerche Economico-social del Piemonte,2000,6

④ http://www.ecomusee-rennes-metropole.fr/ecoMusee/

(4) 遗产代表性实物收集①。

10.1.5 文化景观(Cultural Landscapes)

人们在自然和文化遗产保护的研究与实践中，尤其是以区域为基础的保护实践中，发现在许多情况下两种类型的保护区具有相互融合、交错，无法分别界定与管理的特征。

首先，人类与自然相互作用的历史涵盖了整个文化成就，从广义上说，世界上现存的任何景观都受到人类行为和洞察力的影响，因为"文化"表达的是价值观和人类的实践，而景观表达的是地域场所，因此即使那些无人进入的原生态保护区被以这种方式定义也是基于文化的价值判断。

其次，文化遗产保护区的尺度也在随人们对文化遗产概念的认识深化而增大，从面积数十平方千米的聚落到面积数百平方公里的大遗址，这其中必然包含大量的自然因素，同时人类的宗教、哲学、经济、政治和美学成就所直接指导的人类在自然中的行为也形成一种文化与自然交错的景观。

1992年12月在美国召开的联合国教科文组织世界遗产委员会第十六届会议将"文化景观"这一概念提出并纳入《世界遗产名录》。2004年意大利的锡耶那农业腹地瓦尔·迪奥西亚被联合国教科文组织作为文化景观遗产列入《世界文化遗产名录》(图10.8)。

图10.8 瓦尔·迪奥西亚文化景观
资料来源：https://en.wikipedia.org/wiki/Val_d%27Orcia#

瓦尔·迪奥西亚位于意大利中部托斯卡纳大区锡耶纳省。考古遗迹表明当地史前即有人定居，伊特鲁里亚时期它曾扮演过重要角色，并在罗马帝国时期得到进一步发展。中世纪这里形成了封建体制下的农庄经济。14至15世纪，锡耶纳商人来到这里购买土地，创建了高效的农业生产单位，土地被分成小块，承包给农民家庭经营；生产内容经过审慎和有意识的规划，混合着粮食、葡萄树、橄榄、水果和蔬菜种植以及养殖牲畜的牧场。这一时期所形成的各种不同性质、不同形态的农业地景相互穿插交织的景观，是文艺复兴时期锡耶纳画家创作灵感的源泉。

16世纪后瓦尔·迪奥西亚在经济上的重要性逐渐下降，在之后四个世纪更处于相对贫困和边缘化的状况，这反而促使了该区域维持了传统的土地利用模式。②

20世纪下半叶，面临农业经济衰退，人口老龄化以及优良的农业用地被征用开发的局面，1980年代，位于瓦尔·迪奥西亚周边五个小镇圣奎道尔恰、卡斯提料道尔恰、拉迪克法

---

① Maurizio Maggi, Vittorio Falletti. Ecomuseums in Europe — what they are and what they can be[J]. Istituto Ricerche Economico-social del Piemonte, 2000, 6

② UNESCO. Val d'Orcia[EB/OL]. [2012-07]. http://whc.unesco.org/en/

尼、皮恩和蒙特尔奇诺的地方政府决定联合起来，积极保护既存农业地景，将整个瓦尔·迪奥西亚定义为"一个大公园"，以"人文至上"的共识作为地方永续发展的基础。

经过近20年的努力，瓦尔·迪奥西亚取得了令人瞩目的成就，2004年以其"景观是文艺复兴时期农业美景得到良好管理的证明"而正式被列入世界遗产。同时，有机耕作的无毒农业、高品质的地方农产品、有特色的手工艺品都逐渐增值，由于农产品价格的提升，也促使了土地的增值，1996年每公顷农业用地价格约为7 500~15 000欧元，2004年已涨至20 000~25 000欧元。其中的布鲁耐罗葡萄园，每公顷土地价值更高达30万欧元。遗产地旅游业也蓬勃发展，创造了更多的就业机会。[①]

瓦尔·迪奥西亚文化景观的保护与以往乡土历史聚落的不同之处首先表现在尺度上，它的核心区面积达61 188公顷，其中都市区占0.59%、农业区占62.82%和半自然区占36.5%。缓冲区面积达5 660公顷。建成区面积所占比例不到千分之六，大部分为农田及山林。此种保护方式，充分体现了养育文化遗产的土地及其相关生产方式的价值，给予了它们与建成环境遗产同样的地位。

在瓦尔·迪奥西亚，也没有像生态博物馆那样刻意维护传统的生活方式和生产方式。他们保护了传统的产业但引入了新的技术，同时也发展了新的产业——遗产地旅游业；他们收集、管理、保护区域内的文化遗产，但未对生活方式的演变做出任何限制，有一项遗产保护计划是请小朋友回家访问爷爷奶奶，记录下长辈描述他们童年是如何在大地上玩耍和生活，最后汇集成册出版，成为一套最真实记录家乡历史与土地情感的丛书。[②] 有些历史我们真实记录就足够，遗产保护并不是要大家回到传统的生活轨道上，而是用客观的态度去认识和把握文化景观这种人、地关系遗产中什么是应当保存的，什么是可以变化的。

10.1.6　国际聚落遗产地保护观念和方法变化的特点

在聚落遗产地保护从露天建筑博物馆到乡土博物馆、社区博物馆、生态博物馆、文化景观和全球重要农业文化遗产GIAHS的发展过程中，我们可以看到20下半叶乡土文化景观保护中的几个重要变化。

（一）强调了遗产保护的经济成效。"露天建筑博物馆"花费巨大，维护又需长期投资，是大投入低回报的经济类型；"乡土博物馆"的操作类似于主题公园，经济类型单一，经营上风险较大；而"社区博物馆"和"生态博物馆"对其所保护的各项遗产的管理是在一定原则指导下与社区的经济发展计划相联系的，是由遗产展示和社区发展共同构成的一种有活力的经济模式。文化景观和全球重要农业文化遗产作为人、地关系的保护模式，更通过遗产保护提升了其产品与土地的价值。

（二）强调了遗产地生活的真实性。"露天建筑博物馆"只存有传统生活的部分遗迹；"乡土博物馆"居民则将已不存在了的生活方式作为表演向旅游者展示，其背景是真实的，活动是虚构的；而"生态博物馆"的活动是历时性的，遗产本身仍被原住民使用和处于发展

---

① 林秀叡，农地：伏贴永恒而来的大地文化遗产[EB/OL]. [2012-07]. http://118.139.160.192/Article_Single.aspx? ID=933,2012

② 林秀叡，农地：伏贴永恒而来的大地文化遗产[EB/OL]. [2012-07]. http://118.139.160.192/Article_Single.aspx? ID=933,2012

变化之中。文化景观和全球重要农业文化遗产则不限制生活方式的现代化,让居民真正生活其间而不是出任遗产地的演员。

(三)强调了遗产地价值的多样性。20世纪下半叶,我们在文化上受到来自全球化的威胁,地方特征衰落,个体文化群落受到损害;在自然环境中物种多样性日益窘迫,生态环境持续恶化。这些问题同时暴露出来使人们认识到地方的可识别性、归属感和土地开发等问题中的相互联系,而产生文化传统、自然环境与人类活动综合保存的要求。乡土文化景观遗产地保护在这一背景下也从单纯的物质形态保护转变为从文化、生态、社会三个维度构建的保护框架。

(四)强调了遗产地保护中协作和共同参与的精神。历史聚落以室外"博物馆"方式保护最初产生于地方旅游业开发的需求,因而欧洲早期聚落博物馆的主要促进者就包括地方政府、地方团体和自然公园三方,它们分别代表了不同的经济需求、反映了不同的社会利益,对遗产的保护和利用也有不同的侧重点,因此保护的过程必然是一个协作、协商的过程。

"生态博物馆"所代表的保护与发展相结合、文化与自然相联系,强调人地和谐、古今连续、社会协作的保护理念;所展现的从建筑保护和展示到环境保护与人类活动共同展示,社区公众民主参与保护,生态保护与历史保护相结合的保护实践,是乡土文化景观遗产地保护史上的飞跃。

(五)生态系统、生物多样性超越建成环境成为主要保护对象,动态保护成为主要保护策略。遗产保护区的设置观念和管理手段在遗产保护兴起近百年的时间里,尤其是20世纪下半叶有了长足的发展。遗产地从划定保护区进行保护到突破小范围的保护区进行大尺度遗产区域保护;从保护遗产美学价值到保护物种、环境的多样性。1996年联合国教科文组织的《世界遗产保护操作指南》中指出:除非特殊情况,美学条件不能单独作为列入《世界遗产名录》的标准,一种濒危的物种,其价值可能远远超过一道壮丽的风景。自然保护的观念和管理方法也全面渗透到文化遗产保护区的管理之中。正是这些变化促使了乡土文化景观作为文化景观遗产和全球重要农业文化遗产保护方式的产生和发展。

10.1.7 我国的历史聚落保护——历史文化村镇

历史文化村镇保护是我国文化景观遗产地保护的重要组成部分,也是我国聚落遗产地保护的重要内容。

我国历史文化村镇的保护起始于1980年代,由城市规划领域的学者发起倡导,以阮仪三先生主持的《江南水乡古镇调查与保护规划》编制为代表。

1986年12月8日,国务院批转了《建设部、文化部关于提请公布第二批国家历史文化名城名单的报告》,指出:"对一些文物古迹比较集中,或能较完整地体现出某一历史时期的传统风貌和民族地方的特色的街区、建筑群、小镇、村寨等,也应予以保护。各省、自治区、直辖市或市、县人民政府可根据它们的历史、科学、艺术价值,核定公布为当地各级'历史文化保护区'。对'历史文化保护区'的保护措施可参照文物保护单位的做法,着重保护整体风貌、特色。"这是首次在国务院文件中对历史文化村镇的保护做出规定。

此后,浙江、江苏、北京、重庆等许多地方相继公布了当地的历史文化名村、名镇,但由于《文物保护法》未对此做出明确规定,许多独具特色的历史文化街区、村镇得不到法律的保护,在城乡建设中遭到拆毁和破坏。

2002年10月新修订的《文物保护法》公布实施,第一次在法律上明确了历史文化街区、村镇受国家保护的制度。2003年建设部、国家文物局共同评选公布了第一批22个中国历史文化名镇(村);2005年又公布了第二批,58个镇(村)获此称号。至2014年已公布6批。尽管如此,我国的历史文化名镇(村)的保护仍缺乏专项法规的指导和约束,一个光荣称号背后的保护工作仍任重而道远。

1980年代中后期,人文学者、建筑学领域的学者也加入到我国历史文化村落的保护与研究领域中,从历史文化传统、景观形态、民居建筑、旅游及保护规划等各方面进行了研究与实践。据赵勇等学者研究,我国历史文化村镇研究主要集中在四个方面[①]：

(1) 历史文化村镇的价值特征研究。这类研究指出,历史文化村镇是聚落遗产地,属于文化景观范畴,具有"历史性、典型性、完整性、可观性、可用性","接近自然风景、小尺度、可识别性、功能混合、多重利用","特色与不可替代性、独立与自助公共生活"等特点。

(2) 历史文化村镇的形成演变研究。这类研究通过分析聚落形成演变的自然和文化要素,认为聚落形成有三个原则：生产、防卫、血缘。空间规划受到风水观的影响。

(3) 历史文化村镇保护发展研究。此类研究分四个方面：

① 保护与发展的关系：有着必然的矛盾,主要表现为商业化和原真性的矛盾、文化价值观和经济价值观的矛盾、外部环境变化与内部结构保护稳定的要求间的矛盾等。

② 保护规划方法：在保护与发展取得平衡的原则指导下,在宏观层面上规划道路、用地、社会生活、保护范围;在中观层面上确定建筑保护和环境风貌整治;在微观层面上进行重点地段整治。

③ 保护与发展的对策：进行环境风貌保护整治;以向外疏散人口的方式应对社会经济的发展;以生态理论进行环境控制。

④ 保护与发展模式：从建筑保护与更新角度有剥离式和整合式;从村落空间布局角度有互补型与共生型;从开发角度有村镇、开发公司、合资型等。

(4) 历史文化村镇旅游开发研究。这类研究集中于讨论旅游包装和旅游给保护带来的问题。

从以上分析我们可以看出,我国的历史文化村镇保护基本上仍处于"乡村博物馆"阶段,重视物质空间特征的保护,强调旅游开发对遗产地经济发展的作用,这种保护方法的理论基础实际上建立在将过去与现在对立、确认文化传承已经基本中断的基础上,保护工作者及保护规划的制定者以外来的评价标准来判断遗产的价值,为保护对象选择哪些传统是必须继续的、哪些是可以放弃的;旅游规划制定者以社会流行的风尚来包装聚落遗产,按旅游的需要对历史景观进行化装。一些历史文化村镇正是在这样的所谓"保护"过程中,逐渐丧失其可识别性、持续发展的能力和功能的多样性。

1980年代中期生态博物馆的保护理念传入我国。1995年,在挪威政府的资助下,贵州省六枝特区的梭戛开始创建中国第一个生态博物馆,1998年建成。

六枝梭戛是乌蒙山腹地的一个苗族村寨,面积120多平方千米,社区内生活着一支稀有

---

① 赵勇,张捷,秦中. 我国历史文化村镇研究进展[J]. 城市规划汇刊,2005(2):60-62

的、具有独特文化的苗族支系。他们操苗族中部方言,几乎与外界隔绝。二百多年前,由于种种原因,他们选定了易守难攻的、海拔在1400－2200米之间的大山居住。封闭的自然环境和社会经济形态塑造了有个性的文化,至今仍延续着一种古老的、以长角头饰为象征的独特的苗族文化。他们信奉多种神灵,祭山、祭树、祭祖,世代相传寨老、寨主和鬼师管理村寨的制度,他们的蜡染刺绣精美细腻,音乐舞蹈艳丽精巧……他们的社会结构、经济状况、精神生活和自然环境保持着一个未被外界打扰的浑然整体。构成生态博物馆的人的活动、环境、社区和遗产代表性实物四大要素,在这个苗族聚落中保存得异常丰富完好,未被外界扰动。1998年在挪威专家的帮助下,六枝梭戛成为以整个村寨及其生活方式、生产方式为保护内容的生态博物馆。博物馆建成之后,当地的文化遗产得到了收集整理,居民的生活条件有所改善[①]。

生态博物馆的目标是在保护、传承和展示人类环境与文化多样性的同时,也能为当地的生产与生活方式找到一种持续存在的理由与方式,同时生态博物馆也不可避免地触动一场文化的交流与融合,因此保护要求有一个对自身的文化具有高度的自豪感和保护意识的强有力的社区组织,但自治的六枝梭戛生态博物馆管理委员会在处理如生态博物馆的收益分配,谁从老房子搬出等问题面前软弱无力[②]。自1998年博物馆建成以来,由贵州省"采取以工代赈、对口帮扶等形式,组织了计委、财政、扶贫办、建设、交通、文化等部门,统筹规划,齐抓共管,变单纯的部门行为为政府行为,围绕生态博物馆建设,修了公路,建了学校,通了水电。"[③]生态博物馆保护方式的重要理念之一就是遗产的主人进行保护和展示,但是在这个案例中,政府强力介入,变保护为扶贫,而遗产的主人软弱无力,因此可以说六枝梭戛并不是一个真正意义上的生态博物馆。曾任中国文物报社副总编辑的曹兵武认为,"中国的生态博物馆运动可能要经过一个学者的文化包办、代理阶段,但是最终必须发展到当地人们的文化自觉,才能够说取得了真正的成功。"[④]

从1995年建立第一座生态博馆开始到2005年底我国已建成7座保护苗族、布依族、侗族、瑶族、蒙古族、汉族等各不相同的文化活标本的生态博物馆。由于生态博物馆所要求的遗产保护社区化和民主化的理念在我国缺乏社会意识的基础,我国操作聚落保护的人士一般为政府领导和城市规划专业人士,以社会精英居高临下的姿态审视保护对象,短期的现状调查无法真正全面掌握、理解无形文化遗产与聚落形成、发展之间的联系;而社区领导参与保护的目的只为发展经济而缺乏对其文化真正的自豪感,我国的生态博物馆保护方式仍处于起步阶段。

尽管如此,生态博物馆反映了更全面的、以联系的观点观察事物的聚落遗产观(表10.1)。其保护手段更符合持续发展观,主要特征为[⑤]:

(1) 整体保护:对一个社区、村落的整体保护:保护人、物、环境的固有的生存状态;
(2) 原地保护:在遗产的原生地上进行保护;

---

① 曹武兵.梭戛——中国第一座生态博物馆印象[N].中国文物报,2005-10-21
② [意]毛里齐奥·马吉.关于贵州和内蒙古生态博物馆的考察报告[N].中国文物报,2005-10-14
③ 田远新.扎根大地吐芳华——苏东海谈生态博物馆的理论和实践[N].中国文物报,2004-01-16
④ 曹兵武.生态博物馆:谁的生态?[N].中国文物报,2005-10-14
⑤ 将生态博物馆的文化遗产保护与村民奔小康结合来——贵州省委书记钱运录考察梭戛生态博物馆[N].中国文物报,2002-08-16

(3) 自我保护：社区居民作为文化的主人行动起来保护自己的遗产和生存环境；

(4) 动态保护：并不冻结自己而是在发展中保护，保存文化的集体记忆并传承发展。

因此，笔者倡导以生态博物馆的保护理念进行我国的聚落保护实践。

表 10.1 生态博物馆和乡村博物馆比较

	乡村博物馆	生态博物馆
(1)保护范围	建筑、环境	地域、场所[注]
(2)游览内容	景点	传统的整体的感受
(3)操作涉及学科	规划、建筑	规划、建筑、人类学、生态学
(4)基准观众	少数居民、大量访客	社区成员、适量访客
(5)政治控制	村镇管理当局、开发公司、合作机构	社区机构

注：这里的"地域、场所"不是指行政地区，而是文化传统、自然传统和经济生活的融合体，如一个矿区、河谷、村镇。据国际博协自然历史博物馆委员会主席科吉尔·恩格斯托姆定义。

10.2 聚落遗产地的旅游业

聚落遗产地发展旅游业给历史聚落引入了现代经济模式，这种手段经常重建场地的经济基础，或使之多样化。旅游业常为那些衰退的景观引入新的用途，而这些用途又充分利用了场地的历史特征、场所氛围等优势。将旅游业引入一个地区是个综合的过程，经常是有吸引力的地方，但基础设施跟不上，因此遗产地旅游业的发展常导致对当地经济潜力和发展机会的重新认识。正如皮尔斯论述的那样："为了发展旅游业，当地的各种东西都被各种人和各种团体使用和利用了。一个长期的发展机构成立了，当然确切的组成方式是不断基于各种情况而变化的，这基于历史的、政治的、经济的、文化的和心理的关联及其发展。"①

同时它也面临着挑战，就是如何避免发生旅游业的规模入侵。旅游提供许多显而易见的商业机会，但同时也存在风险，这个风险就是它会最终导致文化身份的标准化，这些风险对现代旅游业进入遗产地来说是巨大的。保护地方性和可识别性都是与旅游开发不兼容的，事实上这是两种不同的时间尺度。短期开发的旅游业危害最大，旅游者的潜力在短期内过度利用会损害遗产的可识别性、环境和其他重要元素。而控制容量，长期利用遗产地旅游业带来的机会，反而有可能加强地方的可识别性，因为这种可识别性是地区之间旅游业竞争的前提。

生态博物馆帮助遗产地经济发展有两个方面，一是对已经存在的投资有额外的吸引力，二是会使已经存在的遗产价值倍增，从而使得新的经营机会出现。这两种情况都是因为遗产地旅游业所提供的机会增加了社会需求，产生了新的经济活动和雇佣方式，部分甚至全部替换了历史场地原有的经常已处于衰退之中的经济活动，使某些以前显得十分遥远的经济目标如今有望在短期内达成，地方的竞争力增强。生态博物馆从而获得了某种经济身份；场所成为长期的财富制造者。这当然也给生态博物馆提供了持续发展的机会，旅游

---

① Steven Tiesdell, Taner Oc, Tim Heath. Revitalizing Historic Urban Quarters[M]. Oxford：Architecture Press，2001

基础设施也会变成一种新景观,场所也因内部的商业繁荣而得到品质的提升,环境质量的改善鼓励住户和商户为自己所在社区而骄傲,同时也提升了所在社区的凝聚力。

10.2.1 我国的聚落遗产地旅游业案例:江南古村镇和中西部民族生态博物馆

江南古村镇是植根于江南水网的自然环境和13世纪～16世纪中国南方文化而形成的历史聚落,如著名的周庄、同里、甪直、南浔等是我国聚落保护和聚落遗产地旅游业开展较早的地区,有的已有了近30年保护与开发的历史,为我国聚落保护和遗产地旅游发展积累了宝贵经验。

而我国的中西部民族生态博物馆的发展则刚刚起步,历史最长的也仅仅有不到10年的历史,但是它们所展现的文化独特性和文化展示和传播功能却日益显示了它们的价值。

1) 类型:市场定位和旅游策略

同济大学教授吴承照等认为我国的古村镇旅游业主要有三种模式:(1)大城市依附型,如周庄、乌镇等;(2)风景区依附型,如西递村、歙县等;(3)规模自主型,如平遥、丽江等[1]。中西部民族生态博物馆应当属于规模自主型。

遗产地旅游业是市场对地方场所吸引力和特征探求的一种方式,历史传奇和遗产、文化吸力和氛围共同构成了旅游产品的价值。交通设施和服务设施的舒适完善是影响旅游业的另一种因素,这种设施在使用过程中所产生的经济影响力甚至超过了历史聚落本身的吸引力。游客在旅游目的地的花费不是固定的,而应当看作是一种吸引新游客的持续性投资。成功的旅游吸引力能使地方经济成倍地增值,扩大其独特文化的影响力。

大城市依附型和风景区依附型在旅游业发展中有得天独厚的交通优势,接待能力强,旅游业高速发展。而规模自主型的生态博物馆因为规模小、交通不便,旅游业发展受到一定限制,但这也有助于他们保持经济结构的多元化和文化个性。

2) 内容:景观展示和社区旅游

聚落遗产地展示的是由生活历史而形成的景观画卷,即特定地区的衣、食、住、行等生活状况和经济体制形成的特定的景观风貌,而社区包含了特定地区的生活形成的共识与价值认同、主流与边缘社会文化的论述,缺少了社区元素的老旧风景是没有灵魂的美丽躯壳,聚落遗产地旅游应当是由社区经营的多维文化体验,对社区景观的多角度展示。

据研究,越能被外界欣赏的文化越具有生命力,外界的赞叹是激励文化传承的重要动力,旅游者的到来也能激发历史村寨的活力,历史聚落的文化遗产在外来的强势文化面前,本来是脆弱的,但如果社区居民对自己遗产价值的认识提到了科学的高度,情感上达到了珍惜的程度,他们的无形文化遗产就变得坚固了。他们的表演和展示就不是为了出售而是一种自豪。对自己文化有了科学的认识、自豪的情感,就有了自觉传承的基础。这时他们才真正成了自己文化的主人[2]。

3) 约束:生态安全与容量控制

当代社会以极为迅速的速度接受着全球标准化生活,这一标准化也影响了现代旅游业的经营,我国的传统聚落都在不同程度上都受到现代旅游业带来的文化影响和环境污染。

---

[1] 吴承照,肖建莉.古村落可持续发展的文化生态策略——以高迁古村落为例[J].城市规划汇刊,2003(4):58
[2] 苏东海.中国生态博物馆的道路[N].中国文物报,2005-04-01

生态安全包含文化生态安全和自然生态安全两方面的含义,影响生态安全的因素主要在于有限的环境容量和不加控制的人口、传统的生活方式和土地经营方式与商业化及新的经济方式之间的矛盾。

在规划控制手段上现在我国多采用人口数量指标来控制,在前面关于游憩环境容量控制理论的讨论中已经论述过,这是一个不全面的衡量标准,因为人类的不同活动影响环境的程度是不相同的,不同类型的环境状况对同一类活动的承受能力也是不相同的,然而尽管人口指标是一个落后的评价标准,但我国聚落遗产地旅游业仍然大大超出规划控制指标,无序发展。周庄、同里、甪直三镇遗产地旅游业发展指标比较如表10.2。

表10.2 周庄、同里、甪直三镇遗产地旅游业发展指标比较

保护区指标(2000年之后)	周庄	同里	甪直
面积(公顷)	47	100	100
居住人口(人)	约4 000	约2 000	约6 800
门票价格(2015年)	100元/人	100元/人	78元/人
年门票收入(万元)	13 000(2013年)	3 000(2010年)	2 307.3(2010年)
与苏州距离(千米)	西距苏州城东南38千米,东距上海市60多千米	距苏州市18千米	距苏州城东南25千米
平均每天游客数(人)	3 000~4 000	2 250	600~700
周末(人)	7 000~8 000	3 200~3 300	800~900
最高日游客数(人)	30 000	10 000	4 000
游客数最高日人口密度	723.4人/公顷	120人/公顷	108人/公顷
每年游客总数(人)	2 600 000(2002年)	870 000(2002年) 1 500 000(2003年)	26 000(2000年)
旅游产业年收入(亿元)	6.5(2004年)	2(2001年)	0.2(2000年)
每位居民每年接待访客数	650人	435人	3.8人
单位面积遗产地创造价值	1 383万元/公顷	200万元/公顷	20万元/公顷

资料来源:(1) 熊侠仙,张松.江南古镇旅游开发的问题与对策——对周庄、同里、甪直旅游状况的调查分析[J].城市规划汇刊,2002(6):61-62。
(2) 阮仪三.护城踪录——阮仪三作品集[M].上海:同济大学出版社,2001:66-96
(3) http://changingtrip.com/news/detail.asp?id=1288。
(4) http://travel.enorth.com.cn/system/2005/03/14/000983120.shtml。

周庄旅游业经过连续几年以30%的速度发展之后最近趋于稳定[①],而同里、甪直还处于高速发展阶段,从上表数据可以看出,江南古镇的旅游容量过于饱和,同里的游客人数一年之间增加了63万,这些指标肯定已经超出了环境的适宜容量。据吴承照等为浙江高迁古村所做保护规划,古村面积35.05公顷,居民3 005人,规模人口、生态及人文环境与上述三古

---

① 熊侠仙,张松.江南古镇旅游开发的问题与对策——对周庄、同里、甪直旅游状况的调查分析[J].城市规划汇刊,2002(6):61-62

镇接近,规划确定的日游客容量为 1 200～2 000 人①。按照这一指标计算,高迁古村每年游客总数的控制值为 60 万人,每位居民每年接待访客人 190 人到 240 人。应该说这个标准是相当高了,对比欧洲著名的遗产地,威尼斯每位居民每年接待访客人 90 人,萨尔斯堡为 36 人,布鲁日为 23 人,佛罗伦萨为 10 人②;但是周庄和同里仍高出高迁规划指标 2 倍以上,并仍以追求访客人数增长为目标。当访客人数和居民的比例超过了一定的限度,文化和生态的平衡就会被打破,场地传统上充满活力的混合功能趋向一元化、商业化,文化的传承、生活历史的延续就不可能在这种情况下达成。

在自然生态环境方面,缺乏一个监控指标体系,往往是到情况非常严重了,再进行补救,如过度的人口使河流失去了自净化能力,周庄 2000 年投资了 3 000 万元对古镇水系进行了疏浚和净化③。安徽黟县的西递和宏村由于到访的艺术院校学生增多,向保护区水系内倾倒颜料,管理者只得设置了 100 多只环保水桶;又遇到宾馆饭店数量大增,排污量也大增,管理者又与宾馆饭店、村民签订责任状,以年终旅游分成的方式要求生活废水不得流入保护区水系④。这些补救措施固然不错,但积极的保护更需要系统的监测体系,做到防微杜渐。

对中西部民族生态博物馆而言,由于交通不便,遗产地旅游业规模不大,对场地传统的经济活动而言只是加入了新的功能而已,但同时也是一种强势文化、现代生活方式的介入。观念上的巨大冲击、文化价值的不平等,导致一些地方很快放弃了传统的生活方式,如有 15 户村民参加的敖伦苏木生态博物馆,参观途径是很特殊的,小批参观者乘坐大篷车而来,内蒙古民族风情看上去很丰富,具有独特性,旅游对文化景观影响较小。但交流使越来越多的敖伦苏木人受外界影响住入了新房子,老的生活习俗,如蒙古包中的生活,将很难保存⑤。又如中国第一座生态博物馆贵州六枝的梭戛,是一个活生生的史前原始村落,从文化的距离上和我们仿佛是跨越了 5 000 年。它的建筑为土阶茅顶的房屋,它的经济是从事一些苞谷、甘薯一类的旱地农业。近年来文化遗产保护和生态博物馆理念的引入,使梭戛有了自己独特的价值。因为这种时空的反差,因为这种和自然环境的亲近,还因为它的稀缺,使梭戛有了被保护和展示的需要。生态博物馆是以整个的村寨及其生活方式为内容的,博物馆项目也在环境的保护、房屋的维修、居民生活条件的改善方面下了不少工夫。在政府主导和专家指导下,电灯亮了,学校建起来了,自来水引进了村民的家里⑥。由于差距巨大,保存过去和连接现在是最困难的问题。土阶茅顶的房屋过于原始,谁从受保护的老房子中搬到新房子中居住也成了当地一个社会问题。另外为了保护传统的生活的方式,人们已经不再需要从事每天到村中清泉中打水、背水等劳动,但被刻意安排成表演项目,使人不由得质疑保护和展示的原真性。

---

① 吴承照,肖建莉. 古村落可持续发展的文化生态策略——以高迁古村落为例[J]. 城市规划汇刊,2003(4):60
② Robert Pickard. Management of Historic Centres[M]. London:Spon Press, 2000
③ 阮仪三,邵甬,林林. 江南水乡城镇的特色、价值及保护[J]. 城市规划汇刊,2002(1):3
④ 依轩. 黟县保护宏村水系安全[N]. 中国文物报,2003-12-05
⑤ [意]毛里齐奥·马吉. 关于贵州和内蒙古生态博物馆的考察报告[N]. 中国文物报,2005-10-14
⑥ 曹兵武. 梭戛——中国第一座生态博物馆印象[N]. 中国文物报. 2005-10-21

10.2.2 怎样评价聚落遗产地旅游业的成败得失

通过上述实例分析可以看到旅游业的发展可以当作为聚落遗产地广泛的经济和规划策略的组成部分,而不是唯一的部分。同时,旅游业又是聚落遗产地地方经济的一个重要组成部分,因为对旅游业的投资也能使地方社区在诸如生活便利、吸引力和生态环境等方面得到改善,帮助社区的经济多样化。

但是一些历史聚落因卷入旅游业使其发展轨迹部分失去控制,如景观变得相似,逐渐失去多样性、可识别性、空间的独特品质和持续发展的能力。部分原因是没有很好地解决当地居民和游客之间资源提供的矛盾问题,以及基础设施的压力、拥挤、污染等环境问题。旅游市场竞争激烈,完全基于旅游业获得经济机会的聚落很难保证长期的生存能力,因为它们承受着不断增长的外部竞争,而历史环境又不允许随时代风尚随意变化,因此以旅游业为基础的聚落遗产地经济必须形成一个长期的生存策略,而不是掠夺式发展。如果能把旅游业看成聚落遗产地发展的催化剂而不是依靠,以科学的方法严格控制环境容量,会取得更积极的效果。

10.3 以生态博物馆的理念来保护聚落遗产地

生态博物馆没有统一的模式,没有统一的定义,人们只在实践中对它提出过一些类似定义的描述。据生态博物馆权威乔治·亨利·理维埃 1980 年的描述,生态博物馆是保存人类文化和发展的资源的工具,具有历时性,"时间的一种表现,在其覆盖的时间范围内,各种各样的解释可以追溯到人类出现以前,可以追溯史前及有人类生活最终至出现现代人的历史进程。它还可以产生对自然界一连串的追忆,而对于得出的结论,对在这些结论上进行报告和进行批判分析的作用却没有丝毫的矫饰"。生态博物馆又具有空间性,"生态博物馆是对空间——可以在里面停留或游览的特殊空间的一种解释"。

1981 年法国政府颁布的官方定义"生态博物馆是一个文化机构,这个机构以一种永久的方式,在一块特定的土地上,伴随着人们的参与,保证研究、保护和陈列的功能,强调自然和文化遗产的整体,以展现其有代表性的某个领域及继承下来的生活方式。"[①]

应该说,生态博物馆更多地表达了一种保护观念,这种观念针对以往历史聚落保护的特点而形成,如反对单纯的建筑保护,倡导场所保护;反对静态的保护,倡导对发展过程进行保护;反对地方仅仅从遗产中收益而倡导地方组织主动管理、展示遗产,创造发展机会;反对遗产保护作为的短期旅游业发展目标而将它看作长期的身份认同和提升地方竞争力的要求;反对将遗产保护区建设视为最终目标而只将它看作一个工具等,其中最重要也最被强调的特征是生态博物馆的"生态保护"和"社区保护"的观念。

10.3.1 生态博物馆的生态特征和生态保护

生态博物馆是在现代社会环境意识和生态意识觉醒的背景下产生的,它要担负起遗产

---

① 苏东海.国际生态博物馆运动述略及中国的实践[J].中国博物馆,2001(2):2

保护、环境保护和生态维护的使命。

曹兵武认为,生态包含了一种文化与自然的适应性与合理性,一种长时间中形成的平衡、和谐关系。生态博物馆的展示强调各种因素包括无形遗产相互整合的过程性,以聚落中整个的人类生活作为生态博物馆保护和展示的内容,就没有权力去凝固这样一种人文与自然的关系。生态博物馆中的生态概念让过去与未来加入进来,扩大了文化博弈的界面,扩充了文化理性的范畴,为人类在自然与人文领域中处理局部利益与整体利益、当前利益和长远利益提供了一种有效的文化工具①。

另一方面,国际自然保护联盟世界保护地委员会(WCPA)提出了"社区保护地(CCAS)"这一概念,指出社区保护地产生于传统的公共资源管理;覆盖了广阔的生态系统,以及官方指定保护地之外的圣地和耕作区域;此外还提供了谋生和发展的机会,具有多重生态功能。② "社区保护地"这一概念表达了聚落社区与自然资源管理和生态保护之间固有的关系,这种相互关系主要表现在以下三个方面:

(1)聚落遗产地与生态保护地带常有当大的重叠性,因为传统的生活领域不仅仅是居住地,而且也是祖先崇拜之地,耕作、猎场等有着社会文化意义的地带,常常也是生态保护的重要区域。

(2)另一方面原住民的生态智慧,如生活智慧、社会制度、禁忌传说,都提供了现代化生态管理体系丰富的借鉴,这些知识和经验、制度和价值观在某种程度上都可能转化成具有现代意义的自然保护原则。国际社会公认他们在实现可持续发展方面的关键性作用。社区原住居民的知识是他们文化遗产的基本部分,这其中就包括对自然景观和资源、特殊的遗址、物种、神圣之地和墓地的管理。

鉴于以上原因,国际自然保护联盟提出了以下社区保护地的保护原则,这同样也能看作生态博物馆的生态保护原则,也是笔者推荐的聚落遗产地生态保护原则③:

① 认可原住民和当地社区对他们的土地、领地和自然资源享有的习俗及相关权利。

② 正式承认社区保护区的贡献和现状及其自然资源保护和管理的相关类型,以及在IUCN保护地管理分级中土著居民所拥有的、指定和管理的保护地的相关类型。

③ 审查全部现有的可能对原住民产生影响的保护法规和政策,确保各方都能以协作的态度一起工作,保证原住民、流动居民和当地社区有效参与保护。

④ 制定和实施有原住民和当地社区全面和有效参与的、针对他们拥有其圣地的法律和政策。

⑤ 承认流动作为至关重要的生计系统和传统生活方式的重要性,承认流动土著居民按照他们传统生活方式对保护这片土地所起到的作用。

⑥ 保护和恢复流动土著居民传统土地的完整性,包括迁移路线。

⑦ 制订计划加强当地社区以及土著和流动居民有效从事保护地保护和管理的能力。

⑧ 采用和推行相应的管理办法,承认土著和流动居民对公共资源的依赖,而这些办法是在他们流动和不同的生活方式、生计、资源权利和土地使用、习俗及动态土地使用规模的

---

① 曹兵武. 生态博物馆:谁的生态?[N]. 中国文物报,2005-10-14
② 世界自然保护联盟第五届世界保护地大会[J]. IUCN-世界自然保护联盟通讯. 2003(22)
③ 德班行动计划[J]. IUCN-世界自然保护联盟通讯. 2003(12)

基础上建立起来。

⑨ 改变保护地和社区保护区的管理以适应流动社区的特殊需求，包括他们使用的权利、资源管理惯例、季节和暂时定居或迁徙的权利、迁移走廊以及以保护为目的的流动。

⑩ 依靠主流科学，尊重、促进和结合使用传统知识、制度和习惯规范，以及流动土著居民的资源管理实践。确保保护地的发展和有关调解在当地知识基础上进行评估，并通过流动土著居民制度来实施。

⑪ 承认并保证流动原住民对归还由他们长期保护、传统占有和使用的土地、领地和资源的权利，这些土地、领地和资源已经在未经他们同意和批准的情况下划入保护地区域内，在适当地域内应恢复其流动性。

⑫ 促进跨文化对话，化解在保护地内及其周围生活的流动和定居居民内部及其相互之间的矛盾。

(3) 地方的开发常与生态保护的限制产生矛盾。聚落原住民要求继续享有传统的利用资源的方式，而政府要求进行现代自然保护，二者的矛盾在生态博物馆方式下以政府与社区建立共管机制来协调，社区居民拥有土地使用权，原住民利用自然资源的生态智慧以及传统禁忌与规范，已经维系长期的生态平衡并建构成一套完整的土地伦理导入政府的保护规划，国际自然联盟认为社区参与自然保护主要有两个特点①：

① 控制和管理工作主要或完全由社区负责；

② 社区承诺通过多种方式保护生物多样性及其成果。

在这种背景下，生态博物馆成了自然和改良的生态系统，具有显著的生物多样性、生态效益和文化价值。这些生态系统由社区居民和当地社会通过约定俗成的有效方式进行保护——即维护和持续性地发展保护地传统的人地关系。

10.3.2 生态博物馆的社区保护和社区管理

20世纪遗产保护运动的一个重要变化还在于从对"物"的保护转向对"人"与"生活"关注。从对物质遗存及其空间的研究中发现了其背后的主宰力量，而社区包含了居民的生活共识与价值认同，社区人文元素赋予了历史空间以场所感，社区本质实践了古迹空间的文化内涵。20世纪遗产保护运动的另一个重要变化还在于遗产保护从自上而下的精英意识、国家权威的观念转变为自下而上的地方文化认同，并逐渐扬弃传统一元化的论述，纳入多元意见，从研究过去变成探索现在与未来之间的关联，而生态博物馆有关构成生活文化圈的区域——聚落及聚落内居民的生活与区域的自然及社会环境的变化、发展过程的博物馆，正如法国博物馆学家Francois Hubert所言"生态博物馆的首要关怀的就是地域的集体记忆(collective memory)"②。

聚落离不开其衍生和发展的土地——社区，也不能脱离其主体——社区居民。"社区"是个被生态博物馆强调的因素。帮助建立中国第一个生态博物馆的挪威生态学家达克·梅克勒伯斯特提出了社区保护的"六枝原则"，即

"(1) 村民是其文化的主人，有权认同与解释其文化；

---

① 解焱,汪松,Peter Schei. 中国的保护地[M]. 北京:清华大学出版社,2004
② 张誉腾. 生态博物馆:一个文化运动的兴起[M]. 台北:五观艺术管理有限公司,2004

(2) 文化的含义与价值必须与人联系起来,并应予以加强;

(3) 生态博物馆的核心是公众参与,必须以民主方式管理;

(4) 旅游与保护发生冲突时,保护优先,不应出售文物但鼓励以传统工艺制造纪念品出售;

(5) 避免短期经济行为损害长期利益;

(6) 对文化遗产进行整体保护,其中传统技术和物质文化资料是核心;

(7) 观众有义务以尊重的态度遵守一定的行为准则;

(8) 生态博物馆没有固定的模式,因文化及社会的不同条件而千差万别;

(9) 促进社区经济发展、改善居民生活。"[①]

六枝梭戛生态博物馆管委会就是按这一原则组建的,其人员包括三部分:

(1) 区级文化行政主管部门代表;

(2) 12个村寨代表;

(3) 专职管理人员和财务代表,为强化文化主人观,博物馆事务还将逐步转交给当地苗族群众[②]。

这就是生态博物馆的社区保护组织与经营理念:以乡土文化为主体,涵构了地方人文及自然生态的历史回顾,由社区组织经营保护和管理社区遗产。

一个生态博物馆的社区遗产保护和展示应具有以下特点[③]:

(1) 文本的延伸——从器物收集到生态展示和综合保护,以综合保护和"生态展示"的方式将人、土地和生活三者的关系加以立体化综合保护与呈现。"生态展示"是指利用展览物,为参观者提供了解小至一物品大至一环境的功能性及社会性之展示方式,在生态博物馆中,"人"本身也可以被当作是"展品","人的活动"——如艺术家或工匠在展示其技能或使用传统工具——则是"表演"。

(2) 功能的延伸——从古迹保存到技艺传习,对于古迹及其相关空间最有效的保存方式就是以它原来的功能适当使用它,对发源于其中的生活方式和传统的技艺一方面记录保存,另一方面社区也组织继承、传习和推广。

(3) 界域的延伸——从建筑空间保护到生活空间、仪式空间保护,传统习俗与信仰是传统社会生活中极为重要的一环,如常作为传统聚落中心的庙宇、地方盛事的庙会,许多产业与技艺都由此衍生,在保存文化整体脉络性的策略下,须保护这些空间形态和与之相应的空间功能——空间中的活动。

在美国,邻里组织就是从事遗产保护的非官方组织中最重要的一类。"邻里"在美国城市中既是地理概念又是社会过程。邻里组织基于物理空间、社会行为、身份认同而形成,它们各自也因社会地位,参与社会政治的程度、策略与影响而有所区别。这种组织产生于20世纪初,他们以草根民主对历史遗产保护施加影响,是社区遗产地重要的组织者和管理者。

华盛顿州的利文沃思(Leavenworth)曾是一个兴旺的铁路沿线小城,1920年代末期铁路线改道不再经过利文沃思,使这座小城日渐衰落。1960年代这里人口已不足2 000,社区

---

① 苏东海. 中国生态博物馆的道路[N]. 中国文物报,2005-04-01
② 王京传,康红光. 走中国特色之馆——贵州生态博物馆建设的考察[N]. 中国文物报,2004-04-23
③ 陈昭妙. 台湾民俗文化的集中呈现[D]. 台南:成功大学艺术研究所,2004

管理者决定唤起整个社区的共同意识来努力扭转这种风雨飘摇的情况，利用当地群山环绕的自然风光和既有的遗迹将旅游业引入该区域。他们修复了市区街屋，开设了众多餐厅商店，设置了许多"节日"，晚上全城的建筑都挂上七彩的灯泡，以吸引访客。如今利文沃思已成为西北平原旅游的支柱，游客规模年逾百万，尽管不会再有火车驶来，利文沃思火车站却屹立依旧。更重要的是居民们在危机中挽救家乡、促进社区发展的精神也成为一个传奇①。

我国的城市社区组织——居委会，一度也是政府管理城市社区的重要协助者，近年来随着住房制度的改革，这一组织逐渐解体。但近年来住区建设中出现的"生态村"理论和方法②，虽然并非一种专门的遗产保护方法，但"生态村"的观念——倡导建造生态人居环境，保护生物与文化的多样性、人与自然的和谐相处——都体现了聚落遗产地保护的原始价值；而从文化/精神、生态、社会/社区三个维度建构的生态村理论，以社区手段和生态手段为特征的生态村实践方法，都可作为聚落遗产地保护的参照（表10.3）。

表10.3 生态村建造的理论原则

文化/精神手段	生态手段	社会/社区手段
· 分享创造性、艺术表演、文化活动、仪式和庆祝活动 · 社区感和相互支持 · 以多种方式尊敬和支持精神的表达 · 分享和表达意见、责任、文化遗产和各个社区的独特的价值 · 灵活对待出现的困难 · 理解生活在地球上的所有相互联系又相互依赖的生命元素都是一个整体 · 创造平安、友爱和可持续的世界	· 尽量在社区生物区域之内增加食物 · 支持本地食物的种植和生产 · 以当地材料建造住宅 · 使用基于村庄整体的能源再生系统 · 保护的生物多样性 · 促进生态学企业原则 · 使用生态学观点，在生态村从社会和精神层面评估所有产品的生命周期 · 通过适当的能量和废物管理保护干净的土壤、水和空气 · 保护自然和保障自然保护区的安全	· 与他人认识和相互联系 · 分享共同的资源并相互提供援助 · 强调整体并进行提升健康的实践 · 对所有成员提供有意义的工作和谋生手段 · 整合边缘群落 · 促进继续教育 · 鼓励团结，尊重异类 · 促进文化展示

资料来源：http://gen.ecovillage.org/about/index.html, http://gen.ecovillage.org/about/index.html, http://gen.ecovillage.org/about/index.html, http://gen.ecovillage.org/about/index.html

---

① http://www.leavenworth.org/history/history.html
② 全球生态村联盟（Global Ecovillage Network, GEN）1990年由丹麦人Ross Jackson等创立，以保护多元化的生活方式，探讨人地和谐、社会和谐、古今和谐的人类居住模式为目标，1990以来做了大量实验研究，建构了生态村及其可持续发展的评价体系，并在世界各大洲展开生态村实验。参见吴承照，肖建莉.古村落可持续发展的文化生态策略——以高迁古村落为例[J].城市规划汇刊，2003(4):59

10.4　我国村落遗产地的景观管理——《关于村落文化景观保护与发展的贵阳建议》的理论和方法

21世纪以来,我国进入了高速城市化阶段,2014年常住人口城镇化率已达到53.7%[①]。与此相应的是,村落的数量急剧减少,许多有近千年历史的村落破败消失,或沦为城市贫民窟——城中村。在这一过程中,大量乡土村落遗产遭受损失。对于乡土建筑等物质文化遗产和传统技艺等非物质文化遗产,我们尚可用档案、测绘、摄影、录像等手段将其记录,但一些由农耕文明持续塑造的人与自然相互交融的乡土村落景观,却随着环境的急剧改变而永远地消失了。幸存下来的古村落则由于生产方式的改变,人口流失严重,传统的社会结构瓦解,景观的可持续演化遭到威胁。一些幸运地被列入各级历史文化名村、名镇保护名录的传统村落,也因为旅游业的发展,景观个性不断丧失。

鉴于这一严峻局面,2008年10月,联合国教科文组织世界遗产中心、国家文物局、北京大学、同济大学、贵州省文物局在贵阳召开了"村落文化景观保护与可持续利用"国际学术研讨会。会议提出了《关于村落文化景观保护与发展的贵阳建议》(简称《贵阳建议》),以保护村落文化景观的方式来保护乡土村落遗产地。

《贵阳建议》定义了村落文化景观:它是自然与人类长期相互作用的共同作品,展现了人类与自然和谐相处的生活方式,记录着丰富的历史文化信息,其自然与文化多样性是未来理想生活的源泉。

《贵阳建议》提出了针对村落文化景观保护的三个建议:自然与文化、物质与非物质、历史与现实的整体保护;尊重村落文化景观动态变化的特征,在发展中延续其文化脉络;保护方法上注重政策引导、法律约束、公众参与。笔者认为,这些建议在村落文化景观的保护中是具备可操作性的,以下是具体解读。

10.4.1　关于整体保护

对于村落文化景观的整体性保护,在实际操作中,应把握三个尺度,即历史村落本体的尺度,农耕生产方式影响下的尺度,传统观念中的尺度。只有实现在这三个尺度上的保护,才能达成村落文化景观的整体性保护。

下面以国家级历史文化名村——江西省高安市新街镇贾家村为例,说明村落文化景观保护的三个尺度。

贾家村坐落在一个四面环山,但较开阔的盆地的中心偏北,村落四周是平畴远山。村落建筑群以八个"关门"区分内外,关门与环村主巷道相连,相传曾有八关六十四巷。关门相连而形成的边界是保护规划定义的"核心保护区",它表达了村落文化景观的"历史村落本体的尺度"。

据《畲山贾氏族谱》记载,贾家村祖先途经此地时,站在制高点,俯视整个地形,发现这里良田沃野,周边地形高,中间呈"凹"形,似"金盆"堕地,雄浑景色尽收眼底,遂决定在此建

[①]　国家新型城镇化规划(2014—2020年)[EB/OL].[2015-09-10]. http://www.gov.cn/zhengce/2014-03-16/content_2640075.htm

家立业。可见农耕生产对于历史村落的意义,这种生产方式是它形成的依据,同时也养育了历史村落。上述村落主体、建构筑物密集的"核心保护区"与村落周边村民世代耕作的农田,共同构成了村落文化景观的"农耕生产方式影响下的尺度"。

贾家村的选址并不符合中国传统中理想的风水布局模式——"负阴抱阳,左辅右弼,枕山、环水、面屏",但贾家村的祖辈们仍煞费心机地附会传统的风水理论,对其所处自然环境进行了独特的解释,并进行了相关营造,贾家村位于盆地的中心偏北,村落最北端距最近山脉山脚的直线距离为约为3.3千米,村落最南端距最近山脉山脚的直线距离为37千米,四周实际上没有自然边界可作屏障依靠。按山势为南方传统聚落选址之基础,通称"龙脉"。贾家村将距村北3千米之外的钧山、三台山视为本村龙脉所依之山,绘入族谱《基址图赋》中。村落主要建筑均呈偏西约20度坐北朝南与钧山、三台山呈一线布置,构成贾家村基本的坐标系统,从而形成北偏西约20度坐北朝南的村落格局。距村东南约0.7千米有赤溪河由东向西南流过,其形态符合"龙高虎伏,弯抱有情"的好格局,被绘入贾家村的族谱,作为村落选址的依据。村落的水口也位于赤溪河河湾处,且颇费了一番工夫营建,建有七级玉塔、文昌宫等。距村落南端约37千米处的阁皂山,虽然在樟树市境内,也被贾家村借作"屏护",以便符合"枕山、环水、面屏"的风水佳境要求①。这个尺度可被视为村落文化景观的"传统观念中的尺度"(图10.9)。

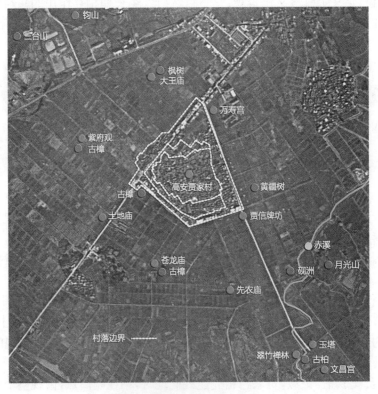

图10.9 贾家村及周边环境
资料来源:笔者绘制

---

① 蔡晴,姚赯. 传统乡土聚落环境意义的解读——以高安贾家村为例[J]. 农业考古,2012(4)

可见只有全面把握上述三个尺度，才能实现村落文化景观的自然与文化、物质与非物质、历史与现实的整体保护。

10.4.2 关于发展和延续

曾任国家文物局局长的单霁翔认为，村落文化景观应当被认为是活态的、动态的文化遗产，对其保护就是保护一个文化空间。一个活态的文化肌体，在时代的前行中，其变化也是必然的、常态的，这种正常流动的过程正是村落文化景观具有活力和生命力的表现①。

因此对于村落文化景观的保护，也是一个对变化的管理，要承认变化、允许变化、尊重变化、引导变化。但这种景观的动态性也产生了一个根本性问题：景观变化过大，就会失去遗产价值②。而如何控制和管理景观的变化，在发展中延续其文化脉络，《贵阳建议》提出了"政策引导、法律约束、公众参与"的基本策略。

10.4.3 关于政策引导、法律约束、公众参与

至 2010 年代后期以来，我国政府加大了对传统村落的保护和管理力度。2008 年国务院颁布了(国务院令第 524 号)《历史文化名城名镇名村保护条例》，规范了历史聚落的申报、批准、保护规划编制、保护措施和法律责任。

2012 年，为了摸清我国传统村落的底数，掌握我国传统村落的数量、种类、分布、价值和生存状态，住房城乡建设部、文化部、国家文物局、财政部联合发布了(建村〔2012〕58 号)《关于开展传统村落调查的通知》，随后进行了大量基础性的村落遗产调查工作。

2014 年，政府表现出对传统村落的空前重视，2014 年 4 月住房城乡建设部、文化部、国家文物局、财政部联合发布了(建村〔2014〕61 号)《关于切实加强中国传统村落保护的指导意见》，要求加强对传统村落的遗产管理，加大对传统村落保护的资金投入。

2014 年 9 月住房和城乡建设部、文化部、国家文物局联合发布了(建村〔2014〕135 号)《关于做好中国传统村落保护项目实施工作的意见》，提出了许多具体的保护办法，如对传统村落保护项目严格实施规划管理；加大对建设项目、挂牌文化遗产、旅游商业开发项目的监督检查力度；确定驻村专家和村级联络员、建立本地传统工匠队伍。

2014 年 10 月住房和城乡建设部颁布了(住房和城乡建设部令第 20 号)《历史文化名城名镇名村街区保护规划编制审批办法》，进一步规范了历史聚落规划的内容、深度、编制单位的资质、与各级规划及相关国家标准和技术规范的衔接、审批与申报。

控制和管理是村落文化景观保护的重要手段，作为一种活的遗产，在发展中延续其文化脉络也同样具有重要意义。当代村落中，传统的生活方式、生产方式及社会关系网络的瓦解是影响传统村落景观改变并丧失遗产价值的根本原因，因此只有调动村落景观的传承者——社区的积极性，公众参与、民主管理，展现村落社区的共同利益，建立村落社区的共同愿望，配合协助政府的保护和管理措施，才是村落文化景观得到传承和延续的保障。

---

① 单霁翔. 乡村类文化景观遗产保护的探索与实践[J]. 中国名城, 2010 (4)
② 诺拉·J. 米切尔, 布伦达·巴瑞特. 展望新文化景观：农业传统和适应性[M]//城市学研究：第 3 辑. 北京：中国社会科学出版社. 2012

在江西南丰上甘村,当地村民大多信仰一种远古的巫术——傩。傩祭活动在驱疫降福,消灾纳吉的仪式中,伴以娱神的歌舞戏剧演出,其内容融合了巫、道、儒、释等文化内容和历史生活事件,为村民们喜闻乐见。傩神庙位于上甘村中部,一直由村委会负责管理、修缮。在每年六月廿四传说中傩神老爷回家的日子,村委会组织娱神演出,平时负责上香、点灯、清扫等日常事务。农历新年或遇有嫁娶、升学等喜事,村民则可自费请戏班在傩神庙中进行演出,供全村观赏。这种有效的管理制度使它在今天这个网络时代仍是一种活的文化遗产,上甘傩神殿成为江西保存最好且仍在使用的傩神庙之一,上甘村的大傩班也是南丰地区现存的延续时间最长的傩戏班之一[①]。

---

① 姚糖,蔡晴. 江西古建筑[M]. 北京:中国建筑工业出版社,2015

11 基于传统审美意识的名胜地景观：风景名胜区保护的理论和方法

11.1 我国风景名胜概念及其资源特征

11.1.1 我国风景名胜发展形成的历史过程

追根溯源，我国的风景名胜是农耕文明时代的产物。一般来说，我国的风景名胜区萌芽于先秦，形成于秦汉，在魏晋南北朝时期有一个快速发展之后，兴盛于隋唐宋，成熟于元明清，潘谷西先生认为按照理景艺术上的特征可分为三个阶段[①]：

第一个阶段是实用为主的阶段，即利用自然环境作为畋猎、渔樵、林果、游娱的场所，对自然之美的欣赏不占主导地位。这个阶段大致相当于汉代以前。公元前14世纪至公元前11世纪，殷王室使用的甲骨文中出现"囿"这种在山水生物丰美地段挖沼筑台进行营造，以形成观天通神、游憩娱乐、生活生产，并与民同享境域的风景区。秦汉时期中央集权确立，是封建社会历史发展的重要时期，也是风景名胜形成的重要阶段。这一时期频繁的封禅祭祀活动，促使五岳五镇和人工池沼等名山大川景胜的建设、形成与发展，进而确立了以五岳为首的名山名胜体系，由此形成我国风景名胜区的起源。

第二个阶段是美学认识阶段，即人们由于对现实的不满，在返璞归真、回归自然的思想指导下，对自然之美进行挖掘和加工。这个阶段从魏晋南北朝一直延续到近代。魏晋南北朝是封建社会早、中过渡期，也是社会动荡和历史重大转折时期。由于政治分裂、战乱不止，城市和经济相对萎缩，自给自足的庄园经济相对独立发展，意识形态领域的儒、道、佛、玄等诸家争鸣，产生了思辨与理性的纯哲学、抒情与感性的纯文艺，呈现出思想解放与人性觉悟的特征。整个意识形态的变化，引发了游览山水、民俗游乐、经营山居、隐逸岩栖、山水文化、佛教道教的盛行和发展。文化艺术活动及其作品也生动地描绘了风景名胜，促进了风景名胜和宗教圣地的开发建设。由于佛教道教空前盛行，宗教朝拜活动及其配套设施的开发建设，促使了山水景胜和宗教圣地的结合发展。

隋、唐、宋是中国封建社会的上升与全盛时期，政治统一、经济发达、军事强盛、社会思想活跃、文化艺术灿烂，随着城市体系的形成，中国风景名胜建设进入全面发展和兴盛时期。这一时期的特点如下：

一是数量与类型增多，分布范围大大扩展。在国务院批准公布的前三批的119个国家

---

① 潘谷西. 江南理景艺术[M]. 南京：东南大学出版社，2001

重点风景名胜区之中,有近30个是在这个时期新发展起来的;除此之外,分布在各地区的大量中小型和地方性风景区、风景点,大多也是在这个历史时期发展起来的,我国风景名胜区体系逐渐形成。

二是风景名胜的内容进一步充实完善,景观质量水平提高。人文因素与自然景源更加紧密结合并协同发展,成为保护与利用自然、游览与寄情山水、欣赏与创造风光美景为主要内容的风景胜地。

三是发展动因多样,并且强劲持久。隋唐的佛教丛林制度、寺院经济实体和四大佛教名山的出现,隋唐的道教宫观制度、道教的118处洞天福地的确定等因素,有力地推动风景名胜的发展。

元、明、清是中国封建社会后期的三个王朝,蒙、汉、满族轮番掌管大一统封建帝国大权,促进了民族融合,形成了多元化的民族文化和地方特征,并不止一次地出现过经济繁荣、政治安定的封建盛世,我国风景名胜建设也进一步发展和成熟。这期间全国性风景名胜区已超过百个,并且大都进入盛期,各类名山、名湖、名洞、名瀑、名泉、名楼、名塔、名桥、书院寺观、山林别墅、名园胜景星罗棋布,各级各类志书也形成了体系,山水文化中出现了大量的游记杰作,使山水审美、风景鉴赏评价和开发提升到了一个更高境界,风景游赏成为风景名胜发展的主要因素。这一时期,一些传统风景名胜的规划设计原则、建设施工组织、经济与经营管理都已渐成体系。

第三个阶段是生态意义的认识阶段。近代以来,风景名胜除了上述两个阶段的实用与美学价值外,还增加了改善人类居住环境和生态状况的功能。谢凝高先生认为这一时期的风景名胜区建设由工业时代的理性思考和生态文明时代的自然伦理观推动,出现了许多具有高度科学研究、自然生态价值的风景名胜区,如武陵源风景名胜区、天山天池风景名胜区、三江并流风景名胜区等。

11.1.2　我国风景名胜区(Scenic & Historic Interest Areas)的概念和国外国家公园(National Park)概念的比较

在长达千余年的发展过程中,我国形成了以下主要关于"风景名胜区"的概念:

胜迹、名胜即著名的古迹或风景优美的著名地点。"胜迹"的说法出自唐代诗人孟浩然《与诸子登岘山诗》:"江山留胜迹,我辈复登临。"[①]《风景名胜区规划规范》(GB 50298—1999)界定了胜迹的内容,包括以下几个方面:(1)遗址遗迹;(2)摩崖题刻;(3)石窟;(4)雕塑;(5)纪念地;(6)科技工程;(7)游娱文体场地;(8)其他胜迹。

风景名胜长期以来在我国指自然风光优美,同时又包含大量人文信息的风景地。著名的风景名胜专家朱畅中先生认为"风景名胜是稀有的自然遗产和文化遗产,愈古愈少,愈古愈珍。"[②]

历史胜迹指"在人类历史发展的进程中,人们不断创造出属于时代的景观和建筑文化,其中有许多仍然保存至今,成为珍贵的历史胜迹。不仅如此,每个时代还会对前人留下的

---

① 商务印书馆编辑部. 辞源[M]. 上海:商务印书馆,1983
② 朱畅中. 风景名胜区的建设[M]//丁文魁. 风景名胜研究. 上海:同济大学出版社,1988

文化遗存进行维修保护或做出某些改变以适应新的要求。"①

《风景名胜区规划规范》(GB 50298—1999)指出"风景名胜区指风景资源集中、环境优美、具有一定规模和游览条件，可供人们游览欣赏、休憩娱乐或进行科学文化活动的地域。"

1990年，建设部发出通知将我国的国家级重点风景名胜区的英译确定为"National Park of China"，相应地，一些地方将本地的省级风景名胜区的英译定为"Provincial Park"。1994年，建设部在《中国风景名胜区形势与发展》绿皮书中指出，中国的风景名胜区与国际上的国家公园相对应，同时又有自己的特点②。这样，许多学者就认为中国风景名胜区相当于现代国际上的国家公园，应当依据国外国家公园的保护方法形成我国的风景名胜保护与管理制度③。

1974年，国际自然保护联盟(IUCN)制定颁布了"国家公园"的四条认定标准④：

(1) 面积不小于10平方千米，具有优美景观、特性生态或地形，具有国家代表性，未经人类开采、聚居或建设；

(2) 为长期保护自然原野景观、原生动植物群、特殊生态系统设置的保护区；

(3) 应由国家最高权力机构采取措施，限制工商业及聚居开发，禁止伐木、采矿、设电厂、农耕、放牧及狩猎等行为，以有效地维护自然及生态平衡；

(4) 保持现有的自然状态，准许游人在一定条件下进入，可作为现代及未来的科研、教育、游览与启智的场所。

在我国近期的权威学术刊物如《城市规划》《城市规划汇刊》《中国园林》《规划师》等期刊上，关于"风景名胜区"的英译至少有如下数种：landscape and historic spots(蔡立力)，famous scenic sites(吴承照、徐杰)，scenic area(陈战是、俞孔坚、黄刚、李迪华、刘海龙)，scenic spot(陈勇、吴人韦)，scenic sites(李铭、谢凝高)，national park(唐军、杜顺宝)，national park of China(张晓)等，说明"风景名胜区"等于"National Park of China"的观念在我国还远未达成共识。

那么，我国的"风景名胜区"和国外的"国家公园"到底有何异同呢？针对 IUCN 关于"国家公园"的四条标准，我们来逐一比较。

(1) 纵观我国风景名胜区的发展史，风景名胜区的发展和人类的营建活动密切相关，如"春秋战国之际的城市建设推动了邑郊风景区的发展，离宫别馆与台榭苑囿建设促进了楚国古云梦泽的营建和太湖风景区的形成和发展；战国中叶为开发巴蜀而开凿栈道，形成了千里栈道风景名胜走廊；公元前276年至公元前251年，李冰率众修建水利工程形成了都江堰风景名胜"等⑤。又根据有关专家对55个国家风景名胜区的调查，景区的居民人口平均密度为268人/平方千米，而同期我国省、自治区、直辖市人口平均密度仅为118人/平方千

---

① 杜顺宝.历史胜迹环境的再创造——绍兴柯岩景区设计创作札记[C].杭州：1999年国际公园康乐协会亚太地区会议论文集，1999
② 张晓.世界遗产和国家重点风景名胜区分权化(属地)管理体制的制度缺陷[J].风景园林，2005(7)：10
③ 谢凝高.国家风景名胜区功能的发展及其保护利用[J].中国园林，2005(7)：1
④ 谢凝高.国家风景名胜区功能的发展及其保护利用[J].中国园林，2005(7)：4
⑤ 丁新权.江西省风景名胜区保护管理理论与实践研究[D].南京：南京林业大学，2004

米[1]。这些事实都说明"未经人类开采、聚居或建设"这一情况在我国大部分风景名胜区并不存在。

(2) 我国的大部分风景名胜区长期保持着良好的自然生态环境,但这只是它们保护内容的一个方面,"名胜"——通过传奇、传说、胜迹而形成的著名景观——这本身就说明了它们包含大量无形或有形的文化遗产,因此我国的风景名胜区应属于文化景观的范畴,而不是一个单纯的自然保护区,这是它和"国家公园"主要的区别之一。

(3) 由于我国风景名胜区大部分经过长期开发,因此形成了空间构成形态、土地产权形式和利益主体的多元性,风景名胜区有空间独立的,也有位于城郊交接处或位于城市中心的;风景区外部边缘情况复杂,内部也包括政府、部门、集体和个人对风景名胜区土地的多种利用方式,权属、利益多元错综[2]。

因此 IUCN 关于"国家公园"的四条标准的第 3 条、第 4 条应当作为我国风景名胜区保护的目标之一,但实现起来任重而道远,要完全实现必须经历一个痛苦的功能置换过程,在我国现有的经济条件下还很难做到。

综上所述,我国的风景名胜区是基于我国的自然条件和文化传统、开发活动而形成的文化景观。而国际上国家公园是自然保护区的一种类型,在我国现有的风景名胜区中也有一些开发较少、自然资源及景观保护具有绝对优势的地方可以以国家公园方式保存,这就要求我们对现有的保护地体系重新梳理。

11.2 我国现代风景名胜区制度的形成及其管理体制

11.2.1 我国风景名胜区制度的建立

1) 准备阶段(1950 年—1979 年)

新中国成立以后,从公共卫生和劳动保护的角度出发,决定在风景胜地建设休养、疗养设施。1963 年 3 月建工部在《关于城市园林绿化工作的若干规定》中指出:"凡具有天然优美的景色,面积较大,可供人们游览活动或休养、疗养的地区以及具有名胜古迹的地方等,均应定为风景区。"同时,这个《规定》也规定了景区资源的一些保护要求,如不得建厂矿企业[3]。《规定》确定了风景区的用地性质,开始了对风景名胜地的开发阶段。庐山风景名胜区就是在这一时期进入了它历史上第二个大规模开发建设阶段。

1978 年,中央在《关于加强城市建设工作的意见》的文件中首次明确了由城市建设主管部门负责管理风景名胜区事业,自此,建设部门开始将风景名胜区工作正式纳入日常的管理范围。1979 年 4 月,国家建设部门提出了《关于加强自然风景区保护管理工作的意见》呼吁加强对我国风景资源的保护、规划、建设和管理,并正式将此类区域定名为"风景名胜区"[4]。1979 年 3 月国务院正式把自然风景区的建设与维护职责赋予了刚成立的国家城

---

[1] 陈勇,吴人韦.风景名胜区的利益主体分析与机制调整[J].规划师,2005(5):8
[2] 蔡立力.我国风景名胜区规划和管理的问题与对策[J].城市规划,2004(10):75
[3] 柳尚华.中国风景园林当代五十年 1949~1999[M].北京:中国建筑工业出版社,1999
[4] 赵宝江.纪念中国风景名胜区事业二十周年[EB/OL].[2005-06]. http://www.gxcic.net/nds/,2002

建总局(表11.1)。

表11.1 1950年—1979年中国主要风景名胜区法规

时间	名称	颁布者	文件性质
1963年	《关于城市园林绿化工作的若干规定》	国家建工部	部门规章
1978年	《关于加强城市建设工作的意见》	国家建委城建局	部门规章
1979年	《关于加强自然风景区保护管理工作的意见》	国家建委城建局	部门规章

注：上述法律、法规全文见 http://www.csjs.com.cn/fjms/，http://www.fjms.net/

2）实施阶段（1980年—1999年）

1981年，国家城建总局向国务院提交《关于加强风景名胜保护管理工作的报告》，提出对全国风景资源进行普查以确定风景名胜区的等级和范围；建立健全风景名胜区的管理体制和机构，实行统一管理；加强资源保护，实行有计划的开发。该报告初步形成了我国风景名胜区管理制度的构想。

1982年11月，国务院批转了城乡建设环境保护部等部门《关于审定第一批国家重点风景名胜区的请示通知》（国发[1982]136号），审定公布了我国首批44个国家重点风景名胜区（现改称国家级风景名胜区）。这是我国有史以来第一个由中央政府发布的正式确立风景名胜区管理体制的重要历史性文件。该通知首次明确了我国风景名胜资源管理和保护的体制、形式和范围，并明确了对风景名胜区资源实行统一管理、严格保护和科学管理的政策方针。该通知奠定了我国风景名胜区制度的基础。

1985年6月，国务院颁发了《风景名胜区管理暂行条例》，通过法规条例明确了风景名胜区的划定、评定、保护、规划和管理等内容，同时展开了全国性的风景名胜资源调查。1987年6月，建设部颁布了《风景名胜区管理暂行条例实施办法》，我国风景名胜区建设进入法制化的轨道。

1990年代之后，中国的社会环境更加开放，进一步融入国际社会的要求也更加强烈。一些人认为"风景名胜区"这一概念具有太浓的中国特色，国外没有相对应的概念，不便于同国际接轨。于是建设部发布了《关于发布中国国家风景名胜区徽志的通知》，徽志的图案正中为万里长城和山水图案，象征祖国悠久历史、名胜古迹和自然风景；两侧为由银杏树叶和茶树叶组成的环形图案，象征风景名胜区优美的自然生态环境和植物景观。图案下半部汉字为"中国国家风景名胜区"，上半部英文字为"NATIAL PARK OF CHINA"，正式将"风景名胜区"的英文名字确定为"国家公园。"

此后随着我国社会经济的快速进步，第三产业发展迅速，国际交流的增加使风景名胜区管理者的资源保护意识有所增强，风景名胜区逐渐成为兼备游憩健身、景观形象、生态保护、科教启智以及带动社会发展等功能的重要地域。

国务院于1988年、1994年先后审定发布了第二批、第三批国家重点风景名胜区，各省、自治区、直辖市也发布了一大批省、市级风景名胜区。至2012年，我国已有225处国家重点风景名胜区，省、市级风景名胜区737处，共962处。总面积约19.75万平方千米，占国土面积的2.06%[①]。

这一时期的主要成就有以下几个方面：

(1) 在对风景名胜资源全面调查评价的基础上，建立了国家、省、县(市)三级中国风景名胜区体系。

(2) 健全了风景名胜区的管理机构，1998年国务院进一步明确了建设部对国家重点风景名胜区及其规划的审查报批和保护监督的职能。各个景区根据《风景名胜区管理暂行条例》成立了相应的管理机构，这些机构的主要类型有：

① 有政府管理型，包括政府直管型、政府派出机构管理型、地方政府职能部门管理型，如山西五台山风景名胜区人民政府、杭州西湖风景名胜区管委会；

② 政企分管型、政企合作型，如浙江绍兴市旅游集团；

③ 企业管理型等管理模式，如浙江柯岩风景区开发股份有限公司。

(3) 从行政法规到部门规章、地方法规的制定完善了风景名胜区的法制建设。1985年国务院颁布了《风景名胜区管理暂行条例》，之后建设部相继制定了《风景名胜区管理暂行条例实施办法》《风景名胜建设管理规定》和《风景名胜区管理处罚规定》，以及《风景名胜区安全管理标准》和《风景名胜区环境卫生管理标准》。全国大部分省、自治区、直辖市还制定颁布了当地的《风景名胜区管理条例》和配套管理办法，有的风景名胜区和世界遗产地还设立了"一区一法"。这些法律规章的制定，推进了风景名胜区管理的制度化，规范了景区的保护、开发、游览和接待服务，初步完成了我国风景名胜区的管理向法制化、制度化转变。

(4) 在对风景名胜区的认识上实现了从利用它作为休养环境到保护它作为不可再生资源；管理上实现了从清洁安全深入到科学规划。1999年，国家发布了作为国家标准的《风景名胜区规划规范》，初步形成了总体规划和详细规划二级规划层次。《风景名胜区规划规范》在保护观念上也具有划时代的意义，它在我国第一次以国家法规的形式建立起了分级、分类的保护区体系(表11.2)。

表11.2　1980年—1999年中国主要风景名胜区法规

时间	名称	颁布者	文件性质
1981年	《关于加强风景名胜保护管理工作的报告》	国家城建总局	部门规章
1982年	《国务院批转城乡建设环境保护部等部门关于审定第一批国家重点风景名胜区的请示通知》	国家城建总局	部门规章
1985年	《风景名胜区管理暂行条例》	国务院	行政法规
1987年	《风景名胜区管理暂行条例实施办法》	建设部	部门规章
1988年	《国务院批转建设部关于审定第二批国家重点风景名胜区报告的通知》	国务院	行政法规
1990年	《关于发布中国国家风景名胜区徽志的通知》	建设部	部门规章

---

① 柳尚华.中国风景园林当代五十年 1949~1999[M].北京：中国建筑工业出版社，1999

(续表)

时间	名称	颁布者	文件性质
1992年	《风景名胜区环境卫生管理标准》	建设部	部门规章
1992年	《关于加强风景名胜区工作的报告》	建设部	部门规章
1993年	《风景名胜区建设管理规定》	建设部	部门规章
1994年	《风景名胜区管理处罚规定》	建设部	部门规章
1994年	《中国风景名胜区形势与展望》绿皮书	建设部	部门规章
1994年	《国务院关于发布第三批国家重点风景名胜区名单的通知》	国务院	行政法规
1995年	《国务院办公厅关于加强风景名胜区保护管理工作的通知》	国务院	行政法规
1995年	《风景名胜区安全管理标准》	建设部	部门规章
1999年	《风景名胜区规划规范》	建设部	国家标准
2006年	《风景名胜区条例》	国务院	行政法规

注：上述法律、法规全文见 http://www.csjs.com.cn/fjms/，http://www.fjms.net/

3) 发展阶段(2000年—至今)

中国风景名胜区协会会长赵宝江先生在列举中国风景名胜区建设二十年的成就时指出"经过二十年来的开发建设,逐步建设起了一大批基础设施和接待服务设施,极大地改善了公众的旅游环境,扩大了旅游接待规模,风景名胜区经济效益和社会效益也日趋显著。风景名胜区的设立,尤其是国家和省级风景名胜区的设立,促进了政府和相关产业的资金投入,景区内外交通、通讯、电力等设施有了较大改善,解决了大批社会劳动力和待业人员的就业问题,拉动了包括宾馆餐饮、文化娱乐、交通运输、园林绿化、建筑与工程、广告宣传、环境技术、商业贸易以及工艺纪念品开发生产等旅游服务的相关产业,对地区经济以及社会的发展产生了重大作用和深刻影响。"[1]

据统计,早在2001年,全国119个国家重点风景名胜区吸引9.8765亿人次游览观光,36亿元的门票收入拉动了数百亿元的旅游经济发展[2]。有些风景名胜区甚至成了地方经济支柱,对地区经济社会发展产生了深远影响,如安徽的黄山风景名胜区。

综上所述,"风景名胜区"在它三十余年的发展过程中,那些历经数千年文化选择的名胜和少有人工雕琢的天然风景愈来愈演化成为巨大的经济实体,这使得它们的资源保护和特征维护都面临前所未有的严峻挑战。2000年3月,《国务院办公厅关于加强和改进城乡规划工作的通知》规定,要根据国家有关规定和风景名胜区特点,按照生态保护和环境容量的要求,严格控制开发利用活动。这标志着我国管理部门对风景名胜区工作的认识从开发建设到保护控制的转变。

2002年5月,《国务院关于加强城乡规划监督管理的通知》再次重申,风景名胜资源是不可再生的国有资源,严禁以任何名义和方式出让或变相出让风景名胜资源及景区土地,

---

[1] 赵宝江. 纪念中国风景名胜区事业二十周年[EB/OL]. http://www.gxcic.net/nds/, 2002
[2] 李如生. 美国国家公园的法律基础[J]. 中国园林, 2002(5)

也不得在风景名胜区内设立各类开发区、度假区。随后,建设部等九部委《关于贯彻落实〈国务院关于加强城乡规划监督管理的通知〉的通知》要求,风景名胜区规划中要划定核心保护区(包括生态保护区、自然景观保护区和史迹保护区)保护范围,制定专项保护规划,确定保护重点和保护措施。核心保护区内严格禁止与资源保护无关的各种工程建设。

进入 21 世纪之后,国务院分别于 2002 年、2004 年、2005 年、2009 年、2012 年发布了五批国家重点风景名胜区,至此,我国已经建立风景名胜区 962 个,其中国家重点风景名胜区 225 个、省、市级风景名胜区 737 个,总面积占国土面积的 2% 以上[①]。

2003 年 2 月建设部在《关于进一步加强和改进风景名胜区工作的请示》中认为当前"风景名胜区"出现的种种问题的主要原因是"规划编制和管理工作相对滞后"和监管不力。于是建设部相继制定了《国家重点风景名胜区规划编制审批管理办法》《国家重点风景名胜区总体规划编制报批管理规定》和《关于做好国家重点风景名胜区核心景区划定与保护工作的通知》等一系列制度,规范了风景名胜区规划的编制工作,强调了分级分区保护和核心景区重点保护的理念(表 11.3)。

此外建设部于 2002 年 11 月启动了《国家重点风景名胜区监督管理信息系统》,作为科学管理的工具。这一系统采用高精度遥感成像图片,对同一景区选取连续两年的数据进行比对,从而找出变化点,再通过与建设部里备案的风景名胜区改扩建数据库进行比对,从中找出那些未经审批动工的项目,之后,通过建设部行政干预的方式最终实现对风景名胜区的监管与保护[②]。

表 11.3 2000 年到至今中国主要风景名胜区法规

时间	名称	颁布者	文件性质
2000 年	《国务院办公厅关于加强和改进城乡规划工作的通知》	国务院	行政法规
2000 年	《关于加强风景名胜区规划管理工作的通知》	建设部	部门规章
2001 年	《国家重点风景名胜区规划编制审批管理办法》	建设部	部门规章
2001 年	《关于对四川省风景名胜区出让、转让经营权问题的复函》	建设部	部门规章
2002 年	《国务院关于加强城乡规划监督管理的通知》	国务院	行政法规
2002 年	《关于立即制止在风景名胜区开山采石加强风景名胜区保护的通知》	建设部	部门规章
2002 年	《国务院关于发布第四批国家重点风景名胜区名单的通知》	国务院	行政法规
2002 年	《国务院关于加强城乡规划监督管理的通知》	国务院	行政法规
2003 年	《建设部关于进一步加强和改进风景名胜区工作的请示》	建设部	部门规章
2003 年	《关于做好国家重点风景名胜区核心景区划定与保护工作的通知》	建设部	部门规章
2003 年	《国家重点风景名胜区总体规划编制报批管理规定》	建设部	部门规章
2004 年	《国务院关于发布第五批国家重点风景名胜区名单的通知》	国务院	行政法规

注:上述法律、法规全文见 http://www.csjs.com.cn/fjms,http://www.fjms.net/

---

① 韩洁. 中国新添 26 处国家重点风景名胜区[EB/OL]. [2005-07]. http://news.xinhuanet.com/newscenter
② 张津京. 有眼在天明察在地——《国家重点风景名胜区监督管理信息系统》发挥功效[J]. 建设科技,2004(22)

11.2.2 风景名胜区制度在我国遗产保护和利用中的作用

自从我国1987年有了第一批列入《世界遗产名录》的项目以来,至今已有13个国家级风景名胜区、9处位于风景名胜区中的人文景观被列入《名录》。此外,我国的各级文物保护单位中的许多项目,以及一些国家自然保护区也位于风景名胜区中,如位于南京钟山风景名胜区的明孝陵和位于武陵源风景名胜区中的张家界国家森林公园(表11.4)。

表11.4　1987年—2015年中国列入《世界遗产名录》部分项目(物质遗产部分)

列入时间	文化遗产	自然遗产	文化与自然双重遗产	文化景观
1987年	明清皇宫 长城 周口店北京人遗址 秦始皇陵及兵马俑坑 敦煌莫高窟		泰山	
1990年			黄山	
1992年		九寨沟 黄龙 武陵源		
1994年	曲阜孔庙、孔林和孔府 布达拉宫 武当山古建筑 承德避暑山庄及周围寺庙			
1996年			峨眉山-乐山大佛	庐山
1997年	苏州古典园林 丽江古城 平遥古城			
1998年	颐和园 天坛			
1999年	大足石刻		武夷山	
2000年	皖南古村落 青城山都江堰 明清皇家陵寝 龙门石窟			
2001年				
2001年	云冈石窟			
2003年		三江并流		
2004年	高句丽王城、王陵及贵族墓葬			

(续表)

列入时间	文化遗产	自然遗产	文化与自然双重遗产	文化景观
2005年	澳门历史城区			
2006年	殷墟	四川大熊猫栖息地		
2007年	开平碉楼与村落	中国南方喀斯特		
2008年	福建土楼	三清山国家级风景名胜区		
2009年	五台山			
2010年	登封"天地之中"历史建筑群	中国丹霞		
2011年				杭州西湖
2012年	元上都遗址	澄江化石地		红河哈尼梯田
2013年		新疆天山		
2014年	大运河,丝绸之路:长安—天山廊道的路网			
2015年	土司遗址			

自然与人文并蓄是中国景观文化的基本特征,也是风景名胜的魅力所在。"天人合一的宇宙观和由儒家的理性与道家的玄思构成的人文精神历经数千年的积淀,已深深融入自然景色之中。"[①]而《保护世界自然和文化遗产公约》(UNESCO 1972年发布)中也强调了遗产的自然与文化的连续性。如在第一条对文化遗产概念的界定中,提出了"自然与人工联合工程"的内容。《关于在国家一级保护文化和自然遗产的建议》(UNESCO 1972年发布)又重申"文化和自然遗产构成协调的整体,其各组成部分均属不可分割",世界遗产的标志也体现了这一观念,方形代表文化遗产,圆形代表自然遗产,二者又相互包容,连为一体。这都使得"风景名胜区"在表达现代遗产观念和全面保护与展示遗产特征方面具有独特的价值。

另一方面,我国的风景名胜区作为强大的经济实体,较之其他一些人迹罕至的自然保护区和具有较高科学研究价值而景观价值一般的大遗址,更有条件提供遗产保护所需的巨额经费。

在遗产保护和风景名胜区建设互动的过程中,风景名胜区的规划理念也汲取了世界遗产保护的思想,开始注重保护和展示景区的生物多样性和文化多样性,以及参照世界遗产真实性和完整性的标准来对景区自然和文化资源进行保护。

11.2.3 我国当前风景名胜区资源保护和管理中的问题

1) 功能定位

风景名胜专家谢凝高教授认为我国的风景名胜是祖国壮丽河山的缩影,国家文明的象

---

① 杜顺宝. 中国建筑艺术全集·卷19·风景建筑[M]. 北京:中国美术出版社,2001

征。风景名胜区的性质:保护性——作为圣地而保护;公益性——"天下名山,……从皇帝到老百姓,各有所求,人人皆可登临,不收门票";展示性——开展与大自然相关的游览科研活动;传世性——"世代传承,永续利用"①。谢凝高教授强调了"风景名胜区"作为不可再生资源的遗产地性质。

而作为国家标准的《风景名胜区规划规范》对"风景名胜区"的定义为"风景名胜区指风景资源集中、环境优美,具有一定规模和游览条件,可供人们游览欣赏、休憩娱乐或进行科学文化活动的地域。"这个定义强调了"风景名胜区"的休闲娱乐和开展各类活动的功能。在实际操作中,以观光游览业经营需求作为风景名胜资源的保护与管理导向的情况也比比皆是,给风景名胜资源造成很大破坏。

因此全面准确地认识风景资源的性质与风景名胜区的功能,是有效保护的关键。

2) 管理体制

我国的风景名胜区管理体制是属地管理体制②。《风景名胜区管理暂行条例》规定"风景名胜区依法设立人民政府,全面负责风景名胜区的保护、利用、规划和建设。风景名胜区没有设立人民政府的,应当设立管理机构,在所属人民政府领导下,主持风景名胜区的管理工作。设在风景名胜区内的所有单位,除各自业务受上级主管部门领导外,都必须服从管理机构对风景名胜区的统一规划和管理。"

这个规定在实践中主要面临两方面的问题:

(1) 管理权和经营权是一体的,还是可以分离的?该条例并没有明确。将资源所有权、管理权、收益权一体化的做法有利于资源的统一管理,但是必然导致无法形成有效的约束和监督机制。而一些人担心管理权和经营权分离会更快导入以市场为导向的旅游开发经营模式,对于不同于普通企业的风景名胜区资源的经营管理并非理想模式。

(2) 自1982年设立第一批国家重点风景名胜区以来,就一直回避了风景名胜区土地所有权问题。而属地管理体制对于那些跨省(市)行政区域的风景名胜区难以统一管理。在每个风景名胜区内部,土地权属也可能分属多个部门,造成管理不便。

3) 法制建设

法律法规是风景名胜区保护和管理的依据,而我国风景名胜区管理相关条例已无法适应高度商业化的社会环境,谢凝高教授建议,"应该尽快出台《世界遗产保护法》或《国家风景名胜区法》,使遗产保护有法可依。③"

一方面有关部门正逐步完善风景名胜区的各项规章制度,如景区的规划审批制度、责任追究制度等有关行政规章制度,并积极健全包括风景资源与环境监测、风景资源价值评估等各项技术规范,逐步建立风景区行业适用的标准体系,使风景区的各个环节做到有法可依、有章可循④。

另一方面我国尚未建立完善的遗产地体系以及理顺风景名胜区管理体制,都给《国家风景名胜区法》等法规的正式出台造成了一定困难。

---

① 谢凝高.国家风景名胜区功能的发展及其保护利用[J].中国风景名胜,2005(5)
② 张朝枝,保继刚,徐红罡.旅游发展与遗产管理研究:公共选择与制度分析的视角[J].旅游学刊,2004(5):35-41
③ 赵瑾,谢凝高.我国世界遗产管理体制亟须改革[N].中国经济时报,2003-07-11
④ 赵宝江.纪念中国风景名胜区事业二十周年[EB/OL].[2005-06].http://www.gxcic.net/nds

4) 规划管理

科学的规划是风景名胜资源保护和管理的有效手段。目前我国风景名胜区规划编制滞后,部分规划已不能适应新形势的要求,部分规划缺乏现实性和可操作性,常常在景区形成无规划指导的开发建设;此外缺乏有关风景名胜区规划的理论和技术手段的研究,指令性条款和指导性条款缺乏科学性、前瞻性、现实性和可操作性,缺少对景区自然要素和风景环境的认识和把握,往往套用城市规划手法编制风景名胜区规划设计方案,常常出现建筑物主体化、入口广场化、环境园林化、游人中心集市化等建设败笔。规划停留在物质规划阶段,缺乏对人文环境与自然环境的整体把握[①]。

5) 人员资金

美国国会 2002 年度拨给国家公园管理局的资金是 26.8 亿美元,国家公园自谋收入是 2.24 亿美元。财政拨款与自谋收入的比例从 1994 年至 2002 年都一直维持在 10∶1 的水平[②]。而我国所有的国家级风景区,"国家每年只拨款 1000 万元,每个风景区连起码的厕所都盖不了,只好让风景名胜区卖门票,用门票收入补贴管理费用"[③]。缺乏充足的财政支持,使我国的风景名胜区不可能成为公益性单位,以市场为导向、企业化的经营模式是它们的必然选择。

此外我国风景名胜区中央一级管理单位是住房和城乡建设部城建司,主要的基本权力都下放到了地方政府。而大多数地方行政主管部门分管风景名胜区工作的人员有限,又缺乏充足的经费,很难进行系统及时的监管。

11.3 我国风景名胜区规划和管理的对策研究

11.3.1 管理体制:改革和调整

管理体制是长期以来困扰风景名胜区的一个重大问题。我国传统上风景名胜一直都由隶属的各地方政府管理,但是并没有形成明确的风景名胜区"区界",自 1980 年代建立风景名胜区以来,我国开始实行国家级、省级和县级的分级管理制度,为了减轻高级别政府财政负担,调动地方政府管理的积极性,对分级之后的风景名胜区仍实行属地管理制度[④]。

这就带来了两个问题:其一,管理失去了统一的标准,各地根据各自社会经济发展状况保护开发力度不一,地方管理人员业务水平参差不齐,地方政府可以直接采取行动而无需等待上级政府批准而造成一些无法挽回的后果。

其二,一些风景名胜区如三峡风景名胜区、太湖风景名胜区,分别跨越重庆、湖北和江苏、浙江,风景名胜区的管理由两省(市)分而治之;跨越若干市县,统一管理难以实施。各级风景名胜区绝大多数都设置了管理机构,但机构的名称、性质、职能、行政级别、隶属关系

---

① 蔡立力. 我国风景名胜区规划和管理的问题与对策[J]. 城市规划,2004(10):79
② 朱建安. 世界遗产旅游发展中的政府定位研究[J]. 旅游学刊,2004(4)
③ 赵瑾,谢凝高. 我国世界遗产管理体制亟须改革[N]. 中国经济时报,2003-07-11
④ 张晓. 世界遗产和国家重点风景名胜区分权化(属地)管理体制的制度缺陷[J]. 中国园林,2005(7):10

等等各不相同,风景名胜区管理机构与地方政府的关系、与相关部门的关系以及景区内部保护与经营的关系等,均存在许多矛盾。

鉴于上述原因,许多专家建议改属地管理为中央集权管理。中国社科院研究员张晓认为,风景名胜资源具有不可逆和不可恢复性、独特性和不可替代性以及公益性,而分权的属地管理造成了世界最昂贵的公园门票,使广大民众无权享受自己的遗产和资源。据统计,我国的门票价格与人均GDP之比等于0.9,而美国为0.05,日本和台湾地区为0。张晓认为遗产地和风景名胜区的门票不受中央政府控制的上涨损害了民众的利益。此外管理权力下放造成风景区监管虚设、惩罚不力,国家名胜资源不断损失。因此她建议逐步收回国家级风景名胜区的管理权,实行集权管理①。

张晓的意见十分具有代表性,许多学者都建议参照美国国家公园的管理制度,设立中华人民共和国自然文化遗产局来管理我国的自然和文化遗产。但正如前述我国的风景名胜区与国外的国家公园有很大区别,美国的国家公园的用地性质远较我国的风景名胜区单纯。我国的风景名胜区在长期发展过程中与文物、旅游、环保、林业、农业、宗教、国土、建设等部门产生了千丝万缕的联系,一口气全部回收监管并不现实。

另有部分学者认为集权管理需要巨大的财政支出,因此这种遗产地集权管理只适用于发达国家。事实上我国的遗产地和风景名胜区经济规模已经非常庞大(表11.5),如黄山风景名胜区2002年的门票收入已达1.5亿元,经营性收入达5.6亿元,成为当地的经济支柱,近40%收入上交地方财政;庐山风景名胜区2004年的门票收入已达1.1亿,2002年经营性收入达1.2亿元,庐山的收入不需要支持地方财政,具有景区建设和环境修复优越的经济条件,医疗、上学这两件全国人民头痛的大事,庐山居民已经全部免费。可见风景名胜区的管理经费完全可以从遗产地经营的税收中支取。

表11.5 全国国家级风景名胜区的门票收入和经营收入情况

年代	门票收入(万元)	经营性总收入(万元)
1990	9882	75015
1995	100602	329233
1998	170869	467138
2002	346712	1080269
2003	314605	1088255

资料来源:张晓,《世界遗产和国家重点风景名胜区分权化(属地)管理体制的制度缺陷》,《风景园林》,2005年第7期,第14页。

美国的遗产管理费用除了拨款和捐赠,大部分也来自税收,而且还可以做到大部分景区免费游览。此外美国也有部分遗产由地方政府部门直接管理,如管理地方遗产的州历史保护办公室,以及地方政府与国家公园管理局的共管项目,如国家历史地标项目,因此可以说现在的任务不是讨论集权管理还是属地管理,而是理顺现有体制的问题。这不是个穷和富的问题,而是采用科学合理、公正公开的管理手段和监督方式的问题,以及相关管理部门

---

① 张晓.世界遗产和国家重点风景名胜区分权化(属地)管理体制的制度缺陷[J].中国园林,2005(7):10-15

的行政能力的问题。如果管理得当,能够将遗产地旅游业带来的税收部分,再投入到遗产地保护中去,尽管可能保护的经费还不够,但也会比现在多得多。

基于上述原因,改革和调整我国风景名胜区管理体制是当今的重要任务,建议采取以下几方面的对策:

(1) 提高规划定位并明确管理定性,将风景名胜区规划纳入城乡规划体系;妥善解决风景名胜区规划与城镇体系规划、城市规划等相关规划的衔接关系[①]。

(2) 理清土地权属,明确风景名胜区的界限。给每一个风景名胜区一个具有法律地位的明确边界。美国的国家公园在建立之初就通过购买、交换、馈赠、租借、合作协议等多种形式由国家获得土地所有权和使用权,从而保证国家公园管理局有效管理国家公园资源和维护其价值。参照美国国家公园管理制度,对国家级重点风景名胜区实行一区一法,通过立法形式确定每个风景名胜区保护目的、边界范围、土地权属和管理机构等重大事项,保证区内实行统一管理,为依法保护资源提供法律依据。

(3) 管理机构政企分开,明确管理机构的性质和职能,风景名胜区管理部门与旅游产业部门划清界限。管理不力严重影响政府管理效能的发挥,应突出风景名胜区行政管理权,强化行政监督和处罚力度,完善风景名胜区监督管理监测机制。建立特许经营制度。规范风景名胜区内不宜由政府直接提供的旅游服务经营行为,政府通过特许经营的办法委托企业经营,使政府管理行为与企业经营行为完全分开,各司其职,使管理机构与特许经营企业形成监督关系。

(4) 制定和颁布有关遗产地和国家级风景名胜区的相关法律,为管理建立统一的标准。这部法律应当明确:①国家级保护地的使命、性质和国家责任;②保护地的分级管理及相应的主管部门的监管职责;③各级保护地管理的经费来源、使用和审计;④各级保护地名单的进入、推出和批准机制;⑤对遗产和风景资源利用要在规划约束下进行,对破坏和损害资源的行为制定严格的惩罚原则;⑥明确遗产和风景区管理机构的组成以及周边公众参与管理的途径[②]。

(5) 多方筹集保护资金,建立风景名胜资源有偿使用机制。1995年,《国务院办公厅转发建设部关于加强风景名胜区工作报告的通知》中就建议各地要推广和收取风景名胜资源有偿使用费,《风景名胜区建设管理规定》第三条也指出:"任何单位或个人在风景名胜区内建设房屋或其他工程等,应经风景名胜区管理机构审查同意。风景名胜区的土地、资源和设施实行有偿使用。"虽然明确了有偿使用的要求,但还应进一步明确有偿使用费的计算方式,对开发影响环境造成的损失的补偿方式。

对此一定要制定严格的标准,建立严格的审查制度,慎重实行。

(6) 提高管理水平,加强对基层管理人员的培训;科学管理,建立科学的信息监测系统;利用RS(文档记录Recording Secretary)、GIS(地理信息系统Geographic Information System)、MIS(管理情报系统Management Information Service)、数据库和网络技术,实现基础地理数据库、遥感监测数据库、遥感影像数据库和规划数据库整合管理。采用高分辨率卫星遥感技术,实现遥感专业监测识别模型功能,计算机辅助遥感监测目标识别、分类和标

---

① 蔡立力. 我国风景名胜区规划和管理的问题与对策[J]. 城市规划,2004(10):77-79
② 张晓. 世界遗产和国家重点风景名胜区分权化(属地)管理体制的制度缺陷[J]. 中国园林,2005(7):15

识功能,实现遥感监测结果审核、核查及上报功能,图文表一体化专题统计分析和表现功能等,解决城市规划、风景名胜区大面积监测的难题,提高政府行政监管能力和水平,促进规划和风景行业管理进步[①]。根据监测结果及时调整政策的行动措施,完善风景名胜区建设项目环境影响评价制度,对风景名胜区内的所有重大建设必须经过环境影响评价报告,减少建设项目对资源破坏;导入 ISO14000 环境管理体系。

11.3.2 空间管理:分类指导与分区保护

1) 我国风景名胜区的分类和指导原则

我国的风景名胜区千差万别,按照统一的模式管理肯定有问题,而目前的状况是只有分级,没有分类。蔡立力等专家提出了分类管理指导的模式,即根据开发利用政策、管理模式、职能结构和内部梯度控制四种类型,在保护、利用、经营和管理等方面有针对性地提出适应的方法和措施[②](表 11.6)

表 11.6 风景名胜区的分类管理指导的模式

分类	类型	指导原则	实例
按开发利用时间和程度与相应开发利用政策分类	过度开发型	对于过度开发型,今后的利用方向主要是在挖掘现有接待设施能力的基础上,进行"软"服务环境的改善,限制或禁止风景区内"硬"服务设施的建设	山东泰山
	已开发型	对于已开发型要制定一系列控制政策加以引导,通过规划控制建立合理的接待规模,完善基础设施,达到保护与利用的和谐统一	江西三清山
	待开发型	对于待开发型,要制定一系列鼓励其开发建设的政策,加快其建设步伐,尤其在政策和资金上要给予足够的扶持	青海青海湖
按管理模式分类管理	城市型	城市型风景名胜区指地处城市中或紧临城市的风景名胜区,这类风景名胜区本身就是城市的组成部分。这类风景名胜区可以采取由城市建设部门下属机构主管,如设立风景管理局(处),并同时接受城市其他相关职能部门的管理,尤其是规划管理权可由城市规划局统一管理	杭州西湖
	集中型	这类风景名胜区空间领域完整,必须建立管理机构实行区内统一管理	安徽黄山
	分散型	分散型风景名胜区指区域空间跨度较大,各景区分散分布不连成一片的风景名胜区。这类风景名胜区由于空间上不统一,地域行政关系极为复杂,不便设立一个管理机构实行统一管理,可以采用"分片而治"的管理模式,即根据各景区特点和所在地区政府的要求分别建立管理机构实行分片统一管理	江西武功山

---

① 建设部推广应用和限制禁止使用技术[EB/OL]. [2004-10-14]. http://www.ncpe.com.cn/tjzyw/gcsj/sj040001.htm

② 蔡立力.我国风景名胜区规划和管理的问题与对策[J].城市规划,2004(10):79

(续表)

分类	类型	指导原则	实例
按职能结构分	单一型	指面积较小、功能单一的风景名胜区,其规划内容只包括保护和游览及其管理	扬州瘦西湖
	复合型	这一类型内容丰富,很少或几乎没有居民社会因素,其规划内容包括保护和游览及其服务设施、用地、基础设施和管理	新疆天山
	综合型	这一类型包含有相当规模居民社会,内容和功能均较复杂,其规划内容除了上述"复合型"的之外,还包括居民社会的调整、协调和发展等内容	浙江沃洲湖

资料来源:蔡立力,《我国风景名胜区规划和管理的问题与对策》,《城市规划》,2004年第10期,第79页。

2) 风景名胜区内部的分区保护

在景观遗产保护规划中,保护区这一方式有着更多的积极意义,整体性保护意味着保全生态系统结构的整体性、功能的整体性和视觉的整体性,限制和控制措施意味着降低人类的干预力度,这都有利于生态系统的健康运作和自我修复,也是景观遗产保护以及它继续演化的必要条件。而根据风景资源的资源特征、适宜性和敏感性、生态状况和现状条件,开发利用内容等在地域空间上的差异在风景名胜区内部划定不同类型的保护区,制定相应的保护、利用和建设的政策和措施,是风景名胜资源的主要管理方式。

我国的《风景名胜区规划规范》(GB 50298—1999)界定了风景名胜区中保护区的性质、划定方式及区内控制手段。这是一种综合性强的按保护培育特征分类和分级管理方法,主要是制定分区控制导则,主要包括土地利用、人类活动和设施建设等方面。目标在于指导风景名胜区的合理开发利用,避免盲目开发和错位开发。

对风景名胜遗产本身进行控制的保护区如"生态保护区"指有科学研究价值和保存价值的特种景观和生物种群及其环境。该区禁止游人进入,不允许任何建筑设施和游览活动;"自然景观保护区"指需要严格限制开发行为的特殊天然景源和景观及其环境。该区控制游人进入,可安排步行游览,不准安排与风景无关的人为设施;"史迹保护区"指在有价值的历代史迹遗址周围划定的保护区,该区控制游人进入,严禁设置旅馆等服务设施;"风景恢复区"是需要重点恢复、培育、涵养的景观资源地区,该区限制游人和居民活动,不设景点也不安排旅游活动,仅设必要的游览步道,以退牧还林、恢复生态、培育森林为主要职能;"发展控制区"可以允许原有土地利用方式与形态,可以安排同风景区性质与容量相一致的各项旅游设施及基地,可以安排有序的生产、经营管理等设施。

对风景名胜遗产外围风貌进行控制的保护区如"外围保护带",在此范围内,不得建设有污染和有碍景观的建设项目,景观遗产管理部门有权对该范围内的建设项目提出要求,在上一级主管部门协调下,与建设方协商确定。

除了上述按功能分区,还可按资源的自我修复能力、价值和重要性进行分级分区保护。划分为核心保护区(特级保护区)、一般保护区(一级保护区)、限制建设区(二级保护区)和区外开发区等四类,随着保护级别的降低,保护区的保护要求也相对降低,开发利用强度都相应地增大,以达到物尽其用、持续发展的目标(表 11.7)。

表 11.7 按风景名胜区内部梯度控制分级分区管理指导原则

类型	指导原则
核心景区	资源值最高,保护要求最严,除修建必要的游览设施外,禁止一切经济开发和接待,对容量严格控制
一般景区	资源分布集中,保护要求较严,在以保护为主的前提下,根据规划可以建一些与景点和游览有关的设施
限制建设区	控制区和服务点,保护景区和直接为游览提供必要服务的缓冲地区,区内经济活动和建设项目必须经严格论证审批
区外开发区	位于风景名胜区的外围,在统一规划指导下,可以与周边小城镇相结合,积极开发旅游服务产业

资料来源:蔡立力,《我国风景名胜区规划和管理的问题与对策》,《城市规划》,2004 年第 10 期,第 79 页。

3) 风景名胜区与乡土社区

我国的风景名胜区大多基于自然环境与人类活动的长期互动而形成,具备文化景观的基本特征。风景名胜区中存在大量乡土社区,有村落也有小镇。这些乡土社区的生产生活、风俗文化都与风景区景观的形成和演变密切相关,"名胜"之所以成为名胜就是基于当地社区民众对环境的观察、认识和塑造。如浙江绍兴柯岩风景名胜区自三国以来因历代开山采石造就了众多石壁、石宕景观;隋唐年间当地石匠世家祖孙三代历经百年相继开凿而成的奇石"云骨"和弥勒石佛;加上文人墨客的点染,到清代形成著名的"柯岩八景"。其中既有展现石景的弥勒佛像、云骨、七星岩、蚕花洞,又有展现鉴湖水景的五桥步月、南洋秋泛等景致[1],今天正是这些人类的生产生活与自然风光相交融的景观构成了风景区主要的景观资源。江苏扬州著名的瘦西湖,原来是一段自然河道,经过历代的疏浚治理,在沿河两岸构筑水上园林,逐步发展成水面蜿蜒曲折、两岸林木扶疏、建筑古朴多姿的湖上园林景观。可以说没有人类活动的塑造,不会有扬州瘦西湖风景区"两堤花柳全依水,一路楼台直到山"的名胜[2]。

自 1960 年代以来,《威尼斯宪章》在世界范围内被普遍接受,为历史古迹的保护建立了国际标准。这一标准以保持历史古迹的原真性为核心,通过一系列国际公约、宪章和其他国际文件,逐渐涉及所有历史古迹的保护范围。其中,历史景观的保护,便有国际古迹遗址理事会于 1982 年发布的《佛罗伦萨宪章》专门加以规范。《佛罗伦萨宪章》是《威尼斯宪章》在历史园林这一特殊领域的延伸,它认为历史园林是有生命力的遗产,园林中自然和文化要素的不断生长、变化是必然的,因此要根据不同的情况选择保护的方式。保护是在变化和持续之间寻求平衡[3]。

随着被保护的景观遗产尺度的加大,人们进一步认识到人类活动对于景观的深刻影响,2010 年代之后国际社会又相继形成了关于景观保护的两部佛罗伦萨宪章,认为"景观"

---

[1] 孙茹雁,杜顺宝.原环境的超越[J].建筑学报,1998(1):10
[2] 吴肇钊.瘦西湖的历史与艺术[J].新建筑,1985(3):16-23
[3] 蔡晴,姚赯.《佛罗伦萨宪章》与历史园林的保护[J].建筑师,2005(12):94

这一融合了文化与自然的"有生命力的遗产",是由地方传统知识和技能孕育创造,涵括了社会经济与环境发展的进程以及人民的福祉,地方社区是景观遗产创造和传承的主体,同时自身又是遗产和景观的组成部分[①]。

近年来一些位于风景名胜区中的乡土社区,由于聚落规模无序扩展及工农业生产造成环境污染,影响了风景环境的品质,保护规划因此常采用限制发展或搬迁移民等简单化的处理方法。这显然与国际社会对景观遗产与乡土社区之间关系的认识相违背。乡土社区在形成景观名胜中起着主导作用,对乡土社区发展和演变的控制与引导、鼓励乡土社区参与遗产管理是风景名胜区保护的重要内容。对于风景名胜区中的乡土社区,应处理好以下两大问题。

一、尊重社区的历史脉络,延续聚落建造的历史肌理,保护因传统的生活及作业方式而形成的具有文化与自然多样性的场所。

当前的乡土社区保护发展规划主要有两种模式,一是政府的新农村示范住宅小区,以建筑面貌单一化、道路规划网格化为特征,这种方式在一定程度上节约了土地资源,提升了乡土社区居民的居住标准。二是开发商的介入,购买或租赁乡土社区的部分建筑,改造发展旅游业或农副产品加工业,这种方式给乡土社区的经济带来了新形式,一定程度上提升了历史资源的价值。这两种模式的常见问题都在于未能对地方社区的历史价值和意义进行充分解读,而推行一种程式化或经验主义的东西,使乡土社区在更新的过程中遗产的原真性和独特性逐渐消解,变成戏剧舞台上的历史布景或地域性模糊的现代古董。

在对景观资源的保护和管理中,准确认识乡土聚落形态及文化的来源尤为重要。如中国江南的滨水聚落以太湖流域的水乡市镇最为著名,"枕水而居"是当地水乡从市镇到乡村的共有的景观形态特征。晚唐诗人杜荀鹤有首诗云:"君到姑苏见,人家尽枕河。古宫闲地少,水巷小桥多。"这首诗至今仍脍炙人口,被认为道尽了水乡聚落的风采。而地处黄山、齐云山之间的徽州,域内地形低山与丘陵占到十分之九,是典型的丘陵山区;同时又有着发育充沛的水系,清澈碧绿的新安江流过徽州山岭,将其浸润得秀峰叠翠,行走其间好似"人行明镜中,鸟度屏风里"。徽州的滨水聚落,尽管也与水体关系密切,却具有完全不同的组织方式,其景观形态特征可称为"临水而居"。

"临水而居"与"枕水而居",其本质系产生于不同的水文地质特征,如以低山、丘陵为主的地貌和以平原、低洼为主的地貌;如落差大、水流急的山溪和水量大、流速相对平缓的水网河道等。据此造成了社区生产方式与生活方式的差别,这些差别形成了景观形态上的差异。

在经营水口空间时,"枕水而居"的聚落水口经营强调"镇",因其对外交通主要依靠水路,每村、每镇都有一处或几处码头直通太湖,这些码头与其相应的堤岸、桥梁等设施,和庙宇、祠堂、风水树等一起构筑了枕水而居的水乡聚落的水口景观。在开阔旷野的环境中,以庙宇作为震慑之物,以堤岸构筑形成相对封闭的环境,形成安全、可靠的心理感受。或在水口立洲或土墩,在其上建阁、立庙、树塔起震慑作用,如吴县洞庭西山明月湾村村口、江苏同里镇的罗星洲、浙江南浔镇水口的分水墩等。

---

① UNESCO. Florence Declaration on Landscape. Florence, 2012

"临水而居"的聚落水口经营则强调"锁"。"水口乃地之门户,当一万众水所总出处也。"风水学认为能否锁住水口关系到村落人丁财富的兴衰聚散,自然地理状况千差万别,都完全符合风水理论的极少,因此居住于此的乡土社区居民们便不断地对水口空间加以营建、改造、完善。主要措施有"障空补缺""引水补基",即在地理缺陷处培土增高,筑堤,筑水口坝,建造桥梁、亭阁、庙宇、文峰塔,广植树木为补其缺。即使符合风水理论,也仍需要搭建桥、台、楼阁、塔等建、构筑物,以锁钥的气势,扼住关口。由此形成了徽州古村落特有的水口园林,同时也是村民聚集的场所,是徽州山区水乡聚落最重要的开放空间[①]。

由此可见,保护乡土社区景观资源的原真性,应据其环境和文化特征因地制宜地形成保护策略,新的建设应尊重和延续聚落建造的历史肌理,使景观独特性得到传承。

二、尊重社区的传统习俗,保障地方社区在决策过程中的合理权利。

要使乡土社区在景观保护中发挥主导作用,必须真正认识到乡土社区不仅是遗产和景观的组成部分,而且是遗产和景观的创造者。

自1980年代以来,中国乡土社区的宗族活动重新活跃起来,促进了对族谱的保存和修订,对祠堂的修缮和管理,宗族成员的婚丧嫁娶、春节时的祭祖仪式等传统宗族活动得到复兴,使一度消失的传统习俗得到保存和延续,也使得宗族成为乡土社区保护的重要力量。如国家级历史文化名村江西高安贾家村在族长贾克玖的带领下,修缮宗祠,清理村落环境,组织对主要巷道两侧的传统建筑进行修缮。贾克玖还带头整修开放自家祖屋"畲山精武",安排村民给访客讲解村落历史,使乡土社区景观得到了极佳的保护。

同为国家级历史文化名村的江西乐安流坑村,是流坑风景名胜区的核心景区,该村在遗产管理中一度未能充分协调社区居民的实际利益和合理权利,致使一段时间内,部分村民紧闭户门拒绝访客参观,不主动维护社区环境卫生,使风景区的经济效益和环境品质都受到影响。在当地政府采取有效措施满足社区居民的合理诉求之后,村民认为他们得到了流坑村保护的红利,社区卫生环境终于得到了根本好转,风景区的经济效益显著回升。

世界自然遗产中国丹霞地貌——龙虎山—龟峰国家级风景名胜区,以特殊的地质景观而知名,当地居民长期定居在附近谷地进行农耕活动,东汉时(公元25年至220年)道教祖师之一的张道陵在此创立天师道,崇尚自然,强调人与自然和谐共处,其天人合一的思想理念不仅促进了地方社区对自然环境的尊重,也形成了地方重要的文化特征。该风景区的上清宫景区是重要景区之一,以中国历史文化名镇上清镇为核心。上清镇历来是道教活动的中心,又是重要的商业集镇。该镇入口处称长庆坊,南宋曾建有长庆寺,因而得名,元代寺废。明代初年,名医朱震亨(浙江义乌人,号丹溪先生)在上清行医,颇有善举,镇民遂捐资重建长庆坊,内祀朱震亨像,以为纪念。故此建筑名为长庆坊,实为朱震亨祠。长庆坊既是一个地名,同时又是一幢建筑的名称,仅此就已经说明了它的复杂性。作为地名的长庆坊可以追溯到明代初年;作为建筑的长庆坊如果算上长庆寺,可以追溯到宋代。它起初是佛寺,后来成为纪念性的民间崇拜建筑,都与在上清古镇居于中心位置的道教传统没有牵涉,

---

① 蔡晴,姚赯.临水而居与枕水而居——婺源与江南滨水历史聚落空间特征的比较研究[J].农业考古,2009(4):306.

但当地居民仍然将它作为一处重要的公共场所,同时也作为一处重要的社区中心。村民们每天在此聚会,开展各种活动。长庆坊的存在和延续,充分体现了上清古镇文化上的多元性[①]。

在以现代观念进行风景资源保护的同时,考虑地方社区的诉求,保护地方社区的生计和权利,不能仅仅看作在管理部门中加入地方社区的成员,而应充分调动地方社区的积极性,使社区不仅分享权力而且发挥主导作用。

4) 风景名胜区与城市化

这里的"城市化"包含两方面的含义。一方面是指我国正处于高速城市化阶段,城市化指的是一个人口在职业结构与地域分布上逐渐向城市集中的过程,它的标志是城市规模的扩大、农业人口转变为城镇非农业人口和城市居民生活方式的现代化。城市型风景名胜区和近郊风景名胜区往往在这一过程中不断遭到蚕食、侵占。

另一方面是指风景名胜区内部的城市化,主要表现为景区内部建筑密度、人口密度不断增加,自然环境不断被人工环境消解,生态环境恶化。如自1979年张家界国营林场开放接待游客1.3万人次,到2002年张家界风景名胜区接待游客量达560万人次,在这一过程中,景区内部服务设施不断膨胀,到2002年约有床位数近13 000张,有高速城市化的趋势[②]。

城市化对风景名胜区的生态环境与美学价值造成了巨大危害,也不利于风景名胜区的可持续发展,就此提出以下对策:

(1) 对于城市与保护地关系的问题,2003年国际自然保护联盟通过的《德班倡议》第5.14条建议指出"要认识到城市与保护地的相互独立性,在城市内外加强保护地社区保护和恢复自然区域的能力。""把生物多样性保护和人类生活联系起来;加强与主要组织的合作,共谋城市发展;发展多种手段,协助城市管理者将生态系统管理方法纳入城市管理。"1962年通过的《关于保护景观和遗址的风貌与特性的建议》也指出,景观和遗址的保护应"将责任列入城市发展规划以及区域、乡村和城市的各级规划"。由此可见控制城市化进程对风景区的损害最重要的还是规划控制管理手段,严格执行各项保护措施和管理规定。

(2) 要在统一规划的指导下,控制风景名胜区边缘的经济活动和产业结构,发展服务于景区的第三产业,改善景区内部交通联系,使景区内部服务设施能够向外部疏散,缓解景区内部的压力。

(3) 政府增加投入,控制景区内部人口,鼓励居民逐步迁出,禁止外来人口落户核心景区[③]。

(4) 将城乡绿地系统尽量与风景名胜区连成一片,扩大生态系统的面积,形成生境走廊,增强其自身调节能力。

5) 风景名胜区旅游管理与生态保护

尽管风景名胜区并不等同于自然保护区,但这一类特殊的文化景观——基于传统审美

---

① 参见南昌大学设计研究院2002年编制的《上清古镇历史风貌保护规划》。
② 周年兴,俞孔坚.风景区的城市化及其对策研究——以武陵源为例[J].城市规划汇刊,2004(1):57
③ 周年兴,俞孔坚.风景区的城市化及其对策研究——以武陵源为例[J].城市规划汇刊,2004(1):60-61

意识的胜地景观——它自古就是游览胜地,而且自然要素在景观构成中起了重要的作用,有时甚至是决定性的作用,因此风景名胜区旅游管理中对生态系统变化的监管与对文化遗产的保护一样具有重要意义。

生态旅游可以给保护区带来经济效益,同时也能对参观者进行文化和自然保护的教育,"生态旅游"这一术语,最早由世界自然保护联盟(IUCN)于1983年首先提出,1993年国际生态旅游协会把其定义为具有保护自然环境和维护当地人民生活双重责任的旅游活动。生态旅游的内涵更强调的是对自然景观的保护,是可持续发展的旅游。

"生态旅游"不仅是指在旅游过程中欣赏美丽的景色,更强调的是一种行为和思维方式,即保护性的旅游[1]。

因此旅游者对保护区生态环境的影响就是保护区生态旅游规划管理中要考虑的重要问题。在保护区开展旅游之前必须制订管理规划,根据游客的数量以及能够为游客提供娱乐机会的范围确定这一场所的承受能力,避免破坏保护地生态修复能力。生态旅游的规划与建设必须遵循以下三项原则:

(1) 根据生态学原理开发旅游资源,在进行旅游资源的开发建设和利用时,文化遗产和自然保护应贯穿其中,严格保护区与旅游区之间的界限。

(2) 控制游客量,维持生态功能。必须按照生态承载力限度的范围控制游客量,即使旅游区的环境质量与游客数量之间存在着一个最佳值,确定各景点的合理游客容量,游览路线规划,合理控制到达各个景点的游览者数量。

(3) 合理分配旅游收入,使旅游的收入有利于保护区的建设与保护区当地人们生活水平的提高[2]。

生态旅游管理主要是容量控制的问题,也是我国风景名胜区保护的关键问题。在这个问题上,目前存在两个问题:

第一是不执行规划确定的容量标准,如某国家级风景名胜区,确定的游客量是200万人次/年,在2000年"五一"期间,接待游人6万人次,最高日接待游人1.22万人次,"十一"期间接待游人1.1万人,这两个长假中每天游人量都在最佳游人量的3倍以上[3]。据2002年10月3日的统计数据,华山当日登山人数17 693人,超过核定最佳日接待量的77%,超过核定最大日接待量的18%。由于登山人数激增,华山索道一度出现堵塞。武夷山当日进入景区的游客达2.78万人次,超出最佳日接待量的11.2%。当日华山宾馆饭店客房出租率96.6%,旅馆招待所床位出租率为98.5%。武夷山各宾馆饭店的住宿率达94%[4]。

第二是我国当前确定容量标准的方式相对简单化,通常只是根据《风景名胜区规划规范》规定的几个面积指标确定游客量,而对人类不同的活动特征对自然环境不同的影响程度,以及人类对环境改变的可接受性、使用者的相互影响及其和保护区的管理分区的关系等问题考虑较少,而这些因素的变化决定了娱乐活动对环境影响的特点。就生态

---

[1] 什么是生态旅游?[EB/OL].[2005-06]. http://www.gov.cn/banshi/2005-11/13/content_96985.htm
[2] 蒋志刚,等. 保护生物学[M]. 杭州:浙江科学技术出版社,1997
[3] 魏民. 试论风景名胜资源的价值[J]. 中国园林,2003(3):26
[4] 全国假日办通报第3号:景点持续火爆入住继续攀高[EB/OL].[2002-10-03]. http://news.sohu.com/32/59/news203515932.shtml

旅游对保护区影响的原因进行系统地分析,寻找减少旅游对保护区负面影响的有效管理策略,评价体系应来自旅游者和生态系统两个方面,将追求旅游的经济目标与追求旅游的生态目标两者相结合起来考虑,建立科学的评价控制体系,才能达成风景名胜资源的永续利用。

11.3.3 规划管理:由规划达成保护

1) 我国风景名胜区的规划管理

对我国的风景名胜区进行科学的规划管理开始于 1980 年代。1985 年,国务院颁布了《风景名胜区管理暂行条例》,规定风景名胜区规划应当包含八项内容,分别是:①确定风景名胜区性质;②划定风景名胜区范围及其外围保护地带;③划分景区和其他功能区;④确定保护和开发利用风景名胜资源的措施;⑤确定游览接待容量和游览活动的组织管理措施;⑥统筹安排公用、服务及其他设施;⑦估算投资和效益;⑧其他需要规划的事项。初步形成了对我国风景名胜区规划基本内容的规定。

到 1999 年《风景名胜区规划规范》的颁布实施,增加了保护培育、风景游赏、典型景观、游览设施、基础工程、居民社会调控、经济发展引导、土地利用协调、分期发展九类专项规划的要求,引进分区规划技术,从人类活动、设施建设和土地利用等方面制定强制性的管理政策,科学性进一步增强。

在此基础上,建设部专家进一步提出了改善风景名胜区规划和管理的具体举措:

(1) 建立专家咨询机制,推行建设项目"两书两证"规划管理,即提供建设项目选址意见书、环境影响报告书、建设用地规划许可证、建设工程规划许可证的制度。

(2) 规划内容必须有强制性保护规定,还要增加落实技术内容所必需的公共政策[①]。

我国现阶段风景名胜区的详细规划,则主要基于对开发建设的具体控制,如明确允许建设的用地性质、建筑容量、风格形态,而忽视保护指标的控制,或者是使用"禁止""限制"等描述性词汇,缺乏系统的生态监控指标体系的设定。风景名胜区详细规划控制内容涉及社会经济、土地使用、资源保护、旅游设施、政策规定等方面,专家建议从七个方面构筑其指标体系:①保护、游赏控制;②土地利用控制;③环境容量控制;④设施配套控制;⑤建筑建造控制;⑥景观环境控制;⑦行为活动控制[②]。确保规划目标量化、具体化,更明确管理目标。

我国的风景名胜区规划中,生态保护规划的技术水平较薄弱,只利用一些简单的控制指标,如针叶林地允许每公顷 2~3 人等,来控制生态环境的变化,缺乏将生态系统作为整体对待综合考察进行保护的观念和方法,在这方面,笔者认为美国大自然保护协会自然保护区保护的理论和方法值得借鉴。

2) 由设计达成保护:美国大自然保护协会(The Nature Conservancy)对自然保护区保护和管理的理论和方法

美国大自然保护协会(TNC)成立于 1951 年,总部设于美国华盛顿。除了拥有并管理着大约 1 600 个美国的自然保护区以外,现已是一个重要的国际保护组织,在世界各地以出

---

① 蔡立力.我国风景名胜区规划和管理的问题与对策[J].城市规划,2004(10):80
② 岳邦瑞.风景名胜区控制性详细规划初探[J].规划师,2005(5):20

资、提供技术援助或加入管理等方式参与了大量自然保护项目,并且是当今世界自然遗产保护方法和策略的主要制定者之一。

这个组织的经费有64%来源于私人捐助,22%来源于美国政府的财政拨款,6%来自企业捐赠,8%为其他来源。它在美国有超过100万名会员,雇佣了3 200名雇员,其中720名为科学家。它体现了美国保护运动的一个重要特征,就是公众高度的环境意识使它能在民间获得大量资金,同时也成为一股政治力量①。

该协会主席Steven J. Mccormick声称为了保护生态系统的完整性,自然保护区是不受行政区划甚至国界限制的,因此他们的工作是面向世界的。在《大自然保护协会2004年年度报告》中,该协会副主席特别提到了他们已在中国的云南的自然保护区开展了工作②。

凭着多年来大尺度景观的保护经验,美国大自然保护协会成为世界自然保护领域中的领导者,他们提出了"由设计达成保护"的方法,目的是保护群落而不是保护单个物种,通过规划设计保护自然保护区中的生态功能、生态过程和本地物种。

大自然保护协会保护观念的核心包括以下几点③:

(1) 生态区域(Ecoregion):一个生态区域是由典型的气候、地质、动物和植物构成的一个由水域和陆地构成的大单位。生态区域不是一个政治单位,它提供了一个在大的环境尺度上保护生态和物种多样性的工作框架。

(2) 主要的栖息地类型(Major habitat types):在全球的尺度上反映了生物多样性是如何被组织和分布的生态区域。一个栖息地指分享了相似的环境条件、物种结构、社区和具有生物学上复杂性的模式的区域。全球主要栖息地类型共有30个,覆盖陆地、海洋和淡水区域。

(3) 生态区域样本区(Ecoregional portfolio):它是生态区域规划的最终产品,即选择一个生态区域内有代表性区域,其中包含了本土群落的多样性和分布特征,通过适当的管理方法使之长期存在下去。

(4) 生态系统(Ecosystem):生态系统在这里被看作由生态过程而产生一系列相互关联的陆地和水域。保护规划要首先强调保护生态系统中价质最高的物种的范例,其次是保护这里的原住民能生存下去。保护规划因此也应当是动态和重叠的过程,并且应当定期更新和修订。

(5) 功能保护区(Functional conservation areas):保护并长期维护地方物种、保护区内聚落、生态系统和生态过程,功能保护区在规模和复杂程度上一直在扩展,从在多重的空间尺度上寻找保护目标,落实到专门的保护地点。为保护最广泛的生物种群和生物的迁徙过程,功能保护区应当被规划为一个综合的网络。

(6) 功能性景观(Functional landscapes):这个概念表示的是在一个生态区域内代表生物多样性的有效的地理单位,其特征是巨大、复杂、多重尺度和相对未经触动。功能性景观

---

① http://nature.org/aboutus/howwework/
② The Nature Conservancy. 2004 Annual Report: Conservation That Works[EB/OL]. [2005-06]. http://nature.org/aboutus/annualreport/files/annualreport2004.pdf
③ The Nature Conservancy. Conservation by Design: A Framework for Mission Success[EB/OL]. [2005-06]. http://nature.org/aboutus/

提供了一个表达自然生物多样性的生态平台。

大自然保护协会"由设计达成保护"的自然保护区规划管理办法由以下四个阶段构成（表11.8）：

第一步：选择优先保护的区域，即首先选择生态区域内动植物种类集中，整体状况好，如被破坏对系统威胁大的区域进行保护。

第二步：制定发展战略，对上述被选择区域进行深入分析，了解维持这一生态系统的最关键因素，如河道、湿地等，以便加以保护。

第三步：采取行动，组织实施具体的财政预算和开发措施。

第四步：评估，在实施保护规划一段时间后，评估保护目标和实际情况之间的差距。

表11.8 美国大自然保护协会"由设计达成保护"的自然保护区规划管理办法的具体特点

步骤	方法要点	资金来源
（1）选择优先保护的区域	• 辨认生态区域内的生物种类、社区和生态系 • 确定保护目标的种类和分布 • 收集保护目标的相关信息，如分布地点和质量 • 规划有效的保护区域网络以达成保护目标 • 辨别最高等级的保护区、更广泛的保护目标和威胁保护区的行为	来自个人、公司和某些基金的可减税的慈善捐赠
（2）制定发展战略	• 体系：关键的保护目标和它们的生态属性 • 重点：对保护目标和关键的生态属性影响最大的破坏或退化类型 • 威胁的来源：破坏或退化的起源或诱因 • 战略：消解威胁或提高保护目标生存能力的方法 • 评估：对消解威胁和提升保护区生态多样性健康状况的进展的监督	购买保护所需要的土地，这常占据了保护资金的主要部分，不够时还要动用其他慈善基金
（3）采取行动	• 这种行动从获取受保护的土地和水域的费用到对公众进行环境教育；从公共政策的制定到土地或水域的管理协议；以及维护我们所要保护的生物多样性和生态过程的专项措施 • 这些行动混合了多个区域的发展战略，经济发展的努力，对全球气候变化的影响等。甚至位于军事基地的保护区也涉及使某些设施的位置和规模作出改变。其他的行动如为巴拿马、巴布亚新几内亚的保护区建立保护基金 • 在功能保护区的保护行动通常是以当地社区为基础的，社区成员参与到保护行动中，使保护行为能被社会接受	在具体实施保护规划的这一阶段，大自然保护协会将获得与其合作的地方政府机构的支持
（4）评估	• 衡量保护工作的有效性主要从三个方面考虑：①维持保护区中的生态多样性；②抵抗衰退的威胁；③与地方合作者一起有效地保护和管理自然保护区 • 对以上三点有专门的评估模式，其评估结果将指导管理政策、资源分配和今后的投资	此外，大自然保护协会还创造了"土地保护基金（Land Preservation Fund, the LPF）"用于周转

资料来源：参见 The Nature Conservancy, Conservation By Design: A Framework for Mission Success, 2004, 10, http://nature.org/aboutus/howwework/files/cbd_en.pdf

3) 美国大自然保护协会为云南三江并流风景名胜区做的保护和发展战略规划

云南三江并流世界自然遗产是世界上最具备生物多样性的地点之一(图 11.1)。1998年起应云南省政府邀请,大自然保护协会前往协助制定自然保护和经济发展规划。经过两年的勘测、调研和可行性研究,确定了该地区物种最丰富的栖息地、对生物多样性最大的威胁,并提出了消解这些威胁的建议(表 11.9)。

表 11.9　三江并流项目基本情况调研

序号	项目	内容
1	生态学意义	独一无二的山川组合方式、气候和海拔高度为位于云南西北部的这个地区创造了地球上最富生态多样性的地点之一
2	规模	约 6 万平方千米
3	物种	稀有品种有熊猫、滇金丝猴、雪豹、濒危的黑颈鹤、杜鹃花树林和可开一家真正药房的药用植物
4	地理特征	金沙江、澜沧江、怒江、独龙河在这里交汇,长度近 90 千米
5	保护地受到的威胁	居住在东亚和东南亚较低的盆地的、约占世界人口百分之十的 5 亿居民都对该保护地的生态变动产生重要影响

资料来源:据 http://nature.org/aboutus/howwework/cbd/science/art14343.html。

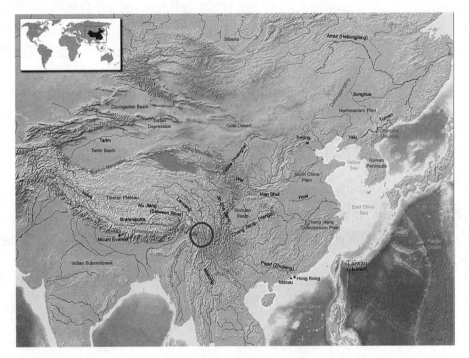

图 11.1　三江并流区域示意

资料来源:https://en.wikipedia.org/wiki/Three_Parallel_Rivers_of_Yunnan_Protected_Areas。

大自然保护协会规划确定的战略包括以下六个步骤:
(1) 生态系统:重点分析保护区内的物种、当地社区和生态系统。

在该项目中混杂的具球果森林、落叶森林被选择作为保护目标。它以巨大的、排列宽阔的针叶树木(主要为铁杉、云杉,和冷杉)为群落的上层,连续覆盖在不同的落叶树种之上(如野花楸树、桦树、槭树和其他树木),在保护区内又以梅里雪山地区的生态状况最佳。这成为值得保护的重要因素。这个生态区域具有高度的生物多样性,以及许多这一地区特有的物种,而这一状态的维持和许多物种的存在正受到很大威胁,如保护区森林里的澜沧江冷杉和中国特有的美丽的珙桐[①]。

(2) 压力:分析保护目标是怎样受到威胁的。

首先是关于森林功能的压力:成片的森林被分割成小块,使它们变得不适宜某些动物和植物的栖息需要。古老的原始森林比次森林具有更强的水土保持功能,提供给当地 5 亿居民巨大的生态服务。

其次关于森林结构的压力:原始森林中的许多树木被砍伐当作燃料,新的小树填充了它们留下的位置。

第三是关于物种构成的压力:由于栖息地的丧失使一些物种的生存受到威胁[②]。

(3) 压力的来源分析:对压力产生的原因进行辨认并按其威胁大小排列顺序。

森林功能的压力来源:①吃草的牦牛;②为旅游发展开辟的路和走廊;③用作燃料和住宅建设的木材。

森林结构的压力来源:大部分被砍伐木材作了燃料,少数为住宅建设的原材料。

物种构成的压力来源:①木材作为能源;②木材作为建材(这一用途较前者对物种构成更具威胁);③不可持续的种植技术;④传统的草药和食物采集;⑤非法狩猎[③]。

(4) 策略:寻找减小和消除威胁的实际方法。

首要的威胁是烹制食物时遇到的能源问题,为此保护工作者设计了在这些村庄中引入可替代能源的策略。

第一阶段主要在位于保护区核心地带的 21 个村庄进行试点,其中包含约 600 户居民。沼气的使用将是项目的主要部分,被 530 户采纳,这其中还包括高效燃料的火炉,太阳能热水器,和有限地使用一些小水电[④]。

(5) 效益评估:对项目减小威胁、提升生物多样性和生态安全的作用进行评估。

主要在以下三方面:

① 生物多样性的健康状况:监测经过燃料置换计划之后,制止了砍伐森林导致的森林退化,森林的物种构成、结构和功能上的变化。

② 对主要威胁的监测:在战略实施之前先建立薪柴消耗率的基准线,在战略实施之后定期地监测消耗率。

③ 保护能力:监测维持以村庄为基础的能源转换项目的人员状况:

a. 村民们有操作和适应维持新设施的知识吗?

b. 当地有提供持续培训的能力吗?

c. 有提供技术支持和零件维护的服务业吗?

---

① http://nature.org/aboutus/howwework/cbd/science/art14344.html
② http://nature.org/aboutus/howwework/cbd/science/art14347.html
③ http://nature.org/aboutus/howwework/cbd/science/art14346.html
④ http://nature.org/aboutus/howwework/cbd/science/art14348.html

如果这三点不到位,项目就无法进行或降低效率,保护计划的影响力就会降低[①]。

(6)利益关系分析:理解隐藏在这些威胁之后的文化、政治和经济状况,以寻求消解威胁的方法。

2001年首先在保护地核心区的9个村落建立了工作组,在此期间居民们对自己所在村落建议必须优先保护的内容和保护策略。2002年之后其他村落加入。工作组由德清县政府工作人员和技术人员组成。

大家一致认为砍伐薪材既损害了资源也是影响生活质量的因素;因为收集薪材较之用沼气一方面增加劳动负担,另一方面薪材燃烧时也污染空气。

因此保护工作者决定使用替代能源,并召开村民大会讨论这一决定。之后,村民、政府工作人员和地方企业都加入到这一宏大的保护计划中,共同促进它的实施[②]。

从上述讨论可知,风景名胜区规划的作用既有保护、管理风景资源的目的,又必须起到引导发展、开发的作用,同时还必须提供检验管理目标是否达成的标准,风景名胜区规划才能成为达成风景资源保护与可持续利用的重要手段。

---

① http://nature.org/aboutus/howwework/cbd/science/art14349.html
② http://nature.org/aboutus/howwework/cbd/science/art14345.html

结语：导向成功的保护——达成文化景观遗产地的可持续演进

本书讨论了以地域为基础的文化景观遗产地保护，论题起源于对世界遗产保护运动思想和实践历程的检验。遗产地保护的目标是根据遗产保护的基本观念，利用遗产资源的特征，为遗产地发展和生存找到有利的变异。讨论的重点是我国文化景观遗产地的分类、保护理论和技术、保护观念和方法。

在上述研究的基础上，笔者就1990年代以来获得国际社会普遍认同的"文化景观"概念进行了全面论述，并依据联合国世界遗产中心发布的《实施世界遗产保护操作性导则》，结合我国国情，将文化景观分为历史的设计景观、有机进化之残遗物（或化石）景观、有机进化之持续性景观、基于传统审美意识的胜地景观四种类型，分别对应于我国现行保护体制中的传统私家、寺观或皇家园林、历史风景点，大遗址，历史文化街区、名村、名镇，风景名胜区。

尽管联合国教科文组织将"文化景观"列入"文化遗产"的范畴，但就文化景观的特征而言，它必然以地域为基础进行保护，而且应参照已相对成熟的文化遗产保护区与自然遗产保护区保护管理办法。根据这些研究，笔者提出了重新梳理中国保护地体系的建议，以便根据不同的保护区类型分类立法指导保护，并认为文化景观保护的两个主要方面是历史景观管理和生态环境容量控制。

在"下篇"中，笔者依据上述思想分别就不同类型的文化景观的保护观念与方法提出了建议：

历史的设计景观——历史园林及历史风景点的保护是风格修复和风貌维护的过程；

有机进化之残遗物（或化石）景观——大遗址保护应根据其规模特征分别以遗址公园与遗址风景区方式保护；

有机进化之持续性景观——聚落遗产地的保护则必须超越以往将生活中的聚落改造成静态的建筑博物馆的单纯理念，建立生态保护与社区保护的遗产保护观；

基于传统审美意识的胜地景观——风景名胜区的保护在进行历史景观管理的同时，可以借鉴国外国家公园自然保护区的管理和保护方法。国家针对不同类型的风景名胜区分类指导，对国家级重点遗产保护实行一区一法，实行依法管理；注重遗产地环境与生态价值，实行可持续发展战略，将风景名胜区保护管理纳入城乡规划体系，科学管理、定量监控。

此外，笔者认为不同类型的文化景观保护区的遗产地旅游业具有不同的特征，应分别研究发展模式、控制手段。

所有这些类型的文化景观，变化总是持续的。遗产地保护是动态保护，是在发展中保护。笔者认为在遗产地适当引入新功能，将活力带给具有历史与自然交融特征的场所，使之可持续地演进才是真正的保护之道。

主要参考文献目录

一、论著

1. 李雄飞. 城市规划与古建筑保护[M]. 天津:天津科学技术出版社,1989.
2. 李雄飞,王悦. 城市特色与古建筑[M]. 天津:天津科学技术出版社,1991.
3. 杜顺宝. 中国建筑艺术全集卷19·风景建筑[M]. 北京:中国美术出版社,2001.
4. 童寯. 江南园林志[M]. 2版. 北京:中国建筑工业出版社,1984.
5. 张晓,郑玉歆. 中国自然文化遗产管理[M]. 北京:社会科学文献出版社,1997.
6. 郑忻. 苏南名山建筑[M]. 南京:江苏科学技术出版社,1995.
7. 潘谷西. 江南理景艺术[M]. 南京:东南大学出版社,2001.
8. 吴家骅. 景观形态学[M]. 叶楠,译. 北京:中国建筑工业出版社,1999.
9. 李德华. 城市规划原理[M]. 北京:中国建筑工业出版社,2001.
10. 王世仁. 王世仁建筑历史理论文集[M]. 北京:中国建筑工业出版社,2001.
11. 张松. 历史城市保护学导论[M]. 上海:上海科学技术出版社,2001.
12. 丁文魁. 风景名胜研究[M]. 上海:同济大学出版社,1988.
13. 陈从周. 说园[M]. 上海:同济大学出版社,1984.
14. 龚鹏程. 游的精神文化史论[M]. 石家庄:河北教育出版社,2001.
15. 阮仪三. 历史环境保护的理论与实践[M]. 北京:中国科学技术出版社,2000.
16. 柳尚华. 中国风景园林当代五十年[M]. 北京:中国建筑工业出版社,1999.
17. 法国华夏建筑研究学会. 法中历史园林的保护及利用[M]. 北京:中国林业出版社,2002.
18. 路秉杰. 中国古代建筑文献[M]. 1996.
19. 钟训正,等. 东南大学教师设计作品集 1927—1997[M]. 北京:中国建筑工业出版社,1997.
20. 刘先觉. 东南大学建筑历史与理论研究文集 1927—1997[M]. 北京:中国建筑工业出版社,1999.
21. 刘滨谊. 现代景观规划设计[M]. 南京:东南大学出版社,1999.
22. 阳建强,吴明伟. 现代城市更新[M]. 南京:东南大学出版社,1999.
23. 艾定增,梁敦睦. 中国风景园林文学作品选析[M]. 北京:中国建筑工业出版社,1993.
24. 梁雪. 传统村镇实体环境设计[M]. 天津:天津科学技术出版社,2001.
25. 方李莉. 传统与变迁[M]. 南昌:江西人民出版社,2000.
26. 刘沛林. 古村落:和谐的人聚空间[M]. 上海:上海三联书店,1998.
27. 杨念群. 空间 记忆 社会转型[M]. 上海:上海人民出版社,2001.

28. 梁思成. 梁思成文集[M]. 北京：中国建筑工业出版社，1982.
29. 王军. 城记[M]. 北京：生活·读书·新知三联书店，2004.
30. 陈立旭. 都市文化与都市精神[M]. 南京：东南大学出版社，2002.
31. 常青. 建筑遗产的生存策略——保护与利用设计实验[M]. 上海：同济大学出版社，2004.
32. 冯采芹，等. 国外园林法规的研究[M]. 北京：中国科学技术出版社，1991.
33. 周俭，张恺. 在城市上建造城市——法国城市历史遗产保护实践[M]. 北京：中国建筑工业出版社，2003.
34. 解焱，汪松，Peter Schei. 中国的保护地[M]. 北京：清华大学出版社，2004.
35. 王献溥，崔国发. 自然保护区建设与管理[M]. 北京：化学工业出版社，2003.
36. 查尔斯·莫尔，等. 风景[M]. 李斯，译. 北京：光明日报出版社，2000.
37. 凯文·林奇. 城市形态[M]. 陈朝晖，等译. 北京：华夏出版社，2001.
38. O. N. 普鲁金. 建筑与历史环境[M]. 韩林飞，译. 北京：社会科学文献出版社，1997.
39. 艾伯特·H. 古德. 国家公园游憩设计[M]. 吴承照，姚雪艳，严诣青，译. 北京：中国建筑工业出版社，2003.
40. 肯尼恩·弗兰姆普敦. 现代建筑——一部批判的历史[M]. 原山，等译. 北京：中国建筑工业出版社，1988.
41. R. 克里尔. 城市空间[M]. 钟山，等译. 上海：同济大学出版社，1991.
42. 鲍尔. 城市的发展过程[M]. 倪文彦，译. 北京：中国建筑工业出版社，1981.
43. 阿摩斯·拉普卜特. 建成环境的意义——非言语表达方法[M]. 黄兰谷，等译. 北京：中国建筑工业出版社，1992.
44. Spiro Kostof. The City Assembled[M]. London：Thames & Hudson，1992.
45. Lary M Dilsaver. America's National Park System[M]. Lanham：Rowman & Littlefield Publishers，1994.
46. Phili Pregill, Nancy Volkoman. Landscapes in History[M]. New York：Van Nostrand Reinhold，1993.
47. Jukka Jokilehto. A History of Architectural Conservation[M]. Oxford：Butterworth-Heinemann，2002.
48. Karolin Frank, Patricia Petersen. Historic Preservation in the USA[M]. Berlin：Springer，2002.
49. Steven Tiesdell, Taner Oc, Tim Heath. Revitalizing Historic Urban Quarters[M]. Oxford：Architecture Press，2001.
50. Edward Hobson. Conservation and Planning：Changing Values in Policy and Practice[M]. London/New York：Spon Press，2004.
51. Sherry Hutt, Caroline M Blanco, Ole Varmer. Heritage Resources Law：Protecting the Archeological and Cultural Environment[M]. New York：John Wiley & Sons, Inc.，1999.
52. Maurizio Maggi, Vittorio Falletti. Ecomuseums in Europe — What They Are and What They Can Be[M]. Torino：Istituto Ricerche Economico-sociali del Piemonte，2000.

53. National Park Service. Protecting Cultural Landscapes：Planning, Treatment and Management of Historic Landscapes［R/OL］. http：//www. nps. gov/tps/ how-to-preserve/briefs /36-cultural-landscapes. htm.
54. Robert Pickard. Management of Historic Centres［M］. London：Spon Press, 2001.
55. Wilma Fairbank. Liang and Lin：Partners in Exploring China's Architectural Past ［M］. Philadelphia：University of Pennsylvania Press, 1994.
56. C Geertz. The Interpretation of Cultures［M］. London：Fontana Press, 1993.
57. M. F Hearn. The Architectural Theory of Viollet-le-Duc：Readings and Commentary［M］. Massachusetts：MIT Press, 1990.
58. Jane Jacobs. The Death and Life of Great American Cities［M］. New York：Random House, 1961.
59. Rowe Colin, Koetter Fred. Collage City［M］. Massachusetts：The MIT Press, 1978.
60. John Brotchie, Peter Hall. The Future of Urban Form — the Impact of New Technology［M］. New York：Nichols Publishing Company, 1985.
61. Lewis Mumford. The Cultures of Cities［M］. New York：Harcourt, Brace and Company, 1938.
62. Amos Rapoporf. Human Aspects of Urban Form：Towards a Man — Environment Approach to Urban Form and Design［M］. New York：Pergamon Press, 1977.

二、论文

1. 杜顺宝. 历史胜迹环境的再创造——绍兴柯岩景区设计创作札记［C］. 杭州：1999 年国际公园康乐协会亚太地区会议论文集, 1999.
2. 杜顺宝. 对保护和利用历史建筑遗产的几点思考［C］. 南京：南京夫子庙秦淮风光带发展与建议论坛, 2002.
3. 朱光亚、杜顺宝. 历史名城古迹名胜区规划及设计思想探讨［M］//南京工学院建筑系. 建筑理论与创作. 南京：南京工学院出版社, 1987.
4. 俞孔坚. 世界遗产概念挑战中国：第 28 届世界遗产大会有感［J］. 中国园林, 2004(11).
5. 卡尔·斯坦尼兹. 景观规划思想发展史［J］. 黄国平, 译. 中国园林, 2001(5).
6. 李伟, 俞孔坚. 世界文化遗产保护的新动向——文化线路［J］. 城市问题, 2005(4).
7. 安·阿塔纳斯, 弗兰克·沃尔希斯, 等. 东亚保护区筹资指南(一)［J］. 中国风景名胜, 2005(5).
8. 丁新权. 江西省风景名胜区保护管理理论与实践研究［D］. 南京：南京林业大学, 2004.
9. 燕乃玲, 吕恒, 虞孝感, 等. 世界保护区研究的新进展［J］. 农村生态环境, 2003(3).
10. ［美］朱利叶斯·G. 布法士, S. 兰莘. 美国马萨诸塞大学风景园林及绿脉规划的成就(1970—)［J］. 付晓渝, 刘晓明, 编译. 中国园林, 2005(6).
11. 王志芳, 孙鹏. 遗产廊道——一种较新的遗产保护方法［J］. 中国园林, 2001(5).
12. 蔡立力. 我国风景名胜区规划和管理问题与对策［J］. 城市规划, 2004(10).
13. 杨锐. 从游客环境容量到 LAC 理论环境容量概念的新发展［J］. 旅游学刊, 2003(5).
14. 岳邦瑞. 风景名胜区控制性详细规划初探［J］. 规划师, 2005(5).

15. 张晓. 世界遗产和国家重点风景名胜区分权化(属地)管理体制的制度缺陷[J]. 中国园林,2005(7).
16. 张朝枝,保继刚,徐红罡. 旅游发展与遗产管理研究:公共选择与制度分析的视角[J]. 旅游学刊,2004(5).
17. 李如生. 美国国家公园的法律基础[J]. 中国园林,2002(5).
18. 谢凝高. 国家风景名胜区功能的发展及其保护利用[J]. 中国园林,2005(7).
19. 吴承照,肖建莉. 古村落可持续发展的文化生态策略——以高迁古村落为例[J]. 城市规划汇刊,2003(4).
20. 陈昭妙. 台湾民俗文化的集中呈现[D]. 台南:成功大学艺术研究所,2004.
21. 王鑫. 环境资源计划的整合之道[J]. 大地地理(台湾),2002(174).
22. 李伟. 遗产合作伙伴法(草案)[N]. 中国文物报,2005-06-10.
23. 李剑鸣. 美国印第安人保留地制度的形成和作用[J]. 历史研究,1993(2).
24. European Commission. Council Directive of 27 June 1985 on the Assessment of the Effects of Certain Public and Privative Projects on the Environment[EB/OL]. [2005-07] http://europa.eu.int/comm/environment/.
25. Juliette Young. Limits of Acceptable Change in Aonach Mor[EB/OL]. http://www.nbu.ac.uk/bioforum/LAC%20cs.pdf.
26. ICOMOS. Vienna Memorandum on World Heritage and Contemporary Architecture—Managing the Historic Urban Landscape[EB/OL]. [2005-06-15]. WHC-05/29. COM/5, Paris.
27. The Secretary of the Interior's Standards for the Treatment of Historic Properties, with Guidelines for the Treatment of Cultural Landscapes. [R]// National— Park Service, Heritage Preservation Services Historic Landscape Initiative, Washington, DC.: 1996.
28. Roger N. Clark, George H. Stankey. The Recreation Opportunity Spectrum: A Framework for Planning, Management, and Research[R]. U.S. Department of Agriculture Forest Service, 1979.
29. Scott to Petit. Architectural Restoration: Its Principles and Practice[C]. Read at a meeting of RIBA, 1877.